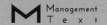

HUMAN RESOURCE
MANAGEMENT

新装版

人事管理入門

今野浩一郎　佐藤博樹
Koichiro Imano, Hiroki Sato

日本経済新聞出版

まえがき

　本書は2つの思いをもって書かれている。ひとつは、人事管理は経営管理の一分野であるという視点に立った、「いまを知ることができる」標準的な教科書を書きたいという思いである。これまでも多くの人事管理の教科書が出版されているが、労働経済、労使関係あるいは社会学などの観点を重視する教科書が多かったように思うし、経営学の観点から書かれた教科書でも「いまを知る」という点では力不足であったように思う。

　もうひとつは、本書を出発点にして、より専門的なことを勉強したり、研究したりするための標準的な教科書になればということとともに、これから企業で働く学生にも、いま企業で働いている人にも、人事管理の仕組みを理解するうえで役立つ教科書であってほしいという思いである。そこで、あまり理論的なことに偏らずに、もっぱら企業は何をねらって、どのような仕組みを作り、それがどのように機能しているのか、という人事管理の実際とその背景を知ってもらうことを心がけた。

　こういうと、人事管理を知らなくても企業のなかで生きていけるといわれそうであるが、いま、働く場としての企業は大きく変化しつつある。企業のなかで働き、それで得た報酬で生活の糧を得る。誰でも普通に経験することなので、誰にとっても「どのような仕組み」のもとで働き、「どのようにして」報酬を得るかは職業生活を送るうえで重要であるし、職業生活を上手に送るには、それについて正しく理解しておくことが必要である。

　これまでは、このことに無頓着な人が多かったのではないか。終身雇用制や年功制のもとで、会社に入りさえすれば、雇用は守られ、給与も上がると信じられてきたからである。しかし、現実は大きく変わりつつある。30年も40年も働きつづけることになる職業生活のなかで、会社は絶対につぶれないし、リストラに遭うこともないと確信できる人は何人いるだろうか。これからの時代は、自分のキャリアは自分で考え、自分で作っていかなければならない。そのためには、人事管理の仕組みを十分に理解することが必要である。「自分で決めて、自分で行動する」には、行動する場を律している仕組みを頭のなかに入れておかねばならないのである。

　本書は、こうした思いをもって、われわれ2人がこれまでの研究活動のな

かで蓄積してきたこと、考えてきたこと、経験してきたことを教科書としてまとめたものである。2002年に第1版を出版し、これまで多くの研究者、学生、そして企業の方に活用していただいたが、この間に人事管理や人事管理を取り巻く環境に多くの変化があった。それを踏まえて第2版は各章に用意した事例をいまを反映する内容に書き換え、この第3版は統計データをできる限り最新にするとともに、いま人事管理上問題になっているテーマの解説をtopicとして追加した。第1版、第2版にも増して多くの読者に「この本を読んだから、いまの人事管理の骨組みが分かった」と感じてもらえることを願っている。

　第3版の改訂にも我慢強く付き合っていただいた日経BP日本経済新聞出版本部の堀口祐介さんに深く感謝したい。

＊　　　　　＊　　　　　＊

「マネジメント・テキスト」シリーズの装丁・レイアウト一新にともない、『人事管理入門（第3版）』も記述に変更を加えず、レイアウトのみ新たにした。新しい革袋に盛ることでさらに多くの読者に読んでいただければ幸いである。

　2022年3月

今野浩一郎
佐藤　博樹

人事管理入門

目　次

topic

case

第 *1* 章

人事管理のとらえ方

1 いま、人事管理に起きていること

1. 人材は競争力の源泉

　日本は国際的にみると高賃金国である。この簡単な事実が、日本企業の経営のあり方に大きな影響を及ぼしている。つまり、日本企業は発展途上国の企業のように安い人件費を武器に標準的な製品・サービスを安い価格で供給する戦略がとれず、付加価値の高い製品・サービスをめぐって厳しい競争が繰り広げられる先端的な市場で戦わざるをえないのである。

　高付加価値型の製品・サービスは「ヒト」の知恵と工夫の産物である。そのため先端的な市場で競争する企業ほど、いかに優秀な人材を確保し有効に活用できるかが競争力の源泉になり、それを支える人事管理が企業経営にとって重要な管理分野になる。他方、付加価値が高い製品・サービスであるということは、これまでにない新しさをもっているということなので、開発し生産することが難しいうえに、売れるかもしれないし、売れないかもしれない不確実性が大きくなる。つまり、先端的な市場で競争するほど、企業は市場の不確実性とそれにともなう経営リスク（これを「市場リスク」と呼ぶことにする）に直面せざるをえないのである。

　市場リスクに対応するには、必要なときに必要なだけ生産する、さらには生産に必要な資源も必要なときに必要なだけ外部から購入する、という方法が最良であるだろう。なぜなら、たとえ売れなくなっても、作りすぎる、余分な在庫をかかえるというリスクがないからである。

　しかし、人材については「必要なときに必要なだけ」というわけにはい

かない。たとえば、売れないかもしれないリスクがあっても、市場のなかで生き残るためには、企業は高付加価値型製品・サービスの開発をやめるわけにはいかないだろう。そうなると、製品が売れたり売れなかったりする市場の短期的な変動にかかわらず、企業は長期的な視点に立って開発や生産に当たる人材を確保しなければならない。

しかも、高付加価値型製品・サービスの開発や生産を担う高度な専門能力・技術をもつ人材ほど、外から「必要なときに必要なだけ」確保することが難しく、企業は勢い長期的な視点に立って人材を確保し、育成し、活用することが必要になる。

これからの人事管理は、増大する市場リスクへの対応と、より大きな付加価値を創り出す人材の確保と活用という、トレード・オフの関係にある短期と長期の課題を同時に解決することが求められる。このことが、いま進みつつある人事管理の構造改革の背景にある。

2. 転換期にある人事管理

たしかに日本企業の人事管理は、1980年代まで世界の注目を集めてきた。それは日本型といえる人事管理のなかに、日本企業の競争力の秘密があるのではないかと考えられていたからである。しかし、その仕組みは「作れば売れる」という市場条件、つまり市場リスクの小さい高度経済成長期に合わせて形成されたものであり、そのため増大する市場リスクのなかで、新しい仕組みにむかって変化することを迫られている。

実は、その変化は安定成長期への転換が始まる1970年代半ばから、ゆっくりではあるが確実に進みつつあり、いまはその延長線上にあると考えられる。

世界の他の先進国も実は似た状況にある。各国とも1970年代半ばまでは安定的な経済成長を謳歌し、それを前提に人事管理の仕組みを形成してきた。しかし1980年代に入ると、産業・企業の停滞や競争力低下という厳しい状況を経験し、人事管理の再編を迫られたのである。日本がバブル経済崩壊後に経験したことを一足早く経験していたともいえるだろう。しかも1990年代以降は、日本を含めいずれの先進国の企業も、経済のグローバル化が進み国際競争が激化するという新しい市場環境に直面し、それに適合

した人事管理の構築が求められている。

このようにみてくると、人事管理の構造改革は世界の潮流であり、景気がよくなれば元に戻るという性格のものではない。日本企業は伝統型に代わる人事管理システムを模索する、後戻りのできない道を進まざるをえないのである。

3. 構成からみる本書の特徴

本書は、こうした日本の「いまの状況」を踏まえて、3つの点に注意して書かれている。第1に、企業を取り巻く環境がどうあろうとも、人事管理がもたねばならない基本的な機能と仕組みを整理し、人事管理を理解するための基礎的知識として体系的に提示する。そのうえで第2に、変化しつつある「いまの状況」を正確に伝えるとともに、その背景を明らかにする。これによって、「いま何が問題であるのか」「その問題はなぜ起きているのか」を理解してもらえるだろう。

さらに、「いまの状況」の変化の方向を正しく認識するには、その時間的な位置と空間的な位置を正確に理解しておくことが重要である。そこで第3に、「いまの状況」がなぜ形成されてきたのかについての歴史的な視点と、「いまの状況」にはどのような日本的な特質があるのかについての国際比較の視点が重視されている。

2 人事管理の機能と構成

1. 経営活動と組織と管理システム

企業は利益を上げるという経営目標を実現するために、外部からヒト、モノ、カネ、情報の資源を調達し、それらを内部で製品やサービスに変換し、外部に提供する。企業はこうした経営活動を効果的・効率的に行うために組織と管理の仕組みを構築する。

まず調達、変換、外部への提供からなる経営活動は細分化され、組織が

図1-1 ≫ 組織と管理システム

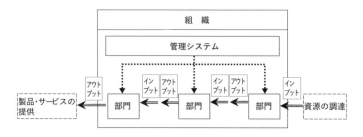

作られる。組織は多くの部分（ここで部門と呼ぶ）から構成され、それらが複雑な分業構造を形成する。そのなかでいずれの部門も、図1-1に示してあるように、外から（企業外から、あるいは企業内の他の部門から）資源をインプットとして受け入れ、それを事前に決められたアウトプットに変換し、外へ（企業外へ、あるいは企業内の他の部門へ）提供するという変換機構としての役割をもち、このインプットとアウトプットを通して、部門は相互に有機的に関連付けられている。

　管理システムは、こうした組織あるいは部門の「インプットを受け入れ、それをアウトプットに変換し、外部に提供する」経営活動が効率的・効果的に行われるように管理する機能をもち、相互に有機的に関連する財務管理、生産管理、販売管理などのサブ・システムから構成されている。たとえば生産管理は、生産する機能をもつ部門が行う「社内外から原材料・部品などを受け入れ、製品に変換する」経営活動を管理するためのサブ・システムであり、より効率的・効果的な生産活動を実現することがその目標になる。

2. 人事管理の役割と目標

　そのなかでヒトに関わる部分を担当する管理のサブ・システムが、人事管理である。企業を構成するどの部門も、ヒトを調達し活用することによって与えられた役割を果たそうとするので、人事管理の基本的な役割は、組織あるいは部門が行う「ヒトを調達する」「ヒトを活用する」経営活動が、「組織あるいは部門の目標」を達成する方向にむかって効果的に行われるように、また、それが少ない費用で効率的に行われるように管理することに

ある。

このような抽象的な説明だと、人事管理の目標、つまり人事管理が実現しなければならないことは何かが分かりにくいだろう。

人事管理には2つの目標がある。ひとつは、前述の定義にしたがって、効率的・効果的なヒトの調達と活用によって、組織あるいは部門の「いま」の生産性の向上をはかることである。しかし、これはあくまでも「いま」(短期)の目標であり、これだけでは長期的な観点からみた組織の生産性の維持、向上をはかることは難しい。

変化の激しい市場のなかで企業が成長し存続するためには、変化への対応力をもつこと、つまり「有能な人材」を内部に蓄積しておくことが不可欠である。人材面のインフラを整備することであり、それが人事管理の第2の目標(あるいは長期の目標)になる。

ここでの「有能な人材」には2つの意味がある。ひとつは、業務に関連する高度な知識、能力、スキルをもつ人材を意味する。もうひとつは、労働意欲や会社に対するコミットメントが高い人材を意味しており、企業は一般的に、やる気のある社員、定着的な社員、会社に対して貢献しようとする意欲の高い社員を育成・確保しようとする。これが第2番目の「有能な人材」に当たる。

3. 人事管理の構成と環境条件

さらに、前述した定義を機能の面から分解すると、人事管理には、①人材(労働力)を確保し(企業外部から確保するには採用が、内部から確保するには教育訓練などが必要になる)、仕事に配置する機能、②人材が能力を発揮できる就業の条件を整備する機能、③働きに対する報酬を決め、社員の労働意欲の維持・向上をはかる機能がある。

それに対応して人事管理は多様な管理分野から構成され、①に当たる管理が「雇用管理」、②に当たるのが「就業条件管理」、③に当たるのが「報酬管理」である。

これらに加えて、もうひとつの重要な分野がある。それは、社員の働きぶりを評価する「人事評価の管理」である。人事評価というと、賃金などの報酬を決めるための管理活動と考えられることが多い。しかし、それは

人事評価の機能の一部であり、社員の働きぶりをみて、配置が適切である
かを評価してつぎの配置に反映する、仕事と能力が合っているかを評価し
てつぎの教育訓練に反映することなどもその重要な機能である。つまり人
事評価は、働きぶりを評価し、その結果を採用、配置、教育訓練、報酬決
定などのすべての人事管理にフィードバックすることが基本的な役割なの
である。

図1-2 ≫ 人事管理の構成

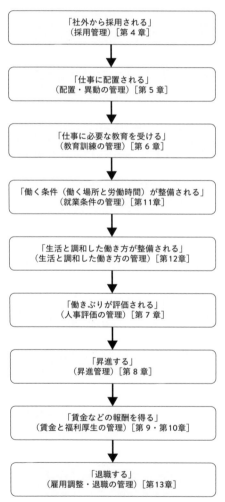

注：図中の章番号は、該当する管理分野を扱う章を示
　　している。

これらの人事管理の諸分野
はさらにいくつものサブ・シ
ステムから構成され、それら
を企業における個人の職業生
活の流れに沿って整理すると
図1-2になる。人事管理の全
体構成を知るには分かりやす
い整理方法なので本書も同図
に沿って構成されており、同
図には人事管理のそれぞれの
分野に対応する章が示されて
いる。なお、このなかで雇用
管理は採用、配置・異動、教
育訓練、雇用調整・退職の管
理に、報酬管理は賃金、福利
厚生、昇進の管理に関わるサ
ブ・システムに分かれている。

さらに人事管理は企業内外
の様々な環境条件から影響を
受けており、その関係を整理
したのが図1-3である。まず企
業内の環境条件としては経営
戦略・組織・業績管理システ
ム、社員の働く意識、労使関
係の3つが重要である。

第2章で詳しく扱うことに

なるが、経営戦略・組織・業績管理システムは部門、職場、個人に対して、「何の仕事をしてほしいのか」「その仕事で何の成果を出してほしいのか」を決める機能、つまり企業内の労働力需要の構造を決める機能をもっている。したがって、それが変われば、どのような人材を採用するのか、社員をどのように訓練するのか、どのような働きを評価するのかなどの面で人事管理のあり方を変えることになる。

しかし、そうした会社の都合だけでは人事管理は決まらない。それは、「会社の期待すること」を実現するように社員に意欲をもって働いてもらわなければならないからである。そのためには会社は、彼ら（彼女ら）が「働くことに何を求めているのか」「どのような働き方をしたいと考えているのか」という働くニーズに応える人事管理、つまり労働力の供給構造に合った人事管理を展開せざるをえない。また企業内では、経営者と労働組合が労働条件などをめぐって交渉し、様々なルールを作っている。人事管理はこのルールに基づいて行われることになるので、労使関係のあり方も人事管理に大きな影響を及ぼす。

企業外の環境条件としては、つぎの3つが重要である。第1に、人事管理は労働市場から影響を受ける。たとえば企業は、短期的には、労働市場の需給状況によって採用の仕方や賃上げ額を変えざるをえないし、長期的には、労働者の働くニーズが変化する、働く意欲に溢れる女性が増えるなどの労働市場の構造変化に合わせて人事管理を変えざるをえないだろう。

図1-3 ≫ 人事管理の環境条件

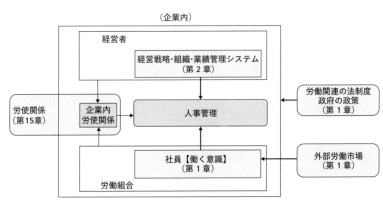

注：図中の章番号は、該当するテーマを扱っている章を示している。

第2は、労働関係の法律や政府の政策であり、それによって人事管理の基本的な枠組みが規制されている。たとえば法律によって、採用管理では募集や労働契約の仕方、就業条件管理については労働時間の長さ、報酬管理については賃金の水準や支払い方、雇用調整・退職の管理については定年年齢や解雇の仕方の基本ルールが決められている。以上の労働市場、労働に関わる法・政府の政策と人事管理の関連については個別の管理分野を扱う章で詳しく説明するが、本章では最低限知っていてほしい概況について後述している。

第3に、人事管理は社外の労使関係からも影響を受ける。たとえば、春闘で決まる賃上げ率を思い出してほしい。個々の企業を超えた広がりをもつ労使関係のなかで賃上げ率の社会的相場が形成され、個々の企業はそれを参考にして社員の賃上げ率を決めている。労使関係とその主役である労働組合については、第15章で扱われている。

4. 社員格付け制度と社員区分制度が人事管理の基盤

人事管理のもうひとつの構成図（図1-4）をみてほしい。これは図1-2と異なり、人事管理を構成するサブ・システムの相互関係を示している。ここで強調しておきたいことは、人事管理の骨格は設計思想（アーキテクチャー）

図1-4 ≫ **人事管理のサブ・システムの関連性**

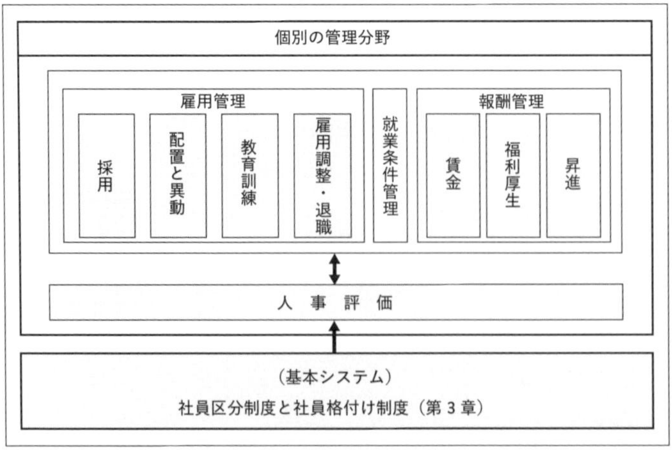

に規定されるということである。

　たとえば、「社員の生活の安定を第一に考えよう」という人事管理の設計思想をとれば、一家の生計を支える世帯主を中核的な社員として位置付けて採用と配置を決め、報酬は彼らの生計費の変化を考えて年齢を重視して決めるという人事管理が形成されるだろう。

　こうした設計思想の人事管理への影響はまず、人事管理の基盤を形成する基本システムに表れる。基本システムは社員格付け制度と社員区分制度から構成され、それらが変わると配置、人事評価、賃金、昇進、教育訓練などの他のすべてのサブ・システムのあり方が変わるという意味で、人事管理のなかで最も重要な基幹的サブ・システムである。この基本システムについては第3章で詳細に扱うことになるので、ここでは簡単な説明にとどめておく。

　企業には、仕事内容、働き方、キャリアの見通しの異なる多様な社員が雇用されている。それにもかかわらず、ひとつの人事管理の体系を全社員に適用すれば、管理をするうえで不都合なことが起こることになろう。

　分かりやすい例は、正社員とパート社員の比較である。毎日決まった時間に働き、いつ転勤するかもしれず、しかも長い期間勤務することを前提にした正社員に適用されている賃金を、いつ働くのか、1日に何時間働くのかを自由に決め、転勤することがなく、しかも長い期間勤務しないかもしれないパート社員に適用することは難しいだろう。そうなると、正社員用の人事管理とパート社員用の人事管理を別々に用意するほうが好都合だろう。

　実は、こうしたことは正社員のなかでもみられる。企業は人事管理の細部の仕組みを設計する前に、管理上の効率性を考えて、社員を異なる人事管理の体系が適用される異なるグループに、どのような基準で区分するのかを決めなければならない。それが社員区分制度である。

　つぎに企業は当たり前のことであるが、経営にとって重要であると評価した社員に高い地位と給与を与える。この「重要さ」の尺度を決め、それに基づいて社員のランクを決める（一般的に「格付け」と呼ばれる）仕組みが社員格付け制度である。

　そういうと、「重要な仕事についている人が高く評価される」のが当たり前ではないか、と考える読者が多いと思う。もし、その考え方を採用すれ

ば、「重要さ」の尺度として仕事の責任度や難しさが選択されることになるが、それ以外にも「重要さ」の尺度にはいくつものタイプがあるので、社員格付け制度には多様な形態が考えられる。

いずれにしても、企業がこうした多様性のなかから、ある「重要さ」の尺度とそれに対応する社員格付け制度を選択すると、その尺度に基づいて社員を評価し、さらにその評価結果によって給与や昇進を決めることになるので、人事評価、賃金、昇進の管理の仕組みが社員格付け制度をベースに作られることになる。また社員格付け制度は、「会社はどのような社員を必要としているのか、あるいは高く評価するのか」を示すシグナルになるので、それを基盤にして教育訓練の仕組みも設計されることになる。

こうした基本システムとサブ・システムとの関連を示したのが、先の図1-4である。ここで人事評価が両者をつなぐ連結環の役割を果たしている点に注意してほしい。基本システムは、会社の「このような社員群に対しては、このようなことを望んでいる（つまり、このような人材を高く評価する）」意思の表現であり、その意思はまず人事評価の基準として制度化されるからである。また企業の現実をみると、ある基本システム（とくに社員区分制度）のもとで、正社員とそれ以外の非正社員（パート社員など）には異なる人事管理体系が適用されるというのが一般的である。本書は主に正社員対象の人事管理を扱うが、非正社員の人事管理については第14章で別途、説明されている。

3 日本型人事管理の特徴

1. 人事管理の設計思想と基本システム

これまで人事管理をとらえるための基本的な視点について説明してきたので、ここでは、それに沿って、これまでの日本型人事管理の特徴を簡単に整理しておきたい。

まず重要な点は、「社員の生活はできる限り保障する」という経営理念を重視し、それを設計思想において人事管理を形成してきたということであ

る。そうなると、仕事内容や働き方の違いより家庭の大黒柱（世帯主）か否か（家庭責任の大きさ）によって社員を分けることになり、世帯主型の男性を雇用の安定性を保障する（つまり終身雇用型の）基幹的社員、そうでない女性を補助的社員とする社員区分制度がとられることになる。さらに基幹的社員に対しては、設計思想に沿って生計費に見合った給与を保障するために、年齢や勤続年数を重視する社員格付け制度（つまり年功制度）がとられる。

このような設計思想と基本システムを基盤にして、日本では、人事管理と労使関係の骨格が作られてきた。まず労使関係についてみると、基幹的社員は、雇用が保障され長く会社に勤めることになるので、彼ら（彼女ら）の仕事と生活が会社の命運に大きく影響される。そうなると、ともに協力して会社の維持・発展に努力するという経営者と社員の関係が形成され、社員のなかに、経営に参画するという意識が強まる。

このことは、労働組合のあり方にも影響を及ぼす。組合員の仕事と生活を守ることが労働組合の最も重要な役割であるので、社員（組合員）と会社の利害に共通する部分が多いという状況のもとでは、労働組合は会社の範囲で組織される企業別組合が合理的な形態になるし、企業の発展のためには経営に協力するという労使協調が、労働組合運動の基本的な路線になる。

なお、ここで注意してほしい点は、「雇用と生活を守る」ことを人事管理の設計思想にするということは「長期的な視野に立った経営」を前提にし、資本市場の日本的特質のなかにそれを支える基盤があるということである。日本企業の株主は金融機関、親会社・グループ会社、取引先が多く、そのため短期の収益や株価の上昇より安定的な成長を重視するという特徴があり、だからこそ日本企業は長期的な視野から経営ができたわけである。しかし、第2章で説明するようにそうした資本市場の条件は確実に変わりつつあり、それが人事管理のあり方に影響を及ぼすことになると考えられる。

2. 雇用管理—人材の調達と配分の仕組み

日本企業は中途採用より新規採用を重視してきたが、そのことは人材調達の方法に2つの特徴があることを示している。第1に企業は、外から人材を調達するときには、新規学卒者を採用し、最も下のランクの仕事に配置する。そうなると上のランクの仕事に欠員が出たとき、あるいは新しい仕

事ができたときには、どのようにして人材を確保するのか。ひとつの方法としては、社外から採用する外部調達（中途採用）の方法が考えられるが、日本企業では、社内で適切な人材を探し配置する内部調達の方法が重視される。昇進についても同様であり、たとえば、部長のポストが空いたときに、社内にいる課長から適切な人材を選び昇進させる内部昇進の方法がとられる。これが人材調達の第2の特徴である。

　こうした内部調達と内部昇進は、人事管理の設計思想と不可分の関係にある。市場や経営戦略の変化によって組織が変わり、仕事が減ったり増えたりすることは日常的に起こることである。仕事が減少した場合には、減少した仕事に従事している人が余剰になるが、会社は、その人たちの雇用を確保するために、人手の足りない他の仕事に再配置することを考える。このことは、基幹的社員の雇用保障を企業内での再配置（内部調達）の方法によって実現していることを示しており、そのため業務の変動に合わせて人を柔軟に配置するという配置・異動の管理が形成されることになる。

　昇進や賃金についても、似たような現象がみられる。年功制のもとでは、給与が年齢や勤続年数によってある程度上がっていくという賃金管理がとられるので、それに見合って社員の仕事も高度化していく必要がある。この給与と仕事との関係をある程度維持しないと、会社は生産性と関係なく給与を払いつづけることになる。そのため上位のポストに空席ができたときには、企業内の勤続の長い人を優先して配置するという昇進管理をとることになる。

3. 報酬管理—賃金決定の仕組み

　つぎの報酬管理も人事管理の基本システムに基づいて作られている。まずは社員格付け制度としての年功制の影響を強く受けるが、それに加えて、仕事内容や働き方の違いを超えて基幹的社員を同一の社員グループとする社員区分制度をとっているために、職位や職種にかかわらず、すべての社員を同一の方法によって処遇する画一・平等主義的な報酬政策がとられる。

　たとえば、給与の支払い方法はすべての社員が同じ月給制。福利厚生の面についても、管理者であろうが一般社員であろうが同じ社員食堂であり、工場では管理者や技術者も、現場作業者と同じ作業服が支給される。戦後

の代表的な日本企業では当たり前のことであるが、海外では当たり前ではない。ホワイトカラーの月給制とブルーカラーの日給制、管理者用の食堂と一般社員用の食堂、白いＹシャツのホワイトカラーと作業服のブルーカラーといったように、同じ社員に対して、ランクや職種によって異なる扱いをすることが多いのである。

4 人事管理を取り巻く環境条件の変化

1. 労働市場の構造変化を概観する

　前述したように、人事管理は、労働市場と労働関係の法律・政府の政策の環境条件から影響を受けている。まず労働市場についてみると、構造変化の時代をむかえており、企業はそれを前提に人事管理を展開せざるをえない。

　第1の構造変化は、労働力人口（働く意思をもっている人）がこれまでのように増えないことである。表1-1に示したように、第1団塊の世代と第2団塊の世代の影響からとくに増加が著しい1960年代後半（年平均増加数73万人）と1980年代後半（同84万人）を除いても、これまで労働力人口は年平均で60万人前後のペースで増えてきた。しかし1990年代に入ると、出生率の長期的な低下を背景に増加ペースは確実に低下し、しかも21世紀に入ると、労働力人口が減少する時代をむかえている。

　それに加えて、労働力人口の構成も大きく変化しつつある。その第1は、高齢化の進展である。表1-2の推計結果をみると、2017年から2025年の約10年間に15〜29歳の若年層が46万人、30〜54歳の壮年層が235万人減少するのに対して、55歳以上の高齢層は110万人増加し、その結果、高齢者比率（労働力人口に占める55歳以上の比率）は1990年の14％から2017年30％、2025年32％へ上昇する。つまり働く人のほぼ3割が55歳以上の高齢者という時代をむかえつつあり、2040年の推計値からみて明らかなように、こうした傾向はさらに加速すると見込まれている。企業はこうした高齢化の進展を前提に人

表1-1 >> **労働力供給の長期的な変化**

(単位：万人)

年	総数	年平均増減数
1955	4,194	－
1960	4,511	63.4
1965	4,787	55.2
1970	5,153	73.2
1975	5,323	34.0
1980	5,650	65.4
1985	5,963	62.6
1990	6,384	84.2
1995	6,666	56.4
2000	6,766	20.0
2005	6,651	－ 28.8
2010	6,632	－ 4.8
2015	6,625	－ 1.8
2025（推計）	6,552	－ 21.4
2040（推計）	5,846	－ 47.1

第 1 団塊世代 （1970）

第 2 団塊世代 （1990）

少子高齢化による構造的な労働力供給の減少期への突入 （2000）

注：年平均増減数は過去 5 年間の平均値である。
出所：1. 2015年までは総務省『労働力調査』
　　　2. 推計は『厚生労働省雇用政策研究会報告書』(2019年)。推計値は「経済成長と労働参加が一定程度進むケース」の場合。

表1-2 >> **労働力人口の年齢構成の変化**

(単位：万人)

	2017年	2025年（推計）	増減数	2040年（推計）	増減数
総計	6,720	6,552	－ 168	5,846	－ 874
15～29歳	1,100	1,054	－ 46	886	－ 214
30～54歳	3,633	3,398	－ 235	2,775	－ 858
55歳以上	1,988	2,098	110	2,183	195

出所：1. 2015年までは総務省「労働力調査」
　　　2. 推計は『厚生労働省雇用政策研究会報告書』(2019年)。推計値は「経済成長と労働参加が一定程度進むケース」の場合。

事管理を考えていかざるをえない。

　第2は、高学歴化の進展である。図1-5の新規学卒就職者の学歴別構成の推移をみると、昭和40年代（1965～75年の間）までは、中卒者の急減と高卒者・大卒者の急増を経験した変化の時代であった。こうした高学歴化の傾向は1990年代に入ってさらに加速し、ついに大卒者が全新規学卒就職者の約6割を占め、高卒者を上回るまでになっている。大卒者比率が10％前後の1960年代に比べると隔世の感があるし、高学歴者が普通の労働者であることを前提にした人事管理が求められる。

　第3は、会社で働く女性（つまり雇用者の女性）が増えていることである（図1-6を参照）。その傾向は1970年代半ばから顕著にみられ、いまでは全雇用者の約45％が女性である。こうした女性労働者の増加は働き方の多様化を促進しつつあり、たとえば、家庭生活との両立を求める働き方が求められる、

図1-5 >> **新規学卒就職者の学歴別構成の推移**

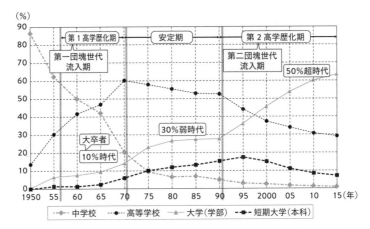

注：1．ここでの新規学卒就職者とは、学校卒業後の状況が「就職者」であった者である。
　　　なお2010年までは「就職者」に「就職進学者」を含めている。
　　2．学歴構成の大まかな変化をみるとのねらいから、ここでは高専、大学院等を除い
　　　た図中にある4つの学歴カテゴリー内の構成を示している。
出所：文部科学省「学校基本調査」。なおデータは1980年までは文部省「我が国の教育水
　　　準」、それ以降は総務省『日本統計年鑑』によっている。

図1-6 >> **働く人に占める女性比率**

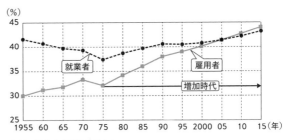

出所：総務庁「労働力調査」

短い時間で働くパート社員が増えるということが起きている。これまでの
人事管理は「男性が会社にとっての基幹的な社員」を前提に作られてきた
が、それが通用しない時代になっている。

　これまでは「誰が働くのか」という観点から労働市場の構造変化をみて
きたが、もうひとつの重要な変化は「労働者が会社や仕事に対して、どの
ような意識をもって働こうとしているのか」（就業観・就業意識）からみた変
化である。図1-7をみてもらうと、会社や仕事を生活の中心に置こうとする

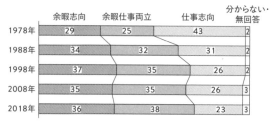

図1-7 >> 就業意識の変化（%）

	余暇志向	余暇仕事両立	仕事志向	分からない・無回答
1978年	29	25	43	2
1988年	34	32	31	
1998年	37	35	26	2
2008年	35	35	26	3
2018年	36	38	23	3

注：「余暇志向」は「仕事よりも、余暇のなかに生きがいを求める」と「仕事はさっさとかたづけて、できるだけ余暇を楽しむ」、余暇仕事両立は「仕事にも余暇にも、同じくらい力をいれる」、「仕事志向」は「余暇もときには楽しむが、仕事のほうに力を注ぐ」と「仕事に生きがいを求めて、全力を傾ける」の選択肢が対応している。

出所：NHK放送文化研究所編『現代日本人の意識構造』（日本放送出版協会）

「仕事志向」の仕事人間的な考え方は確実に弱まりつつあり、会社・仕事と生活とのバランスを大切に考える「余暇仕事両立」の就業観・就業意識が強くなってきている。ましてや労働者のなかに既婚女性や高齢者が増えてくれば、その傾向はますます強くなろう。そうなると企業は、「生活と仕事の両立」を重視した人事管理を構築しないと、社員を有効に活用することも、社員に高い労働意欲を期待することも難しくなる。

2. 労働関連の法制度と政策

　日本の労働関連の法律は3つの分野から構成され、政府の政策もそれを基盤に展開されている。第1は、個々の労働者と使用者との雇用関係を規制し、労働者が働くうえでの（使用者が労働者を雇用するうえでの）条件の最低基準を設定する分野である。最低の賃金を決める最低賃金法、労働時間などを規制する労働基準法、職場の安全などを確保するための労働安全衛生法がこれに当たる。

　第2は、労働組合と使用者・使用者団体との間の集団的な労使関係をめぐる法の領域である。憲法28条は、労働基本権として団結権（労働者が労働組合を結成する、あるいは労働組合に参加する権利）、団体交渉権（労働者が労働組合を通して使用者と交渉する権利）、団体行動権（団体交渉などで要求が通らないときに、

労働者が争議行為によって使用者に対抗する権利）の労働三権を保障している。それを実現するための法がこの領域に当たり、労働組合法と労働関係調整法が中心である。

第3は、労働市場の枠組みを作り、労働市場が適切に機能するように支援するための法律である。会社が行う求人活動、あるいはハローワークや民間の職業紹介会社が就職したい労働者に仕事を紹介する活動などの労働力の需給調整システムに関わる職業安定法、労働者の職業能力の向上を支援することを目的とした職業能力開発促進法などがこれに当たる。

topic

人事管理から人的資源管理へ

いまでは「人事管理」に代わって「人的資源管理」の用語が広く使われるようになってきている。「人的資源管理」は英語のHuman Resources Managementの訳語であり、国際的にも一般的である。なぜ、そうした呼び名が好んで使われるようになったのか。それは「人的資源管理」が欧米企業の進める人事改革の方向を表現しているからである。

組織は合理的に設計された仕事の合成であり、合理的に決められた仕事に配置された社員がそれを過不足なくこなせば、組織全体は効率的に機能する。欧米企業はこうした考え方に基礎を置いた「人の管理」を「人事管理」と考えてきた。そのため部品を調達するのと同じように、特定の仕事に合わせて社員を雇い、その社員にはその仕事の範囲の能力だけを求め、将来に備えて彼らを教育しておこうという意識が薄かった。

変化が表れたのは、国際競争力を失い厳しい経営状況を経験した1980年代であった。技術や市場の変化への適応力を落としたことが競争力低下の原因であり、その背景には「人事管理」がある。変化が激しい時代には、変化に合わせて組織を機動的に変えねばならないが、組織を変えれば仕事内容も変わる。しかし、担当の仕事の能力さえあればよいという「人事管理」では、社員にそうした適応力を期待することはできない。

こうした反省を踏まえて、教育にお金をかけても（投資しても）、それによって高めた能力を有効に活用すれば十分に元がとれるしお釣りもくる、そういう意味で社員は貴重な経営資源（人的資源）であるという方向に人事管理の考え方を変えていった。だからこそ、「人事管理」に代わって「人的資源管理」の用語が使われるようになったのである。

　こうした「人的資源管理」の考え方は、日本企業がもともと得意としてきたことである。終身雇用制度と年功賃金制度のもとで社員教育に積極的に取り組み、それをもって企業は業務ニーズに合わせて社員を柔軟に配置し、社員も仕事の変化に積極的に適応してきたからである。そう考えると日本の場合には、人事管理をわざわざ人的資源管理と呼びかえる必要はないのかもしれない。

ダイバーシティー・マネジメントと人事管理

●ダイバーシティー・マネジメントとは

　経営力の向上には女性等の多様な人材の活用が必要であり、それに合わせて人事管理を再編する必要がある。このダイバーシティー・マネジメントが注目される背景について異論はないものの、それを正しく理解するには、人事管理論からみるとダイバーシティー・マネジメントとは何なのかを検討する必要がある。一般的に「多様な人材が能力を発揮し、それを経営成果に結び付けるマネジメント」と定義されているので、それを手がかりとしたい。

　まず、どのようなマネジメント手法であろうとも経営成果の向上を目的とするので、「経営成果に結びつける」点にダイバーシティー・マネジメント「らしさ」はない。そうなると「らしさ」は「多様な人材が能力を発揮」（つまり、「多様な人材の活用」）にあるということになるが、この点ついても慎重な検討が必要である。

　社内から人材を調達し仕事に配置することを通して活用する。この企業が日常的に行っている人材活用策は、「多様な人材」を含む「すべての社員」の「適材適所」を目指している。このことを踏まえると、ダ

イバーシティー・マネジメントが既存の人材活用策を超えてなぜ必要になるのかが問題になる。

●**ダイバーシティー・マネジメントが問題にしていること**

　既存の人事管理は性、年齢、国籍等の属性に準拠して人材を配置し活用する政策をとるため「多様な人材の活用」に十分に対応できていない。ダイバーシティー・マネジメントは、その問題を解決する新たな「適材適所」のマネジメント方法を提供する。

　これが「既存の人材活用策を超えてなぜ必要になるのか」の唯一の解答であるが、このことはさらに、ダイバーシティー・マネジメントが属性等を超えて人材を活用するので、適材を探す対象の社員群を広域化する機能をもっていることを示している。

　以上のことは、次の事例をみると分かりやすい。これまでの人事管理は基幹的業務には男性を配置する政策をとってきたため、優秀な女性社員の活用ができず「多様な人材の活用」が十分にできていなかった。そこで、男女にかかわらず広い範囲の社員から探した適材を基幹的業務に配置し、そのことによってより効果的な「適材適所」を実現する。

　つまり、これまでの人事管理は、ある業務に従事する人材は特定属性（たとえば男性）の社員に限定するという「規制」を設け、業務に配置する人材の範囲を狭く設定していた。それに対してダイバーシティー・マネジメントは、「規制」の緩和を進め、業務に配置する人材の範囲を拡大することを通して「適材適所」を実現し、それを通して企業の人材活用力を高めるというのである。

●**ダイバーシティー・マネジメントの先にある大切なこと**

　広い範囲から人材を探したほうが「適材」を調達できる。当たり前のことであるが、現実には、企業内の内部労働市場は複数のサブ市場に細分化され、サブ市場のなかから適材を探す方法がとられている。

　たとえばコース別人事管理をとる企業では、内部労働市場は総合職のサブ市場と一般職のサブ市場に分割され、経営にとって重要な案件を企画する基幹業務につく適材は総合職のサブ市場のなかから選ばれ、一般職のサブ市場から選ばれることはない。

　こう考えると、現実の人材活用策は、「限定された範囲」内で適材を

探し、配置する「限定された人材活用策」であり、そこで実現された「適材適所」は、「限定された適材適所」なのである。

「限定された人材活用策」は、適材のいる可能性が高い「限定された範囲」から調達することで、適材を探すコストを節約できる。しかし他方では、「限定された範囲」の外にいるかもしれない適材を活用できない。したがって「限定された範囲」は、このメリットとデメリットを踏まえて、経営成果が大きくなるように決定される。

　以上のことを踏まえると、ダイバーシティー・マネジメントによって、性、年齢等を超えて広域的に適材を探す、つまり性、年齢等にかかわらずより多くの社員が基幹的業務等に挑戦できる体制を推進するほど適材を探すコストが大きくなるため、その先には、どのような「限定された範囲」を新たに設定する必要があるのかという新たな課題が登場する。

　人事管理論からみると、このことを考えないダイバーシティー・マネジメントの議論は先をみていないということになろう。

大日本印刷の経営理念・人事理念と人事管理

　人事管理は経営を支える管理システムの一分野であるので、経営の基本的な方向に合わせて作られる必要がある。

　経営の基本的な方向はまず、経営を行うに当たって企業が重視する基本的な価値を表現した「経営理念」で示される。さらにそれに基づいて、社員にどのような人材であってほしいのか（「求める人材像」）、どのような行動をとってほしいのか（「行動規範・行動指針」）が明確にされる。それらを人材の面から実現し支援するのが人事管理の機能であり、それを設計するには、人事管理の基本的な方向を示す人事戦略を設定したうえで、具体的な制度や政策を策定する。

　望ましい人事管理は企業によって多様であるが、以上はそれを設計するための基本的な手順であり、ここでは印刷業大手の大日本印刷（DNP）の事例を紹介したい。なお、人事制度は多様な分野から構成さ

図1-8 》大日本印刷の21世紀ビジョン

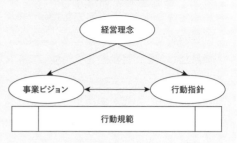

れているので、その中心的な分野である社員格付け制度（同社では「役割等級制度」）と賃金制度を扱うことにする。

● **経営理念と行動規範・指針**

　同社は21世紀ビジョンのなかで、経営理念、事業ビジョン、行動指針、行動規範を設定しており、それらの関係を示したのが図1-8である。「21世紀の創発的な社会に貢献する」。同社はこれを、DNPグループの全社員が共有する最も重要な価値観を表した経営理念であるとしている。さらに、印刷技術と情報技術を融合させて創発的な社会における顧客の問題や課題を発見し、解決することを事業ビジョンとしている。

　こうした経営理念を実現するための活動の基盤として、「社会の発展への貢献、企業市民としての社会貢献、法令と社会倫理の遵守、人類の尊厳と多様性の尊重、環境保全と循環型社会の実現、ユニバーサル社会の実現、製品・サービスの安全性と品質の確保、情報セキュリティーの確保、情報の適正な開示、安全で活力ある職場の実現」を内容とする行動規範を設定している。さらに事業ビジョンに対応して、社員1人ひとりがとるべき行動のあり方（行動指針）を、①関わる人と「対話」する、②問題解決にむけ「自立・協働」する、③困難な課題にも果敢に「挑戦」する、④公正・公平を旨として常に「誠実に」行動する、⑤自らの判断や行動に「責任」をもつ、という5つの指針で示している。行動規範は、事業ビジョンに応じて変化する行動指針を支える普遍的な規範であると考えられている。

● **人事戦略**

　創発的な社会に貢献するために、組織も社員も組織文化も創発的になる必要があり、そのための人事戦略を以下のように設定している。

①社員1人ひとりが特定分野の専門的な知識・技術を身に付けた自立
　した個であること。自立した個が事業ビジョンを実現するために
　努力するとともに自己実現もはかる。

②自立した個が自由闊達に議論して創発的な活動ができる組織を作
　る。

　さらに自立した個を支援するために、人事制度は以下のような制度
として設定される必要がある。

①ビジョン実現にむけた戦略を具現化するインセンティブになる制
　度であること。

②各部門（職群）・各階層（等級）の期待役割・期待成果をベースに、
　それぞれの特性に対応した多様な制度であること。

③効率的・自律的な働き方と個の成長を支援・推進する制度である
　こと。

●人事制度

〈役割等級制度〉

　同社は人事制度を構築するに当たり、まずビジョン実現にむけて各
組織が果たすべき機能の最適配分を行い、それに基づき、社員が担当
する業務を7つの職群（研究開発職、企画開発職、技術開発職、営業職、生産管
理職、製造技術職、スタッフ職）に区分し（これを職群区分と呼ぶ）、各職群が
果たすべき機能を職群定義として明確化している。

　一方、図1-9に示した役割等級制度を導入し、会社が各等級に求める
期待役割・期待成果（両者を合わせて期待貢献と呼ぶ）を役割レベル定義の

図1-9 》 **等級段階（製造技術職以外の場合）**

	等級	管理職のイメージ
上級職	上級1級	事業部長、本部長
	上級2級	部長、工場長
	上級3級	課長、係長
一般職	A級	
	B級	
	C級	
	D級	
	研修員	

なかで明確にしている。たとえば、B級は「担当する業務範囲において、自身の判断により業務を遂行し、課題を発見するとともに、関係する業務について改善をはかる」と、上級3級は「各職群における専門性を有したプロ人材として、組織活動の中心的存在として指導性を発揮するとともに、高度に自律的・主体的な働き方を実践するなかで自ら立案し、新たな価値を創造する」と定義されている。これによって、社員1人ひとりが該当する等級、さらには上位等級において、何をどのようなレベルで遂行し、どのような成果を発揮する必要があるのかが具体化されている。

さらに、以上の職群定義と役割レベル定義を組み合わせることにより、それぞれの職群ごとに役割要素（たとえば製造技能職であれば、「生産活動」のなかの「設備保全・改善」）が設定され、どの等級の人はそれぞれの役割要素についてどの程度の遂行レベルでなければならないかを明確にした役割記述書が作成されている。

〈賃金制度〉

基本賃金は、役割習熟給（上級職は役割基礎給）と役割成果給の2つの部分から構成されている。役割習熟給は、期待役割を果たすベースとなる職務習熟の伸長に応じて昇給する等級別範囲給（同一等級に対応する給与に幅を設けている形態のこと）で、等級間の給与範囲が相互に重複する形態をとっている。ただし上級職の役割基礎給の場合には、等級が決まれば給与が一律に決まる。

役割成果給も等級に対応した範囲給であるが、人事考課に基づいて、その範囲内で変動する。具体的には、人事考課の評価ランクに対応して金額が決まり、高い評価であれば高い金額に、低い評価であれば低い金額になる決定方式であるので、同社は社員の現在価値を反映した給与であると考えている。以上の役割習熟給（役割基礎給）と役割成果給の組み合わせは、下位等級ほど役割習熟給（役割基礎給）の部分が大きく、上位職ほど役割成果給が大きいという構成になっている。

注：「8社にみる経営理念・人事理念・人事マネジメント」（『人事実務』1063号〈2009年8月1・15日合併号〉）と、「役割に基づく人事制度の実際―大日本印刷」（『人事実務』1043号〈2008年9月15日〉）に基づき作成。

第 *2* 章

戦略・組織と人事管理

1 なぜ成果主義が問題になるのか

1. 新型タイプに移行しつつある業績管理と成果主義

多くの企業が成果主義を標榜して人事管理の改革を進めてきた。しかし、それに対する評価は必ずしも一様ではない。「ヒト」の面から企業の競争力を高めるには成果主義が必要であるという推進派から、そうすると経営の視野が短期的になり、長期的にみて企業の人材育成力と競争力は弱体化するという批判派まで多様な見方がある。

こうした議論を聞いていると、人事管理にとって「成果主義は必要か否か」が問題になっているように思える。しかし、それでは人事管理のあり方を考えるうえで何の意味もない。なぜなら、これまでも人事管理は業績管理に基づいて成果主義的であったからである。

たとえば製造部門では、これまでもQ（品質）とC（コスト）とD（納期）が現場の業績を管理するための重要な指標として普通に使われてきたし、現場の管理監督者はQとCとDについて設定された目標を実現するために努力し、その目標の達成の程度によって評価されてきた。こうした管理スタイルは、間違いなく業績管理に基づく成果主義的な人事管理であったといえるだろう。

そうなると、なぜここにきて成果主義がこれほどまでに問題になるのか。それは業績管理の仕組みが古いタイプから新しいタイプに移行しつつあるからである。したがって、「業績管理が導入されつつある（あるいは、されるべきである）」あるいは「人事管理が成果主義化しつつある（されるべきであ

る）」といってもほとんど意味がない。「どのような業績管理と成果主義から、どのような業績管理と成果主義に変化しつつあるのか（あるいは、変化すべきであるのか）」という視点をもつことが重要である。そのためには、業績管理と人事管理の関連性について正確に理解しておくことが必要であるが、「個人や部門がどのような業績を上げるべきか」が企業の経営戦略や組織などのあり方に規定されることから、そのことは経営戦略、組織などと人事管理の関連性を理解することの重要性を示している。

2. 重要な市場の視点

　もうひとつの重要な視点は、経営戦略、組織などの変化が市場の変化に対する企業の対応であるということである。第1章でもふれたように、日本の企業は付加価値の高い製品やサービスをもって競争する。したがって「売れるかもしれないし、売れないかもしれない」というリスクの大きい市場で生き抜いていかざるをえない。そのため、これまでのように量的拡大を志向する経営戦略はとれず、リスクを超えた収益性を期待できる事業分野に資源を集中する経営戦略をとらざるをえない状況に置かれている。

　それに加えて、企業が直面するもうひとつの市場である資本市場でも大きな変化が起きている。これまでの日本企業は取引先や金融機関との株の持ち合いを通して、「物言わぬ株主」を前提に経営を行ってきた。しかし、こうした状況は確実に変化しつつある。株の持ち合いが崩れ、「物言わぬ株主」に代わって投資信託などの機関投資家や海外の投資家など、これまでと違って株価やそれを支える収益性に敏感な「物言う株主」の存在が重要になっている。

　このようにして経営の考え方が株価や収益性を重視する方向に転換すれば、それに合わせて経営戦略は変化することになるし、経営戦略を実現するための組織のあり方も変化する。人事管理にとって経営戦略や組織は、人事管理と市場を連結する媒介項としての役割を果たしている。人事管理が経営戦略や組織の変化に合わせて変わるということは、市場の変化への対応なのである。

2 戦略・組織・業績管理と
  人事管理のとらえ方

1. 業績管理と人事管理をみる2つの視点

　人事管理の成果主義化の問題を考えるに当たっては、どのような業績管理が行われているのかと、業績管理の結果として表れた会社、部門あるいは個人の成果が人事管理にどのように関連付けられるのかを、明確に分けてとらえる必要がある。この点を説明したのが図2-1である。

　業績管理とは、業績目標を設定し、それによって部門や個人の働きの結果（成果）を評価することを通して、効率的・効果的な組織運営をはかるための管理活動である。この業績管理の具体的な形態は、どのような種類の業績目標をどの程度明確に提示するのか、それに基づいて、どのように、どの程度厳しく成果が評価されるのかによって規定される。したがって、業績目標が細部にわたってより明確に設定され、それに基づいて良い業績と悪い業績が明確に分かるように厳しく評価されれば、業績管理は強化されたということになる。

　しかし、こうした評価結果を「ヒト」の評価にどのように結び付けるか

図2-1 ≫ **業績評価（業績管理）と
　　　　人事評価（人事管理）の連結**

については、多様な選択肢がある。たとえば、業績をいかに厳しく評価しても、評価結果を人事評価や賃金決定に反映させないこともできるし、大幅に反映させることもできる。もし後者の政策をとれば、業績評価が人事評価の主要な基準になるし、その結果によって昇進や昇給が大きく左右されることになろう。

このような多様な選択肢のなかのどれを採用するかは、企業の政策決定の問題であるが、その際に考慮されるべき点は、図2-1の「政策決定の際の考慮点」に示してあるように、長期的な視点からみた労働意欲の維持・向上と人材育成への配慮である。

ここで、つぎのようなケースを思い浮かべてほしい。ある営業部門では毎年、製品別、顧客別に売り上げ目標を細かく立て、それをもって、期末には個々の営業スタッフの業績を評価している。ここで、もしその評価結果だけで昇給や賞与が決まり、業績いかんによってそれらに大きな格差がつくとすれば、営業スタッフはとにかく、その年の業績を上げるように働くだろう。しかし、そのため長期的な観点に立って顧客に満足してもらうというより、いまの業績を上げるために無理な売り込みをして、結局は顧客の信頼を失うかもしれない。あるいは、その年の売り上げの拡大に精力を使うために、将来を見据えて仕事の進め方を改善したり、自分の能力を高めようとする意欲は失われるかもしれない。

つまり短期的な意味合いが強い業績評価の人事管理への反映は「いま」の労働意欲を刺激するかもしれないが、そのことは、長期的な観点に立った労働意欲の維持・向上と人材育成とは必ずしも両立しない。こうした短期と長期の間に起こるトレード・オフの関係を考えながら、企業は業績管理と人事管理の最適な連結を可能にする仕かけを作り上げなければならないわけである。人事管理の成果主義化の形態は、その政策選択の結果として表れると考えてほしい。

2.「投入に関わる管理」と「産出に関わる管理」

図2-2は組織、業績管理と人事管理が相互にどのような関係にあるのかを整理したものである。企業は部門や個人を対象にして、彼らの活動が経営目標に貢献するように管理活動を展開するが、その管理には、ヒトの経営

図2-2 >> **経営戦略・組織・業績管理と人事管理の関連構造**

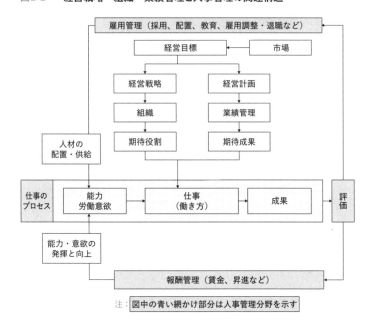

注：図中の青い網かけ部分は人事管理分野を示す

資源を各部門にいかに適正に配分するのかに関連する「投入に関わる管理」
と、ヒトの経営資源を活用して各部門にいかに成果を上げてもらうのかに
関連する「産出に関わる管理」の2つの側面がある。主に人事管理は「投入
に関わる管理」に、組織と業績管理は「産出に関わる管理」に当たり、両
者は実際の仕事の場面で連結することになる。

　ここで同図の「仕事のプロセス」をみてほしい。個人の「能力と労働意
欲」が「仕事」に投入され「成果」が上がるという構成になっているが、そ
のなかで個人がどう働くかは組織と業績管理で決まる。それは、組織によ
って、個人がどのような仕事を担当するのか（期待役割）が決まり、業績管
理によって、仕事を通してどのような成果を上げることが期待されている
のか（期待成果）が決まるからである。

　このようにして組織と業績管理は、人材の需要構造を決め、働き方を誘
導する役割をもつ。それに対して人事管理は、そうした人材に対する需要
を満たすために、適切な「能力と労働意欲」をもった人材を仕事のプロセ
スに適量に配置し、彼ら（彼女ら）の「能力と労働意欲」の発揮と維持・向

上をはかる、という人材の供給に関わる役割をもっている。

3. 戦略と組織と業績管理

　こうした役割をもつ組織と業績管理を作り上げる作業は、経営目標の設定から始まる。「これまでは売上高などの経営規模の拡大を重視してきたが、これからは収益性を重視する」という方向で経営が変わりつつあるといわれているが、このことは経営目標の変化を示しており、その経営目標を実現するために長期的な観点から経営戦略が、短期的な視点から経営計画（一般的には1年間の計画）が立てられる。なお、経営戦略の主な役割は「何の製品・サービスをどこで売る事業を展開するのか」（つまり事業分野）を決めることで、経営計画の主な役割は、一定の期間内に売り上げ、利益などの経営成果をどの程度達成するのかの目標を設定し、それを達成するための活動計画を作成することにある。

　このように経営戦略によって事業分野が決まると、それに沿って組織が設計される。組織が決まれば個々の部門の事業内容が決まり、それを細分化して個人の業務内容（期待役割）が決定される。さらに業績管理のもとでは、経営計画に基づいて決定された経営成果の目標が全社レベルから部門レベルに、さらには個人レベルに細分化され、個人の期待成果（業績目標）が決定される。それを受けて個人は、ある期待役割（たとえばA商品をA地域で販売するという役割）を担い、ある期待成果（たとえば今年は売上高を10%拡大するという目標）を達成しようと仕事に取り組む。その結果としての成果は期待成果に基づいて評価され、評価結果は経営計画の作成などのステージにフィードバックされる。

　業績管理の仕組みは管理分野ごとに設定され、職能分野別には研究開発部門の研究開発管理、生産部門の生産管理、営業部門の営業管理などの業績管理が、また分野横断的には、たとえば「カネ」の面では財務管理、予算管理、原価管理の業績管理がある。

　それぞれの業績管理は、それぞれの機能の範囲内で、経営戦略に基づき戦略あるいは基本計画（たとえば研究開発戦略、営業戦略など）を立て、組織を編成し、業績目標に基づく業績管理を展開する。

　したがって、たとえば生産部門の職場と個人は、主に生産管理という業

績管理の仕組みを通して期待成果が設定され、業績の管理を受ける。人事管理も、ヒトの面を担う分野横断的な業績管理の一形態である。本書では、人事管理の仕組みと機能を分かりやすく説明するために、営業管理、生産管理などの人事管理以外の分野を一括して業績管理と呼ぶ。

4. 業績管理の特徴をみる視点

　人事管理にとっての業績管理（とくに業績目標）の意味合いを理解するためには、さらにつぎの点を理解しておく必要がある。第1は、企業経営の最終目標にどの程度近いかによって、業績目標には多様な形態があるということである。業績目標には損益、売り上げ、コストなどの貨幣尺度に基づく目標と、生産量、品質などの物量尺度に基づく目標の2つがあるが、一般的には貨幣尺度のほうが、「利益」という最終の経営目標に近い結果重視型の目標であり、物量目標のほうが、最終目標から離れた最終目標を実現するための経営プロセスを重視する目標である。こうしたことは貨幣尺度のなかでもみられ、損益は売り上げやコストに比べて、明らかに経営の最終目標に近い結果重視型の目標である。

　こうした多様な業績目標のなかのどれを選択するかによって、労働者が目標とする働き方は異なる。たとえば品質という物量尺度を用いれば、労働者は品質の向上を実現すれば最終的な「利益」につながると考えて行動するだろうし、損益という貨幣尺度を用いれば、品質は損益を改善するための一要素であり、それ以外に歩留まりやコストを気にかけて行動するようになるだろう。こうしたなかで日本の企業は一般的に、TQCやJIT（ジャスト・イン・タイム）方式が盛んであることからも分かるように、貨幣尺度よりも物量尺度による業績管理を重視してきたといわれている。

　もうひとつは、高度に分業化が進んだ組織のなかでは、個々の部門や個人の「経営目標に対する貢献」を直接把握することが難しいため、何らかの方法で「経営目標」が翻訳され、部門、個人レベルの業績目標として使われるということである。このことは翻訳の仕方によって業績を測る指標と業績目標の表現が変化することを意味し、どのような考え方をもって翻訳の仕方を決めるかが重要になる。

　利益を拡大することが変わらぬ最終の経営目標であったとしても、「作れ

ば売れる」市場環境にあると経営者が判断すれば、生産高を翻訳された経営目標（業績目標）とすることが有効であるかもしれない。それは、「作れば売れる」市場環境のもとであれば生産を拡大することが利益の増加につながり、また、利益よりも生産高のほうが部門や個人にとって分かりやすく、労働意欲を引き出しやすい業績目標であるからである。しかし、「売れるかどうかは顧客が決める」市場リスクの大きい時代になると、需要に合わせて生産することが重要になり、生産のリードタイムを短くし在庫を減らすことが業績目標になるかもしれない。

5. 経営戦略と人事管理との関連

　企業の長期的な方向を決める経営目標と経営戦略は、人事管理のあり方にどのような影響を及ぼすのか。そこには2つのチャネルがある。

　第1は、これまで説明してきた組織と業績管理を通して人事管理に影響を及ぼすチャネルである。企業は、個々の部門、個人の期待役割を明確にした（つまり、組織を設計した）うえで、部門の業績目標を全社的な経営目標に、社員の業績目標を部門の業績目標に基づき設定し、これらの目標の連鎖を通して、部門と個人の行動を刺激し、調整・統合し、組織全体のパフォーマンスを上げようとする。そうなると、経営目標や経営戦略の変化は組織、業績管理などを介して個人の働き方を変え、それに適合する人材の供給を担う人事管理の仕組みを変えることになる。さらに個人に設定された目標は何らかの形で人事評価に連結され、その結果は配置、教育、処遇などの管理行動に反映される。この点については第5節であらためて詳述する。

　もうひとつは、人事管理の基本的な考え方（人事戦略）に影響を及ぼすチャネルである。たとえば、株主・資本家の利益を重視する経営者であれば、会社の収益性や市場価値を高めることを重要な経営目標と考え、その結果、雇用と処遇の弾力化を強化するという人事戦略をとろうとするだろう。また社員の所得と生活の安定を重視する経営者であれば、経営規模の維持・拡大を志向する経営目標を通して、雇用と処遇の安定を重視する人事戦略をとろうとするだろう。このようにして設定された経営目標は人事管理のあり方に直接影響を及ぼすが、いうまでもなく上記の第1のチャネルを通して間接的にも影響を及ぼすことになる。

3 経営戦略と業績管理の現状

1. 経営者が重視するステークホルダー

　それでは日本の企業は、どのような経営戦略と組織と業績管理をとり、それをどのように変えつつあるのか。まず「何を目指して経営を行うのか」（経営目標）についての経営者の考え方が問題になるが、それには「誰の利益のために」と「何を目標にして経営するのか」の2つの面があり、前者は経営者が重視するステークホルダー（利害関係者）は誰かということに等しい。

　図2-3をみると、経営者がこれまで重視してきたステークホルダーは第1が顧客、第2が社員、第3が株主・資本家であり、それ以外の取引先、金融機関、グループ会社、労働組合などの位置付けは低い。しかし、経営者が

図2-3 >> **経営者が重視するステークホルダー**

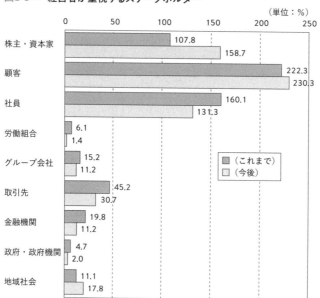

注：アンケートは、経営者に第1位、第2位、第3位に重視するステークホルダーを回答してもらっている。図中の比率は以下の計算式によっている。
　　［第1位の比率（％）×3＋第2位の比率×2＋第3位の比率］
出所：経済同友会『第14回企業白書』（1999年）

考えるステークホルダーの構成は変化しつつある。

　同図の「これまで」と「今後」を比較すると、株主・投資家の重要性が高まり、社員が低下し、その結果、顧客が第1位である点に変わりはないが、株主・資本家が第2位に上がり、社員が第3位に後退している。そうなると経営者は、これまで以上に株主・資本家の利益につながる経営目標を重視することになる。

　なお最近では、企業の社会的責任（CSR）が問題になり、社員とともに社会がステークホルダーとして重視されてきている。企業が社会的存在である以上、社会を重要なステークホルダーとしてとらえるのは当然のことである。しかし、これまでは利益を上げて納税することや、労働者を雇用することが社会に対する責任であると考えられてきたが、環境や資源・エネルギーなどの社会問題が深刻になるにともない、企業が社会に対して果たすべき役割が拡大しているのである。このようにしてCSRを重視する方向で経営目標を変えることが求められているが、顧客、株主・資本家、社員が中心となるべきステークホルダーであり、株主・資本家を重視する傾向が強まることに変わりはない。

2. 経営者が重視する経営目標

　それでは、図2-3で示したステークホルダーの利益を実現するために、経営者は「何を目標にして経営を行うのか」。表2-1の「現在の経営目標」の欄にあるように、産出高［売上高（51％）次いでマーケットシェア（35％）］と利益額［経常利益（59％）次いで営業利益（38％）］からみた経営規模の拡大を指向する指標が第1の経営目標であり、コスト削減（40％）と非財務関連指標の顧客満足度（47％）、組織・事業改革（43％）、品質（35％）がこれに次いでいる。

　他国と比べると、このような日本企業の経営目標の体系にどのような特徴があるのか。ここで、日本とアメリカを比較した図2-4を参照してほしい。図中の値の計算方法の詳細は（注）をみてもらうことにして、プラスの値が大きいほど日本企業が重視する指標、マイナスの値が大きいほどアメリカ企業が重視する指標である。これによると、アメリカは日本に比べて「1株当たり利益率」「株主資本利益率」「株価」「ステークホルダーとの関係」

表2-1 ≫ **経営者が重視する経営目標（複数回答）**

		(a) 現在の 経営目 標%	(b) 今後の あるべ き経営 目標 （%）	(b)−(a) （%）
財務関連指標	1. 売上高	50.9	32.8	▲18.1
	2. 営業利益	38.1	35.9	▲ 2.2
	3. 経常利益	58.7	51.2	▲ 7.5
	4. 税引き前利益	16.8	16.2	▲ 0.6
	5. 純利益	32.9	36.6	3.7
	6. キャッシュフロー	20.2	35.4	15.2
	7. 運転資金	3.1	4.1	1.0
	8. 1株当たり利益率（EPS）	16.7	25.2	8.5
	9. 株主資本利益率（ROE）	21.8	46.9	25.1
	10. 総資産利益率（ROA）	12.7	26.8	14.1
	11. 使用資本利益率（ROC）	6.3	13.4	7.1
	12. 経済的付加価値（EVA）	3.5	13.8	10.3
	13. 市場付加価値（MVA）	2.3	8.5	6.2
	14. 在庫金額	9.2	7.3	▲ 1.9
	15. 売掛金額	3.7	3.7	0.0
	16. コスト削減	40.3	37.0	▲ 3.3
	17. 価格競争力	25.2	32.3	7.1
	18. 株価	22.9	34.2	11.3
非財務関連指標	19. 顧客満足度	46.8	63.5	16.7
	20. 品質	34.8	38.7	3.9
	21. マーケットシェア	34.9	28.4	▲ 6.5
	22. 新製品開発	27.5	34.3	6.8
	23. 職場活性化	36.7	37.4	0.7
	24. ステークホルダーとの関係	17.3	23.3	6.0
	25. 組織・事業改革	43.1	51.3	8.2
	26. 企業倫理	26.4	42.7	16.3

注：調査では、表中の経営目標を「経営者の業績を評価する指標」として質問している。
出所：図2-3と同じ

「総資産利益率」を重視しており、アメリカ型の目標体系は明らかに収益性、資本の効率性、市場評価を重視するとの特徴をもっている。それに対して日本は、第1には、「売上高」「営業利益」「マーケットシェア」といった経営規模を表す目標を、第2には、「コスト削減」を進めて「価格競争力」を強化する目標を、第3には、「職場活性化」と「企業倫理」の非財務関連目標を重視している。

　しかし日本の経営者は、経営目標をややアメリカ型に変えたいと考えている。表2-1の「今後－現在」[(b) − (a)]の比率をみると、経営者は「売上高」を中心にして「経常利益」「マーケットシェア」といった経営規模を表す目標の重要性を下げる一方で、「顧客満足度」「企業倫理」の非財務関連目標とともに、「株主資本利益率」を中心にして「キャッシュフロー」

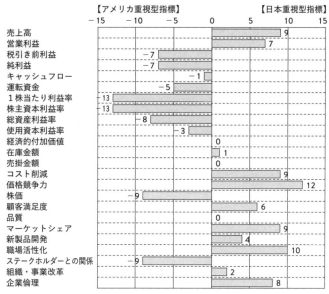

図2-4 ≫ 経営目標の日米比較

注：1. 両国のデータは経営目標の選択肢については同一であるが、設問形式が異なるので比率を直接比較することが難しい。そこで、それぞれの国について比率に基づいて各目標の順位を付け、その順位の違いによって両国間の比較をしている。したがって図中の指標は、「当該目標のアメリカ企業内順位－日本企業内順位」で計算した値である。
　　　2. 日本のデータは経済同友会調査による。アメリカのデータは、Top Executive Pay For Performance, Report Number 113-95R,The Conference Board, 1995によっている。

出所：図2-3と同じ

「総資産利益率」「株価」「経済的付加価値」といった収益性、資本の効率性、市場評価を重視しようとしている。

3. 部門レベルの業績目標

つぎに表2-2をみてほしい。以上のような全社レベルの経営目標の構成に対応して、部門レベルで設定されている業績目標は何といっても売上高（72.8％）、利益額（71.2％）、利益率（68.4％）の財務指標が重視されている。それに次ぐのがコスト（61.4％）、それも人がらみの要素（人件費55.2％、要員数42.6％）と品質（45.2％）である。こうした目標体系の特質は、バランス・スコアカード（ハーバード・ビジネス・スクール教授であるキャプランとコンサルタン

表2-2 ≫ **重視する部門管理の指標**

(単位：%)

回答企業数(社)	財務の視点				顧客の視点		社内ビジネスプロセスの視点					学習と成長の視点	合計比率
	売上高	利益額	利益率	キャッシュフロー	納期	品質	新規の製品やサービス・顧客の開発	設備投資	コスト	要員数	人件費	人材の育成	
591	72.8	71.2	68.4	14.7	18.6	45.2	31.6	16.9	61.4	42.6	55.2	38.1	536.7
	227.1 (42.3)				63.8 (11.9)		207.7 (38.7)					38.1 (7.1)	(100.0)

出所：日本労働研究機構『業績主義時代の人事管理と教育訓練投資に関する調査』（2000年）

トのノートンが開発した業績評価手法）の考え方に基づいて整理すると理解しやすい。

　企業にとって最も重要なステークホルダーは顧客と株主であり、経営の目標はそれらの利益を最大化することにある。そうなると業績目標はそれに合わせて設定される必要があり、前者の目標群は「顧客の視点」、後者は「財務の視点」と呼ばれる。さらに、それらの経営目標を長期にわたって安定的に実現するには、人材などの企業内インフラが整備され、それを土台にした業務プロセスが常に革新されていくことが求められる。そこで前者に対応して「学習と成長の視点」、後者については「社内ビジネスプロセスの視点」が設定されている。これら4つの視点に立って、業績目標を適切に設定するというのが、バランス・スコアカードの考え方である。

　この視点から同表をみると、財務の視点と社内ビジネスプロセスの視点は構成比率（表中のカッコ内の比率。これは全指標の回答率の合計を100%として各視点の内訳の比率を計算したものである）がそれぞれ約4割と最も重視され、残りの約2割は顧客の視点と学習と成長の視点からなるという構成である。

　以上の業績目標はひとつの平均的な例として示したものであり、当然のことながら、生産部門と販売部門とでは異なる。それにもかかわらず、さらにつぎの2つの点が注目される。第1は、業績主義がいかに進もうが、すべての業績を株主を強く意識した財務関連指標で評価することはなく、非財務的指標も重視されている。第2に、長期的な観点から潜在的な競争力を評価するための指標（社内ビジネスプロセスの視点と学習と成長の視点）がかなりの程度重視されている。

4. 個人の業績目標と目標管理

　こうした部門の業績目標に対応して、個人に対して何らかの業績目標が
設定されることは当たり前のことであり、それに基づいて仕事のプロセス
を管理し、仕事の結果を評価する管理手法として目標管理が広く活用され
ている。表2-3をみると、部門とはかなり異なる目標の構成になっている。

　たしかに、重視する目標として売上高（43.0%）と利益額（38.0%）が高い
比率を示しているものの、業務の改善が50.8%と最も重視される指標であ
るうえに、自己の能力開発（27.3%）や部下の育成（21.1%）といった人材育
成に関わる目標も重視されている。その結果、財務の視点、社内ビジネス
プロセスの視点、それ以外の2つの視点は構成比率が3分の1ずつで均衡する
という構成になっており、とくに学習と成長の視点が2割の比重を占める点
に特徴がある。

　このようにみてくると、第1に、成果主義が強調されているからといって
「結果」（財務の視点）のみが重視されることはなく、「結果」（財務の視点）と
「プロセス」（社内ビジネスプロセスの視点）と「長期の人材育成」（学習と成長の
視点）の組み合わせを考えた目標設定が行われている。第2に、全社から部
門を経て個人に下りてくるにしたがって、目標の重点は「結果」から「プ
ロセス」、さらには「長期の人材育成」に移行していく。

表2-3 ≫ **目標管理で重視される個人目標**

（単位：%）

回答企業数（社）	財務の視点			顧客の視点	社内ビジネスプロセスの視点			学習と成長の視点			合計比率
	売上高	利益額	利益率	顧客満足度	製品・サービス・顧客の開発	コスト	業務の改善	部下の育成	自己の能力開発	働く意欲や態度	
374	43.0	38.0	24.9	19.3	20.3	31.6	50.8	21.1	27.3	10.2	286.5 (100.0)
	105.9 (37.0)			19.3 (6.7)	102.7 (35.8)			58.6 (20.5)			

出所：表2-2と同じ

4 日本型組織の特徴

1. 組織の作り方の2つの考え方—日本型と欧米型

　これまで経営戦略と業績管理について詳しくみてきたので、つぎに組織の作り方の日本的な特質についてもみておきたい。組織の作り方には、日本型の「属人主義」と欧米型の「職務主義」の2つがある。両者の考え方には基本的な違いがあり、それを図示すると図2-5のように表すことができる。

　欧米型の職務主義の場合には、組織を分析的かつ合理的に設計する。まず事業分野などを決める経営戦略に合わせて必要な機能（量と種類）を抽出する。そのうえで、それを個々の職務に分割し、各職務の内容と責任・権限を明確に規定し、それらを経営目標に合うように相互に関連付けながら組み上げていく。この過程で、個々の職務の境界は明確に設定される。

　これまでの説明で注目してほしいことは、職務を遂行するヒトに関する記述がまったくないことである。つまり職務主義で大切なことは、「誰がその職務につくのか」を考えずに、機械を設計するように組織を機能的に設計しなければならないということである。こうして組織が出来上がると、明確に規定された個々の職務に合う人が確保され、配置されることになる。したがって配置された人には、配置された時点から、当該職務を遂行するうえで必要な能力が要求される。このように職務主義では、「まず職務ありき」を基本的な考え方に置いている。

　それに対して日本型の属人主義は、職務の概念が曖昧な点に特徴がある。

図2-5 >> **2つの組織編成**

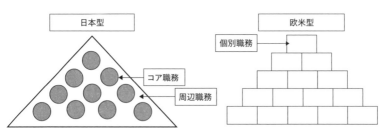

出所：石田英夫『企業と人材』（放送大学、1989年）

たとえば求められている役割を果たすために、特定部門がもたねばならない機能については日本も欧米諸国も大きくは変わらないだろうし、その部門にとって重要なコア機能とそうでない周辺的な機能がある点も変わらないだろう。しかし、そこから先が日本と欧米諸国では変わってくる。

たしかに日本でも、コア職務については担当者を明確に決めておく。しかし周辺的な機能については、業務の状況に合わせて、また人の能力に合わせて柔軟に配分する傾向が強い。したがって、日本は「職務に合わせて人を配分する」欧米流の職務主義に比べると、「人に合わせて職務を配分する」ことになり、個人も、特定の職務を超えて境界業務をこなせる能力、職場の同僚と協力して職務を柔軟にこなす能力が求められることになる。

欧米諸国に比べて日本の企業では、特定の専門業務に特化した人材より、守備範囲の広い人材が評価されるといわれるが、その背景には、こうした組織の作り方の違いがある。

2. 経営資源の配分—平等主義と階層主義

組織の作り方に関連して、日本らしさを特徴付けるもうひとつの重要な点は、意思決定の権限とそれに必要な情報の配分の仕方である。そういうと、職務の階層構造が決まれば、部長には部長の権限と情報が、課長には課長の権限と情報が配分されるので、そこに日本らしさなどあるわけがないと考えがちだが、原則はそうでも現実は多様である。

ここで、日本企業の部長と欧米企業の部長は同じ権限をもっていたとする。それにもかかわらず日本の場合には、部下が原案を作成したり、部下の意見を取り入れたりして、部長が最終的な決定をするということが普通に行われる。それに対して欧米企業では、部長は自分の考えで決定して、部下には上から指示する傾向が強くみられる。こうした違いがあるので、日本企業はボトムアップ型の、欧米企業はトップダウン型の意思決定の仕組みをもっているといわれるのである。

日本企業が得意とする改善活動が世界に広まり、「KAIZEN」が英語として通用するようになっている。現場の第一線で働いている社員が、自らの工夫によって自分の担当している仕事を改善するというのが改善活動であるが、このことは日本企業の組織の作り方につぎのような特徴があること

を示している。

　第1に、現場の社員は「与えられた仕事を決められたように遂行する」ことを基本的な役割としているが、それを超えて「仕事の仕方」を変える権限も配分されている。第2に、その背景には、「改善すべきことを最もよく知っているのは、その仕事に従事している現場の社員なので、その知識と能力を活用することが効果的な方法である」、しかも「そうすることによって、彼ら（彼女ら）の労働意欲を引き出せる」という経営思想がある。

　以上の点から分かるように、トップダウン型の意思決定のもとで、仕事の改善は上司や技術者の役割とする欧米企業と異なり、日本企業では、権限が組織の下部に多く配分されている。そうなると、仕事あるいは意思決定に必要な情報が、日本企業では下に厚く配分されることになるし、欧米企業では上に集中するということになる。「経営者と社員の間の情報の共有化が進んでいることが日本企業の強さの秘訣」といわれるが、その背景には、こうした事情がある。

5 経営戦略・組織・業績管理と　人事管理の関連性

1. 2つの関連性

　これまで経営戦略、組織、業績管理について、また前章では人事管理の機能と構成について詳しく説明してきたが、両者の間にどのような関連があるのかをあらためて整理しておきたい。社内外の環境条件が人事管理のあり方を規定するが、経営戦略、組織、業績管理は企業内の環境条件のなかで最も重要な要素であり、それと人事管理との関連については先の図2-2に示した。

　これまで何度も強調したように、経営戦略、組織、業績管理は期待役割と期待成果を決め、会社はそれらを通して社員に期待する仕事の内容を提示する。社員は、このようにして会社から提示された仕事に対して能力と労働意欲を投入して成果を上げる。人事管理はこの仕事のプロセスに「適

切な」人材を「適正」に供給し、彼ら（彼女ら）に期待役割を果たし、期待成果を実現するように働いてもらうという役割を担っている。この人事管理の役割は3つの分野から構成されている（図2-2の網かけで示した人事管理分野を参照のこと）。

第1は仕事のプロセスに人材を供給する雇用管理の機能であり、人材を採用する、配置する、教育するための管理分野がこれに当たる。さらには雇用調整や退職の管理も、要員の適正化をはかるという意味で雇用管理の一分野を形成する。もうひとつは、労働者の能力と労働意欲の発揮と維持・向上をはかる報酬管理の機能であり、賃金、福利厚生、昇進などの管理がこれに当たる。

2. 人事評価と業績評価の2つの評価

これらの管理活動を通して社員は仕事に従事することになるが、その結果として、適性に合わない仕事についたために能力を十分に発揮できなかったかもしれないし、あるいは仕事に必要な能力を十分に備えていなかったかもしれないし、逆に仕事を通して能力が向上したかもしれない。こうしたことは、社員に対して行われた人事管理の雇用管理面の結果である。同様に報酬管理の面でも、労働意欲を高められると思って導入した賃金の決め方が予想したようには機能せずに仕事の成果が上がらない、という結果が現れるかもしれない。

よりよい人事管理を実現するには、仕事をするなかで現れるこのような人事管理上の結果を正しく測定して、改善に結び付ける必要がある。この管理サイクルのなかで測定機能を果たすのが、人事評価である。

前章で強調したように、人事評価は昇進や賃金を決めるためのものと狭く考えないでほしい。人事管理のすべての分野について、結果の情報、改善のための情報を提供することが人事評価の基本機能である。だからこそ、図2-2では、人事評価から出ている線は仕事のプロセス全体に連結しているのである。

それに対して、同じ評価でも業績評価は異なる位置付けになる。仕事の結果として実現した成果を期待成果と比較し、その評価結果を組織や業績管理などにフィードバックする。業績評価はこの「仕事の管理サイクル」

のなかでの測定機能を果たすのである。

　同じ評価機能をもつとはいえ、「人事管理の管理サイクル」に組み込まれた人事評価と、「仕事の管理の管理サイクル」に組み込まれた業績評価とは異なる機能を果たしていること、両者の連結は労働意欲の向上や人材育成といった長期的な視点に立って実現すべきこととの関連で考えられねばならないことをあらためて強調しておきたい。

人事管理を決めるもうひとつの要因は社員の働くニーズ

●社員の働くニーズの変化も人事管理を変える

　図2-2をあらためてみてほしい。人事管理のあり方を決める背景を説明しているが、これには大きな欠陥がある。同図では、経営戦略、組織、業績管理等に規定される「期待役割」と「期待成果」が社員の「仕事と働き方」を決め、それを支援するのが人事管理であると説明した。しかし、そのようにして決まる「仕事と働き方」も、社員の働くニーズから離れていたら絵に描いた餅になろう。

　つまり、同図は労働力の買い手である経営側（つまり、人材に対する需要側）からみたものであり、そこでは労働サービスを提供する社員の都合はまったく考慮されていない。これが同図の大きな欠陥であり、それを是正するには、「仕事と働き方」を規定するもうひとつの要因として「社員の働くニーズ」を加える必要があり、その要因の背景には社員の生活と職業についてのキャリアビジョンがある。

　そうなると、経営戦略、組織、業績管理等が変わると「期待役割」と「期待成果」が変わり、それに合わせて人事管理のあり方が変わると説明してきたが、それに、社員の生活と職業のキャリアビジョンが変われば「社員の働くニーズ」が変わり、それに合わせて人事管理のあり方が変わるという説明を加える必要がある。

　つまり、前者の会社側の都合（労働サービスに対する需要構造）と後者の社員側の都合（同じく供給構造）を擦り合わせて「仕事と働き方」が決まり、それに合わせて人事管理が構築されるのである。

●進む社員の「制約社員」化と「働くニーズ」の多様化

　以上の視点から最近の動きをみると、社員の「働くニーズ」の変化が人事管理の再編を迫る大きな力になっている。

　基幹的な業務を担当する基幹社員は業務ニーズに合わせて働く時間、働く場所、担当する仕事を柔軟に変えることができる、つまり、業務ニーズに合わせて労働力を制約なく提供できる「無制約社員」とし、終身雇用制や年功制等からなる伝統的な人事管理を適用する。それに対して働く時間・場所等について制約がある「制約社員」は、定型的な業務を担当する周辺社員とし、伝統的人事管理以外の人事管理を適用する。これが伝統的な人事管理の基本骨格であり、そのもとで基幹社員は男性中心、周辺社員は女性中心という雇用の世界が形成されてきた。

　しかし、ここにきて女性の戦力化が進み、基幹的業務につく女性社員が増えている。しかし、彼女らは家事・育児負担に直面すると働き方が制約的になり「制約社員」化する。同様のことは、親等の介護に苦労する中高年社員や治療と仕事の両立に苦労する社員にもみられる。つまり、「無制約社員」であったはずの基幹社員のなかに「制約社員」化する社員が増えてきているのである。また「制約社員」であるパートタイマー等の非正社員は、定型業務に従事する周辺社員であるはずにもかかわらず、正社員に匹敵する基幹的な業務に従事する社員が増えてきている。

●伝統的人事管理が直面する課題と挑戦

　以上のように社員側の事情が変化するなかで、伝統的人事管理の土台は確実に弱体化しつつある。それは、基幹社員は「無制約社員」、周辺社員は「制約社員」という基本骨格が崩れ、それにもかかわらず伝統的人事管理の再編が進まないために深刻な人材活用上の問題が起きているからである。

　たとえば家事育児、介護、治療等との両立に苦労する基幹社員は制約なしに働くことができないために離職する、基幹的な業務につくパートタイマー等非正社員は処遇の改善が進まないために労働意欲が低下する等が典型的な現象であり、これは企業の人材活用力の低下を意味している。

そうであれば、働き方が制約化するか否かにかかわらず、能力と意欲のある人材を基幹社員として活用できる人事管理を新たに構築することが必要になる。しかも、制約の内容は人によって多様であるため、「制約社員」化が進むと社員の求める働き方が多様化するので、この新しい人事管理はそれに適合する人事管理でなければならない。いま人事管理が取り組まねばならない最大の挑戦である。

case

カンパニー制・分社化と人事管理—東芝

●カンパニー制と事業部制

　変化の激しい市場に対応できる経営体制を構築する、資本の効率的活用をはかるなどのねらいから、1990年代に入って、ソニー、三菱化学、住友商事、武田薬品工業等の日本を代表するいくつもの企業がカンパニー制を導入している。

　カンパニー制とは、社内の事業分野をあたかも独立した会社のように運営する社内分社制度である。企業はこれまでも、同様の考え方にしたがって事業部制を広く導入してきたが、カンパニー制はより「独立した会社」の性格を強めた組織の形態である。たとえば業績管理の面でみると、事業部制ではフロー中心（売上高、利益等）の成果評価であるが、カンパニー制ではストック（ROA、ROI、ROE等）の評価が重視されるという違いがあるといわれている。このカンパニー制をさらに推し進めると、事業分野を別会社として独立させる分社化の政策になる。

　カンパニー制にしても、分社化にしても、社内の特定部門が独立した会社のような存在になるので、それに合わせて人事管理の権限もカンパニーに委譲される。各カンパニーはそれぞれの市場や働き方に合わせて人事管理の仕組みを作るようになるので、ひとつの会社のなかに複数の人事管理システムが存在する「人事管理の複線化」の傾向が強まる。しかし、カンパニーがあまりにも独自性を発揮すると、企業全体のまとまりがなくなる。カンパニー制や分社化を推進する企業に

とって、複線化を組み込んだ新しい人事管理システムの構築が重要な課題になる。以下では、総合電機メーカーである東芝が1999年4月から開始したカンパニー制の事例を紹介する。

●カンパニー制導入の背景

総合電機メーカーである同社には多くの事業分野があり、それぞれの事業は異なる競争条件のもとにある。そのことが、ある事業部門の業績が悪化しても、他の業績のよい事業部門がカバーし、全社的には安定した経営が実現できるという「総合」電機の強みを作ってきた。しかし現在は、国際競争が厳しくなっている、強力な専業メーカーが現れているなどの経営環境の変化のなかで、どの事業も、それぞれの分野でライバルメーカーに伍して勝ち抜いていける力がないと存続が難しい。

そうなると、事業分野によって競争条件が異なるので、経営システムを全社一律にするというわけにはいかず、それぞれの事業の経営の戦略や管理システムは、その事業の市場に近い部門に任せざるをえないだろう。そのために従来にも増して事業部門への権限委譲を進めようというのが、社内カンパニー制のねらいである。

●全社の組織体制とカンパニー

新しい組織体制では、図2-6のように従来の15事業本部が8つのカンパニーに統合され、カンパニーのトップには執行役員クラスが就任している。本社は縮小され、全社的な事業戦略を担当するコーポレートスタッフ機能、法務、資材調達等のカンパニーの事業をサポートする機能、経営監査の機能に特化する。期初に資本金、資源、設備投資予算をカンパニーに配分するが、その先はカンパニー主導で進められ、本社は結果のみを評価することになる。

●カンパニー制と人事管理

それぞれのカンパニーは人事管理の面でも権限が拡大する。本社部門のスタッフなどを除くすべての社員はカンパニー所属となり、参事（課長クラス）以下の人事権はカンパニー、それ以上のクラスは本社がもつという体制がとられている。したがって参事以上については、カンパニー間、あるいはカンパニーと本社間のローテーションがありうるが、参事以下の社員のローテーションはカンパニー内の総務部門が担

図2-6 ▶▶ 全社的な組織体制

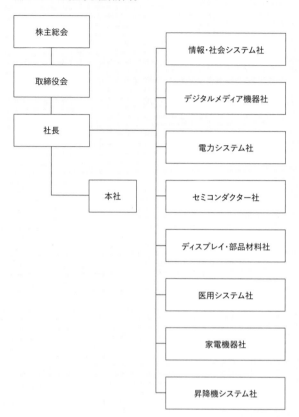

当する。処遇などについても、給与等の基本的条件は全社共通とする
が、勤務体制はカンパニーによって事業内容と市場が異なるため同一
ではないし、それぞれの業態の特殊性から必要になる手当などについ
ては、カンパニーの裁量に任されている。また賞与制度についても、カ
ンパニーの業績に連動して加算される業績連動型に改定された。

注：「東芝の執行役員制度による社内分権化をさらに進めるカンパニー制」（『賃金
実務』〈1999年4月15日号〉）に基づき作成。

第 *3* 章

社員区分制度と社員格付け制度

1 社員の多様化は何を意味するのか

1. 変わりつつある人事管理の基盤

　中途採用が増える、年功賃金が変質するなど人事管理の変化が様々な分野で起こりつつあるが、その背景には2つの構造変化がある。

　ひとつは、企業で働く労働者の構成が多様化しつつあることである。たとえば非正社員が増えつつあることはよく知られているが、それとともに内部構成をみると、パート社員、アルバイト社員、契約社員、派遣社員など多様な名称で雇用される労働者が出てきている。また正社員のなかをみても、管理職に対する専門職と専任職、総合職に対する一般職、全国社員に対する地域限定社員といったように、非正社員と同じような現象が表れている。このように社員のタイプが多様化するということは、人事管理にとってどのような意味があるのか。

　人事管理の諸制度を新たに設計するという仕事を依頼されたとしたら、どの分野の制度から作り始めるかを考えてみてほしい。採用のための制度から始める人がいるかもしれないし、賃金を決定するための制度から始める人がいるかもしれない。このように特定の管理分野から始めることは間違いではないが、決して適切なやり方ではない。

　この会社が高度な技術の開発を担当する技術者と、生産業務を担う技能者の2つの社員群を必要とするとしたら、経営者は彼らに何を期待するであろうか。両社員群ともに、長期にわたって会社に残って働いてほしい、長期にわたって社内で育成していきたいと考えるであろうか。あるいは、技

術者についてはそうであるが、技能者についてはそうする必要はないと考えるであろうか。この2つの考え方のどちらを選択するかは、将来にわたって会社が伸びていくためには何が必要であるのかについての経営者の考え方に関わっている。

もし前者の考え方をとるのであれば、技術者と技能者の両者に対して、長く働いてもらう、長い期間をかけて社内で育成することに適合したひとつの人事管理の体系を設計することになろう。もし後者の考え方をとれば、技術者と技能者では期待することが異なるので、2つの異なる人事管理、つまり技術者に対しては、長く働いてもらう、長い期間をかけて社内で育成するための人事管理を、技能者に対しては、とにかくいま一生懸命働いてもらう、社内で教育する必要のない人材を獲得し活用するための人事管理を作ることになろう。

このようにみてくると、長期の人材の育成・確保と活用の考え方に基づいて社員をどのようにグループ化するかの決定は、人事管理の基本構造を決めることになる。前述した社員の多様化の動きは、この基本構造が変化しつつあることを示している。

2. 変わりつつある「偉さ」の秩序

年功制が崩れ能力主義が強まりつつある。つまり企業は長く勤めているということより、能力があるか否かで社員を評価する傾向を強めている。よくいわれることであるが、このことは「長く勤めること」を基盤にして形成されてきた「偉さ」の社内序列を、「能力があること」を基盤にした序列に再編することを示している。これが、人事管理のもうひとつの構造変化である。

企業は利益を追求する組織なので、時代を超え、業種を超え、国を超えて社員の「偉さ」の序列を決める基準は普遍的であり、それは「利益にどの程度貢献するのか」で決まると考える読者は多いと思う。

理論的には間違いではないにしても、現実の人事管理を考える場合、それでは何の役にも立たない。複雑な分業が当たり前の企業のなかで、たとえば経理部門で働く社員の「利益に対する貢献度」をどのように測るのか。「利益に対する貢献度」が測りやすいかもしれない営業職であっても、いつ

の貢献度を測ればいいのか。

　今期の売上高をみれば、たしかにいまの貢献度は測定できるかもしれない。しかし、もしその社員が今期の売り上げを上げるために無理な売り込みをしたため、顧客からの信頼が低下し、将来の売り上げにマイナスの影響を及ぼすとしたら、貢献度は低く評価される必要があるだろう。このことは、同じ貢献度といっても、短期の貢献度を測るのか、長期の貢献度を測るのかという問題を突きつけている。

　以上の例から分かるように「偉さ」の社内序列を決める基準は多様であり、新たに人事管理を設計するときには、そのなかから何かを選択する必要がある。その際に注意しなければならないことは、その選択が人事管理の基本構造を決めることになるということである。序列の決め方が決まれば、たとえば、それに合わせて評価する方法、賃金を決める方法の基本が決まることになり、最終的には、高い評価と賃金を得たいと考えている社員の行動のあり方も決めることになるからである。

　年功制が崩れるとしたら、人事管理にとっての最も重要な意味は、評価、賃金、昇進などの決め方が変わることではなく、社内序列を決める基本構造が変わることにある。

2 人事管理の基盤システム

1. 人事管理の構造と基盤システム

　このように人事管理は、人材を効率的・効果的に育成・確保し、活用し、処遇するために多様な社員をいくつかのグループに分ける仕組みと、社員の社内序列を決める仕組みからなる土台のうえに形成され、前者は社員区分制度、後者は社員格付け制度と呼ばれる。

　第1章ですでに説明したことであるが、あらためて次の点を強調しておきたい。それは、両制度がコンピューターにたとえれば、人事管理のOS（オペレーティング・システム）に当たる部分であり、そのうえに賃金にとどまらず採用、配置、教育訓練、評価、昇進などのサブ・システム（コンピュータ

ーのアプリケーション・ソフトに当たる）が載る構造になっている、ということである。

したがって、この土台をなす2つの制度が変化すると、人事管理全体が変化する。ここで、パソコンのOSと表計算ソフトなどのアプリケーション・ソフトとの関係について考えてみてほしい。これまでパソコンのOSはCPMからMS-DOSを経てWINDOWSへと変化してきたが、ユーザーはその変化のたびにアプリケーション・ソフトを取り替える問題に悩まされてきた。しかし、考えてみれば、土台であるOSが変われば、そのうえに載るアプリケーション・ソフトが変わるのは当然であり、社員区分制度と社員格付け制度からなるOSと、採用、配置、教育訓練、評価、賃金などのサブ・システムとの間にも同様の関係が成立する。

2. 社員区分制度—内部労働市場の構造を決める

(1) どの程度の区分が最適か

社員区分制度を設計するには、「どの程度に区分するのか」（区分の程度）と「どのように区分するのか」（区分の基準）の2つを決める必要があり、その決め方によって社員区分制度は多様な形態をとりうる。またその決め方によって、同一の評価、賃金、配置、教育訓練等に関わる人事管理が適用される社員の範囲が決定されるので、社員区分制度は企業の内部労働市場の構造を決めることにもなる。

まず区分の程度について考えてみたい。企業が雇用する社員は多様であるので、区分を細かくするほど、社員の多様性に適合する人事管理の体系を作ることができる。たとえば営業職と技術者では仕事内容が異なるので、営業職には、売上高などの短期的な成果を重視する営業向けの人事管理を、技術者には、学会で評価されるような高度な専門能力をもっているか否かを重視する技術者向けの人事管理を作れば、それぞれの仕事特性に合った人事管理体系を整備することが可能になる。

しかし他方では、細かく区分するほど、多くの人事管理の体系が同じ企業のなかに同居することになるため、異なる人事管理が適用されている社員群間の均衡をはかることが難しくなる。たとえば、営業型の人事管理に基づいて決定されたある営業職の給与は、他の方法で決定された技術者の

誰と等しくすれば均衡がとれた処遇といえるのか。

　こうした異なる社員群間の均衡問題は、社員区分が増えるほど解決が難しく、均衡のとり方を間違えると、社員群間の公平性に対する社員の不満が大きくなり、労働意欲にマイナスの影響を及ぼすことになろう。

　さらに、社員を区分するということは、異なる区分の社員に対しては異なる扱いをすることを意味するので、区分を細かくするほど企業内での社員の流動性は阻害され、また「他の区分の社員とわれわれは違う」という意識が強まることから、社員間の意思疎通と協調性が阻害され、組織全体の生産性が低下する恐れがある。それなら社員区分を単一化すればいいかというと、社員の多様性を無視することになるので、なぜ「仕事の違う他の社員と同じように評価され、賃金が決まるのか」という不満が大きくなるかもしれない。

　このようにみてくると、単一化しすぎても、また細分化しすぎても問題があるということになるので、企業は社内の状況をみて、いまより単一化するほうが、あるいは細分化するほうが効率的かつ効果的かを考えながら社員区分のあり様を手探りで決めるというのが、現実の対応になる。

(2) 何が望ましい区分の基準か

　つぎの社員区分の基準は、社員の多様性をどのようにとらえるかに依存し、これまでの企業の政策をみると、それには4つのタイプがある。　第1は、仕事内容の違いに基づくものであり、その代表的な方法は職種によって区分する方法である。たとえば社内病院をもつ企業では、医療職に対しては他の社員とは異なる人事管理を適用している。一般の社員についても、技能職と事務・技術職を区分している企業、事務・技術職を事務系と技術系に区分している企業は多い。

　第2は、将来のキャリア形成に対する企業の期待の違いによる基準である。経営の幹部層に育っていくことが期待されている層と、将来にわたって補助的な業務を担当することが期待されている層に分けるという基準がその典型である。ホワイトカラー職でよくみられる総合職と一般職の区分はこれに当たり、採用から配置、教育訓練などの様々な面で分けて扱われている。あるいは国家公務員では、採用試験の違いによって職員を「キャリア」と「ノンキャリ」に区分する方法がとられている。

第3のタイプは、キャリア段階の違い、つまり社員の育成と活用の観点から社員を区分する方法である。たとえばキャリア段階を、業務に必要な能力を基礎から勉強する新人時代の「能力養成期」、収益を出せるまでに成長し、さらに高度な能力を養成する一人前時代の「能力拡充期」、蓄積した能力を発揮し成果を出すことが求められる管理職時代の「能力発揮期」に分け、それぞれに合った人事管理を作る。

　こうした区分をとる場合には、たとえば能力養成期の社員に対しては、成果より能力向上を重視して評価し賃金を決めるが、能力発揮期には、成果を重視して評価し賃金を決めるという方法がとられるだろう。

　第4は、企業が期待する働き方の違いによる基準である。最も分かりやすい例は、短い時間で就労することを期待している社員を、独立したひとつの社員区分として扱うパート社員の例である。正社員のなかでも、全国・世界のどこでも勤務することを前提にした全国社員と、特定の地域内で勤務することを前提にした勤務地限定社員という区分がある。

　このようにして区分の程度と区分の基準にしたがって社員区分が決定されるが、現実はさらに複雑な様相を示している。それは、社員の区分を決めても、異なる区分の社員群に対して「どの程度異なる」人事管理を適用するかについても多様な選択肢があるからである。

　たとえば、2つの社員群に対してまったく異なる人事管理を適用する場合もあるし、採用、教育訓練、評価、あるいは賃金決定などのなかの特定の分野に限って異なる人事管理を行う場合もある。それにもかかわらず、大枠としてどのような社員区分制度をとっているかをみることは、企業の人事管理を理解するうえで極めて重要である。

3. 社員格付け制度

(1) 社員格付け制度の多様性

　以上のようにして社員区分が決まると、つぎに社員格付け制度が問題になる。社員格付け制度は企業にとっての重要度を表す何らかの尺度によって社員をランキングする、つまり企業内での社員の「偉さ」を決める仕組みであるので、重要度を決める尺度として何を採用するかによって制度の形態は異なってくる。

図3-1 ≫ 社員格付け制度の構成

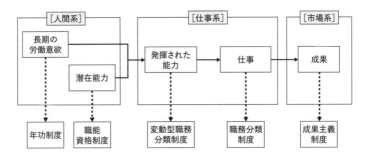

図3-1は、このような社員格付け制度の多様性を体系的に整理するための枠組みであり、そこでは人間系、仕事系、市場系の3つの部分からなる仕事の流れが示されている。人間系は仕事に取り組む人がもつ労働意欲と潜在能力、仕事系は人が取り組む仕事とその際に発揮された能力から構成される。最後の成果は最終的には市場で評価されるので、ここでは市場系に位置付けられている。以上の仕事の流れを構成する要素の何を評価基準として重視するかによって、社員格付け制度の類型が決まる。

たとえば年功制度を、「会社のために働こうという労働意欲（あるいは会社に対するコミットメント）の高い労働者の確保」という効果を期待する制度ととらえると、それは年齢や勤続年数を代理変数にして測定された労働意欲の程度にしたがって社員をランキングする社員格付け制度である。いま日本で最も普及している職能資格制度は、後述するように潜在能力によってランキングを決める社員格付け制度である。アメリカ流の職務分類制度は、配置されている仕事の重要度に応じてランキングを決める社員格付け制度であるといったように、既存の社員格付け制度を体系的に整理することができる。

理論的には、それ以外に発揮された能力と成果に対応する制度が考えられ、図3-1では前者を変動型職務分類制度、後者を成果主義制度と仮称している。しかし成果主義制度は、成果が短期に変動する性格をもち、長期的な観点から「偉さ」を決める基準になりにくいため、社員格付け制度として機能することは難しいであろう。それに対して変動型職務分類制度は、新しい社員格付け制度としての可能性があり、開発が進みつつある。その代表はコンピテンシーを社員格付けに利用する試みであり、その詳細につい

ては第7章を参照してほしい。

　なお、同制度を変動型職務分類制度と呼称するには以下の理由がある。特定の仕事を遂行するには特定の能力を発揮することが求められるので、その能力をもって社員のランキングを決めるというのがこの社員格付け制度である。ここで仕事に求められる発揮能力が仕事の内容によって一義的に決まるとすれば、仕事が変わらない限り求められる発揮能力は変わらないので、わざわざ「変動型」の用語を制度の名称のなかに組み込む必要はないはずである。しかし現実には、同じ仕事についていても、さらには潜在的には同じ能力をもっていたとしても、能力を発揮して安定的に成果を出せる人と出せない人がいるので、「変動型」の職務分類制度と呼称しているのである。

(2) 社員格付け制度の特質―市場調整力と市場開発力

　それでは、このような多様な社員格付け制度のなかの何が最善であるのか。状況にかかわらず最善である普遍的な制度はなく、したがって重要なことは各タイプの功罪を正しく理解しておくことであろう。

　人事管理の基本的な役割は、企業が必要とする人材を適切に供給することにある。しかし、市場に規定される企業の人材需要が短期的に変動するのに対して、それを満たすための人材の確保も育成も長期的な観点が必要とされている。したがって企業は、いわば短期的に変動する外部環境（市場）からの影響を遮断して、長期的な観点に立って人材を安定的に供給（人材確保と人材育成）するための社会的な装置なのである。そうなると企業が人材余剰の一時的な発生にともなうリスクを負うことは不可避であり、人事管理はそれを前提に作らざるをえず、その仕組みはリスクの大きさや特質が変われば変わらざるをえない。

　人材余剰のリスクへの対応には2つの方法がある。第1は、需要の変動に合わせて人材の供給を柔軟に調整することによってリスクを回避する方法であり、ここでは、それに対する人事管理の対応力を市場調整力と呼ぶ。この面を追求すると、必要なときに必要なだけの人材を提供するジャスト・イン・タイム型の人事管理が出来上がる。

　第2の対応方法は、人材余剰が発生しても、それを吸収できるだけの新市場（つまり新しい仕事）を開発することでリスクを回避する方法であり、その

対応力を市場開発力と呼ぶことにしよう。市場開発力を強化するための基本戦略は、高い労働意欲と能力をもった人材をできる限り多く準備しておくことである。

　以上の市場調整力と市場開発力は、リスク対応力の面で異なる強みと弱みをもっている。市場調整力をもつ人事管理は、短期的に人材余剰のリスクを最小にできるが、長期的な視点が求められる新市場を開発するための人材を供給する、仕事や組織の変化に迅速かつ柔軟に対応できる人材を準備しておくという面で弱点をもっている。

　他方、市場開発力をもつ人事管理は、将来の市場を開発するための人材、あるいは仕事や組織の変化に柔軟に対応できる人材を蓄積するという面では強みをもっているが、短期的な需要変動のなかで人材余剰が発生する、あるいは新市場の開発に失敗し人材の蓄積のために支払ったコスト（投資）を回収できないリスクがあるという弱みをもっている。

　社員格付け制度の特性を、以上の市場調整力と市場開発力の2つの観点からとらえると、労働意欲と潜在能力の人間系に基づく年功制度と職能資格制度は、いまの仕事にかかわらず高い労働意欲と能力をもつ社員を高く格付ける。したがって、そうした社員を養成・確保しておくことに効果を発揮するが故に、市場開発力に優れた社員格付け制度である。

　それに対して仕事系に基づく職務分類制度は、いま企業が必要としている仕事の重要度によって社員を格付ける。したがって、市場からの影響を受けて形成される社内の労働需要（つまり仕事の内容）の面から人を評価することになるので、市場調整力に優れた社員格付け制度といえるだろう。

3 日本型社員区分制度と 人事管理の複線化

1. 多様な労働者グループ

　それでは日本企業の現状はどうなっているのか。まず、社員区分制度から始めよう。日本の企業とくに大企業は、図3-2に示すように多様な労働者

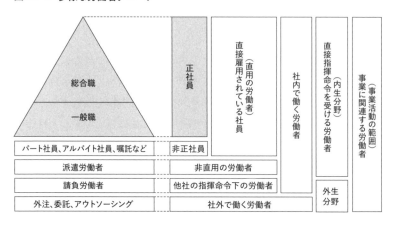

図3-2 ≫ 多様な労働者グループ

総合職	正社員 ／ （直用の労働者）直接雇用されている社員 ／ 社内で働く労働者 ／ （内生分野）直接指揮命令を受ける労働者 ／ （事業活動の範囲）事業に関連する労働者
一般職	

パート社員、アルバイト社員、嘱託など	非正社員
派遣労働者	非直用の労働者
請負労働者	他社の指揮命令下の労働者
外注、委託、アウトソーシング	社外で働く労働者

外生分野

から構成されている。企業はある範囲の事業活動を行うが、そのなかの何を内部で行う内生分野とし、外注・委託・請負・アウトソーシングなどの方法によって何を外部に任せる外生分野にするのかの「業務の内外区分」を決めなければならない。外部に任せる業務分野を小さくとれば、当該企業で働く労働者は増え、大きくとれば減少する。

　このようにして内生分野の範囲が決まると、そこで働く労働者は「企業から直接指揮命令を受けて働く労働者」ということになる。しかしそれにも、企業が直接雇用している労働者（直用の労働者）と、他社に雇用されている非直用の派遣労働者の2つのタイプがある。しかし、現実はさらに複雑である。

　それは派遣労働者以外にも社外工、請負工などと呼ばれる、同じ会社のなかで働く他社の労働者（ここでは請負労働者と呼ぶ）がいるからである。企業が他社に任せた業務（つまり外生分野の業務）に従事し、他社の指揮命令を受けるが、仕事場が当該企業のなかにあるという労働者の場合である。工場の特定のラインの仕事を丸ごと他社に任せる（請け負わせる）というのが代表的な例であり、この場合には、他社の社員が直用の労働者と同じ工場のなかで働くということになる。したがって、同じ企業で働く非直用の労働者には、当該企業から指揮命令される派遣労働者と、他社から指揮命令される請負労働者の2つのタイプがある。　直用と非直用の範囲が決まると、企業はつぎに、直用の社員を長期に雇用することを前提にした正社員と、短

期を前提にしたパート社員、アルバイト社員などの非正社員に分ける。

　このように同じ企業に働く労働者は多様なグループから構成され、それぞれに対して企業は異なる人事管理を適用する。本書が扱うのは主に正社員であるが、企業は近年、雇用のスリム化をはかる、雇用の柔軟性を高めるなどのために、これまで説明してきた労働者の区分を大きく変えつつある。アウトソーシングを積極的に活用する企業が増えてきているが、それは外部に任せる業務分野を拡大する方向であり、「業務の内外区分」を変更することである。さらに直用と非直用、正社員と非正社員の間の区分も非直用を増やす、非正社員を増やす方向へ変わりつつある。身近なスーパーやファミリーレストランを思い浮かべてほしい。主婦のパート社員や学生のアルバイトなしには経営が成り立たない企業は多い。また企業にとって派遣労働者は普通の存在になってきている。

　これからは、こうした正社員以外の社員の人事管理がますます重要になってくると思われるので、第14章であらためて扱うことにしたい。

2. 正社員の区分──「社員区分」

　さらに正社員のなかも、いくつかのグループに分けて人事管理が行われており、そのための制度が社員区分制度である。図3-2では総合職と一般職の区分が例示されているが、日本企業がどのような社員区分制度をとっているかを詳しくみていきたい。

　第2次世界大戦前の人事管理をみると、企業は明確な学歴別身分制度をとっていた。たとえば小学校卒の現場労働者は工員、大学卒の事務・技術系のホワイトカラーは職員と呼ばれ、両者には明確な身分格差が設けられていた。そのため人事管理上も異なる社員集団として扱われ、たとえば職員の月給に対して工員は日給であったし、職員に支給されるボーナスが工員にはなかった。現在は職種にかかわらず、全社員に対して月給制度もボーナス制度も適用され、それが当たり前のようになっているが、それは戦後の一時期に、うえで説明した職工間（職員と工員の間）の身分格差の撤廃が急速に進んだからである。

　いずれにしても、こうした過程を経て、学歴別身分制度によって複数のグループに分割されていた社員が統合され、それが日本の人事管理の重要

な特徴になってきたのである。

　このように日本企業は、正社員に対しては統合化された人事管理の仕組みを導入しているが、それでもある程度の区分が導入されている。その最も代表的な社員区分制度には、前述したように技能職と事務・技術職の区分、キャリア段階別の区分などがあるが、ここにきてホワイトカラーを中心にして社員区分の再編成が進んでいる。その代表的な動きを整理すると、図3-3のようになる。

　まず男女雇用機会均等法の制定を直接の契機として、ホワイトカラーを補助的業務を担う一般職と基幹的業務を担う総合職に区分する複線型人事制度の導入が進められてきた。第2に、勤務地の地理的範囲（つまり住居の移動をともなう転勤の有無）から社員を区分する勤務地限定社員制度が普及しつつある。これら2つの制度には重複する部分が多く、一般職は住居の移転をともなう転勤のない社員区分、総合職は全国、世界のどこでも転勤する社員区分である。したがって、勤務地限定社員制度の主な特徴は、一般職と総合職に加えて、家庭の事情などで転勤の難しい総合職的社員のために、異

図3-3 ≫ **社員区分の現状**

社員区分			社員区分の基準 仕事の内容 ①補助的業務	②企画的業務	③豊富な業務経験を要する業務	④高度な専門業務	⑤管理業務	勤務条件 転勤の範囲 ①転勤なし	②特定エリア内転勤	③無限定	労働時間 ①通常勤務時間（フルタイム）	②短時間（育児・介護の特例措置）
一般職群	勤務地限定社員	一般職	●					●			●	●
一般職群	勤務地限定社員	中間職		●					●		●	●
一般職群	総合職			●						●	●	●
管理職・相当群	専任職				●					●	●	●
管理職・相当群	専門職					●				●	●	●
管理職・相当群	管理職						●			●	●	●

動の地理的範囲を一定のエリア内（たとえば住居の移転がない範囲内）とするエリア社員などと呼ばれている新しい社員区分（図中の中間職）を設けたことにある。

　もうひとつの社員区分が、専任職、専門職などと呼称される社員群の登場である。総合職の多くは、一定の勤続年数を経たのちに管理職に対応するランクに昇進していく。これまでであれば、彼ら（彼女ら）は管理職に昇進するキャリアを踏んできたが、最近では、管理職ポストが足りないこともあって、彼ら（彼女ら）を管理職に加えて、高度な専門能力を要する研究開発などの職務につく専門職や、豊富な経験を要する特定の領域の職務につく専任職に分ける制度を導入する企業が増えてきている。

　最後に同図の「労働時間」の欄は、正社員はどのタイプであってもフルタイム勤務であり、短時間勤務についたとしても育児・介護などのための一時的な勤務形態であること、したがって正社員には「勤務時間」に基づく社員区分は行われていないことを示している。それにもかかわらず同図に「労働時間」の欄を設けているのは、パート社員と正社員を区分する際、あるいはパート社員のなかを複数のグループに区分する際に労働時間が使われているからである。労働時間も社員を区分する基準となりうるのである。

3. 専門職制度の現状と課題

　こうした動きのなかで、とくに注目されるのは専門職制度である。表3-1をみると、全体では2割弱にとどまるものの、5000人以上の大手企業では導入済み企業が5割に達し、普通の制度になってきている。この制度には一般的につぎのような特徴がある。

　第1に、キャリア形成の面からみると、一定のランク（通常は課長などの管理職相当ランク）以上の層を対象にした制度として設置されている。したがって、ホワイトカラー（とくに総合職）は、そのランクまでは単一のキャリア・ルートを昇進し、それ以後、管理職ルートと専門職ルートに分かれる。

　第2に、こうして分化した2つのキャリア・ルートの「偉さ」の対応関係については、課長と主任技術者、部長と主管技術者といったように、管理職と専門職のランクを1対1で対応させ、専門職としての昇進を保証してい

表3-1 >> 専門職制度の導入状況
（2002年）

導入企業比率（単位：%）

総数	19.5
5000人以上	50.7
1000〜4999人	43.3
300〜999人	37.3
100〜299人	23.1
30〜99人	15.9

出所：厚生労働省『雇用管理調査』

る。とくに最近では、高度専門職などの名称で制度改革が行われ、役員レベルまで専門職のキャリアが延びてきている。

　第3に、処遇の面では、後述する職能資格制度のもとで管理職と専門職のバランスがとられている。つまり職能資格制度のもとで、同等の能力があると評価され、同一資格に格付けされれば、管理職であろうと専門職であろうと給与は同じになる。

　こうした専門職制度に企業は2つの期待を込めているが、それらの期待は必ずしも整合的でなく、そこに専門職制度がかかえる悩みがある。　第1の期待は「高度な専門能力を有する人材を適正に処遇し、育成するため」の制度であってほしいという、専門職制度がよって立つ基盤ともいえる期待である。しかし他方では、管理職としての昇進が望めない社員のために代替的なキャリアを整備したいという配慮も強く働いている。このことが専門職制度の性格を曖昧にしており、専門職制度を活かすうえで企業が解決すべき課題は多い。なお、専門職制度については第8章で詳しく説明されているので参照してほしい。

4 日本型社員格付け制度と職能資格制度

1. 二重のランキング・システム

　つぎに日本企業の社員格付け制度をみると、2つの尺度にしたがって社員をランキングしているという点に特徴がある。ここで会社のなかで、社員の「偉さ」がどのように決まるかを考えてほしい。

　すぐに思い浮かぶのは、部長―課長―係長――一般社員という役職ランクを尺度にして「偉さ」の順番を決める役職制度と呼ばれる制度であるが、日

表3-2 » **資格制度の導入状況（1999年）**

導入企業比率（単位：％）

規模計	5000人以上	1000〜4999人	300〜999人	100〜299人	30〜99人
31.9	93.4	86.5	72.7	46.0	22.1

注：「資格制度」=職務遂行能力や知識・技能・経験などをもとにしていくつかの資格等級を
設定し、資格に社員を格付けし、昇進や賃金決定などの基準とする制度。
出所：労働省（現厚生労働省）『雇用管理調査』

本企業はもうひとつの格付けのシステムをもっている。従事している仕事
から離れ、職務遂行能力（「職能」と呼ばれている）を尺度にして社員の「偉
さ」を決める職能資格制度であり、それによって決まる「偉さ」のランク
が職能資格と呼ばれる。

表3-2をみると、同制度は大手企業を中心にして広く導入されている制度
であることが分かる。したがって、日本企業の多くの社員は「役職ランク
上は課長、職能資格制度上は主事」といったように2つの「偉さ」の称号を
もち、昇進も役職制度上の昇進と職能資格制度上の昇進の2つから構成され
る。ただし人事管理の観点からすると、役職制度と職能資格制度の間には
つぎのような関係がある。役職制度に比べ「偉さ」の段階をきめ細かく設
定し、ひとつの役職レベルに複数の職能資格を対応させていることから分
かるように、職能資格制度は役職制度以上に社員序列を広く統制している
制度である。

さらに、職能資格制度によって能力があると認定された人（ある職能資格
に格付けされた人）から管理職が選抜される。賃金などの処遇は基本的に、役
職制度による役職ランクというより、職能資格制度による職能資格に基づ
いて決定される。こうした点を考慮すると、職能資格制度が社員格付け制
度の基本をなしているといえるであろう。

2. 職能資格制度の作り方

この職能資格制度は、つぎのような手順に沿って設計される。

［第1ステップ］職務を調査し（職務調査）、職務に必要な能力（職務遂行能力
要件）を抽出する。

［第2ステップ］その職務遂行能力要件を職種別・難易度別に整理して、一

覧表（職能分類表）を作成する。

［第3ステップ］難易度をいくつかの等級に分類して、仕事の違いを超えた各等級の共通的な能力要件（職能資格等級基準）を作成する。この等級が職能資格に当たる。表3-3はこうして作成された職能資格等級基準の例である。

［第4ステップ］最後に①各職能資格の名称、②新規学卒者を入社時に格付ける初任資格、③部長や課長などの役職に対応する資格、④上位の資格に上がるために下位の資格にどの程度の期間滞留することが必要であるか、などの昇進の要件を決める。

このような手順を踏んで設計された職能資格制度のモデル例を表3-4に示してある。この制度のもとでは、社員は職能資格等級基準をベースに評価され、その結果に対応する資格に格付けされ、上位の資格に対応する能力を得たと評価されれば、上位の資格に昇進（資格が上がるので、一般的には「昇格」と呼ばれ、役職が上がる「昇進」と区別される）できる。また、賃金制度は資格等級に対応するように設計されるので、資格が決まると給与が決まる。この給与が職能給と呼ばれる。

3. 職能資格制度の仕かけと強み

このような職能資格制度には、いくつかの重要な仕かけが巧みに組み込まれている。第1は「評価の基準」の仕かけである。職務遂行能力をもって社員を評価するとき、「何をもって能力と考え」「その能力をいかに表現するのか」が重要になる。前者については、あらかじめ決められた絶対基準（職能資格等級基準）に基づいて評価される「絶対能力」が強調されている。また後者については、絶対基準となる能力要件が普遍的な尺度として表現されているので、一組の絶対基準でもって、仕事内容の異なる社員を共通に評価し格付けでき、社員の間の公平性を確保することができる。

第2は「仕事（役職）と資格の分離」の仕かけである。絶対能力を評価基準にするということは、仕事から離れて個人のもつ職務遂行能力をもって社員を評価するということになる。そうなれば、組織の都合で能力を十分発揮できない仕事についている社員に対しても、能力に見合った資格を付与することができる。

第3は、処遇とくに給与が資格に対応して決定されるという仕かけである。

表3-3 ≫ 職能資格等級基準の例

級	職能区分	定 義
10	上級統轄管理職能	会社の基本的政策や方針に基づき、部またはそれに準じる組織の運営を統轄し、かつ会社の政策・方針の企画・立案・決定に参画するとともに、トップを補佐する職能段階
9	統轄管理職能	会社の基本的政策や方針に基づき、部またはそれに準じる組織の運営を統轄し、かつ会社の政策・方針の企画・立案・上申を行うとともに、さらに調整および上司の補佐をする職能段階
8	上級管理（専門）職能	会社の政策・方針についての概要の指示に基づき、部または課あるいはそれに準じる組織の業務について、自主的に企画・運営し、かつ実施上の実質的責任をもって部下を管理するとともに、上司の補佐をする職能段階
7	管理（専門）職能	会社の政策や方針についての概要の指示に基づき、課またはそれに準じる組織の業務について、自主的に企画・運営し、かつ実施上の実質的責任をもって部下を管理する職能段階
6	指導監督職能	一般的な監督のもとに担当範囲の細部にわたる専門的知識と多年の経験に基づき、係（班）またはそれに準じる組織の業務について企画し、自らその運営・調整にあたるとともに部下を指導・監督する職能段階
5	指導判断職能	担当業務の方針について指示を受け、専門的知識と経験に基づき、自己の判断と創意によって部下を指導しながら、計画的に担当業務を遂行し、上司を補佐しうる職能段階
4	熟練定型職能	細部の指示または定められた基準により、高い知識・技能・経験に基づき、複雑な定型的業務については、主導的役割をもち、下級者を指導しながら、かつ自己の判断を要する熟練的（非定型も含む）業務を遂行しうる職能段階
3	高度定型職能	細部の指示または定められた基準により、高い実務知識・技能・経験に基づき、日常定型的業務については主導的役割をもち、必要によっては下級者を指導するとともに、一般的定型的業務の指示を受けて遂行しうる職能段階
2	一般定型職能	具体的指示または定められた手順にしたがい、業務に関する実務知識・技能・経験に基づき、日常的定型的業務を単独で遂行しうる職能段階
1	定型補助職能	詳細かつ具体的指示または定められた手順にしたがい、特別な経験を必要としない単純な定型的繰り返し的業務もしくは見習的補助的な業務を遂行しうる職能段階

出所：清水勤『ビジネスゼミナール　会社人事入門』（日本経済新聞社、1991年）

これを「仕事と資格の分離」のルールと組み合わせることによって「仕事と給与の分離」が可能になり、仕事内容に変化がなくても能力を高めれば資格と給与が上がり、また仕事が変わっても資格と給与が変わらないことになる。

こうした仕かけをもつ職能資格制度は、職務に力点を置く欧米型と異なり、「人間（社員）の成長の側に視点を置く人間基準に基づく制度である」を基本的な理念としているといわれている。それは、「社員に対して雇用を保障し、そのために生涯を通じての能力開発を重視し、会社は開発された

表3-4 ≫ 職能資格制度のモデル

職能資格			職能資格の等級定義（業務の職能の等級区分＝職能段階）	対応職位	初任格付け	昇格基準年数		
層	等級	呼称				モデル年数	最短	最長
管理専門職能	9	参与	管理統率業務・高度専門業務	部長		–	–	–
	8	副参与	上級管理指導・高度企画立案業務および上級専門業務	副部長		5	–	–
	7	参事	管理指導・企画立案業務および専門業務	課長		5	3	
指導監督専任職能	6	副参事	上級指導監督業務・高度専任業務・高度判断業務	課長補佐		4	3	–
	5	主事	指導監督業務・専任業務・判断業務	係長		4		–
	4	副主事	初級指導監督業務・判定業務	主任		3	2	
一般職能	3	社員一級	複雑定型および熟練業務	一般職	大学院修士	3	2	6
	2	社員二級	一般定型業務		大学卒	2	1	6
	1	社員三級	補佐および単純定型業務		高校卒　短大卒	4　2	4　2	6

注：「昇格基準年数」の欄にある年数は、上位資格に昇進するために必要とされる、当該資格に滞留する年数である。また「モデル年数」とは、標準的な昇進モデルの場合を示している。
出所：表3-3と同じ

能力を活かすように配置し、その能力に基づいて格付けと処遇を決める」能力開発主義の考え方が強調されているからである。

　こうした仕かけをもつ職能資格制度には、企業経営にとって3つの利点がある。第1に、働き方の異なる社員を共通の基準で評価し格付けするので、人事管理の公平性が強化され、「多様な社員が協力し合う」集団主義の利益を期待できる。第2に、「仕事と処遇の分離」のルールによって、給与が仕

事と離れて安定的に決められているので、変化する仕事に人材を機動的に配置でき、組織の柔軟性を確保することができる。

　さらに重要な第3の点は、「能力を上げれば給料が上がる」という、個人の能力開発努力を誘因する強力なインセンティブ機構を組み込んでいることである。つまり日本企業の人事管理の特質は、人材の能力向上を促進し、それを介して経営成果に貢献する仕組みを組み込んでいる点にある。

4. 職能資格制度の現状

　これまで職能資格制度の制度上の特徴について説明してきたが、最後にその現状について説明しておきたい。

　多くの企業を対象にした調査から得られる職能資格制度の平均像は図3-4のようになる。まず11段階の職能資格から構成され、役職位との関連は、最

図3-4 ≫ 職能資格制度の平均像

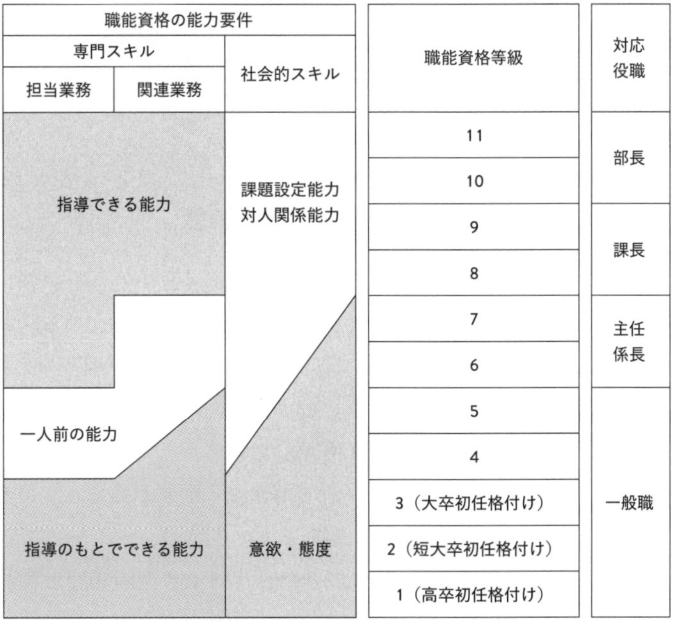

出所：今野・大木・畑井『能力・仕事基準の人事・賃金改革—職能資格制度の現状と未来』
（社会経済生産性本部、2003年）

065

上位の11等級と10等級が部長レベル、9等級と8等級が課長レベル、7等級と6等級が主任・係長レベルに対応している。また初任格付けは、大卒が3等級、短大卒が2等級、高卒が1等級である。

さらに資格を定義する能力要件は、担当業務に関わる専門スキルと、ヒューマン・スキルとコンセプチュアル・スキルからなる社会的スキルから構成され、これらからみると、社員は4つのグループに分かれる。第1は「上司・先輩の指導のもとで仕事ができる」水準の専門スキルと意欲・態度の社会的スキルが期待されている、1～3等級に格付けされる「養成期」の社員である。第2は、「部下に指導できる」水準の専門能力と課題設定・対人関係能力の社会的スキルをもつ、8等級以上に格付けされる「管理職相当」の社員たちである。

両者の中間にある4等級から7等級までは「養成期」から「管理職相当」への移行期に当たるが、これはさらに2つに分かれる。ひとつは、担当業務であれば「一人前の能力」をもつ4～5等級の社員群、もうひとつは、担当業務であれば「指導できる」、関連業務であれば「一人前にできる」水準の専門スキルをもつ、6～7等級の主任・係長相当の社員群である。さらに同図にあるように、社会的スキルについては、4等級から7等級に上がるにともない、意欲・態度から課題設定・対人関係能力へと能力要件の重要性は段階的に変化していく。

5. 新しい社員格付け制度—役割等級制度

これまで説明してきた職能資格制度は日本の代表的な社員格付け制度だが、徐々にではあるが間違いなく再編の時代をむかえている。運用が年功的になり、仕事と資格したがって仕事と給与と間の整合性が崩れている、資格に対応する能力が曖昧に定義されているために能力開発の道具として活用できないなどの多くの問題に直面しているからであり、社員格付け制度をより仕事内容にリンクした方向で再編する動きが強まっている。

ただし、こうした再編に取り組む多くの企業が、ヘイ・システム（詳細についてはcase（p.069）を参照）に代表されるアメリカ型の職務分類制度に移行しようとしているわけではない。それは職務分類制度が次のような問題をもっていると考えられ、それらを回避した形で仕事志向の社員格付け制度

の構築を目指しているからである。

第1には、職務評価が複雑でコストがかかるうえに、仕事の変化に対応するためのメンテナンスが煩雑なため、結局は使えない職務評価になってしまう。第2には、職務を細分化して評価するため、組織や仕事の変化に対応できない恐れがあるうえに、細分化された職務に対応して給与が決定されるので、柔軟な異動が阻害される。

そこで広く導入されつつあるのが、役割等級制度である。仕事をベースにして社員の格付けを行うという意味では職務分類制度のひとつのタイプであるが、前述の職務分類制度に対する懸念を踏まえて、以下のような特徴をもつ制度として設計されている。

第1には、職務を大括りにとらえ、それを役割と呼称している。したがって、たとえば一般職については3ランクにするなどして、ランク数の少ない社員格付け制度として設計されている。第2には、役割を評価する（一種の職務評価であるが）に当たって簡略化した方法がとられている。これによって、役割評価にコストがかからず、メンテナンスも容易になる。

職能資格制度から仕事基準の新しい社員格付け制度に移行するに当たって、役割等級制度が日本企業の新しい有力なモデルになりつつあるといえよう。制度の詳細については、章末のcase「第一三共（株）の役割等級制度」に役割等級制度を導入している企業の事例が紹介されているので参照してほしい。

5 社員区分制度と
社員格付け制度の国際比較

1. アメリカ型の社員格付け制度は職務分類制度

それでは欧米諸国では、どのような社員格付け制度がとられているのか。その代表的な制度は、アメリカで一般化している職務分類制度である。同制度は図3-1で説明したように、社員の企業にとっての重要度を測る尺度として「職務（仕事）の重要度」をとっており、以下の手順に沿って設計され

る。

　第1に、職務を調査し（職務調査）、分析する（職務分析）。たとえば、どの
程度の責任度があるのか、解決の難しい問題がどの程度あるのか、どの程
度の知識が要求されるのかなどの視点から個々の職務が分析される。第2に、
職務分析の結果に基づいて、職務Aは評価点150点、職務Bは180点といった
ように個々の職務の価値を総合的に評価する（職務評価）。つぎに、こうし
て決まった評価点を50点未満、100点未満、150点未満といったようにいく
つかの段階に括り、グレードⅠ、Ⅱ、Ⅲといったように段階に名称を付け
て制度の設計は終わる。

　そうなると、この制度のもとでは、120点の職務に従事している社員はグ
レードⅢであるといった方法で社員の格付けを決定する。さらに、グレー
ドに対応する賃金表を作っておけば賃金が自動的に決まり、昇進するには
上位のグレードに入る評価点の職務に異動する必要がある。このようにし
て、職務分類制度の社員格付け制度が決まると、それに連動して評価、賃
金、昇進の仕組みが整備されていくことになる。

2. 国際比較—何が日本の特徴か

　それでは、こうした欧米諸国の制度に比べて、日本の制度にはどのよう
な特徴があるのか。社員区分制度については、欧米諸国に比べて単一型に
近い制度をとっている点に特徴がある。この点は個々の人事管理分野につ
いてみると分かりやすい。

　たとえば日本の場合には、ホワイトカラーでもブルーカラーでも同一の
（あるいは類似した）評価制度で評価され、同一（類似）の賃金制度が適用され、
賃金形態も同じ月給制である。しかし欧米諸国の場合には、ホワイトカラ
ーには人事評価があるが、ブルーカラーにはないことが多い、仕事に基づ
く賃金（職務給）のみのブルーカラーに対して職務給に成果給が加わるホワ
イトカラー、時間給制のブルーカラーに対して月給制のホワイトカラーと
いった違いがある。

　また社員格付け制度については、これまで説明してきたように、潜在能
力などの人間系重視の日本型（つまり職能資格制度）と仕事系重視の欧米型
（職務分類制度）という違いがある。

こうした違いが、その後に展開される人事管理のあり方の違いを規定し、組織行動にも大きな影響を及ぼしてきた。日本の場合には、単一化された社員区分制度と人間系重視の社員格付け制度をとっていたが故に、社員間の協調性を強化する、仕事配分と人材配置の柔軟性を高める、高い労働意欲をもった能力開発に熱心な社員を確保することができる組織を作り上げてきた。

しかしその反面、単一化された社員区分制度であったがために、企業にとって重要な人材、部門、職種を他に比べて優遇することが難しい、あまりに能力重視型の社員格付け制度をとったがために、資格や賃金が仕事から離れた形で決定されるなどの問題に直面している。

他方、欧米企業の社員区分制度と社員格付け制度は、それとは逆のマイナス面とプラス面を経験してきたのである。ブルーカラーとホワイトカラーを分離する社員区分制度をとっていたが故に、両者間の協調をとることが、また仕事系重視の社員格付け制度をとっていたが故に、仕事の配分を柔軟に変えることと社員の能力開発を促進することが難しいという問題に直面してきた。しかし他方では、賃金を仕事とリンクして決めることができるので、企業に対する貢献に見合って報酬を決めやすいという利点をもっている。

このようにみてくると、すべての面で優れた普遍的な制度はなく、いずれの国であっても、またいずれの企業であっても、その時代の環境に合った制度を手探りで開発し適用していかざるをえないのである。日本の役割等級制度も、そうした動きのひとつであるといえるだろう。

case

代表的な職務評価の方法——ヘイ・システム

職務評価には多様な方法があるが、ここでは職務評価の際に考慮すべき変数が体系化され職務評価のあり方を考えるうえで役立つこと、国際的に広く活用されている最も代表的な方法であることから、アメリカに本社をもつヘイ・コンサルティング社が開発したヘイ・システムを紹介しておきたい。なお、ヘイ・システムは「仕事」を中心に組み上げられた総合的な人事管理システムであり、以下で紹介する職務評

価法はそのなかに組み込まれたひとつの部分であることに留意してほしい。

●ヘイ・システムの職務評価法を概観する

ヘイ・システムの職務評価の方法論は、図3-5「ヘイ・システムの職務評価の概要」に示されているように、人が仕事を行い成果を出すための普遍的なステップを踏まえて開発されている。まず職務遂行には知識・経験が必要であり（インプット）、それを駆使して問題解決策を見いだし（スループット）、その解決策に基づいて行動を起こし成果を生み出す（アウトプット）。このように考えると、この3要素によって職務の大きさが評価できる。つまり必要な知識・経験が大きいほど、問題解決に苦労する程度が大きいほど、そして行動や成果が組織の最終成果に与える影響が大きいほど、職務の重要度は大きくなるはずである。

そこで、インプット、スループット、アウトプットの大きさを測る指標として、ノウハウ（職務を遂行するうえで必要とされる知識・スキル）、問題解決（ノウハウを駆使して問題を解決する思考過程の困難度）、アカウンタビリティ（accountability、職責として期待されている成果の大きさ）の3要素が設定される。

●評価方法と評価チャート

職務評価は、要素別に作られた評価チャートを用いて行われる。第1のノウハウの評価チャート（図3-6aを参照）は、①技術的・専門的ノウハウ、②組織を管理運営するノウハウ、③人間関係スキルの3つの項

図3-5 》 **ヘイ・システムの職務評価の概要**

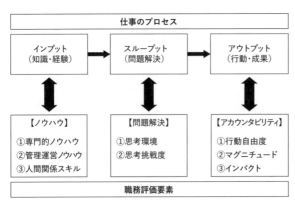

目から構成される。第1の技術的・専門的ノウハウは、初歩的な知識で遂行できる職務の（L）から、高度な専門知識を要する職務（H）までの9段階で評価される。第2の組織管理運営ノウハウは、部下のいない担当者レベル（T）から、部門長・本部長レベル（VI）までの7段階に区分され、その各段階には、基礎的なスキルのBasicレベル（1）から重大な影響を他人に及ぼすCriticalレベル（3）までの3段階からなる第3の人間関係スキルが設定されている。職務分析の結果を踏まえて、当該職務が各項目のどの段階に該当するかを決めると、対応する欄の点数がノウハウ評価点になる。

　第2の問題解決の評価チャート（図3-6bを参照）は、①思考環境と②思考挑戦度の2つの項目から構成される。組織のなかで上司から示される方向性の程度を表す思考環境は、うえから指示された方向性に厳密にしたがわねばならない「定型業務の段階（A）」から、うえからの方向性の指示がほとんどないなかで、思考を進めなければならない「抽象的に規定された環境（H）」までの8段階によって判定される。つぎの職務が直面する条件の困難度を示す思考挑戦度は、既存の知識・経験の単純な繰り返しで解決できる「反復的（1）」な条件から、既存の知

図3-6 ≫ 職務評価チャート

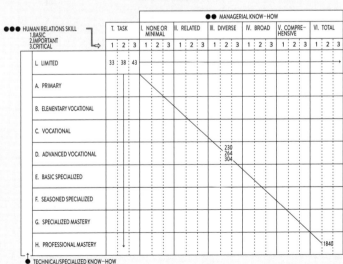

a　ノウハウの評価チャート

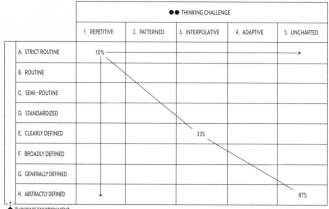

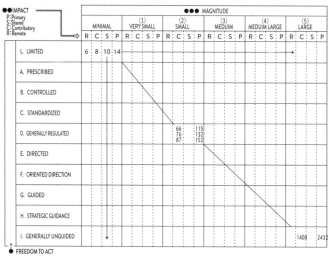

識・経験が通用しないなかで、状況を判断し適切に対応せざるをえない「未知的（5）」な条件までの5段階が設定されている。職務はこの2つの項目によって評価され、該当する欄に示されている比率をノウハウ評価点にかけた値が問題解決評価点になる。

　最後のアカウンタビリティの評価チャート（図3-6cを参照）は、①職務における行動自由度、②マグニチュード、③インパクトの3つの項

目から構成される。第1の職務における行動自由度には、厳密な管理監督下にあって行動の自由がほとんどない段階（L）から、行動を規定する要因がほとんどない段階（I）までの10区分がある。企業の最終成果に対する責任程度を示すマグニチュードは、取り扱う金額の大きさによって6区分される。最後のインパクトは、最終成果責任に対する関連度、つまり取り扱う金額に対して管理職のように直接責任を負うのか、スタッフのように間接的なのかを示す要素であり、関連が最も薄い段階（R）から関連の強い段階（P）までの4段階で評価される。これら3つの要素で評価された職務には、該当する欄にあるアカウンタビリティ評価点が与えられる。

　こうして算出されたノウハウ評価点、問題解決評価点、アカウンタビリティ評価点の合計点が職務の評価点になり、その点数をある範囲で括って複数の段階（職務等級）を作れば、職務分類制度が出来上がることになる。

注：今野『勝ちぬく賃金改革』（日本経済新聞社、1998年）に基づき作成。

---

case

第一三共㈱の役割等級制度

●新人事制度と役割等級の構成

　日本企業の新しい社員格付け制度として役割等級制度が導入されつつあることについて本文で説明したので、ここではその事例として、第一三共㈱を取り上げる。

　同社は三共と第一製薬の経営統合によって設立された企業であり、経営統合に対応する経営体制を確立するために、2007年に新人事制度を導入した。「組織成果を最大化するために個としての成果を創出するプロフェッショナルを育成、処遇する」との人事方針のもとで、フロー系（採用、配置、育成等）については「個人としての高い専門性と組織全体の視点をあわせもつ人材の育成に向けて、自発的なチャレンジ・再チャレンジを促進する」を、処遇系（評価、昇進・昇格、報酬等）については「個々人の担う役割における成果を評価し、メリハリのある報酬、

図3-7 >> **役割等級制度の構成**

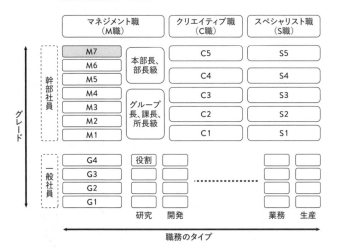

昇進・昇格で報いる」を人事戦略として設定し、そのもとで構築されたのが新人事制度である。

役割等級制度は人材フロー系と処遇系の仕組みの基礎となる社員格付け体系として導入され、そこでは社員を一般社員と幹部社員（管理職層）に分けたうえで、役割をつぎのようにとらえている。一般職は同社が志向するプロフェッショナルへの成長段階にある社員層であるので、「担当職務と行動レベル」によって役割を切り分ける。それに対して幹部社員は、すでにプロフェッショナルとして固有の役割が与えられているので、その役割の価値を格付けのベースにする。

図3-7が役割等級制度の全体構成であり、以下ではこれに基づいて、一般職と幹部職に分けて役割等級制度の概要を説明したい。

●**役割等級制度の概要**

一般社員は9つの職群と4つの役割レベル（G1〜G4）から構成され、合計で36の役割区分が設定されている。なお9つの職群とは、研究、研究技術、開発、営業、MR、企画、ナレッジ（特定領域の専門知識の活用によって、関係業務の効率と品質の向上に貢献する）、業務（既存業務の効率的な遂行と効果性の向上を通じて、業務効率の最大化に貢献する）、生産である。

役割内容は区分ごとに定義されており、表3-5に企画職群の例を示しておく。役割定義は、与えられたミッションの遂行にむけてとるべき

行動等に関する「業務への関わり方」と、組織内での役割分担、上位者・同僚に対する行動等に関する「組織への関わり方」の2つの側面か

表3-5 》 **一般社員の役割定義（企画職群の例）**

	グレード定義		役割定義
G4	所属組織におけるリーダー的存在として、影響力・指導力を発揮し、複雑困難な課題・業務に取り組み解決・達成することで、所属組織全体の業績拡大に貢献していく段階	業務への関わり方	○所属組織のミッション達成と所属部門や会社の問題解決に深く関係する主要業務を担当し、その解決に当たる ○高度な専門知識や幅広い関連知識を有し、難易度の高い業務を遂行する ○新規の仕組み・制度・システムの提案や抜本的な解決方法の策定を主導する ○社内外の主要関係者との折衝・交渉の権限を上長から委譲され主体的に行うことで業務を遂行する
		組織への関わり方	○上長の補佐役として組織全体を見通しながら業務を遂行する ○同じ組織や仕事上関係のある後進に対して指導や助言を行い、組織メンバー全体に対して、育成を行う立場として接する ○自らもつ専門知識が他者を役立てることができるように加工し、組織の基盤知識として定着させる
G3	・ ・	・ ・	・ ・
G2	・ ・	・ ・	・ ・
G1	担当分野における基本的な知識・スキルを有し、担当業務を確実に遂行するとともに、自ら課題を発見し上位者の指示のもと改善に取り組み、個人業績を創出していく段階	業務への関わり方	○組織ミッションの達成に関わる企画業務の一部を担当し、上長の具体的な指示に基づき着実に遂行する ○担当業務に関わる日常的な問題や課題に気付き、上長に報告する ○担当業務を遂行するための基本的な知識・スキルを有し、業務の意義や必要性を理解したうえで、確実に遂行する
		組織への関わり方	○担当業務を通じて得た知識や情報を周囲に発信する ○業務上の関係者や上位者に積極的に働きかけ、様々な情報を共有・収集できる良好な関係を築く ○上長や上位者の指導内容、同僚や関係者の意見を正しく理解し、迅速に担当業務に反映する

ら記述されている点に特徴がある。

　現在のグレードの役割を十分に果たし、上位グレードで求められる行動と職責を担うことができると認められた場合に、上位のグレードに格付けられる。上位グレードの役割を担えるかは、「役割定義の内容に見合う知識・技能」と「成果」の観点から評価され、後者の「成果」は、各人の「業績」（業績評価）と業績を上げるためにとった「行動」（行動評価）から評価される。

　つぎに幹部社員についてみると、まず同社員は、組織の責任者としてのマネジメント職、専門分野での高度な専門知識・技術を活かして新しい仕組みや価値を創造することで貢献するクリエイティブ職（研究、企画等）、特定領域での秀でた知識・技能を活かして業務の拡大・発展や効率向上に貢献するスペシャリスト職（MR、ナレッジ等）の3つの職務タイプに分かれる。役割レベルを示すグレードはマネジメント職で7段階、クリエイティブ職とスペシャリスト職で5段階である。

　幹部社員の格付けの考え方は一般職とは異なり、マネジメント職の場合には、事前の職務評価によって役割レベル（つまり格付け）が決定される。それ以外の幹部社員は、担当する職務に対する職務評価に基づいて格付けが決定される。

●役割等級制度と賃金制度

　役割等級制度に基づいて作られている賃金制度は、基本給が役割給に一本化されている点に特徴がある。

　一般社員の役割給は、グレード別に設定された範囲給の形態をとり、その範囲のなかで昇給額を積み上げていく仕組みである。幹部社員の場合には、マネジメント職はグレードによって基本給が一律に決まるグレード別の定額給の仕組みをとっている。それに対して専門的な役割を担うクリエイティブ職とスペシャリスト職の基本給は、グレードに対応する範囲給が相互に重なる重複型の形態であり、その範囲内で昇降給する仕組みになっている。

注：「第一三共」（『労政時報』3709号〈2007年9月14日〉）に基づき作成。

野村證券の地域限定社員制度

　ここで取り上げる野村證券は、本文の図3-3で説明した一般職と総合職の社員区分を、中間職と総合職の区分に再編した事例である。事例中にある一般職掌は一般職、総合職掌は総合職、さらに職位制度は社員区分制度、職位は職能資格についての同社の呼称である点に注意してほしい。

●全域型・地域型社員制度導入の背景

　同社は2005年に人事制度を全面的に改定し、そのなかで、従来の総合職掌・一般職掌制度（いわゆる総合職、一般職の複線型人事制度）を廃止し、転居をともなう移動の可能性の有無のみに基づく全域型社員・地域型社員制度を導入した。

　同社は人事上の課題を検討するなかで、女性社員の活用と一般職掌制度のあり方を問題にし、その背景にはつぎのことがあると考えていた。性別による採用基準を設けていない、職掌間の転換制度を設けているという対応がなされているにもかかわらず、一般職掌の全員が女性社員であった。さらに一般職掌採用者の高学歴化が進み、2000年代に入ると採用者の9割が大卒者で占められるようになり、一般職掌でも総合職掌と比べて遜色のない人材が採用されるようになってきた。その結果、業務範囲や責任・権限が限定されている一般職掌の枠組みと、女性の意欲・キャリア志向との間にミスマッチが起こるようになってきた。他方、現場の仕事配分をみると、制度のうえでは業務範囲や責任・権限が限定されているものの、その枠組みを超える働きぶりを示す一般職掌の社員が登場し、それにもかかわらず十分に処遇できない状況にあった。

　こうしたことが女性社員の能力発揮を妨げ、労働意欲の低下を招き、女性社員の勤続年数が男性社員より短いという現象を生み出していた。こうした反省から、同社は、性別等にかかわらず、すべての社員が能力を十分に発揮し、適正な処遇を受けられる人事制度の改革を行ったわけである。

●新旧制度の比較

　図3-8は、従来の総合職掌・一般職掌制度と新しい全域型社員・地域型社員制度の違いを示している。

　同図にあるように、旧制度は業務内容と転居をともなう異動の2つの軸によって社員を総合職掌と一般職掌に区分する制度をとっていた。それぞれの業務内容については、「営業、企画、開発および管理等の基幹的業務に従事し、自己の判断に基づいて業務を遂行する」社員が総合職掌、「総合職掌の指導のもとで主として補助的または定型的な業務に従事する」社員が一般職掌と定義されていた。

　これが制度改革によって、業務範囲を共通化することで総合職掌と一般職掌の区分を廃止し、転居をともなう異動の可能性の有無のみによって、全域型社員と地域型社員へ区分する新しい制度が導入された。新制度導入時には、旧一般職掌全員が地域型社員へ、総合職掌全員が全域型社員へ一律に移行し、移行時に個人の希望による区分選択の機会は設けられていない。しかし毎年1回、区分選択を申告でき、全域型社員と地域型社員間の双方向の移行を認める制度が設けられた。

●職位制度の見直し

　こうした制度改革に合わせて、職位制度と賃金制度の見直しが行われている。図3-9に示したように、旧制度では総合職掌は4区分、一般職掌は2区分からなり、基幹職階以上が管理職に位置付けられていた。このもとで、一般職掌の昇格は総合職掌の指導職階に対応するリーダー職階までとされていた。

　新制度の導入にともない、新しい職位制度は同図の右側に示したように、つぎのように改められた。

図3-8 》 **新旧制度の比較**

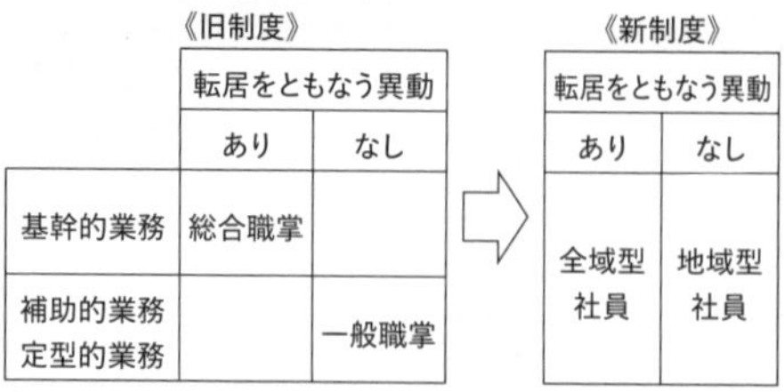

《旧制度》

	転居をともなう異動	
	あり	なし
基幹的業務	総合職掌	
補助的業務 定型的業務		一般職掌

《新制度》

転居をともなう異動	
あり	なし
全域型 社員	地域型 社員

図3-9 >> **職位制度の新旧比較**

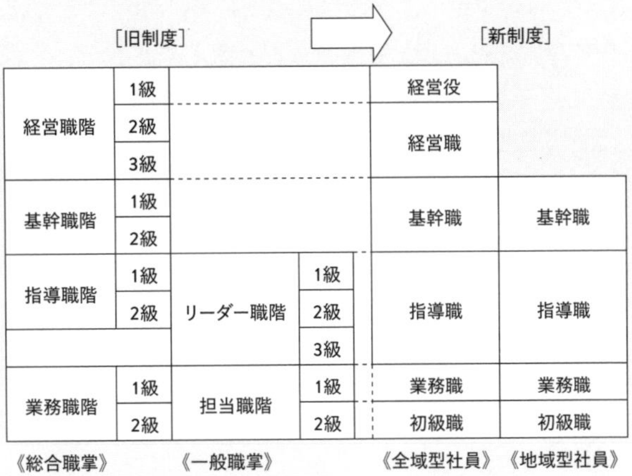

[旧制度]				[新制度] 全域型社員	地域型社員
経営職階	1級			経営役	
経営職階	2級			経営職	
経営職階	3級			経営職	
基幹職階	1級			基幹職	基幹職
基幹職階	2級			基幹職	基幹職
指導職階	1級	リーダー職階	1級	指導職	指導職
指導職階	2級	リーダー職階	2級	指導職	指導職
		リーダー職階	3級	指導職	指導職
業務職階	1級	担当職階	1級	業務職	業務職
業務職階	2級	担当職階	2級	初級職	初級職
《総合職掌》		《一般職掌》		《全域型社員》	《地域型社員》

①職位段階を大括りにし、簡素な構成に改められた。

②基幹職以下を全域型社員と地域型社員にかかわらず共通の仕組みとした。これによって地域型社員は課長以上の役職ポストに挑戦できる機会が作られた。ただし、経営幹部に当たる経営職と経営役については、全社的な観点から業務に当たる必要があることから、全域型社員に限定された昇格ルートとした。

③職位と役職ポストとの対応関係も見直した。旧制度では基幹職社員の就任可能ポストは支店長までと定められていたが、新制度では基幹職でも本社部長への就任を可能とした。

●賃金制度の見直し

　さらに、賃金制度の改革も行われた。たとえば非管理職についてみると、旧制度での月例給は、積み上げ型の査定昇給がある職位に対応した範囲給である本給、ベアの受け皿としての職位に基づく調整給、職位別の定額給である職位手当から構成されていた。これが新制度のもとでは、職位別の定額給である職位給と、年ごとの能力評価に応じて変動する能力給との2本立ての構成に変更された。

　旧制度のもとでは、上記の賃金要素は総合職掌、一般職掌に共通していたが、業務範囲や責任・権限が異なることから、それぞれの職掌に対して異なる賃金表が用いられていた。制度改正後も、上記した職位給と能力給の賃金要素が全域型社員、地域型社員ともに適用されて

いるが、「転居をともなう異動の可能性の有無」を勘案して、両者間に
10〜15％の賃金格差が設けられている。同社はこの格差を「異動プレ
ミアム」に対応した格差であると考えている。

注：「コース別人事管理〜野村證券」（『労政時報』3728号〈2008年6月27日〉）に基
づき作成。

第 *4* 章

採用管理

1 進む採用の多様化

　企業の採用方法が多様化している。企業の採用管理の変化である。たとえば、大卒の新卒採用では、事務系に関しても初任配属先を特定して採用する職種別採用を取り入れたり、新卒を派遣社員として受け入れ、一定期間後に正社員として採用する紹介予定派遣を活用したり、インターンシップ制を採用に結び付けたりするなどの新しい動きがある。

　職種別採用によって入社後に担当する仕事を明示して募集することで、仕事に関心をもち、専門的な知識を学んだ学生を採用することが可能となる。また、紹介予定派遣やインターンシップ制を活用した採用では、面接や試験では十分に把握できない仕事上の能力や適性を、実際の仕事ぶりをみることによって判断し、選考を行うことができるという利点がある。正社員の採用者数を絞り込んでいる企業では、とりわけ採用段階でのミス・マッチを少なくする必要性が高く、こうした新しい採用方法が取り入れられている。

　この他、新卒の入社時期を4月に限定せずに、年間を通じて新卒採用を行う通年採用を実施する企業もある。日本と卒業時期が異なる海外の大学に留学している日本人を採用するのに有効であったり、欠員の発生状況に応じて新卒を採用できたりするなどのメリットがある。

　また、即戦力となる人材を確保する中途採用では、求人情報への応募者を待つだけでなく、求める人材を積極的に探すために、ヘッドハンティング会社を利用する企業もある。求人企業が即戦力として採用したい人材は転職希望をもたず他企業に定着しており、転職市場に登場していないこと

が多いことによる。

　採用管理にみられる最近の変化を紹介したが、採用は企業の人的資源（社員が保有する発揮可能な職業能力）の構成を決めるものであり、企業内において潜在的に調達可能な労働サービス（社員が保有する職業能力を活用した具体的な労働）の質と量を規定する。

　人的資源の質が企業の競争力の中核を構成することから、採用管理は人事管理上極めて重要なものとなる。したがって採用管理は、企業の経営戦略や経営計画に基づいて実施されなくてはならない。さらに、採用後における能力開発を前提として採用する場合には、人的資源の開発に一定の時間を要するため、短期だけでなく中・長期の経営戦略や経営計画に即した採用を行うことが求められる。

　また企業の採用管理は、業務の外部化や請負社員、派遣社員など外部人材の活用のあり方にも規定される。業務の外部化や外部人材の活用が拡大すると、企業が直接雇用して必要な労働サービスを調達し業務を処理する範囲が縮小することになり、その結果、外部労働市場から採用しなくてはならない人材の規模も少なくなることによる。

　採用管理は企業と外部労働市場の接点となるが、労働市場において企業は自由に採用を行えるわけではない。労働市場における需給状況に採用管理が制約されるだけでなく、労働者の就業ニーズに合致した仕事内容や求人条件が提示できなければ、企業は必要とする人材を確保することが難しくなる。

　こうした求人条件は、賃金水準、仕事や配属先、雇用契約期間の有無や期間、労働時間など狭義の労働条件だけでなく、入社後のキャリアの見通し、能力開発の機会、仕事と生活の両立支援のあり方（ワーク・ライフ・バランス支援）など、広義の労働条件を含むものである。

2 採用の管理

1. 労働サービス需要を充足する多様な方法

　人事管理の課題は、企業が事業活動を円滑に遂行するうえで必要とされる質の労働サービスを、必要とされるときに必要とされる量だけ適正な価格で確保することにある。ところで、企業が必要とする労働サービスの量や質は、業務の外部化や外部人材の活用の程度に規定されるため、外部化される業務や外部人材の活用範囲が拡大すれば、企業内で確保すべき労働サービスの質や量が変化する。つまり、業務の外部化や外部人材の活用に応じて、企業内で充足すべき労働サービス需要の量と質が確定することになる。

　直接雇用と外部人材の活用による労働サービスの充足方法には、つぎのように多様な選択肢がある（表4-1を参照）。

　第1は、業務の外部化と類似する面もあるが、他社の労働者に自社の事業所内で労働サービスの提供を依頼する方法である。具体的には、事業所内で請負社員や派遣社員を活用するものである。企業は、労働者を直接雇用せずに、労働サービスの提供を事業所内で受けることができる。

　請負社員と派遣社員はいずれも他社の労働者であるが、法律上の取り扱いは異なり、両者では受け入れ企業による指揮・命令関係に相違がある（図4-1を参照）。企業は請負社員に対して直接、指揮・命令を行うことはできないが、派遣社員ではそれが可能となる。派遣社員との間には直接的な雇用関係はないが、指揮・命令関係があることによる。

　派遣社員は受け入れ企業（派遣先）に対して労働サービスを提供するが、請負社員は受け入れ企業に対して直接、労働サービスを提供するのではな

　　表4-1 ≫ **労働サービス需要の充足方法**

外部人材の活用による充足	事業所内請負社員
	派遣社員
労働者を直接雇用することによる充足	正社員
	パート社員、アルバイト社員、契約社員、嘱託社員など

図4-1 >> 労働者派遣事業と請負により行われる事業の区分

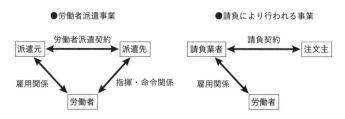

く、請け負った業務の遂行（しばしば請負先の機械設備などを使用する）を請負先（注文主）の事業所内で行うものである。

　派遣社員を活用するか、あるいは請負社員を活用するかは、業務を遂行するうえで外部人材に対して受け入れ企業による指揮・命令が不可欠であるか否かによって決めるべきものとなる（派遣社員と請負社員の活用については第14章第4節を参照）。請負契約によって請負社員を活用した企業が、請負社員に対して指揮・命令を行うと、形式的な請負契約と見なされ、労働者派遣法違反となる。

　第2は、企業が労働者を直接雇用することで、必要とされる労働サービスを充足する方法である。直接雇用する場合でも、どのような社員区分を設定し、それぞれにどのような労働者を採用するのかという選択がある。

　社員区分の設定は①労働契約における契約期間の定めの有無（無期契約、有期契約）と契約期間の長さ（労働基準法により契約期間の上限は原則3年）、②職種を限定した雇用の有無、③勤務地を限定した雇用の有無、④勤務時間の長短や所定時間外労働（残業）の有無などの組み合わせによる（表4-2を参照）。いかなる社員区分を設定するかは、それぞれの企業の人材活用戦略に依存する（詳しくは第3章第3節を参照）。

　いわゆる正社員としての社員区分は、契約期間に定めがなく、勤務時間はフルタイム勤務（通常勤務）で残業があり、職種や勤務地を限定しないことが一般的であった。しかし最近は、正社員であっても勤務地を限定した社員区分を設ける企業もみられる（勤務地限定制度）。勤務地以外にも、正社員のなかに管理職コース・専門職コースなどデュアル・キャリア制度、さらには活用する仕事の範囲を限定した業務職コースなど、複数の社員区分を設定する場合もみられる（いわゆる複線型雇用管理制度）。また、正社員に対して、育児・介護以外の目的でも活用できる短時間勤務制度を設けている

表4-2 ≫ 社員区分の構成要素と社員区分の例示

社員区分の構成要素	無期雇用の例示					有期雇用の例示		
	a	b	c	d	e	f	g	h
労働契約の契約期間の定めの有無	無	無	無	無	無	有	有	有
職種限定の有無	無	無	有	有	無	有	有	無
勤務地限定の有無	無	有	無	有	有	有	有	有
勤務時間の長短や所定時間外労働（残業）の有無	通常	通常・残業なし	通常	短時間	短時間	通常	短時間	通常・残業なし

企業もある（いわゆる短時間正社員制度）。正社員に関して複数の社員区分が用意されている場合、社員による社員区分の選択時期について、採用時点において社員区分を選択する方式と、採用後のいくつかの時点において社員区分を選択する方式、さらに両者の組み合わせがある。

　労働契約の契約期間に定めのある者が、いわゆる非正社員である。非正社員にも様々な社員区分がある。たとえば、短時間勤務のパート社員やアルバイト社員、フルタイム勤務であるが年契約の契約社員や嘱託社員などである。パート社員の社員区分は、労働サービス需要のピーク時の対応策として活用したり、主婦や学生や高齢者など短時間勤務を希望する労働者を活用したりする場合などに導入されている。年契約の契約社員は、①高度の専門能力をもった人材を短期間だけ即戦力として活用するものと、②フルタイム勤務が必要であるが短期間で必要とされる技能が習得でき、長期間の雇用を必要としない業務に活用するものの2つの類型がある。非正社員の社員区分は、いずれも活用する職種や職場や事業所などを限定した社員区分であることが一般的である。言い換えれば、正社員と比較すると、非正社員はキャリアの展開範囲（企業が活用する仕事の範囲）が限定されたものとなる。

2. 採用と採用計画

　採用とは、企業が直接雇用する労働者を外部労働市場から募集・選考し、労働契約を結ぶことである。募集を開始する前に、企業は必要な採用数を社員区分別に確定することが求められる。

必要採用数は、必要要員数と在籍要員数の差で決まる（表4-3を参照）。必要要員数は、業務量に基づく積み上げだけでなく、適正人件費などに基づく算定に人事戦略などを考慮して確定される。適正人件費の算定方法には一般的なものはないが、売上高人件費比率や労働分配率（付加価値に占める人件費の比率）などに基づいて行われることが多い。

　必要採用数は、社員区分別の社員1人当たりの労働時間に基づき、社員区分別の必要採用数に換算される。この必要採用数を充足するための計画が採用計画となる。

　必要採用数の算定には短期と中・長期の2つがあり、それぞれに応じて採用計画も短期と中・長期に分かれる。最も短期となる採用計画は、欠員が発生してから採用計画を立案し、採用活動を始めるものである（欠員補充型採用）。他方、中・長期の採用計画は、現時点の必要要員数だけでなく、企業の中・長期の事業計画に基づいて算出された将来の必要要員数とともに、現有の要員数に変動をもたらす定年や自己都合による退職者数、社員の育成計画、昇進予定などを組み込んで作成される。

　必要要員数あるいは必要採用数は、社員の人数という量だけでなく、労働サービスの質、つまり社員に求められる職業能力を加味したものとなる。さらに、必要とされる採用数は、すでに述べたように社員区分別に割り振られる。したがって具体的な採用計画は、社員区分別および必要とされる職業能力別に作成されることになる。

　採用計画に基づいて採用の準備が始まるが、採用計画に基づく募集の開始から採用選考を経て配属にいたる過程を、以下で紹介することにしよう（表4-4を参照）。

表4-3 》 必要採用数の算定を規定する変数

> 適正人件費（売上高人件費比率、労働分配率など）、1人当たり人件費、
> 業務量に基づいた必要要員数の算出＋人事戦略→必要要員数の算定
> 必要要員数、在籍要員数→必要採用数→社員区分別の必要採用数

表4-4 》 採用計画作成から配属までの流れ

> 採用計画作成→募集活動→採用選考→受け入れ教育→配属

3. 採用の方法

採用方法は、いくつかの視点から分類することができる。

第1は、欠員が発生してから採用する欠員補充による採用と、中・長期の採用計画に基づく計画採用である。

第2は、即戦力として活用できる職業能力による採用と、採用後の能力開発を予定した訓練可能性に基づいた採用である。

なお、欠員補充型の採用では、経験者を即戦力として採用することが多く、中・長期の採用計画に基づく採用は、訓練可能性を重視した新規学卒者の採用が典型例となる。もちろん欠員補充型の採用であっても、パート社員など採用時点ではそれほど高い技能を必要としない業務が主となる社員区分への採用では、即戦力を重視した経験者採用でなく、配置する業務の経験がない未経験者の採用が多くなる。

第3に、採用の時期に着目すると、欠員補充型採用は、その定義からして欠員発生に採用時期が規定されるため、必要に応じて採用する随時採用ないし不定期採用となる。他方、新規学卒採用では、卒業後の4月に定期採用することが日本では一般的である。他の先進国では、新規学卒者の採用でも採用が特定の時期に固定されていないことが多い。最近では、新規学卒採用でも、採用時期つまり入社時期を4月に固定しない、いわゆる通年採用を導入する企業も増えつつある。海外の大学の卒業生に関して、すでに通年採用を導入している企業も少なくない。なお、採用時期と社員区分の関係をみると、パート社員やアルバイト社員などでは、欠員が発生したときに採用する随時採用が主となる。

第4に、採用の担い手別にみると、工場や支店など複数の事業所をもつ企業では、必要とされる人材を本社で一括して採用する場合と、本社採用に加えて各事業所が個別に採用する場合に分かれる。本社採用であるか事業所採用であるかは、採用後のキャリアの違いに関連している場合も多い。つまり、本社採用者では事業所間の移動が予定されるのに対して、事業所採用者では原則として事業所間移動がなく、当該事業所内にキャリア形成の範囲が限定されることになる。たとえば、複数の工場を全国に展開する製造業の大企業などでは、生産工程従事者は事業所採用で、営業や技術などのホワイトカラーは本社採用であることが多い。またパート社員やアルバ

イト社員なども、工場や営業所などの事業所に採用権限があることが一般的である。ただし事業所に採用権限がある場合でも、本社の人事セクションが採用数や人件費を管理していることが多い。この他、企業内の社内カンパニーや事業部門に採用権限を付与し、各カンパニーや部門ごとに採用を行っている企業もある。

3 募集と選考

1. 募集

　採用計画に基づいて、社員区分やそれぞれに求められる職業能力などを含めて必要な採用者数が決まると、具体的な募集活動に移ることになる。募集方法には、縁故募集や店頭における求人情報の掲示などインフォーマルなものから、公的な職業紹介機関（公共職業安定所［ハローワーク］）や民間の有料職業紹介機関（職業紹介やヘッドハンティングの会社など）、さらには新聞などの求人広告、求人専門紙・誌、求人専門の折り込み広告、インターネットなどによる求人情報の提供など多様なものがある。民間だけでなく公的な職業紹介機関も、インターネット上で求人情報を提供している。求人に際して、インターネット上に求人専門サイトを運営している会社を利用するだけでなく、自社のホームページに求人情報を掲載している企業も多い。
　募集方法は、採用する社員区分などによって有効な方法が異なるものとなる（表4-5を参照）。たとえば、パート社員などは通勤圏が比較的狭いため、求人する事業所の周辺地域に居住する労働者を募集対象とする新聞の折り込み求人広告や、募集対象地域を限定して発行される求人紙・誌などが効果的である。新規学卒者の採用ではインターネットを通じた求人情報の提供や会社説明会などが活用され、さらに大学院卒の技術・研究職などでは大学の研究室による紹介が利用されることも多い。さらに、求人への応募の受け付け（エントリー・シートなど）をインターネット上で行うことも一般化している。また、新規高卒者では、学校による紹介が主たる採用経路となる。高度な技術などを保有する人材を即戦力として採用する場合は、ヘ

表4-5 ≫ 多様化する企業の募集・採用方法

| | 無期雇用の例示 | | | 有期雇用の例示 | |
| | 新卒採用 | 中途採用 | | パート社員 | 契約社員（高度専門職） |
		経験者	未経験者		
（採用時期）					
定期採用	○				
随時採用・不定期採用		○	○	○	○
通年採用	○		○		
（採用方法）					
全社一括採用	○		○		
事業所別採用・部門別採用	○		○	○	
職能別採用・職種別採用	○	○	○	○	○
紹介予定派遣	○		○		
インターンシップ	○				
（募集方法・媒体）					
公的な職業紹介機関		○	○	○	
民間の有料職業紹介機関		○			○
大学、高校など	○				
会社説明会	○				
新聞等の求人広告		○			○
求人専門紙・誌	○	○	○	○	○
折り込み広告				○	
インターネット活用	○	○	○		○

ッドハンティング会社などが有効な求人手段となる場合もある。

　この他、自社におけるインターンシップの経験者を採用選考において優遇したり、新卒採用に紹介予定派遣を活用したりする企業もある。両者は、適性や働きぶりを実際にみて採用を決めることができる選考方法である。

2. 募集・採用に際しての情報提供

　募集や採用に際して、法律上定められた労働条件の内容を明示することはいうまでもないが、それに加えて、求職者が求める情報を可能な限り提供することが望ましい。

　仕事に関する情報は、採用後に配属する仕事だけでなく、将来のキャリア展開の可能性や能力開発機会などが含まれる。さらに、仕事に関わる情

報だけでなく、企業の経営方針などの情報も提供の対象となる。会社や仕事に関してプラスと考えられることだけでなく、マイナス面に関しても情報を求職者に提供するほうが（Realistic Job Preview, Realistic Recruitment）、採用

表4-6 ≫ **職種別採用の事例（富士ゼロックス）**
——業務内容と求められる資質・専門能力——

職　種	業　務　内　容	求められる資質と専門能力
営　業	お客様の現状調査からスタート、問題点を発見し、業務の高効率化と質の高い仕事が生み出せるよう、商品とネットワークシステムを企画・提案・販売・フォローします。	レベルの高い商品知識、お客様のニーズ動向を適確に読み取る分析力とコンサルティング力が必要です。また、目的を達成するための行動力・執着心が求められます。
システムエンジニア（SE）	PC、UNIXワークステーション、ネットワーク機器などを駆使し、お客様の業務上の課題を解決するための、システム化、ネットワーク化提案や設計を行います。	営業と同様、お客様の立場に立って、提案・コミュニケーションをすることが大切ですが、それに加え専門性として、情報処理技術の知識や興味などが求められます。
企画・計画	（マーケティング）国内営業部門（販売・保守・事務）全体の長中期計画（ビジョン策定とマーケティング戦略の立案・展開）と単年度計画の立案・管理を行います。	（マーケティング）マーケティング知識、計数能力、論理的考察力に加え、トレンドに敏感なこと、すなわち好奇心が旺盛であることが求められます。PCの操作に習熟していると、さらに望ましいです。
	（商品企画）欧・米・アジア市場をにらんだ富士ゼロックス商品の事業戦略立案と、商品計画・開発推進を行います。	（商品企画）多種多様な資質を求めていますので、一芸に秀でた人を歓迎します。特にネットワーク技術に詳しい計画スタッフを求めています。英語力に関しては問いませんが英語アレルギーのない方を求めます。
調　査	欧・米・アジア等の主要経済地域での経済全般に関する調査分析を行うとともに、様々な経営課題について最新の動向を踏まえたうえで会社が進むべき道を検討します。	マクロまたはミクロ分野での経済学の知識が求められます。また英語（英検準1級以上が望ましい）かそれ以外の外国語能力も必要となります。
法　務	事業活動が法的な安定のうえで行われるよう、法令遵守の管理、契約の助言・作成・審査、社員の法務教育などを国内外で担当します。	基本的な法律知識と英語力、社会人としての常識や素直な正義感、自発的に課題に取り組む姿勢、行動力、交渉力、調整能力などの資質が求められます。
経　理	国内・海外グループ企業の連結財務諸表を作成。経営分析を行い、経営の課題および改善策を提案します。またグローバルな税務戦略を立案します。	経理のプロとして基本的な経理・税務知識、論理的思考力、折衝力が必要となります。さらに海外グループ企業の経理マンへ経理諸問題についてのサポート・アドバイスを行うために、語学（特に英語）力も必要となります。
財　務	主に「資金調達」「年金資産の運用管理」「為替リスク管理」を行います。最小限のリスクで効率的に調達・運用することが求められます。	企業金融、特に資金の調達、運用、外国為替に対する興味があるだけでなく、ファイナンス、経理の基礎知識が必要です。議論できる英語力は必須です。
テクニカルライター・技術翻訳	海外向けのマニュアル・仕様書・技術文書作りが中心です。また海外各地の技術者と製品に関して英語でのコミュニケーションも行います。	英文ドキュメントのライティング能力（英検1級、TOEIC850点以上、TOEFL600点以上のいずれかをクリア）に加え、英語での論理的文章構成力・対技術者コミュニケーション能力が求められます。
知的財産	研究・開発部門の技術者と協力して知的財産活動を行います。また、自社特許の権利の強化のための中間処理などの活動を行います。	電子／機械／化学／物理などの専門技術知識に加え、技術者に対する知的財産面での指導・提案・相談等や特許庁との交渉に必要なコミュニケーション能力が求められます。

した社員の定着率や仕事や会社に対する満足度が高くなることが明らかに
されている。

表4-6 ≫ 職種別採用の事例（富士ゼロックス）（つづき）

職　種	業　務　内　容	求められる資質と専門能力
ロジスティック	物流の最適化を追求し、事業戦略・商品戦略にみあった物流と情報システムの構築を行います。全社的に連携した計画立案と推進が主な業務です。	各ビジネス領域の物流・商流を科学的に把握し、分析・設計できるIE（Industrial Engineering）、OR（Operations Research）の専門能力を基礎に情報技術力を有した高い問題解決能力が求められます。
国際調達	新商品開発に当たって国内外の仕入先の決定と価格・品質の査定および契約成立までの折衝を行います。対仕入先政策の策定・提案、実施も行います。	設定された目標を達成するための折衝力・交渉力に加え、国際貿易、ロジスティックに関する知見と仕入先の会社業績・経営状況等も総合的に評価できる能力が求められます。海外仕入先も増えつつあり、語学力もかかせなくなっています。
リサイクル技術	リサイクルと廃棄ゼロに向けた研究／開発／生産／物流のために資源再利用の全社推進、環境負荷の逓減の推進、全社経済効果の追求を行います。	リサイクル設計法、プラスチック材料のリサイクル、部門再利用のための生産技術、商品の材料構成と有害物質、環境影響評価に必要となる技術検討／開発能力が求められます。またリサイクルと廃棄ゼロに向けた活動に対する情熱も必要です。
研究開発	既存の技術を改良して商品に結び付ける「開発的研究」にとどまらず、まったく新しい発想に基づく「新技術創造型研究」を行います。さらに国内はもとより、ワールドワイド、OEMの全チャネルへの商品開発を行います。	対象技術領域は広く（情報・電気・電子・機械・化学・物理・材料・金属etc.）、その専門性の深さはもちろん、自ら課題を設定する能力や論理性、協議のための相互理解力が求められます。

注：用字・用語は同社の基準による。
出所：図4-2と同じ

図4-2 ≫ 採用プロセス（東京ガスの事例）

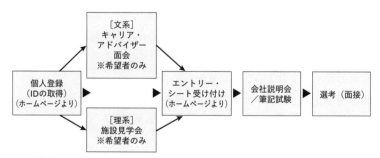

出所：『労政時報』（第3485号〈2001年3月30日〉）

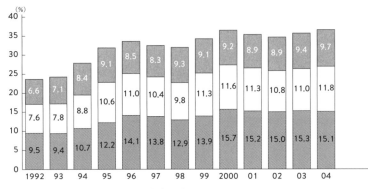

図4-3 ≫ 新規学卒就職者の在職期間別離職率の推移

注：2016年卒は1年目と2年目、2017年卒は1年目のみ。
出所：厚生労働省「新規学卒者の離職状況」（雇用保険の加入届が提出された新規被保険
　　　者資格取得者のデータから算出されたもの）

3. 選考：新卒採用の場合

　募集への応募者があると、選考の手続きに入ることになる。募集人員に
応募者数が満たなくても慎重な選考が求められる。新規大卒者の選考方法
は、エントリー・シート、筆記試験、面接などが一般的である（図4-2を参
照）。筆記試験の内容では、技術・研究職では専門分野の専門的知識に関す
るものを実施する企業がやや多いが、事務職や現業職ではそれが少なく、適
性、一般常識・基礎学力、作文・小論文が主なものとなる。

　新規大卒者を採用する際に重視される選考要素は、技術・研究職では専
門的知識、熱意・意欲、理解力・判断力、事務職では熱意・意欲、一般常
識・教養、行動力・実行力などとなる。事務職で専門的知識を選考要素と
する企業が少ないのは、配属先の仕事を限定して採用することが少なく、訓
練可能性を重視して選考しているためである。この結果、職能分野に関す
る専門的な知識をどの程度学んだかではなく、一般的な知識水準が選考基
準として重視されることになりがちである。

　最近は、新卒についても職種別採用を実施する企業がみられるが、こう
した採用方法の場合は、大学での専攻分野や専門能力を選考要素に含める
ことが可能となる（表4-6を参照）。

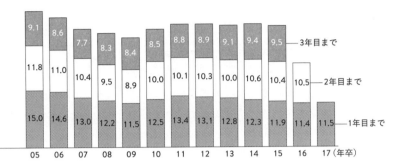

4. 選考：中途採用の場合

　即戦力採用のように採用後に配属する仕事が特定化されている場合は、当然のことながら、その仕事に求められる職能要件を満たす職務遂行能力を保有しているかどうかが採用の基準となる。即戦力としての採用であっても、採用後に他の仕事への異動が想定される場合は、採用する仕事に必要な職務遂行能力による選考だけでなく、長期にわたって他の仕事をこなしうる潜在能力、あるいは訓練可能性をもっているかどうかが選考基準に加えられることになる。

　中途採用では、採用に際して年齢を考慮している企業も少なくない。その理由としては、社内の年齢構成のバランスを維持するため、年功的な処遇体系によって年齢が高いと高位の資格への格付けが必要となるため、教育訓練投資の回収期間が短くなるためなどが多い。しかし、機械的に年齢条件を設けることは有能な人材の確保を阻害することになるだけでなく、募集・採用に際して厚生労働省令が定める合理的な理由以外で年齢条件を設けることは法律上も禁止されている（2007年改正雇用対策法）。

5. 就職協定

　1996年度までは大学と企業との間で就職に関して協定（いわゆる「就職協定」）が行われていたが（会社訪問や内定の開始時期の設定など）、1997年度（1998年3月卒）から就職協定が廃止され、企業の採用活動に関する規制がなくなった。就職協定の廃止は、企業による採用活動の早期化や長期化、さらには分散化をもたらすことになった。学生にとっても就職活動の早期化や長期化を意味し、大学3年生の秋から就職活動を始める者も珍しくなくなった。また、インターネットの普及は学生の就職活動の方法に変化をもたらし、企業のホームページからの情報収集やメールによる資料請求、さらに求人サイトを利用した応募などが一般化した。

　就職活動が早期化する一方で、学校を卒業しても就職できない者や非正社員の就業機会につく者も増えた。また正社員として就職しても、短期間のうちに離職する者も少なくない。ただし、この傾向は最近のことではない。新規学卒者が就職してから3年間の離職率をみると、大卒で30％前後の水準にある（図4-3を参照）。新規学卒者の主たる離職理由をみると、男性では「仕事が自分に合わないこと」や「労働条件がよくないこと」が、女性では「健康上の理由、家庭の事情、結婚のため」や「仕事が自分に合わないこと」などが挙げられている。

4 募集と採用に関わる労働法制

1. 募集と採用に関わる法律上の規制

　法律上、労働者には職業選択の自由が、企業には採用の自由が保障されている。後者の採用の自由は、採用の実施や採用者数の決定が、企業自身の判断に委ねられていることを意味する。ただし、障害者雇用促進法によって障害者に関して一定の雇用率が設定されているように、企業に雇用義務を課している場合もある。

　また企業は、採用基準をどのようなものとするかに関しても選択の自由

が保障されている。しかし、男女雇用機会均等法は、募集や採用における性別による差別を禁じている。具体的には、募集・採用に際して特定の社員区分においてその対象から男女のいずれかを排除すること、男女で異なる募集条件（たとえば、女性について自宅通勤であることを条件とするなど）や選考条件（たとえば、女性のみに筆記試験を課すなど）を設定すること、求人情報の提供に際して女性と男性で異なる扱いをすることなどが禁じられている。女性のみの募集も、女性の職域を限定するとの判断から禁止されている。ただし、女性の少ない職域や社員区分への女性の進出を促すために、女性のみや女性を優先する募集・採用を行うことが認められている（ポジティブアクション）。また、男女で異なる扱いをすることに合理的な理由がある職業での募集・採用については、男女別の募集・採用が認められる（業務の遂行上、一方の性でなければならない職業、たとえば俳優、モデルなど）。

　さらに労働組合法は、労働組合の組合員であることや労働組合の正当な活動によって不利益な取り扱いをすることを、不当労働行為として禁止している。このことは採用に関しても適用される。

2. 労働条件の明示

　労働契約を結ぶ際、企業はつぎの点を文書で明示する必要がある。それらは、①労働契約の期間、②就業場所および従事すべき業務、③始業および終業時刻、所定時間外労働（残業）の有無、休憩時間、休日、年次有給休暇、交替勤務に関すること、④賃金の決定方法、計算・支払い方法、昇給に関すること、⑤退職（解雇事由、定年など）に関することである。このほか、賞与・退職金などに関して規定がある場合は、それを明示する義務がある。

　なお、労働基準法は、10人以上の常用労働者を雇用する事業主に対して就業規則の作成を義務付けており、上記の③④⑤の事項は就業規則に記すべき事項であるため、その部分に関しては就業規則を提示することで代替可能となる。

3. 労働契約の特徴

　正社員は通常、契約期間に定めのない労働契約である。契約期間に定め

がないといっても、定年制が設けられている場合は定年年齢までの雇用となる。さらに、正社員の労働契約は、個々の労働者と使用者との間で労働サービスの提供内容やそれに対する報酬を具体的に定めた個別的な契約ではなく、就業規則と包括的な人事権に基づく集団的な契約としての性格が強い。その結果、正社員の企業に対する労働サービスの提供の範囲は無限定的なものとなりがちである。

しかし最近は、正社員の社員区分の多元化が進展し、転勤の有無や転勤の範囲、さらには従事する業務の範囲などを労働契約に含めるようになり、労働者の権利義務関係が限定されるようになってきている。

非正社員では労働契約に定めのある有期契約が多いが、有期の労働契約を結ぶ場合には、労働基準法の規定により3年を超える労働契約を結ぶことはできない（労働基準法改正により2004年1月1日よりそれまでの1年が3年に延長された）。ただし、高度の専門的な知識をもつ労働者を雇用する場合や、60歳以上の労働者を雇用する場合は、雇用契約期間の上限を5年まで延長できる（労働基準法改正により2004年1月1日よりそれまでの3年が5年に延長された）。上記以外で3年を超える雇用契約を結んだ場合、それは労働契約の期間に定めのない無期雇用と見なされる。なお、有期労働契約が更新されて通算して5年を超えたときは、労働者の申し込みにより期間に定めのない労働契約（無期労働契約）に転換される。

また、非正社員は有期の労働契約であるだけでなく、正社員と異なり、勤務場所や従事する仕事の範囲などを限定することが多い。つまり、権利義務関係が限定された労働契約であることが一般的である。

4. 異なる社員区分間の処遇の均衡

企業は、人事管理において複数の社員区分を設定することができるが、それぞれの社員区分の設定が人事管理上、合理的なものであり、社員からみても納得できるものであることが求められる。

異なる社員区分の設定が合理的なものと判断できる基準として、①社員区分が仕事の範囲やキャリア、さらに勤務態様の区分に対応していること、②異なる社員区分の間を異動できる機会があり、かつその異動ルールが明確であること、③特定の社員を当該社員区分から排除するために設けられ

ているものでないことなどを挙げることができる。

この基準に照らせば、正社員とパート社員のように社員区分が異なり、その結果として両者の処遇制度（たとえば月給と時間給の違い、賃金水準の違いなど）が異なるように設定されていても、両者の仕事やキャリア、さらに勤務態様が同一である場合は、人事管理上、こうした社員区分は非合理的なものと判断されることになる。この問題に対しては、両者を同一の社員区分に包含し、同一の処遇体系を適用することが必要となる。

さらに、社員区分の設定が仕事やキャリア、さらに勤務態様の違いに対応して合理的なものであっても、それぞれの社員区分間の処遇の均衡、すなわちバランスをはかることが求められる（第14章を参照）。

5 採用管理の新しい動き

1. インターンシップ制

大学生や高校生の多くが、就職活動に入るまでに十分な職業意識を形成しておらず、そのため自分の希望や適性に合致した就職先の選択ができず、就職後の定着率も低くなっているとの指摘がある。こうした問題に対処するため、在学中に職業意識の形成を促進し、適性に合った職業選択を可能にし、学校から仕事への円滑な移行を実現することを目的として、仕事を体験させる仕組みとしての実習が整備されつつある。

このひとつがインターンシップ制である。不適切な職業選択による離職を減らし、明確な職業意識をもった学生を採用したいという企業の意向を反映したものでもある。

インターンシップ制は在学中に実施されるため、長期の実習を行うことは難しく、比較的短期のものが主となる。短期間のため、実習内容を精査するとともに、実習前のオリエンテーションによる目的の明確化や動機付け、さらには実習後のフォローアップによる実習経験の定着化などが求められる。また、専門教育の一環として実施し、実習を教育にフィードバックする工夫も、実習の効果を上げることに貢献するものとなる。

インターンシップ制は、実習を受けた学生の職業意識の啓発に寄与するだけでなく、受け入れ企業において学生を受け入れて指導に当たった受け入れ社員の職能能力の向上にも貢献するものでもある。受け入れ担当の社員は、学生に仕事を教えることを通じて自己の経験や知識などを整理することができ、そのことが能力開発の機会となる。まさに教えることが学ぶこととなる。

2. 紹介予定派遣

求人者と求職者の間の数回の面接などで求人者が採用者を決め、求職者が就職先を決めるのではなく、両者が比較的長期の検討期間を設定できる仕組みが紹介予定派遣である。

紹介予定派遣の仕組みは職業紹介を前提（派遣先が直接雇用すること）とした派遣であり、派遣社員として一定期間働き、派遣期間終了までに派遣社員が就職を希望し、かつ派遣先が採用意思をもつ場合、派遣元が求人・求職条件を確認し、職業紹介を行うものである（図4-4を参照）。派遣期間終了

図4-4 》 **紹介予定派遣の流れ**

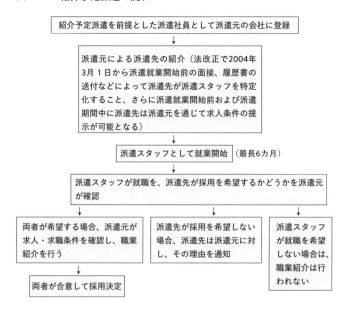

時に派遣先が採用を希望しない場合、派遣先は派遣元に対しその理由を通知し、また派遣元は、派遣先から明示された理由を、派遣スタッフの求めに応じて書面で明示しなくてはならない。

　紹介予定派遣の仕組みは、求人企業にとっては、働きぶりや適性、職業能力を比較的長期間観察してから採用を決めることができるものである。また、就職を希望する者にとっては、適性に合った仕事であるかどうかだけでなく、企業の経営方針、会社や職場の雰囲気など、数回の面接などでは評価が難しい質的な情報についても検討でき、それを踏まえて就職先を決めることができる。紹介予定派遣は、経験者の採用だけでなく新卒採用にも活用でき、紹介を目的とした新卒派遣も始まりつつある。紹介予定派遣と同様の機能をもつ仕組みに、在籍出向から転籍を経て、社員を採用する仕組みがある。これは、他社に在籍している社員を、将来の転籍を前提に在籍出向で受け入れるものである。

case

旭化成のインターンシップ制

　旭化成のインターンシップ制は、大学生と大学院生を対象として1997年に開始された。その後、実習前の「プレインターンシップ制」（1998年開始、1日間）を導入したり、ホームページ上で提供するビジネスゲームに参加することで仮想就業を体験できるバーチャルインターンシップを立ち上げるなど、制度の充実がはかられてきた。

　同社は、自社のインターンシップ制への参加経験を採用に際して考慮したり、優遇することはしていない。インターンシップ制の実施は、学生の職業意識の啓発など社会貢献を意図してのものである。とはいえ参加者の9割は、同社への就職を希望している。希望者のうち実際に採用されたのは、1997年と1998年がそれぞれ3名、1999年が7名となっている。

　インターンシップ制が実施される時期は夏期休暇中で、期間は1〜3週間である。インターンシップ制には、大学生や大学院生であれば誰でも応募することができる。履歴書、希望理由、自己PR、希望する仕事や配属先を記した応募書類に基づく書類選考と、その後の面接（30

表4-7 ≫ **インターンシップ制**
—— 受け入れ先一覧（1997～99年、一部抜粋）——

部 門	部 署	場 所	内 容	対象・備考	期 間
住宅事業部	営業所ほか	東京・新宿	住宅事業部門での営業、設計、施工など	文系、建築系	8月31日～9月5日 6日間（以下プレ含む）
建材事業部	営業部	東京・日比谷	建材事業部門での営業など	文系	8月31日～9月6日 6日間
酒類事業部	営業企画部	東京・錦糸町	酒類販売の販売促進企画など	文系でお酒に興味のある方	99年は休止
医薬事業部	営業所ほか	東京・神田、横浜	医薬・医療事業部門での営業（MR）など	薬学、バイオ、文系	8月31日～9月6日 6日間
スペシャリティケミカル事業部	企画管理部	東京・日比谷	スペシャリティケミカル事業部門での企画・管理など	文系	8月19～27日 8日間
繊維事業部	各営業部	大阪	繊維事業部門での営業など	文系	8月23～27日 5日間
総務部	宣伝担当	東京・日比谷	イヒ！でお馴染みの企画宣伝活動	宣伝活動に興味のある方	8月10日、23～30日 8日間
経営計画管理部	計数情報センター（延岡）	宮崎県延岡	企業の経理として必要な実務作業など	文系、会計に興味のある方	8月18～27日 9日間
勤労部	延岡総務勤労部	宮崎県延岡	工場地区での人事管理業務	文系、人事の業務に興味のある方	8月18～27日 9日間
労務部	労務担当	東京・日比谷	全社の労務企画業務	文系、人事の業務に興味のある方	8月23～31日、8月30日～9月3日
人事部	EO推進室	東京・日比谷	女性社員の職域拡大など	文系、人事の業務に興味のある方	8月～9月

分から2時間）で、対象者が選ばれている。2000年についてみると、286名の学生（うち200名が大学3年生）が応募し、そのうち55名が対象となった。

　インターンシップ制の対象者には、事前準備としてプレインターンシップが行われている。内容は、会社全体の理解を助けるための情報提供とビジネスマナーに関するものである。その後に実施される具体的な実習内容は配置先の部署によって異なり、それぞれの部署が実習内容を決めている（表4-7を参照）。同社のインターンシップ制は受け入れ部署が豊富な点に特徴があり、1999年は31部署が、2000年は34部署が受け入れを行っている。

　実習終了の1カ月後には、フォローアップのために1日のアフターインターンシップが開催され、配属先が異なる者でグループを作り、情報交換を行うようになっている。

　インターンシップ制に参加するための交通費、宿泊費、寮での食費

に関しては同社が負担し、1999年からは報酬の支払いはない。

　前述したバーチャルインターンシップは、2000年5月に提供が始まったもので、「学生の職業意識の改革やモノ作りへの興味を喚起」するためのロールプレイングゲーム（The Space Mission）をホームページ上で提供するものである。新製品開発をテーマにしながら様々な状況下で意思決定を行い、製造業の企業経営や仕事内容、さらには仕事の進め方を学べるビジネスゲームとなっている。

注：「旭化成：バーチャルインターンシップの導入など学生の就業体験を支援」（『労政時報』第3485号〈2001年3月30日〉）に基づき作成。

第 **5** 章

配置と異動の管理

1 企業内における
疑似労働市場の構築

　配置と異動は、社員と仕事を結び付け、仕事の遂行に必要な労働サービスの提供を社員に求めるための仕組みである。日本では企業が、社員の適性や職業能力を評価し、それに見合った仕事に従事させるためや能力開発のために、配置・異動を実施してきた。つまり企業が、社員の配置と異動に関する人事権をもっていた。配置・異動の連鎖がキャリアであるが、社員のキャリアのあり方を企業が決めてきたのである。

　しかし最近は、社員の仕事に関する希望と企業にとっての人材活用の必要性を調整し、配置や異動を決める方式を導入する企業が増えつつある。会社主導型の配置・異動から、会社と社員の両者のニーズを調整して行う双方調整型の配置・異動への変化である。

　この背景には、キャリアの自己決定や自己管理を求める社員が増えてきたことや、キャリアの選択を社員に任せるほうが、社員の仕事への取り組み意欲が高まるとの企業の判断がある。

　双方調整型の配置・異動の仕組みには、自己申告制度を積極的に活用したり、さらには社内公募制度や社内求職制度を利用したりする方法などがある。配置・異動の多くが社内公募制度や社内求職制度に基づいて実施されると、企業内に疑似的な労働市場が構築されることになる。

　社員が企業内で経験するキャリアは、社員が経験できる仕事の内容や範囲を決めるだけでなく、OJTによる能力開発の機会を決定する。したがって、双方調整型の配置・異動を行うことは、OJTによる能力開発機会の選

択を社員自身に委ねることでもある。双方調整型の配置・異動のもとでは、希望するキャリアを実現するためには、それに必要な能力開発機会を自分で選択し、能力開発を行うことが求められる。

　本章では、日本企業における配置・異動の現状とその特徴を、国際比較を含めて検討するとともに、配置・異動にみられる新しい動きを紹介する。

2 配置と異動の管理

1. 初任配属

　企業が、外部労働市場から採用した社員を最初の職場や仕事に配属することが初任配属であり、その職場や仕事が初任配属先となる。経験者を即戦力として採用する場合には、特定の職場や仕事に配属することを前提にしている。人事管理において初任配属が問題となるのは、新規学卒者の採用の場合である。新規学卒者の採用では、事業計画などを考慮した採用計画に基づいて採用数が決められる。しかし、採用後の配属先を確定して採用活動を行う企業は一般的ではなく、採用選考や内定の段階で決まる配属は、生産部門、事務営業部門、技術部門といった大括りの職能分野であることが多い。したがって、入社後に具体的な配属先の職場が決まり、これが初任配属先となる。

　新規学卒者の初任配属の方法には、大きく分けると2つの類型がある。第1は、営業所や工場などに新規学卒者の全員を1年、2年など一定の期間配属し、その後、当初の採用計画で配属が予定されていた職能分野の職場に配置するものである。第2は、初めから当初の採用計画で配属が予定されていた職能分野の職場に配置するものである。

　前者の配属方法では、本社など間接部門に将来配属される者に対して現場の仕事を一通り経験させることが可能となる。こうした方法を採用するのは、たとえば営業所などでの第一線の営業経験が、将来、本社において営業企画の仕事をする際に有益であるとの判断がある。現場経験が、将来の仕事にプラスになると考えられているのである。

いずれの配属方法を採用する場合でも、配属先の職能分野や職場は、面接での情報や新入社員研修で得られた情報、さらには本人の希望などに基づいて人事セクションが決めるのが一般的である。さらに、採用計画で予定されていた職能分野に配属されてから一定期間は、社員の適性などを観察する期間、つまり本配属前の仮配属期間として位置付け、配属先の職能分野や職場を変更する機会を設けている企業も多い。

2. 初任配属と異動

初任配属先が決まったあと、配属された職場に定年までとどまることは例外的である。通常は、一定期間で他の職場へ異動することになる。

異動には、現在の配属先と同じ職能分野のなかで職場を変わるものと、他の職能分野の職場に変わるものの2つがある。たとえば、本社の人事セクションから事業所の人事セクションへの異動は同一職能内の異動であり、他方、人事職能分野から営業職能分野への異動は異なる職能分野への異動となる。

この他、異なる事業所間の異動や職場内の異動もある。通常、事業所間の異動のうち転居がともなうものは「転勤」と、職場内における配置の異動は「ローテーション」と呼ばれることが多い。

異動の理由や目的には、適性発見の機会を提供すること、よりレベルの高い仕事を経験させ能力の伸張をはかること、仕事の経験の幅を広げ能力の幅を広げること、同一職能内の部門間や異なる職能間の人的交流を行うこと、企業内の部門などの統廃合など要員のアンバランスの解消や再配置をはかることなどがある。

また、異動には、定期的に行われる異動と不定期に行われる異動がある。定期的な異動を実施しないで、必要に応じて異動を行う企業もあるが、一定の期間ごとに社員を異動させる定期異動、つまり定期人事異動を採用している企業が多い。定期異動は、適性発見や能力開発、さらには人的交流を目的としたものが主となる。

初任配属に関して本社の人事セクションが配置権限をもっている場合でも、初任配属後の異動に関しては、人事セクションが異動の基本的な方針を作成するにしても、異動の実質的な権限、とりわけ職能内の異動に関し

ては、人事セクションではなく、それぞれの職能分野の責任者がもっていることが多い。また、職場内での異動、つまりローテーションは、当該職場の管理職に権限があることが一般的である。

　このように各職能分野の長や職場の管理者に異動の権限があるため、異動の範囲が職能内や特定の職場内に固定化される傾向があり、職能間の異動はそれほど多くはない。後述するように、初任配属の職能分野が、その後のキャリアの展開範囲を決める傾向が確認できる。

　事業所間の異動についてみると、複数の事業所をもつ大企業では、転居をともなう事業所間異動の対象となるのは本社採用の社員が主で、事業所採用の社員では例外的である。事業所採用の社員は、新設事業所への異動や事業を縮小する事業所からの転出などの場合に転勤が限られることが多い。

　このように転勤は主として本社採用の社員に固有のものであったが、最近では、複数の事業所をもつ企業においても、本社採用の社員に対して転勤のない社員区分を設ける事例がみられるようになってきている。

3 配置と異動の実際： 初任配属とキャリアの幅

1. 広くないキャリアの幅

　企業内における異動によって社員が経験してきた仕事の連鎖がキャリアである。キャリアの特徴を明らかにするためには、社員が経験してきた仕事の種類と仕事の範囲を調べる必要がある。この点に関連し、日本の企業では、キャリアの幅の広いゼネラリストが多く、キャリアの幅の狭いスペシャリストは極めて少ないとしばしば指摘されるが、後述するようにこの主張は正しくない。

　キャリアの幅を議論する際に問題となるのは、仕事の範囲を測定するための尺度である。つまり、仕事の範囲の分類を細かくすれば経験した仕事の数が多くなり、逆に大括りにすれば少なくなる。ここでは連合総研が実

施した「新しい働き方に関する個人調査」（連合総合生活開発研究所編、1995年）で明らかになった点を紹介しよう。

　この調査は、仕事の範囲として13の職能分野の分類、すなわち経営企画、法務、経理・財務・予算、人事・労務・教育、総務・秘書、広報・宣伝、情報システム、営業・販売、貿易・海外事業、資材・購買・物流・工程管理、生産技術・生産管理、製品開発・設計、研究・開発を利用している。この分類を利用し、現在配属されている職能分野、および現在雇用されている会社で最も長く経験した職能分野とその通算経験年数の2つを調べている。この結果から、つぎの点が明らかにされている。

　第1に、現在の職能分野と最長経験職能分野の両者が重なる者が多い。つまり、現在働いている会社で最も長く経験した職能分野が、現在配置されている職能分野である者が主となる。

　第2に、勤続年数と最長経験職能分野の通算経験年数を比較すると、年齢が高くなると緩やかではあるものの、勤続年数と最長職能通算経験年数との差が広がるが、40代まではその差もそれほど大きくない。とりわけ40代までは、現在雇用されている会社における勤続期間のかなりの部分でひとつの職能分野の仕事を継続した者が多くなる。

　第3に、職能分野の経験の幅からキャリアを、①ひとつの職能分野のみを経験した者、②複数の職能分野を経験したが、勤続期間のほとんどを特定の職能分野で過ごした者、③複数の職能分野を経験し、かつ特定の職能分野の経験年数が長くない者の3つに分けると、類型③に当てはまる者は少なく、類型①あるいは類型②に該当する者が多くなる。

　つまり企業内のキャリアをみると、仕事の幅が特定の職能分野のなかに収まる者が多く、複数の職能分野を幅広く経験する、いわゆるゼネラリスト的な人材は少ない。

　以上によると、年齢や勤続年数に関わりなく、現在の勤務先でのキャリアが特定の職能分野のなかに収まる者が多い。つまり社員の企業内におけるキャリア形成のあり方は、多様な職能分野を経験させるものではなく、特定の職能分野内で行われている。社員のキャリア形成のあり方から判断すると、職業能力はゼネラリストと呼べるものではなく、スペシャリストが当てはまるといえよう。

2. 初任配属と最長経験職能分野

前項で、複数の職能分野を異動するのではなく、特定の職能分野のなかでキャリア形成を行う者が多いことを指摘した。では、そうしたキャリアが形成される職能分野への社員の配置はどのようにして決まるのか。

表5-1は、会社や人事の意向で初任配属が決まり、その初任配属の職能分野が、その後にキャリア形成が行われる職能分野になったと感じている者が多いことを明らかにしている。社員のキャリアの幅は、特定の職能分野のなかに収まっていたが、その職能分野への配置は初任配属に規定される部分が大きいといえる。さらに同調査によれば、初任配属先について、社員本人が発言できる機会は極めて限定されている。双方調整型の配置・異動が求められる背景がここにある。

表5-1 >> **最長経験職能分野を決めた要因（男性計）**

	影響度指数
初任配属のセクション	109.8
会社や人事の意向	106.9
自分の希望	62.8
上司の意向	61.1
入社後 3 ～ 5 年の間に経験した仕事の分野	41.6

注：影響度指数＝最も影響度が大きい項目の比率の2倍＋つぎに影響度
　　が大きい項目の比率。
出所：佐藤博樹「新しい働き方と人事管理」連合総合生活開発研究所
　　　編『新しい働き方の創造をめざして』(連合総合生活開発研究所、
　　　1995年)

4 配置と異動の国際比較

ここまでは、日本企業における配置・異動の現状と課題を検討した。つぎに国際比較調査のデータを分析することで、大企業のホワイトカラーのキャリア形成のあり方について、日本、アメリカ、ドイツの3カ国に関して比較することにしたい。

現在の職能分野であるか否かを問わず、現在の会社における最長経験職能分野の経験年数が、現在の会社の勤続年数に占める比率をみてみよう（表

表5-2 >> **現在の会社における勤続年数に占める
最長経験職能分野の経験年数の比率**

(単位：%)

	25%以下	26〜50%	51〜75%	76%以上	計
日本計（1415人）	3.0	27.4	30.4	39.2	100.0
アメリカ計（619人）	1.0	14.7	18.7	65.6	100.0
ドイツ計（523人）	3.6	13.0	25.4	57.9	100.0

注：最長経験職能として人事職能では人事・教育を、営業職能では営業
販売と営業企画を、経理職能では経理財務を挙げた者を含めた。
出所：佐藤博樹「キャリア形成と能力開発の日独米の比較」小池和男・
猪木武徳編著『ホワイトカラーの人材形成』（東洋経済新報社、
2002年）

5-2を参照）。この比率は、現在の会社での勤続期間のうちどの程度を最長経
験職能分野で仕事をしているかを示し、この比率が高い者ほど特定の職能
部門の経験が長いことを意味する。

　仮に勤続期間に占める最長職能分野の経験年数が76%以上である者を単
一職能型（特定の職能分野の経験が相当長い）、51〜75%の者を準単一職能型（他
の職能分野の経験もあるが、特定職能分野の経験が比較的長い）、50%以下の者を複
数職能型（複数の職能分野を経験し、経験が長い特定の職能分野がない）と呼ぶと、
日本では、単一職能型、準単一職能型、複数職能型にほぼ3等分されている。
他方、アメリカとドイツは単一職能型が多く、残りが準単一職能型と複数
職能型に二分される。

　このようにみてくると、3カ国のキャリア形成には2つの特徴があること
が分かる。第1に、いずれの国もゼネラリストは少ないこと、第2に、その
なかで日本は相対的にキャリアの幅が広い者が多いことである。

5 配置と異動の新しい仕組み

1. 自己申告制度

　異動の決定だけでなく、異動先を決めることも、人事セクションや職能
分野の責任者であることが一般的である。しかし最近は、異動を決定する
際に社員自身の希望を重視し、本人の希望に基づいて異動を行う企業が増

えている。その代表的な制度が、自己申告制度と社内公募制度である。

　自己申告制度は、社員が仕事やキャリアなどに関する希望を会社に申し出る仕組みである。社員が提出した申告データに基づき、上司と面談を実施する企業も少なくない。上司との面談が行われる場合には、自己申告データとともに、上司のコメントやアドバイスも人事セクションに集められ、人事情報として異動などに活用されることになる。

　従来は自己申告の内容を参考程度にしか活用しない企業が多かったが、最近は社員の希望に沿った配置や異動を行うために、自己申告制度を積極的に活用する企業が増えている。

　自己申告制度の導入目的はつぎのようになる。第1は、仕事やキャリアなどに関する社員の希望を適切に把握し、希望を活かした配置や異動につなげ、社員に意欲をもって仕事に取り組んでもらうことである。社員の仕事上の希望などはある程度まで人事セクションや上司が把握可能であるが、家庭の個別事情などは本人の申告によらなくては把握が難しいことが少なくないため、自己申告のデータは配置や異動の際に貴重な資料となる。

　第2は、自己申告書を作成することが、社員にとっては、自分の適性や職業能力、これまでのキャリア、さらにはこれから希望する仕事やキャリアについて考える機会となり、それを契機に仕事やキャリアに関する希望が明確となり、将来の能力開発目標がより強く自覚されることになる。

　第3は、自己申告書に基づいて面談が実施される場合は、上司と部下の間のコミュニケーションが円滑化されるとともに、上司にとっては、仕事やキャリアなどに関する部下の希望をより適切に把握できる機会となる。

　自己申告制度は、利点のみではなく、運用次第では問題も生じる。たとえば、上司との面談が行われる結果、社員は自己申告書の作成に際して本音を記入しにくいといったマイナスの影響もある。また、社員が希望した申告内容のすべてが実現されるわけではないため、希望が実現されない事態が繰り返されると、社員が仕事への意欲を減退させたり、自己申告制度を軽視したりすることにもなりかねない。

　さらに自己申告制度によって得られる社員の仕事やキャリアに関する希望は、自己申告書の作成時点における会社の事業分野を前提としたものとなるため、新しい事業分野の仕事を担えるような人材を自己申告の情報から探し出すことが難しく、人材発掘機能としては制約があるものとなる。こ

れらの弱点を補うために、自己申告制度に加え社内公募制度を導入している企業も少なくない。

2. 社内公募制度

　社内公募制度は、担当する業務内容をあらかじめ明示し、その業務に従事したい社員を社内から広く募集する制度である。応募者のなかから、その業務に最も適していると考えられる社員を企業が選択することになる。人事セクションなどが、当該業務に適した人材を社員のキャリア・データや自己申告データなどから探すのではなく、まず社員に手を挙げさせる点が、従来の会社主導型の配置・異動とは異なる。こうしたことから社内公募制度は、社内における転職の仕組みともいわれる。

　社内公募制度に類似したものに社内ベンチャー制度がある。社内公募制度は、会社が事業内容や仕事を提示し、それに社員が応募するものであるが、社内ベンチャー制度は、新しい事業計画を社員から募集し、それが採用された場合、提案者自身に事業展開を任せるものである。

　社内公募制度の導入目的はつぎのようなものである。第1には、人材発掘手段としての活用である。たとえば異業種など新規事業へ進出する場合、その事業を担える社員を、既存の事業内容を前提とした人事情報によっては探し出すことが難しいことによる。もちろん、社外に人材を求めることも可能であるが、社内の隠れた人材を掘り起こすために社内公募制度が活用されている。

　第2は、人材活性化策としての活用である。社員に仕事の選択機会を与えることによって、社員の意欲を高めようとするものである。自らその仕事を「やりたい」と手を挙げた社員のほうが、一般的に仕事に対する意欲や向上心が高く、積極的に仕事に取り組む可能性が高いと考えられることによる。

　第3は、組織の活性化策としての活用である。ライン管理職は一般的に、有能な社員を自分のセクション内にとどめたいとする考えが強いため（人材の職場内への囲い込み）、適材適所や異動による人材育成が阻害されやすい。こうした弊害を取り除き、人材の社内流動化を促進し、組織活性化や人材育成を実現するために社内公募制度が活用されている。

　第4は、能力開発の活性化策としての活用である。人材発掘や社員と組織の活性化を目的とした社内公募制度を積極的に実施すると、異動のかなりの部分が社内公募に基づいて行われることになる。すなわち、企業内における疑似労働市場の誕生である。

　これまでのところは社内公募制度を定期人事異動の補完として活用している企業がほとんどであるが、異動のすべてを社内公募に基づいて実施するまでにいたらなくとも、社内公募の適応範囲を広げていくことで、社員の能力開発意欲を高める効果が期待できる。なぜなら希望する仕事につくためには、次期の社内公募までにその仕事に求められる能力の開発に取り組むことが不可欠となるからである。さらに職業能力を開発できれば希望する仕事につけるという仕組みは、組織の活性化にも貢献する。

　社内公募制度の運用上の留意点として、つぎのようなことがある。第1に、自由に応募できるようにしなくてはならない。たとえば、上司や同僚に気兼ねなく応募できるように人事セクションへ直接応募する仕組みにし、選からもれても応募の事実が明らかにならないように、応募情報の秘密保持などの配慮が求められる。

　第2に、制度に対する管理職の理解を求めることである。有能な部下が公募に応じて他の職場に異動すると戦力が低下することになり、また応募情報の秘密保持のため最終決定まで部下の応募を知らされないため異動が寝耳に水となりかねないなどの理由から、管理職は社内公募制度を歓迎しないことが多い。こうした状況を改善するために、定期人事異動の際に応募による欠員を補充する仕組みを取り入れたり、管理職に対して制度の趣旨を浸透させたりするなどの配慮が求められる。

　第3は、公募の選にもれた社員に対する人事セクションによるフォローである。仕事に対する意欲の低下を引き起こさないように、定期異動など他の方法での配慮が求められる。

6 配置・異動と能力開発

　異動の目的のひとつが能力開発にあることはすでに指摘した。つまり、異

動によって多様でより高度な仕事を経験する機会を社員に提供し、能力開発の機会とするのである。しかし、異動さえすれば能力開発に結び付くわけではない。同じ職能分野内であっても、保有する職務能力からあまりにもかけ離れた能力が求められる仕事への異動は、新しい仕事に求められる職務能力を獲得するまでに相当の時間がかかり、受け入れ職場の負担が大きくなりすぎることにもなる。さらに、新しい職場の仕事をこなせるまで当該社員の能力が伸びないリスクもある。また異なる職能分野への異動など、現在の仕事との関連がほとんどない職場へ異動する場合、それまでに蓄積した能力を新しい職場で活かせる部分が少なく、人的資源投資が無駄になる。

　したがって、同一職能分野内での異動では、仕事の幅を広げたり、いままでよりも幾分レベルの高い仕事を経験できたりする職場への異動が、異なる職能分野への異動では、可能な限りそれまでの職業能力を活かせる職場への異動が望ましいものとなる。すでに説明したように、大企業の大卒ホワイトカラーのキャリアを調べると、複数の職能間の異動を経験する者もあるが、過去のキャリアの相当部分が特定職能分野に収まる者、つまりスペシャリストが多くなる。この背景には、上記のようなキャリアと能力開発の関係があるといえよう。

7 企業グループ内における配置と異動

　配置や異動の範囲、すなわち社員が経験する仕事の連鎖であるキャリアの範囲は、特定の企業内に収まるものではなく、大企業を中心として資本関係や取引関係のある他の企業へと広がっていることが少なくない。こうした企業の間の異動や配置の仕組みが出向や転籍である。

　出向は、出向元の企業との雇用関係を残したまま出向先と雇用関係を結び、出向先の企業に対して労働サービスを提供するもので、転籍は、転籍元の企業との雇用関係を終了させ、転籍先と新たに雇用関係を結ぶものである。出向は、出向元に戻ることを予定した一時出向と、一定期間の出向

ののちに転籍に移行するものに分けられる。

　転籍と転職との違いは、転籍による企業間異動では転籍元と転籍先の企業の両者が関与しているのに対して、転職は通常、社員の自主的な選択によるものであることにある。

　大企業は、出向者や転籍者の送り出しだけでなく受け入れも実施している場合がほとんどである。他方、中小企業では、受け入れのみを行っている企業が多くなる。また大企業の社員の出向先や転籍先は、資本関係や取引関係のある企業が主となる。出向者や転籍者の年齢構成は若い者から高齢者まで幅広いが、中高年層の占める比重が大きい。

　企業が出向や転籍を実施する目的は様々であるが、つぎのような目的を指摘できる。すなわち、①社員の能力開発、②出向先や転籍先の人材不足の解消、③出向先や転籍先への技術指導や経営指導、④出向先や転籍先との人的結び付きの強化、⑤出向元や転籍元の人件費負担の軽減、⑥出向元や転籍元の社員の削減、⑦出向元や転籍元の管理職ポスト不足の解消、⑧出向者や転籍者の定年後の雇用機会の確保などである。

　こうした出向や転籍の目的は、対象となる社員の年齢層によっても異なり、高齢層になるほど、出向元や転籍元の管理職ポスト不足の解消と、定年後の雇用機会の確保を目的とするものが多くなる。

　以上のように、大企業を中心として人材の配置と異動の範囲が、出向・転籍を通じて企業単位から企業グループ単位へと広がり、企業グループ内にも疑似労働市場が広がりつつある。また大企業に雇用された社員の側からみると、企業内における定年までの継続雇用のシステムが、企業グループ内における継続雇用のシステムに変化したことを意味する。出向・転籍先として資本関係や取引関係のある企業が多いが、最近はそれらの企業だけでは出向・転籍先を確保することが難しくなることなどから、取引関係や資本関係のない企業へと拡大してきている。

topic

企業の人事権と転勤のあり方 —— 古くて新しい課題

●単身赴任問題から転勤問題へ

　1980年代後半や90年代の初めには、単身赴任が社会問題となった。

それまでの転勤では、家族帯同赴任を原則としている企業が主であった。しかし、転勤の対象となる社員側、多くは男性であったが、社員側の事情から単身赴任を選択する者が増加し、それへの対応が企業だけでなく、社会的にも大きな課題となったのである。

単身赴任を選択する社員側の事情は、子どもの受験・教育や持ち家の管理などが大きな理由とされていた。従来であれば、夫の転勤にその妻や子どもが帯同することが一般的であったが、子どもの受験・教育や持ち家の管理が優先され、夫のみが転勤先に赴任することで、単身赴任者が増加したのである。

企業としては、家族帯同赴任者とのバランスを考慮しながら、単身赴任者への援助として単身赴任手当や帰省旅費の支給などを導入することになった。社会的には、家族帯同赴任を増やすために、高等学校の転入学を円滑にするための取り組みなどが行われた。

最近における転勤問題の背景には、親の介護や妻の就業など、新しい課題がある。共働きの社員や親の介護の課題を抱えた社員の増加など、従来のように転勤を受容できない者が増加していることがある。女性では、配偶者の転勤が、キャリア形成の阻害要因になりつつある。

●企業の人事権と異動・転勤

日本の企業は社員の配置に関して包括的な人事権を保有し、それに基づいて異動管理を行うことが一般的であった。最高裁の判例においても、企業の転勤活用ニーズを幅広に認め、かつ企業が考慮すべき社員の個人的事情を限定的なものとしていた。

「東亜ペイント事件」の最高裁判決では、転勤命令が妥当であるとする判断基準として、①「業務上の必要性」があること、②労働者に「通常甘受すべき程度を著しく超える不利益を負わせるものであるとき等、特段の事情の存する場合」でないこと、という2つが示され、これ以降の判例ではこの2条件が個別に判断されてきた。

特に「通常甘受すべき程度を著しく超える不利益」の程度は、厳格に判断される傾向が強かったことから、転勤命令に社員はしたがうものとの認識が一般的となったと考えられる。

ただし、最近の下級審の判例では、社員の個人的事情を以前よりも広めに認める事例が確認できる。判例変化の背景には、就業者をめぐ

る社会環境や価値観など前述したような社員側の家族を含めた変化と、育児・介護休業法など法律面でも社員の両立支援を企業に求めるようになってきたことがある。

●企業の人事権と転勤に関する見直しの課題

転勤問題の解決には、日本企業の人事権のあり方の見直しを必要とする。たとえば、転勤問題の解決策として、企業が保有している配置に関する人事権を放棄し、転勤を企業と社員の合意に基づくものとすると、転勤問題は解決することになる。その典型例が、人事異動をすべて社内公募制で行うことである。

しかし、このような人事権のあり方の大きな変更は、日本企業の現行の人事システム全体の変革となり、当面は導入が難しいと考えられる。それだけでなく、企業主導型の人事管理を、企業と社員の合意型の人事管理へ移行することには、社員側の抵抗も大きいと考えられる。なぜなら、企業による人材育成やキャリア管理がなくなり、社員1人ひとりが、自己のキャリアを考え、それを自己選択することが求められることによる。

以上を踏まえると、企業として取り組むべき転勤に関する人事管理の見直し策として下記があろう。

第1に、転勤の運用を見直す前に、転勤以外を含めた異動全体の現状を把握し、削減の可能性を検討することである。異動の頻度が少なくなったり、間隔が長くなったりすれば、結果として転勤も少なくなる可能性が高いことによる。経営上のニーズのうちの組織活性化と人材育成を目的とした異動に関して、その目的を実現できているかを検証することが重要となる。異動が、それぞれの目的に貢献するものとなっているのか、他の方法でその目的の実現を代替できないのかなどの検討を行うのである。

第2に、転勤を必要とする異動に関しては、その運用を見直すことが必要となる。社員の個人的な事情との摺り合わせが鍵で、社員が生活設計をしやすい転勤の運用とすることが必要となる。たとえば、①転勤の可能性がある社員に関しては、定期的に個人的事情を事前に把握する、②社員が転勤を受け入れやすいように転勤実施までの内示期間を長めにする、③転勤の期間を可能な範囲で事前に明示する、④社員

が本拠地を選択でき、転勤後には必ず本拠地に戻るようにする、⑤転勤を免除する期間を設定できるようにするなど、多様な取り組みが考えられる。

上記の③は、将来の経営環境などを予測することが難しいため企業の抵抗が大きい。しかし、国内転勤に関しては赴任期間を明示していない企業においても、海外勤務に関しては赴任期間を明示している場合も少なくない。海外勤務における赴任期間の明示方法を国内転勤に適用することで、その導入が可能となろう。

大事なのは、赴任期間を明示すると同時に、大きな変動要因があった場合には、社員との話し合いで期間変更を可能とすることである。

第3に、企業としては転勤可能な社員を事前に把握できるように勤務地限定制度を導入することである。ただし、前述の第1や第2の取り組みをせずに、現状の転勤施策を維持し、それに対応できない社員のために勤務地限定制度を導入することは、当該雇用区分を選択した社員のキャリア形成にマイナスの影響を及ぼすことになるので避けるべきである。勤務地限定制度を導入する前に、第1や第2の取り組みを先行させることが重要となる。

勤務地限定制度を導入した場合においても、転勤有りの雇用区分に関して、育児・介護休業法などよる社員の個人的事情の配慮だけでなく、上記の第2に挙げた取り組みが有益で、そうした取り組みを行うことは、転勤有りの雇用区分を選択できる社員を増やすことに貢献することになる。

---

case

企業内に疑似労働市場の形成を目指すソニー

ソニーは、1966年に社内公募制度（同社では社内募集制度と呼ばれる）を導入し、これまで50年以上の運用実績をもっている。定期異動を実施していない同社にとって、この制度は、適材適所を実現するうえで不可欠なもので、かつ有効な機能を果たしていると評価されている。

社内公募制度は、ある一定レベル以上の専門性やキャリアのある人

材を必要とする部署が、人材を必要とするときに、求人情報をイントラネット上に公開し社内に対して募集を行い、その仕事を希望する社員が応募する仕組みである。応募に際して社員は、上司から承認を得たり報告する必要はない。平均すると応募者の3名から4名のうち1名が異動に結び付いている。この制度は、自発的なキャリア形成に取り組もうとする意識を社員に植え付けることに貢献してきたと評価されている。

　社内公募制度は求人型の社内異動の仕組みといえるが、同社は1999年から、さらに求職型の社内異動の仕組みとしてマイキャリアサーチ制度を導入した。社内異動を希望する社員が自分から求職意思を表明し、社内からの求人を待つ仕組みである。もちろん求職の意思を示しても、求人がなくては異動は実現しない。異動を実現するためには社内での市場価値を高める必要があり、このことが社員のキャリアアップの意識を刺激する機能を果たしている。

　マイキャリアサーチの仕組みは、図5-1のようになる。まず、社内異動を希望する社員は、所属する社内カンパニーの人事担当者に求職登録の申し込みを行う。これを受けて人事担当者は、異動希望者の専門性やキャリアなどの人材価値を把握するために面談を実施する。面談で、求職登録しても求人つまり買い手が現れないと人事担当者から判断された場合は、求職登録ができず、人事担当者は求職希望者に対してキャリアプランなどの助言を行うことになる。1999年4月の導入か

図5-1 ≫ マイキャリアサーチの仕組み

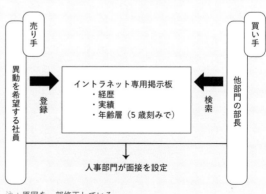

注：原図を一部修正している。

ら1年の間に求職登録の申し込みを行った者のうちで、面談を経て求職情報を公開できたのは約6割である。

人事担当者から求人の可能性があると判断された求職希望者は、経歴や実績などの人材情報を、イントラネット上の掲示板に自分で登録することになる。人事担当者は、人材情報のアピールの仕方などに関して面談の際にアドバイスを行っている。

イントラネット上の求職情報は、全社の統括部長以上に限定して公開され、統括部長以上の管理職が人材を求める際にその情報を閲覧することができる。求める人材が見つかった場合、求人側の社内カンパニーの人事担当者が、求職者と求人者の面談の機会を設定し、両者のニーズが一致すると異動が行われることになる。なお、両者のニーズが一致しなかった場合は、求人側の人事担当者が求職希望者に対して、人材価値を高めるために必要な助言を行うことになる。1999年4月からの1年間で、求職情報を公開した者のうち異動に結び付いたのは、4分の1であった。

マイキャリアサーチは、人事担当者による面談と助言によって、社員の人材価値に関する自己認識を明確なものとし、求職希望者が求人側のニーズを満たせない場合は、そのギャップを埋める努力を促す仕組みとなっている。

注：「ソニー：社内労働市場の形成をめざす『マイキャリアサーチ』」（『労政時報』
　　第3458号〈2000年9月8日〉）に基づき作成。

第 6 章

教育訓練

1 「場」で変わる人材の価値

1. 人材育成は重要な経営課題

　日本企業にとって、経営の高付加価値化は戦略の基本であり、付加価値の高い製品・サービスが人間の知恵と工夫の集積である以上、その成功は社員を有能な人材集団にいかに作り上げるかにかかっている。

　企業の将来を左右する研究開発が技術者個々人の能力と努力に支えられていることを考えれば理解しやすいが、それは研究開発にとどまらず経営のすべての分野に当てはまる。たとえば工場の技能者でも、標準的な製品を決められた手順にしたがって生産するようでは高い人件費に見合う付加価値を生み出すことは難しい。専門能力を高め、機械の保守や改善業務をこなす知識集約的技能者集団に脱皮することが求められる。

　そうなると、企業にとって人材育成は重要な経営課題であり、それに反対する経営者はいないだろう。しかし、不況になると真っ先に削減される費用のひとつが教育訓練費である。その背景には、教育訓練がすぐに効果が現れるものでないうえに、効果の確認が難しいということがあるだろう。しかも、市場が変わり技術が変わるという状況のなかでは、有能な人材を育成することがいっそう難しくなるだろう。人材育成は重要であるという総論では合意ができても、このような不確実な状況のなかであるべき管理システムを設計することは難しい課題なのである。

2.「優秀でない人材」から「優秀な人材」に変わった熟練工

　教育訓練を取り巻く環境が不確実であるということは、育成すべき人材も不確実になる。企業にとって人材育成の目標は「優秀な人材を養成すること」にあるが、その「優秀な人材」とは何なのか。「彼ら（彼女ら）は営業マンとして優秀な人材だ」という表現は自然であるが、「彼は父親として優秀な人材だ」という表現は不自然であろう。

　つまり「優秀な人材」とは、明確に定義された特定の目的を追求している機能的な組織やグループ（ここでは、それを「場」と呼ぶことにする）のなかで、「場の目的にどの程度貢献しているか（あるいは、貢献できるのか）」という基準をもって人を評価した表現なのである。

　そうなると「優秀な人材とは何か」の問いは、企業という「場」の目的とそれから派生する評価基準さえ分かれば解ける。しかし現実には、「場」自体が常に変化するため評価基準を確定することは難しく、したがって人材育成にとって、「場」の変化（より正確にいうと、「場」が認める「優秀な人材」の変化）を理解することが非常に重要なのである。　同じ能力をもっていたとしても、「場」が変化すれば評価基準は変化し、個人は「優秀な人材」から「優秀でない人材」へ、逆に「優秀でない人材」から「優秀な人材」へと変化する。

　あるカメラメーカーは、レンズ磨きの自動化を積極的に進め、一般消費者向けカメラのレンズ程度であれば機械磨きで十分対応できるようになった。そのため、高度な熟練をもつレンズ工たちは余剰になった。ところがこの会社は、あるとき、超精密光学機器を開発した。それに必要なレンズは、超精密であるため機械磨きでは対応できず、レンズ工のカンやコツに支えられた熟練が必要であった。途端に彼らは「優秀でない人材」から「優秀な人材」に急変した。レンズ工の人たちが経験したことは、異なる「場」を超えて普遍的に優秀でありつづける人材を考えても意味がないこと、個人が「優秀な人材でありたい」と望むのであれば、「場」の変化を知ることが大切であることを教えてくれる。

3.「場」の変化とそれへの対応

　それでは人材が活きる「場」（企業）は、現在どのように変わりつつあるのか。最も重要なことは、どの方向に変化するかが見極めにくい、つまり変化のトレンドが不透明であるということであろう。会社全体をみても、厳しい国際競争のなかで世界の先端を走っているために将来の方向がみえにくいし、個々の職場をみても、扱う商品・サービス、技術さらには管理の仕組みが変化するなかで「場」は確実に変化する。

　このような「場」の変化の不透明さが、人材育成に投げかける課題は大きい。なぜなら「優秀な人材」「優秀でない人材」を判断する基準を、企業も個人ももちにくい状況を作り出すからである。

　こうした場合に、将来にわたって「優秀な人材」でありつづけたい個人にとっては、常に「場」の変化に合わせて能力の再開発に努めるとともに、「優秀な人材になる」確率を高めるか、「優秀でない人材になる」リスクを最小にすることが合理的な対応になる。

　そのためには第1に、できる限り「不透明なトレンド」を正確に予測し、事前に対応しておくことが大切である。このことは、「不透明なトレンド」の代表といえる研究開発分野について考えてみると分かりやすい。世界の最先端で働く技術者にとって、現在取り組んでいる研究の方向が、将来の技術の主流になるかを見極めることは大変難しい。しかし、正しい方向を追求していれば技術者は将来「優秀な人材」になるが、間違えた方向であれば「優秀でない人材」になるわけであるから、将来の技術の主流を見極めることは、彼らにとって重要な意味をもっている。

　こうした場合には、現在起こりつつある、あるいは将来起こるであろう多様な技術進歩のなかで、自分がどの位置にあるかを認識し、進むべき方向を模索するという営みが大切になる。そのためには自分以外の分野の、あるいは自分とは異なるアプローチをとる人に会い、知識やアイデアを吸収することが必要になる。教育訓練の方法として「異質人材あるいは外部人材との接触」の重要性が強調されているが、それはこの「不透明なトレンド」への対応なのである。

　第2の対応策は、「不透明なトレンド」を織り込んで、将来の多様な事態に対応できるように準備をしておくこと、つまり、企業の事業分野や担当

の仕事がどのように変化しても、それに対応できる能力を身に付けておくことである。人材育成の目標として強調される「変化に柔軟に対応できる人材であること」「ひとつの深い専門分野に加えて、周辺分野の能力を広くもった人材であること」は、ここでいう将来の多様な事態に対応できる能力を身に付けることを意味している。どのような「場」であっても必要とされる問題解決能力、リーダーシップ能力などを磨いておくことも同じ効果をもつだろう。

2 人材育成と教育訓練

1. 人材の調達と育成

　それでは企業は、このような不確実性の大きい人材育成にどのように取り組んでいるのか。ここでは「企業は何のために人材育成を行うのか」という当たり前のことから始めたい。企業が行う人材育成は、教養や一般的な能力を高める学校教育と異なり、「企業が求める能力と社員がもっている能力の乖離を埋めること」を目的とした経営活動である。

　そうなると「仕事で求められる能力とは何か」が問題になり、それについてはこれまでも多様な見方が提案されてきた。ここでは、そのなかの最も基本的な見方を紹介しておきたい。企業は「複数の人が意識的に協力し合って、共通の目的を達成する」組織の一形態であり、そのなかで個々の社員は、図6-1に示すプロセスを踏みながら仕事を遂行する。

　まずは、組織（部門）の目標を踏まえて自分自身の課題を設定する。つぎに、その課題を達成するために、他者と協力しながら専門的な能力を発揮し、その過程で発生する問題に対応する。社員には、この仕事のプロセスに対応して、以下の4つの能力が求められる。

　①組織の共通の目標を理解し、自分で行う課題を設定できる課題設定能力
　②その課題を達成するための専門的な職務遂行能力
　③他の人と協力して課題を達成するための対人能力

図6-1 >> 職務行動と能力のとらえ方

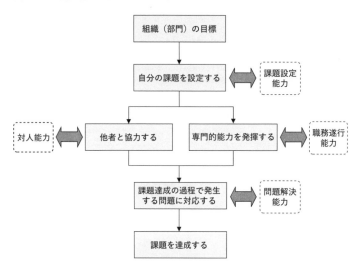

④課題達成の際に起こる問題を克服する問題解決能力

　これらの能力を養成することが人材育成になるが、その具体的な内容は図6-2で示した諸要素の関連のなかで決定される。まず、経営戦略とそれに基づいた組織と仕事の特性に規定される「人材需要（必要能力）の構成」と、過去の採用、配置、人材育成などの結果である「既存人材（能力）の構成」があり、両者間のギャップが人材ニーズになる。これを充足するには、ニーズが生じた業務を外部に任せるのか（外部人材の活用）、ニーズに見合った能力をもつ人材を社内あるいは社外から調達するのか（配置転換と採用）、社内の既存人材の能力構成を調整するのかの3つの方法があり、最後の方法が人材育成ということになる。

2. 教育訓練の戦略と管理

　こうした多様な方法のなかから選択された人材育成策には、知識やスキルを教えることによって人材の育成をはかる教育訓練と、一連の仕事を経験させていくことによって人材の育成をはかるキャリア開発の2つの方法がある。キャリア開発についてはのちに扱うことになるので、この章では主に教育訓練に焦点を当てることにしたい。

まず「何を目標」にして教育訓練を行うのかが問題になる（図6-2を参照）。企業は漫然と社員の能力を高めるために教育訓練を行うわけではなく、企業が必要としている「使える能力」で、給与などのコストから考えても採

図6-2 >> 人材の調達と育成の仕組み

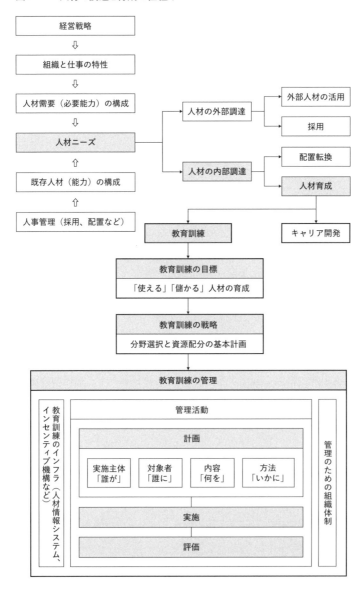

算がとれる「儲かる能力」を開発することを目標としている。さらに企業はその目標を実現するために、どのような分野の人材（能力）を教育するのか（分野選択）、各分野にどの程度の資源を配分するのか（資源配分）からなる基本計画（教育訓練の戦略）を作成する。

　教育訓練は将来の収益を期待するひとつの投資行動（教育訓練投資）であるので、この分野選択と資源配分を決めるに当たっては投資の収益性が問題になるし、その収益性は「使える能力」か「儲かる能力」かの2つの基準によって判断される。

　つぎに、この戦略に沿って教育訓練が計画され、実施され、評価される。これが教育訓練の管理であり、そのさいには「誰が」（教育訓練の実施主体）、「誰に」（対象者）、「何を」（訓練内容）、「いかに」（訓練方法）教えるのかが主要な内容になる。それと同時に、たとえば訓練成果を上げた社員に報奨金を与えるなどして、彼ら（彼女ら）の教育訓練意欲を高めるためのインセンティブ機構を作る、社員の能力特性や教育訓練経歴を記録し活用するための人材情報システムを構築するなどの教育訓練インフラを整備することも、教育訓練管理の役割になる。

3 教育訓練の戦略

1. 教育訓練分野のとらえ方

　教育訓練の戦略を作成するには、教育訓練の分野をどのようにとらえるかが重要である。企業の教育訓練は実に多様であるが、それらはニーズの時間軸（いつ必要とする能力か）と不確実性（計画したときに想定した能力ニーズが変化してしまう可能性）の観点から、いくつかの類型としてとらえることができる。ニーズの時間軸の観点からすると、教育訓練には、将来の備えのために長期的な視点から行われる、したがって将来ニーズの予測に基づいて事前に人材を教育しておく長期先行投資型と、社員の能力と仕事が求める能力との間のいまのギャップを埋めるために短期的な視点から行われる短期需要充足型の2つのタイプがある。

図6-3 >> **教育訓練分野の類型化**

教育訓練ニーズの時間軸			
短期需要充足型	長期先行投資型		
該当なし	戦略投資型	大	教育訓練ニーズ
短期需要充足型	人材ストック保全型	小	の不確実性

　これら2つのタイプのなかで、ニーズが不確実であるために教育訓練リスクが問題になるのは長期先行投資型であり、それにはリスクの大きい場合（それを戦略投資型の教育訓練と呼ぶ）と小さい場合（人材ストック保全型）の2つのケースがある。

　リスクの小さい人材ストック保全型の場合には、教育訓練の目標が将来にわたって明確で変化しない場合が想定されているので、それにむかって長期的な教育訓練計画が作成され、それに沿って体系的な教育プログラムが整備される。それに対して戦略投資型の場合には、将来のニーズが不確定であることを前提に将来の基幹的人材を育成することを考えるので、いかなる場合にも対応できる能力を付けるために、広い分野にわたり普遍的に活用できる高度な基礎能力を教育することが基本戦略になる。

　このようにみてくると、図6-3に示したように、教育訓練は大きく短期需要充足型、戦略投資型、人材ストック保全型の3つのタイプに分かれる。現行のコンピューターなどのスキル研修や特定業務に関わる専門能力を養成するための研修などは短期需要充足型に、海外留学やビジネススクールへの派遣などは戦略投資型に、組織人としての基礎的な知識・態度を教育する新入社員教育や、管理のための基礎的な知識・スキルを養成する管理者研修などは人材ストック保全型に当たる。

　以上の教育訓練分野の体系化は、教育訓練投資の配分状況を把握し、それを評価し、将来の戦略的決定に結び付けるための「教育訓練投資のポートフォリオ」分析の有効な手がかりとなる。

2. 教育訓練投資の大きさ

　それでは、現実の教育訓練投資はどのように行われているのか。この点

図6-4 >> **教育訓練費用の構成**

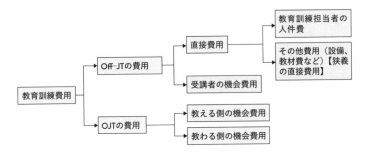

を明らかにするには、教育訓練費用の構成を整理しておく必要がある（図6-4を参照）。

　教育訓練費用は、Off-JT（仕事から離れて教室などで行う訓練）のための費用とOJT（仕事を通しての訓練）のための費用からなり、前者は訓練に直接必要とされる「直接費用」と、訓練に参加する労働者が訓練期間中に仕事から外れることから生じる「機会費用」から構成される。さらに「直接費用」は、訓練施設で指導者として働く社員や教育訓練の管理に当たる社員の人件費（「教育訓練担当者の人件費」）と、訓練施設の運営費、外部講師への謝金、教材費などからなる「その他費用」からなり、ここでは「その他費用」を「狭義の直接費用」と呼ぶことにする。またOJTのための費用は、教える側の社員、教えられる側の社員ともに訓練のために仕事ができない、訓練のために慣れない仕事に従事するために生産性が低下することなどから生じる機会費用である。

　こうした構成を念頭に置いて、まず教育訓練投資の大きさからみてみよう。図6-5は、労務費用総額に占める教育訓練費の割合（教育訓練投資比率）の変化をまとめたものである。なお、同図で用いている教育訓練費は「教育訓練施設に関する費用、指導員に対する手当、謝礼、委託訓練に要する費用などの合計」と定義され、「教育訓練担当者の人件費」が除外されているので、Off-JTのための「狭義の直接費用」に当たると考えられる。同図によると、これまで教育訓練投資比率は、異常に膨張しているバブル経済期（1988年と1991年）と減少傾向が目立つ2010年代後半以降を除くと、労務費用総額の0.3％台前半というのが長期的な相場であった。さらに後述するように、教育訓練担当者のための「社内人件費」が「Off-JTの費用」の1割

図6-5 >> 教育訓練投資比率の推移

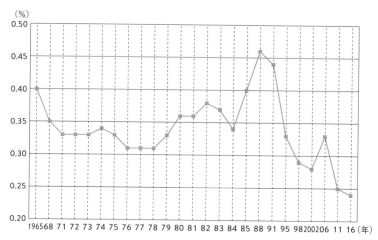

注：教育訓練投資比率とは、労働費用総額に占める教育訓練費の割合である。
出所：労働省「賃金労働時間制度等総合調査」（98年まで）、厚生労働省「就労条件総合調査」
（2002年以降）

表6-1 >> 教育訓練の直接費用と機会費用
（社員1人当たりの年間費用の平均値）

費用項目			費用額と構成	
総費用			77,085円	100.0%
	直接費用		31,304円	40.6%
	機会費用		45,781円	59.4%
		Off-JTの受講日数	1.93日	
		平均年収	5,692,936円	

注： 1．有効回答企業111社。
　　2．機会費用は以下の算式で計算した。
　　　機会費用＝［平均年収／年間労働日（240日）］×［Off-JTの受講日数］
　　　年間労働日は労働省『毎月勤労統計調査』の「出勤日数」である。
出所：野村総合研究所『職業能力開発及び人材育成に関する調査研究報告書』
（1997年）

強を占めるので、これを勘案すると0.3％台半ばという水準が、Off-JTに対
する直接費用からみた総投資額ということになろう。

　この図から明らかにできることはここまでであり、Off-JTの教育訓練投
資の全容を明らかにするために、つぎに表6-1を用意した。ここではOff-JT
に要する直接費用、機会費用ともに明らかにしており、機会費用をOff-JT
受講期間中の社員の給与額でとらえている。それによるとOff-JTのための

教育訓練費用に占める直接費用は約4割、機会費用は約6割という構成である。それに、上記した直接費用（「直接費用からみた」総投資額）0.3％台半ばを組み合わせると、Off-JTのための総費用は労務費用のほぼ1％の水準にあることが分かる。なお、以上のOff-JTにOJTを加えると正しい総投資額を把握したことになるが、OJTのための教育訓練費用をとらえることは難しいので、ここではOff-JTの費用を教育訓練投資としている。

　個々の企業にとって、どの程度の教育訓練投資額が望ましい水準かを機械的に決めることは困難である。そのような場合に役に立つのは、ここで示した一般的な水準と比較して自社の特徴を把握し、それを踏まえて政策を立てることである。

3. 教育訓練資源の調達と配分

　それでは、企業はこうしたOff-JTのための投資によって何の資源を調達し（調達政策）、どの教育訓練分野にどの程度の資源を配分しているのか（配分政策）。表6-2の大手企業（従業員5000人以上の企業）をみると、教育訓練投資

表6-2 >> **教育訓練（Off-JT）費用の構成（2008年度）**

費用項目	構成比（％）	
	全体	大手企業（従業員規模5000人以上）
⑤社内人件費（社内の研修施設及び能力開発部門の職員の給与・手当等）	16.0	23.4
①社外に支払う人件費（社外の講師、指導員の謝金等）	18.0	19.5
⑥社内の施設設備・管理費（建物の減価償却費、光熱費、賃貸料、委託費、保険料、租税公課、補修費、保健衛生費、給食施設費、備品費等）	2.5	11.5
④外部施設使用料（教育訓練を行うための施設・設備の借上金、共同施設の管理費・利用費等）	4.5	9.8
③教材費（教育訓練に使用する教科書代・教材費、教科書・教材の開発費等）	8.1	8.5
②研修委託費、参加費等（教育訓練を外部機関に委託した場合の費用、各種社外セミナーの参加費、国内外留学のための費用）	47.0	20.7
⑦その他	3.8	6.7
⑧全体	100.0	100.0

出所：厚生労働省『能力開発基本調査』

表6-3 » **教育訓練（Off-JT）内容別の費用構成**

費用項目	構成比（%）	
	全体	大手企業 （従業員規模 300人以上）
①階層別研修	26.8	46.0
②専門能力研修（管理、企画、営業、研究・技術・ 　開発、製造部門などで必要となる能力の研修）	32.8	26.3
③目的別・課題別研修（プレゼンテーション方法、 　国際業務など、部門を問わずに特定の目的・課題に 　対応して行われる研修）	38.4	24.5
④大学などへの留学	0.2	0.8
⑤その他	1.8	2.4
総額	100.0	100.0

出所：表6-2と同じ

　の費用構成は、「社内人件費」(23.4%)、「社外に支払う人件費」(19.5%)、「研修委託費・参加費など」(20.7%)が主要な費用項目であり、「社内の施設設備・管理費」「外部施設使用料」「教材費」が10%前後でそれに続いている。

　この費用構成から教育訓練資源の調達政策の特徴をみると、社外人件費と社内人件費を合わせた43%の費用が「ヒト」、外部施設使用料と社内の施設設備・管理費を合わせた21%が「モノ」、教材費の8%が「情報」の調達に使われている。残る研修委託費・参加費などについても同様の配分比率が当てはまるとすると、教育訓練投資額の約6割が「ヒト」に、3割が「モノ」に、1割が「情報」に配分されていることになる。なお同表をみると、中小企業ほど外部の教育訓練機関に依存する傾向が強いために、大手企業に比べて「全体」の欄の比率が研修委託費・参加費などで大きく、それ以外の費目で小さくなっている。

　つぎに大手企業の配分政策についてみると（表6-3を参照）、教育訓練費用の約半分（46.0%）を管理者などを対象とする階層別研修に、約4分の1を専門分野の知識・スキルを教育する専門能力研修（26.3%）と英語、OA研修などの特定の経営課題に対応して行われる目的別・課題別研修（24.5%）に投入している。また、国内外の大学などへの留学に配分される費用は少なく、約1%にとどまっている。

　ここで図6-3に示した教育訓練分野の類型を思い出してほしい。専門能力研修と目的別・課題別研修を短期需要充足型、階層別研修を人材ストック保全型ととらえると、企業は短期需要充足型と人材ストック保全型にほぼ

半分ずつの資源を配分している。もうひとつの戦略投資型については、国内外の大学などへの留学が対応するので、教育訓練投資の1%程度が配分されるにとどまる。

なお表6-3をみると、大手企業に比べて中小企業になるほど、すぐにでも効果が望める短期需要充足型の専門能力研修と目的別・課題別研修に多くの費用を配分し、長期的な観点が求められる階層別研修と大学などへの留学に配分する費用は少ない。

4 教育訓練の方法

1. 主要な3つの方法──教育訓練の国際比較

教育訓練の方法には大きく、OJT（On-the-Job Training）、Off-JT（Off-the-Job Training）、自己啓発の3つの方法がある。OJTとは、上司や先輩の指導のもとで、職場で働きながら行われる訓練である。それに対してOff-JTは、仕事から離れて行う訓練であり、教室などで行われる集合研修がその典型的な例である。最後の自己啓発は、本を読む、通信教育を受けるなどして自分で勉強する方法である。

このなかで基本となる方法はOJTと自己啓発であり、それらを補完する方法としてOff-JTがある。日本企業はOJTを重視するのに対して、欧米企業はOff-JTを重視する。日本企業と欧米企業の教育訓練政策の違いをこのようにとらえる傾向があったが、日本、欧米にかかわらず企業が行う教育訓練の中心はあくまでもOJTであり、Off-JTはそれを補完する役割を担っている。

ここで、現在の仕事を行ううえで効果的な教育訓練機会を日本、アメリカ、ドイツについて整理した表6-4をみてほしい。上位3位以内に指摘されている教育訓練機会のうち2つは3カ国で共通しており、それは現在の職能内で「いろいろな仕事を経験すること」と「特定の仕事を長く経験すること」である。いずれも現在配置されている職能内での仕事の経験、つまりOJTである。とりわけ当該職能内でいろいろな仕事を幅広く経験すること

表6-4 >> 現在の仕事をするうえでの効果的な教育訓練機会

表6-4 >> 現在の仕事をするうえでの効果的な教育訓練機会

	有効度指数		
	日本	アメリカ	ドイツ
①最終学歴の教育内容	0.86	1.50	0.87
②会社が実施するOff-JT	0.96	1.15	1.19
③独学や自費で受ける教育訓練	1.26	1.34	1.46
④当該職能内のいろいろな仕事の経験	1.70	1.71	1.58
⑤当該職能内の特定の仕事の経験	1.46	1.57	1.41
⑥当該職能以外の職能の仕事の経験	1.47	1.06	1.19
⑦職場の上司の指導やアドバイス	1.40	1.35	1.06

注：有効度指数は以下の算式で作成されている。なお表中の①については「経験していない」の選択肢がないので、算式に「経験していない」の比率を含めていない。
　　　有効度指数＝（「かなり役に立った」の構成比率（％）×2＋同「多少役に立った」×1＋同「役に立たなかった」×0）／（100－同「経験していない」－同「無回答」）

出所：佐藤博樹「キャリア形成と能力開発の日独米の比較」小池和男・猪木武徳編著『ホワイトカラーの人材形成―日米英独の比較』（東洋経済新報社、2002年）

が国を越えて有効な方法であり、適切な配置と異動が教育訓練にとっていかに重要であるかが分かる。

　以下では、それぞれの教育訓練方法の特徴と進め方について簡単に説明しておきたい。

2. OJTの進め方と特徴

　OJTでは、まず上司は部下が業務上どのような能力を必要とし、どのような特性と関心をもっているのかを把握し、それに基づいて育成目標を立てる。この育成目標と現状の能力とのギャップから、育成が必要な項目（訓練目標）を設定する。つぎに訓練目標を達成するための手段やスケジュールからなる訓練計画を作成し、OJTを実施する。最後に実施結果を評価し、次の育成目標や訓練目標の設定に役立てる。さらにOJTを効果的に行うためには、上司は、育成を考えてより難しい仕事、より多様な仕事、より権限の大きい仕事を部下に与えること、日常業務のなかで気がついたときにその都度指導することが重要である。

　こうした方法をとるOJTには、仕事を通じて訓練が行われるので時間的にもコスト的にも効率的である、仕事に直接役立つ実践的な知識や技能を習得できるため上司も部下も張り合いが出る、文書などで客観的に表現で

きない知識・技能を教育できる、部下1人ひとりに対して行われる方法なので能力・特性や仕事の必要性に合わせて個別的に教育できるという利点がある。

しかし欠点もあり、上司に関わる点としては、訓練効果が上司の部下育成の能力や熱心さに左右される、上司が日常業務に追われると部下を育成する余裕をなくすことが問題となる。また訓練効果が部下の態度や意欲に大きく左右されるという問題もあり、部下が「上司は教えてくれるもの」などと考えているようでは、OJTの効果は望めない。

3. 自己啓発の進め方と特徴

自己啓発は、社員自らが最終目標（「どのような能力を得たいのか」）を決めることから始まるが、その際に「この部門のこの仕事をしてみたい。そのために必要な能力は何なのか」といった長期的な視点をもつことが大切である。目標が決まると、それと自分の能力とのギャップを明確にしたうえで、自己啓発の目標を設定する。最後に目標を達成するための方法、スケジュールを計画し、実行する。

こうした自己啓発はあくまでも個人の自主性によるものであるが、企業はそれを促進するために様々な支援策をとっている。自己啓発を奨励する、あるいは自己啓発の進め方を知らせるために指導パンフレットを作成するという方法がごく一般的に行われているが、図6-6をみると、それ以外にも多様な支援策がとられている。最も中心的な方法は資金的援助策（「受講料

図6-6 >> **正社員に対する自己啓発支援策（実施事業所比率）（2018年度）**
（単位：％）

支援策	比率
教育訓練休暇の付与	18.2
就業時間の配慮	40.1
受講料等の金銭的援助	79.0
社内での自主的な勉強会等への援助	40.2
教育訓練機関・通信教育等に関する情報提供	48.1
その他	6.0

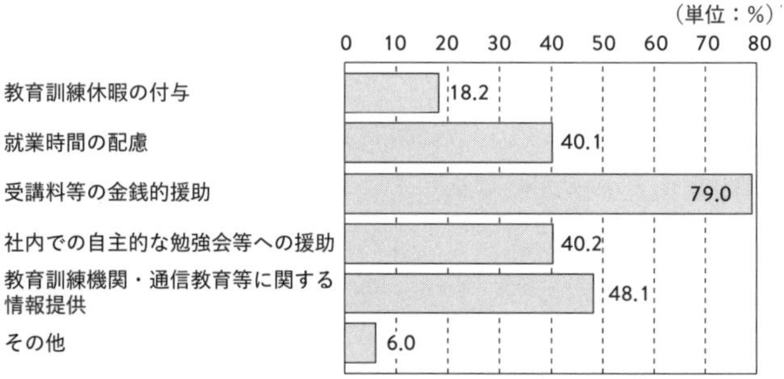

出所：厚生労働省『能力開発基本調査』

などの金銭的援助」）であり、時間的な支援策（「就業時間の配慮」「教育訓練休暇の付与」）、情報提供策（「教育訓練機関・通信教育などに関する情報提供」）、自己啓発向け研修機会の援助（「社内での自主的な勉強会などへの援助」）がそれに次いでいる。

5 Off-JTの教育訓練体系

1. Off-JTの体系

　Off-JTを構成する分野は、研修対象者の特性と研修内容の2つの面から形成されている。第1の分野は、組織を横割りにした、経営者から新入社員にいたるまでの階層ごとに行われる階層別研修である。職種や部門を越えて、当該の階層に属する社員に共通して求められる知識・スキルが訓練され、新入社員研修、監督者訓練、管理者教育がその典型的な例である。第2は、組織を縦割りにした営業、生産、研究開発などの各職能に必要な専門的な知識・スキルを教育する専門別研修（表6-3の専門能力研修のこと）である。最後は、企業にとって重要な特定の課題に関連した知識・スキルを訓練するための、部門や職種を越えて組織横断的に行われる課題別研修（同じく目的別・課題別研修）であり、国際化教育、高齢者のための能力再開発教育、コンピューター教育などがその典型例である。

　これらの研修の運営体制についてみると、専門別研修は個々の職能部門や事業部門が計画と実施の責任をもち、本社の教育部門が支援する、全社共通の階層別研修と課題別研修は本社の教育部門が責任をもつ、という役割分担がとられている。ここで、図6-7のある大手企業の教育訓練体系をみてほしい。この会社では、本社教育部門が責任をもつ全社教育として、新入社員研修からトップセミナーまで多様なコースが設定されている階層別教育と、国際化教育を例にした課題別研修が設定されている。また各部門が責任をもつ部門別教育（専門別研修）については、研究開発部門の技術者教育が例示されている。

図6-7 >> **ある企業の教育訓練体系**

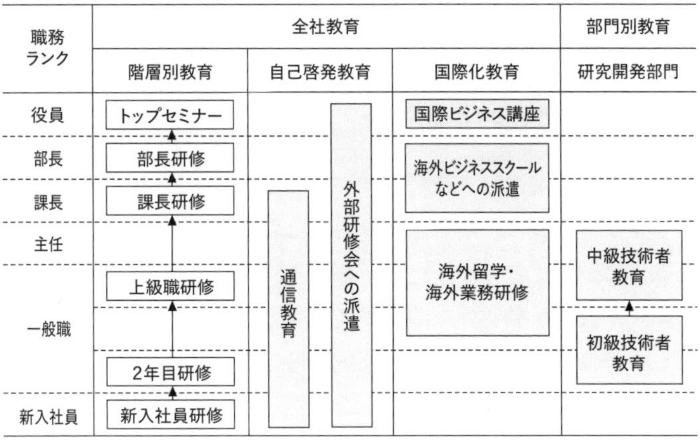

職務ランク	全社教育			部門別教育
	階層別教育	自己啓発教育	国際化教育	研究開発部門
役員	トップセミナー		国際ビジネス講座	
部長	部長研修		海外ビジネススクールなどへの派遣	
課長	課長研修			
主任			海外留学・海外業務研修	中級技術者教育
一般職	上級職研修	通信教育 / 外部研修会への派遣		初級技術者教育
	2年目研修			
新入社員	新入社員研修			

2. Off-JTのよさはどこにあるのか

　こうしたOff-JTは、以下に挙げるいくつかの利点を活かして、自己啓発とOJTを側面から支援する役割を担っている。利点の第1は、異なる階層、職種、部門に共通する知識や技能を多くの人に同時に教育することができることである。配属部門の異なる新入社員に対して会社の組織や経営の概況を教える新入社員教育は、その典型である。また管理の知識・スキルを体系的に教えることを通して、日常的な業務のなかで活用してきた知識・スキルを整理し、足りない部分を改めて強化する機会を管理者に提供する管理者教育も、この利点を活かしている。

　第2の利点は、社内外の専門家から、日常業務のなかでは習得できない知識や情報を得ることができることである。たとえば最新の経済や技術の動向について、社外の研究者から話を聞く効果は大きい。第3に、Off-JTは部門を越えて同じ入社年、職種、あるいは職位などの社員が集まり、情報や経験を交換し交流を深める機会でもあり、そこで形成された人間関係が仕事に役立つことは多い。

6 企業内教育はなぜ有効なのか

1. 教育訓練は社内か社外か

　これまで企業が行う教育訓練（以下では社内教育と呼ぶ）について詳しくみてきたが、最後に、なぜ企業はそれほどまで熱心に社員を教育するのかという点について考えてみたい。それは、労働者は自分の責任と負担で社外の学校や公的な職業訓練機関で能力を高め、それをもって会社に就職すればよいではないか、そうすれば個人は自由に他の会社に転職できるし、会社にしても社員を教育する費用を負担しないですむではないか、という社外教育重視の考え方もとれるからである。

　そうした考え方があるにもかかわらず、企業は費用をかけて社員を訓練し、訓練を受けた社員は同じ企業に長く定着するという現実をみると、企業にとっても個人にとっても、社内教育にはかなりの利点があると考えざるをえないだろう。それは何なのか。この点に関する経済学の代表的な考え方を紹介しておきたい。

　この考え方は、OJTがOff-JTより効率的な訓練方法であるという点から始まる（なぜそうなのかについては、前述のOJTとOff-JTの利点と問題点の説明を参照してほしい）。そうなると、企業も個人も、Off-JTの典型である学校や公的な教育訓練機関などで行う社外教育よりも、仕事をしながらの訓練である、したがって社内教育にならざるをえないOJTを選ぶことになろう。

　しかし、OJTが効率的な訓練方法であるからといって、企業が社内教育に熱心になるとは限らない。というのは、もしOJTで訓練した社員が、それで得た能力をもって他社に転職するとしたら、企業は社内教育にかけた費用を回収できず、すぐにでも社内教育をやめることになるであろうからである。

　そうなると、訓練した社員が社内に定着することが社内教育の必要条件になるし、また社内教育を受けた基幹的社員は定着的であるという日本企業の現実をみると、社内教育によって高い能力を獲得したにもかかわらず転職しないほうが、社員にとって有利であると考えざるをえない。その条件とは何なのか。

2. 企業特殊能力と一般能力

　ここで社員の能力が、その企業でのみ使える企業特殊能力と、他社でも広く使える一般能力から構成され、いまの会社では企業特殊能力と一般能力を合わせた能力全体に対して給与が支払われていると考えてほしい。この条件のもとで、もし社員が他社に転職すると、転職先での彼ら（彼女ら）の給与は、転職先で使える一般能力に対してのみ支払われるため低下することになり、いまの会社で働きつづけることが有利な選択になる。これで社内教育を受けた社員が転職しない理由を解明したことになるが、この説明のなかで重要な役割を果たす企業特殊能力がなぜ形成されるのかが、次に問題となる。

　同種の仕事をしていても、会社によって機械のクセや仕事の進め方などが異なるため、会社特有の能力が必要になる。これが企業特殊能力を形成するひとつの有力な要因であるが、キャリア形成の企業間の違いがそれ以上に重要であるとする考え方があるので、最後にそれを紹介しておきたい。

　OJTとは、仕事をしながらの訓練である。そのため、その有効性は社員にどのように仕事を配分するかに規定され、企業は効率的に訓練するために、いま担当している仕事に隣接した、より高度な能力を必要とする仕事に社員を配置する（そのような仕事を配分する）。その結果、長い期間でみると、社員は相互に関連の深い一群の仕事を経験しながら育成されることになり、経験した仕事群がキャリアになる。ここで注意してほしい点は、同じ製品を生産する場合であっても、会社によって品目や生産量が違うために生産システムが異なり、社員の経験できる仕事の構成（キャリア）が異なるということである。そのため同種の仕事に従事する労働者であっても、会社が違えば経験する仕事の構成、したがって育成される能力の構成は異なり、それが企業特殊能力を生むことになるのである。

国際比較からみえる「日本ならではの育成方法」

●繰り返される「人材育成見直し論」

> 「社内に閉じこもった教育は同質的な人材を生み、革新に挑戦する異能人材が育たない」という問題があるので、企業は社員に他流試合を奨励し、それを支援する政策を強化する必要がある。「企業が丸抱えで教育しても人材は育たない」という点に問題があるので、教育訓練機会をすべての社員に平等に提供する政策から、有能な社員に集中的に提供する政策に転換する必要がある。「OJT中心では将来の経営を担う幹部人材は育たない」が問題であるので、選抜型の研修体制の整備やビジネス・スクール等への派遣が必要である。

　この種の議論は、これまで幾度となく繰り返されてきた。経済が停滞し企業の競争力が問題になると、必ず人材育成のあり方が問われ、「変えるべき」論が登場する。ここにきてまた、人材育成見直し論の波が来たようである。

　とくに採用との関連で「新規学卒者の一括採用前提の若手社員の社内育成」を変えるべきとの議論が注目されている。それは、企業が必要としているデジタル化やグローバル化に対応できる人材を「新規学卒者の一括採用前提の若手社員の社内育成」では十分に確保できないと考えられているからである。しかし、この「変えるべき」論も初めてのことではなく、人事管理のあり方が問題になると必ず指摘されてきたことである。

●国際比較が大切な手がかり

　このように見直し論が繰り返されてきたにもかかわらず、日本企業の人材育成の基本骨格はこれまでとどう変わり、これからどう進むべきかについては明らかにされていないことが多い。そうであれば、日本の人材育成の特徴を国際比較の視点から改めて、ゆっくり確認してみてはどうであろうか。

　これからの方向を考えるにあたっては自分の位置を知ることが大切であり、他国と比べて「何が同じで、何が異なるのか」を教えてくれる国際比較はそのための情報を提供してくれる。また具体的な施策を検討するさいにも、他国の経験を参考にすることができる。さらには、人材育成の方法が国によって異なることを理解することによって、あたかも普遍的に通用するかのように主張される「変えるべき」論を批判的にとらえることができる。

　たとえば、かなり前のことであるが、日本企業は欧米先進国企業と異なりOJT中心の育成策をとっているということが広く信じられ、それに基づいて「だから市場や技術の変化に対応できる人材が育たない。Off-JTを整備すべき」との改革が唱えられたことがある。しかし、いまでは、国際比較研究を通してどの国でも最も効果的な育成方法はOJTであることが明らかにされ、「仕事を通して学ぶことが重要である」が共通理解になっている。

● 「若手社員の社内育成」はどこまで日本的か

　このようなことが、ここにきて注目されている「若手社員の社内育成」についてもないのか。改革を唱える主張は、それが他の先進諸国にない日本独特の制度であることを暗黙の前提においているからである。

　確かに国際比較研究の成果を踏まえると、たとえばフランスは若者であっても特定の職務に配置すること、したがってその職務に必要な能力をすでに身につけていることを前提に採用するので「若手社員の社内育成」が重視されることはない。

　ところがドイツは異なる対応をとっている。若者は有名なデュアル・システムの下で3年程度の時間をかけて訓練契約を結んだ企業で社内教育を受け、訓練が終わると公的資格を取得したうえで就職する。その際、企業は訓練した若者を雇用する、若者は訓練を受けた企業に就職する義務はない。しかし、とくに大手企業の現状をみると、若者のほとんどが訓練を受けた企業に就職し、企業も訓練した若者を採用する。

　つまりデュアル・システムは、日本のように個々の企業が独自にもつ仕組みではなく、企業の枠を超えて社会的に整備された仕組みではあるものの、実態としては、日本と同じように「若手社員の社内育成」として機能しているのである。つまり、「若手社員の社員育成」は日本

にのみみられるのではなく、世界には、その強度と形態が異なる多様な「若手社員の社員育成」が存在する。

　このようにみてくると、日本の人材育成方法を評価する際には複眼的な視点が必要であるし、複眼的な視点をもたないと、バランスのとれた効果的な改革案を構想することはできない。安易な「変えるべき論」は避けたいものである。

トヨタ自動車の教育訓練体系

　これまで企業が行う教育訓練の管理のとらえ方を、管理を構成する分野ごとに詳しく説明してきたが、個々の企業はそれらを体系化して教育訓練を展開している。そこで、ここではトヨタ自動車を取り上げ、教育訓練管理全体をみておきたい。

　同社は「モノづくりは人づくり —— 優れたモノづくりを継承・発展さていくためには人づくりが不可欠である」との理念を掲げ、人づくりを「価値観の伝承」「ものの見方を伝えること」ととらえている。それに基づき、教育訓練がどのような体系のもとで行われているかを、事務・技術系の一般社員と管理職に焦点を当てて紹介したい。

●プロ人材開発プログラム

　事務・技術系の一般社員を対象にした主要な育成策は、プロ人材開発プログラムである。市場は国際的に大競争時代をむかえ、グローバルな視点から生産・調達体制、販売方法の革新が求められている。その実現を担う社員は、世界に伍して戦えるプロ人材であることが必要であり、①高度な専門知識・能力、②自ら課題を創造し解決できる能力、③組織への貢献（たとえば、管理職であれば事業を推進するリーダーシップ、一般職であればチームへの貢献）、④世界で活躍できる意志と実行力が、同社の求めるプロ人材の能力である。

　社員がそうしたプロ人材に成長することを支援する仕組みとして、1999年に導入されたのがプロ人材開発プログラムである（なお、基幹職〔課長級〕以上には、チャレンジプログラムが導入されている）。これは、すべ

ての社員を基幹職になるまでの十数年の間に、「労働市場で年収1000万円以上の価値が付く」プロ人材に育成することを目標としている。

　具体的には、各部門（技術、生産技術、総務人事、国内営業、海外営業など）が「プロの姿」「全社員が習得すべきコアキャリア」「ローテーションの代表的パターン」からなる「プロ育成基本プラン」を作成し、それを参考にして社員自らが自分のキャリアを選択し、自分の意思でプロ人材を目指すという仕組みである。

●教育訓練体系

　図6-8は、事務技術系社員を中心にした全社レベルの教育訓練体系であり、そこでは、彼ら（彼女ら）がプロ人材になるまでに身に付けなければならない共通の能力を習得するための研修が準備されている。教育訓練体系は以下の部分から構成され、業務職から上級専門職に対応する研修が、事務技術系一般社員をプロ人材に育成するための研修である。

①資格別教育～入社前研修、新入社員研修、業務職特別研修、専門職昇格オリエンテーション（入社4年目）、専門職特別研修（8年目）
②職位別教育～新任グループ長、室長を対象にした管理職研修
③経営人材教育～部長職、海外事業体のトップ候補、将来を担う経営者を育成することを目的としたプログラム
④知識・スキル教育～語学教育と自己啓発支援プログラム

図6-8 >> 教育体系図（事務・技術系中心）

資格	全社教育体制					部門
	経営人材教育	職位別教育	資格別教育	知識・スキル教育	研鑽教育	
基幹職 （課長級以上）	○EDP（Executive Development Program） ○JEDP（Junior Executive Development Program） ○LDP（Leadership Development Program）	新任室長研修		自己啓発支援プロ	語学教育（海外赴任者向け教育等）	全社専門教育	専門教育
上級専門職 （係長級）		新任グループ長研修				
専門職 〈専門能力確立期〉			○専門職特別研修 ○専門職昇格オリエンテーション			
業務職 〈基礎能力習得期〉			○業務職特別研修 ○新入社員研修 ○入社前研修			

⑤研鑽教育〜専門性を支える基礎的能力を身に付けるための全社専門教育（法務、財務など）

　さらに専門知識を習得するための研修は、以上の全社教育とは別に各部門で行われている。なお、資格別教育、職位別教育、経営人材教育は本文で説明した階層別研修に、知識・スキル教育（自己啓発プログラムは除く）と研鑽教育は課題別研修に、各部門が行う専門教育は専門別研修に対応する。

● 管理職研修

　さらに、グループ長（係長級）あるいは室長（課長級）になると、新しい職位に必要な役割認識と知識・スキルを付与するための新任室長研修と、新任グループ長研修からなる管理者教育が行われる。これらの研修の特徴は、単発の研修ではなく、研修で習得したことを職場で実践するなどによって、約1年間にわたって日常業務とリンクさせながら教育する方法にある。ここでは新任グループ長研修を取り上げて、管理者教育の概要を紹介する。

　研修は表6-5のスケジュールで実施される。新任グループ長は、1月に配布されるハンドブックによって労務管理や予算管理等の基本事項について事前に勉強したうえで、2月には役割認識、動機付け、OJTのやり方の習得を目的とした役割認識の研修を受講し、職場マネジメントアンケートによって職場マネジメントの状況（会社方針が浸透しているのか、コミュニケーションはとれているかなど）を理解する。

　3月にはMAST研修を受ける。MASTは同社が開発した方針管理を基軸としたマネジメントの質の向上を目指す仕組みであり、マネジメントの基本が8領域と19の視点でまとめられている。この仕組みには参考になる点が多いので、概要を図6-9に示しておいた。ぜひ注意深く参照してほしい。なお、図中にある番号の付いている部分が上記の8領域に当たり、19の視点は省略されている。

　MASTの研修が終わり、4月（新年度）に入ると、「何をしていきたいのか」「どんな課題がありどう改善していくのか」などの担当グループの計画を作成する。計画作成はグループ長の業務であるが、研修の一環として位置付けられている。7月の職場マネジメント研修では、職場マネジメントでの悩みを、新人グループ長の間で共有し対策を考える。

表6-5 》 **新任グループ長研修のスケジュール（2008年）**

実施時期	テーマ	概要
1月	ハンドブックの配布	職場管理の基本をまとめたもの。確認テストを行う。
2月	役割認識の研修（半日）	役割認識と動機付けを目的。OJTのやり方を十分に説明。
2月	職業マネジメントアンケート	職業メンバーに職場風土調査を実施し、本人にフィードバックする。結果を上司からの指導の材料に活用する。
3月	MAST研修（1日）	組織運営のマネジメントの向上のためにMASTの考え方を理解するとともに、アセスメントによって改善点を可視化する。
4月	マネジメント向上取組計画の策定	新年度に当たってグループ方針を立て、上司の合意を得る。
7月	職場マネジメントの研修（1泊2日）	職場マネジメントの悩みを共有化し、グループ討議で解決策を検討するなど。
10月	職場実践の中間点検・職場マネジメントアンケート	職場実践の中間点検を行う。
11月	フォローアップ研修（半日）	好事例の発表、翌年以降の動機付け。

図6-9 》 **職場マネジメントのフレームワーク**

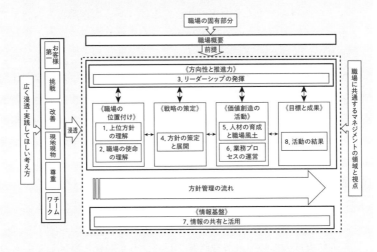

さらにこの研修では、コミュニケーション・スキルを高めるためにコーチング研修が組み込まれている。10月には2回目の職場マネジメントアンケートによって中間点検を行い、11月にはフォローアップ研修が

行われ、1年間の研修が終了する。

注：「研修体系と人材育成策〜トヨタ自動車」（『労政時報』第3708号〈2007年8月24日〉）と「管理職育成事例〜トヨタ自動車」（『労政時報』第3722号〈2008年3月28日〉）に基づき作成。

---

case

経営人材育成システム

●求められる経営人材の計画的育成

　企業にとって、経営者などの経営人材の養成と確保が重要な経営課題になっている。これまでは、長い期間をかけて実務経験を積み上げていけば、経営人材が「自然に」育つと考えられてきた。しかし、そのような時代はすでに終焉し、経営人材を育成し確保する環境を「計画的に」整備していかねばならない。こうした問題意識をもって、経営人材を早期に選抜し育成する仕組みを導入する日本企業が増えている。ここでは、社会経済生産性本部（現日本生産性本部）の研究会が提案した経営人材育成のための施策を紹介する。

　経営人材の育成でまず問題になることは「あるべき経営人材像」であるが、経営環境が異なれば人材像は異なるので、唯一最善の人材像を前提にした育成モデルを開発することに意味はなく、人材像の違いにかかわらず経営人材を育成するために準拠しなければならない仕組み（ここでは「経営人材育成システム」と呼ぶことにする）を開発することが重要である。同研究会は、このような視点に立ってシステムを構築している。なお、そこで提示されていることには他の人材の育成施策を考える際にも役立つ点が多いので、ぜひ参考にしてほしい。

●経営人材育成システムの概要

　育成というとすぐに研修がイメージされ、そのための社内ビジネススクールが注目されたりする。しかし、国内外の多くの機関がすでに経営人材養成のための良質な研修プログラムを開発し提供しているので、新たに研修プログラムを開発するより既存のプログラムを活用するほうが効率的である。しかも、経営人材を計画的に育成する仕組みは、適切な候補者を探すために手を打つ、それによって適切な候補者

を発掘する、候補者には厳しい業務経験の機会を提供するなどの様々な要素から構成されており、研修はそのなかのひとつにすぎないのである。

　このような視点に立って、どのような要素から構成され、それらが相互にどのように関連し、それが全体として機能するには何が必要であるのかという観点から、総合的なシステムとしての経営人材育成システムが開発されており、それを示したのが図6-10の「経営人材育成システムの概念図」である。

●経営人材育成システムの特徴

　このシステムの第1の特徴は、経営理念・経営戦略に基づいて設定さ

図6-10 ›› **経営人材育成システムの概念図**

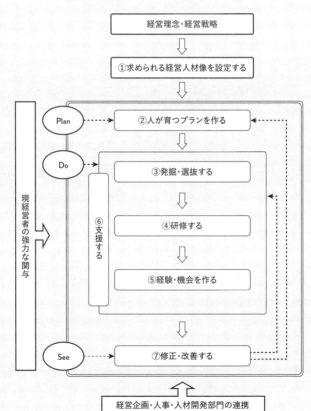

れた「求められる経営人材像」を実現するための育成活動を、「人が育つプランを作る」「育成する」「修正・改善する」のPDSサイクルとしてとらえていることである。

　第2に、「育成する」の「Do」段階を研修と狭くとらえずに、「発掘・選抜する」「研修する」「経験・機会を作る」の段階から構成されると広くとらえていることである。さらに第3には、このPDSサイクルというエンジンが機能し、その性能が時間とともにレベルアップしていくには、PDSサイクルに力を注入し、その回転を支援するジェネレーターが必要であり、それを担うのが経営者（図中の「現経営者の強力な関与」）である。経営者が積極的にコミットしない限り、いかに立派な経営人材育成システムを作ったところで機能することはないだろう。

　経営人材育成システムが有効に機能するためのもうひとつの重要な条件は、育成のための育成に陥らないために、人材開発と人材マネジメントの統合化をはかることである。教育部門は人材開発に懸命に努めるが、ライン部門とそれを支援する人事部門は、それとは無関係に人材を活用し、評価し、処遇する人材マネジメントを展開する。それでは、経営人材の「計画的な育成」という経営課題に応えることはできない。つまり、人材開発と人材マネジメントの統合化が求められているのである。

　したがって経営人材育成システムには、この視点がすべての要素に組み込まれている。たとえば「発掘・選抜する」は、人材を活用し、評価するという人材マネジメントとの連携を通して行われる要素である。「経験・機会を作る」は、「研修する」なかで学び、気付いたことを実践の場（つまり、人材マネジメントの場）で適用し、人材を鍛える段階である。さらに「修正・改善する」段階でも、育成した人材が実践の場で成果を上げたか否かによって、「経営人材育成システム」のパフォーマンスが評価されねばならないのである。

注：『次世代経営トップ育成プログラム研究会報告書』（社会経済生産性本部（現日本生産性本部）、2007年）に基づき作成。

第 7 章

人事評価

1 評価は働き方の道しるべ

1.「いま」を知ることが評価の役割

　評価されることに何となく抵抗を感じるのは、自分が誰かと比べられて、どちらが上かが決められるという思いがあるからだろう。しかし、評価を「いまの自分」を知るための道具ととらえたらどうであろうか。いまよりよくなるには、自分を知ることが大切である。このことについて反対する人はいないだろう。そうであれば社員個人は、「いまの自分」を知るために評価されることに強くなる必要があるし、企業は、組織と個人をよくするために「評価はどうあるべきか」を真剣に考える必要がある。

　これまでの年功的な人事管理は評価が甘く、処遇にメリハリがないので、これからの時代には通用しない。人事管理の成果主義化を進め評価を厳しくすることで、良い評価の人と悪い評価の人の賃金、昇進の格差を大きくする必要がある。よく聞く話であるが、こうした評価のとらえ方がされるから、多くの人が「評価とは人に順番を付けたり、格差を付けたりするための仕組み」と思ってしまうのだろう。

　しかし考えてみると、会社にとって、順番を付けたり、格差を付けたりするためだけの評価には何の意味もないはずである。それは、評価は経営成果を上げるためのひとつの道具にすぎないからである。経営成果を上げることに有効であれば、評価によって賃金に大きな格差を付けることも、小さな格差を付けることも、あるいは格差を付けないこともありうるのである。評価の問題を考えるときには、「何のための評価なのか」がいつも意識

される必要がある。

2. 評価は期待の表明

　会社（あるいは上司）が社員（部下）を評価する。どの会社でも当たり前のこととして行われている。それをみて、どの時代でもどの会社でも同じ評価が行われ、評価の高い人はいつでもどこでも高い評価が得られると考える読者がいるかもしれない。もしそうであれば大変な誤解である。耐熱性を調べると物質Aは物質Bより優れている。自然科学の世界における評価には、時代と場所を超えた普遍性があるかもしれない。しかし企業における人の評価には、そのような意味での普遍性はない。

　それでは人の評価はなぜ、時代や場所によって異なるのか。それは評価する側の基準が会社や職場によって異なるからである。評価には「このような特性をもっていてほしい」「その特性については、この程度の水準をもっていてほしい」という判断の基準が必要であるが、その基準は評価者（ここでは経営者あるいは上司）の「社員（部下）にこうなってほしい」という期待の表明である。しかもその期待が、「企業や職場をどのようにしていくのか」についての経営者や管理者の考え方に依存しているので、市場が変わり、技術が変わり、会社の戦略が変われば、企業（上司）が社員に期待することは変化するはずである。

　もしあなたが経営者から新しい人事評価制度を設計するように指示されたら、まずは経営者に「どのような経営理念と経営目標をもち、それを実現するために社員に何を求めるのか」についてのビジョンを聞くことを勧めたい。制度の具体的な設計はそれからである。

　評価の最も大切なことは、評価者が評価される人に「何を期待しているのか」、したがって「何のために、何を評価するのか」を明示し、正確に伝えることにあるといえるだろう。

2 人事評価の機能と管理

1. 人事評価の機能

　人事評価の詳細に入る前に、まず、それが当たり前の制度になっている現実から確認しておきたい。表7-1をみると、人事考課制度（ここでは人事評価制度のことと理解してもらいたい。詳細については後述する）の導入企業は全体では半分程度であるが、大手になるとほぼすべての企業が導入している。また、人事考課表などの文書化された手続きがないといった意味で制度をもたない中小企業でも、何らかの方法で例外なく社員を評価している。

　それでは、企業は何のために、どのような制度を導入しているのか。

　人事評価とは、「社員のいまの状態（能力、働きぶり）を評価し、その結果を人事管理に反映させるための管理活動」である。したがって人事評価には、社員のいまの状態を「知り評価する機能」と、それによって得た情報に基づいて、これまでの人事管理をつぎの人事管理につなげる機能、つまり人材をより適正に配置する、人材をより有効に活用する、より公正に処遇するなどの人事管理上の目的を実現する機能（つまり「人事管理に反映する機能」）の2つの機能がある。人事評価の具体的な仕組みを考えるに当たって

表7-1 》 人事考課制度の導入状況（2002年）

	人事考課制度がある企業		導入企業比率（%）	
			目標管理制度	多面評価制度
総　　　数	[51.0]	100.0	50.0	26.0
5000人以上	[98.3]	100.0	85.0	20.4
1000〜4999人	[96.5]	100.0	74.9	15.9
300〜999人	[89.1]	100.0	58.4	17.3
100〜299人	[73.7]	100.0	52.4	24.6
30〜99人	[39.4]	100.0	44.7	29.4

注：「人事考課制度がある企業」の欄の左側の数字は制度のある企業の比率を示す。右側のは制度のある企業を100.0%としていることを示す。目標管理制度と多面評価制度の欄の数字は制度のある企業を100.0%としたときの比率である。
出所：厚生労働省『雇用管理調査』（2002年）

は、この2つの目的を明確に意識しておくことが大切である。

　さらに人事評価には、「社員の行動を変える」というもうひとつの重要な機能がある。評価には必ず判断の基準が必要になるが、その基準は評価者の「こうなってほしい」という社員（部下）に対する期待から作られるものであり、その背景には、「こうした会社を作りたい」を表現した長期の経営目標に基づく「期待する人材像」がある。いうまでもなく個々の評価の場面では多様な基準が設定されるが、「期待する人材像」は個々の評価者が設定する評価基準を支える「憲法」としての役割を果たす。他方で、被評価者（部下）はよりよい評価を得るために努力することになるので、人事評価は会社あるいは評価者が「こうなってほしい」という方向に社員の行動を変える機能をもっている。

　社員のいまの状態を「知り評価する」方法は多様である。もしどの程度の知識をもっているのかを知りたいのであれば、試験が、どんな適性があるのかをみたいのであれば、キャリア・カウンセリングの専門家による面接がよいかもしれない。しかし、そのなかで最も中核をなす方法は、「上司が日常の業務遂行を通して部下を評価する」人事考課と呼ばれる評価方法である。以下では人事考課を中心に説明するので、人事評価とは人事考課のことを表していると考えてほしい。

2. 人事評価の管理システム

　以上の機能を果たすために、人事評価はどのような管理システムのもとで行われるのか。それを示しているのが図7-1である。前述したように人事評価には、「知り評価する機能」と「人事管理に反映する機能」の2つの機能があり（同図の「機能」の欄を参照）、管理システムを設計し運用する際には、それぞれの機能に対応して準拠しなければならない諸原則（「評価の原則」を参照）を正しく理解しておく必要がある。

　人事評価は配置、能力開発、処遇などの決定に活用され、社員に大きな影響を及ぼすことになるので、彼ら（彼女ら）から納得性が得られる制度として設計される必要があり、いかに精緻な制度を作ろうとも、納得性の得られない制度であれば意味がない。そのために制度を設計するに当たって配慮しなければならない点があり、それが「評価の原則」である。「知り評

価する機能」に関わる原則には、「何を評価するのか」に関連した評価基準の原則と、「いかに評価するのか」に関連した評価方法の原則があり、それらの詳細については後述する。また「人事管理に反映する機能」に関わる活用の原則については、能力開発のためなのか、配置のためなのか、処遇を決めるためなのかなどについての基本的な方針を決めておくことが必要である。

このようにして確認された評価の原則に沿って、人事評価の管理が行われる。まずは計画の段階において人事評価の制度が設計され、何を評価するのか（評価の要素・基準）、誰が、いつ、どのように評価するのか（評価の方法）、評価の結果をどのように活用するのか（評価結果の活用）に関わる制度

図7-1 ≫ **人事評価の管理システム**

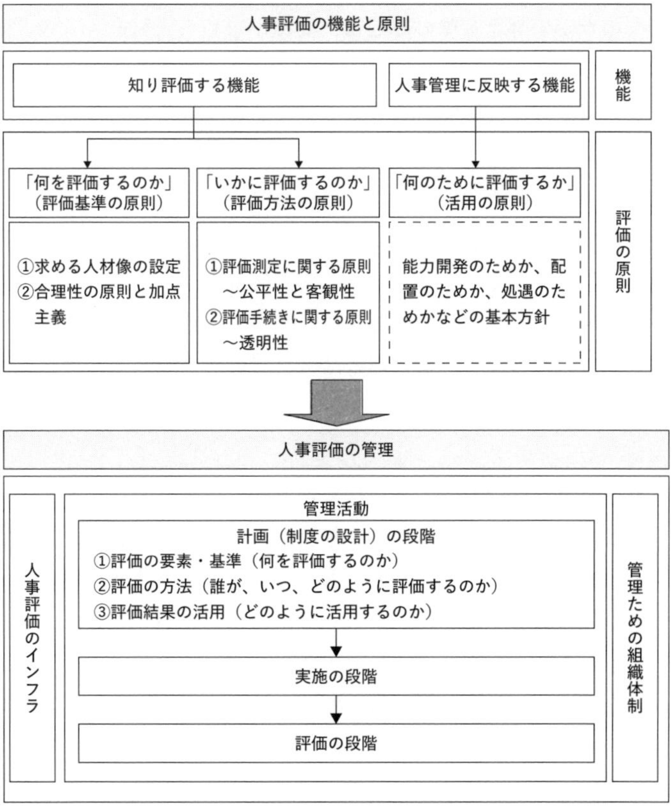

151

がその主な内容になる。それらの制度に基づいて人事評価が行われ（実施の段階）、計画され実施された人事評価活動の結果が評価される（評価の段階）。

さらに、配置や教育訓練などに活用できるように人事評価データを体系的に記録しておくための情報システムを整備する、管理者の評価能力を高めるための研修体制を整備するなど、人事評価活動を支援するためのインフラを整備することも人事評価の管理の役割のひとつである。

3. 人事評価の原則

(1) 評価基準の原則

以下では、図7-1で示した構成に沿って、人事評価の管理の主要な点について説明していきたい。まずは「知り評価する機能」に関する評価の原則についてである。

そのなかの評価基準の原則は、会社が求める人材像（「どのような人材がほしいのか」に関する会社の基本方針）を定めることから始まり、求める人材像に近い社員を高く評価すべきであることから、求める人材像が評価基準のベースになる。

さらに具体的な評価基準は、経営目的を実現するうえで合理的で、社員からみても納得できる基準でなければならない。このための原則が「合理性の原則」である。会社がとりうる評価基準は、出身地や出身階層、学歴や出身学校、性、年齢や勤続年数、能力、担当している仕事など多様であるが、そのなかから選択される基準は合理性の原則からチェックされる必要がある。ただし合理性の原則は、経営の考え方、社会の価値観によって変化することがある。

たとえば、会社が「組織に長く安定的に貢献してくれる社員」を求める人材像と考え、それに基づいて年功を重視する評価基準を設定し、社員もそれに納得しているというのであれば、その評価基準は間違いなく合理性の原則に適合している。しかし、経営の考え方が「成果を上げる社員を重視する」方向に変わり、社員も年功より成果を重視するようになると、年功に基づく評価基準は合理性の原則に合わなくなり、それに代わる評価基準が求められることになる。

さらに近年、評価基準の設定に関連して加点主義の考え方が強調されて

いる。これまでは「仕事で失敗すること」を厳しく評価し、それでもって
昇進競争から落ちる社員を決める減点主義の考え方が強かった。しかし、そ
れでは社員のなかに「失敗をせずに無難に働こう」という姿勢が生まれる
し、厳しい経営環境を勝ち抜くために挑戦的で革新的な組織を作りたいと
いう企業の意図に合った人材を得ることができない。そこで、「失敗を恐れ
ず、革新的なことに果敢に挑戦する社員」を積極的に評価する制度を作る
ことが必要であるという加点主義の考え方が、強調されているのである。

(2) 評価方法の原則

　評価方法については、第1に、設定された基準に基づいて社員を公平に評
価する必要があり、そのための原則が公平性の原則である。たとえ合理性
の原則に基づいて評価基準が設定されたとしても、評価者が個人的な好み
や人脈に影響されて評価すれば、すべての社員が同じ評価基準のもとで公
平に評価されたことにならない。評価基準の適用において、公平性を確保
できる制度が工夫される必要がある。

　つぎに評価基準が設定されると、社員をそれに基づいて「正確に」評価
しなければならないが、「正確に」を担保することは難しい。年齢や勤続を
基準にするのであれば問題はないが、たとえば成果を基準とするとき、評
価者がすべての部下を成果をもって公平に評価しようとしても、成果を正
確に把握できないかもしれないし、そこに評価者の主観が入り込むかもし
れない。そこで評価の基準や手続きを明確にするなどの方法によって、社
員のことを客観的に把握し評価できるように制度が構築される必要がある。
これが客観性の原則である。

　最後に、最近では、評価手続きに関する透明性の原則が重視されるよう
になってきている。人事評価の基準、手続き、結果などを被評価者に公開
することによって、社員の評価に対する納得性を高めるというのが透明性
の原則のねらいである。成果と能力を厳しく評価し、それに基づいて処遇
を決める。人事管理がこの方向で再編されるにともない、社員の評価に対
する不満が大きくなる恐れがあり、企業は納得性を得る装置を強化する必
要に迫られているのである。

3 評価の理論
—評価基準のとらえ方

1. 業務遂行プロセスと評価要素の構成

　適切な人事評価制度を作り上げるには、さらに評価要素の構成と特質について十分理解しておく必要がある。人事評価によって社員の何を評価するのかについては、社員が行う業務遂行プロセスを、経営成果に直接あるいは間接的に貢献する要因に分解することから始めると分かりやすい。ここで、それを整理した図7-2をみてほしい。

　知識やスキルなどの「能力」と「労働意欲」をもった個人が、それを発揮して「仕事」に取り組み、「成果」を上げるというのが業務遂行プロセスであるので、能力と労働意欲、仕事、成果が主要な評価要素になり、それらに対応する人事評価が能力評価と情意評価、職務評価、成果評価（業績評価と呼ばれることも多いが、ここでは成果評価の名称を使うことにする）になる。人事評価のあり方を考えるには、さらにつぎの点を念頭に置いておく必要がある。

　第1に、業務遂行のなかで発揮した「能力」は必ずしも個人が保有する「能力」のすべてではなく、この2つの能力を明確に区別することが必要である。個人が保有する能力は「潜在能力」、発揮された能力は「発揮能力」

図7-2 >> 業務遂行プロセスと評価要素と評価制度

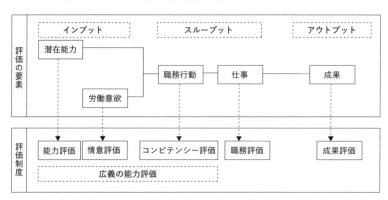

と呼ばれ、図7-2に示したように、一般的に能力評価が対象にするのは潜在能力である。第2に、たとえ高い潜在能力をもっていても、それを仕事の場で活用する意欲がない限り、役に立つ能力（つまり発揮能力）として顕在化しない。この活用する意欲が「モチベーション（あるいは労働意欲）」であり、潜在能力とモチベーションを基盤にして発揮能力が形成されるという関係になる。

第3は発揮能力のとらえ方であり、それには2つの方法が考えられる。ひとつは、当該業務を遂行するに当たり直接必要とされる知識やスキルを明らかにし、その知識やスキルを保有しているか否かによって発揮能力をとらえようとする方法。もうひとつは、発揮能力は業務遂行の場では「行動」（これからは「職務行動」と呼ぶことにする）として現れることに注目する方法である。この場合には、高い成果を安定的に生み出す職務行動（これがコンピテンシーと呼ばれる）を事前に抽出し、その行動を実際にとっているか否かによって発揮能力をとらえることになる。なお一般的には後者の方法がとられるので、図7-2では発揮能力に代わって職務行動の用語が使われている。また、それに対応するコンピテンシー評価は、高い成果を安定的に発揮する職務行動をとれることもひとつの能力であるということから、能力評価、情意評価とともに「広義の能力評価」として扱われている。

2. 評価要素の特性と関連性

まず、業務遂行をめぐる諸条件が極めて安定している状況を想定してほしい。この場合には、より高い潜在能力、より高い労働意欲（モチベーション）、あるいはより適切な職務行動が業務遂行に投入されれば、またより重要な仕事を担当すれば、より大きな成果が実現する、という関係が成立しやすいはずである。そうなると、成果で評価しても、成果に代わって潜在能力、モチベーション、職務行動あるいは仕事のいずれの要素で評価しても、同じ結果が期待できる。

しかし、そのような安定的な状況は現実にはありえず、市場、技術などの業務遂行プロセスの外部環境は常に変化するので、同じ潜在能力をもっていたとしても成果が異なるということは普通に起こる。モチベーション、職務行動、仕事についても同じことである。

このことは、どの要素で評価するかによって期待される効果が異なることを示しており、人事評価の仕組みを設計するに当たっては、この評価要素の特性について理解しておくことが必要である。

　第1に、潜在能力、モチベーションは業務遂行に投入されるインプットに関わる人的要素、職務行動と仕事は業務遂行プロセスそのものに関わるスループットの要素、成果は仕事を通して表れる労働の結果（アウトプット）の要素である。したがって、もし仕事のいまの結果を重視する人事管理にしたいのであればアウトプット要素を、能力やモチベーションを高めることを重視したいのであればインプット要素を大切にする人事評価制度を作ることになろう。

　第2に、評価要素によって評価結果の安定性が異なる点に注意してほしい。たとえば、図7-2の右側に位置する要素ほど市場に近く市場の影響を受けやすくなるために不安定になり、最も不安定な要素が成果ということになる。それは、社員が同じ能力、モチベーション、職務行動をもって同じ仕事に取り組んでも、自分でコントロールできない組織内の事情や市場などの環境条件によって成果がいくらでも変動するからである。それに比べると、同図のなかの「成果」より左側に位置する要素ほど環境条件から受ける影響は小さくなり、安定性が高まる。その典型は「潜在能力」であり、これまでの仕事経験や教育訓練などを通して蓄積された知識やスキルから構成されているので、短期的に低下したり向上したりすることのない安定的な評価要素として登場する。

3. 求められる評価要素の適切な組み合わせ

　以上のことを念頭に置くと、成果を上げることが企業の目標であるとしても、成果のみを評価要素とすることは望ましいことではないことが分かる。たしかに、社員にはいまの成果が最大になるように働いてもらうという状況を作り上げたいのであれば、成果のみを評価要素としても問題はないだろう。しかし、長期的な観点に立って適切な人事管理を構築するには、あまりに問題の多い評価方法である。

　前述したように、個人が同じ潜在能力、モチベーション、職務行動を仕事に投入したとしても、個人の裁量を超えた環境条件の変化によって成果

は短期に変動する。そのため成果で評価すると、同じ人の評価結果が不安定になるし、たまたま成果の出にくい仕事に配置された人が低く評価されてしまうという不公正な状態が生まれる。そうしたことが繰り返されれば、評価に対する社員の納得性が低下し、労働意欲は間違いなく低下することになろう。

　第2に、成果は一般的に短期で評価されるので、社員は短期に成果を出そうと行動するし、会社もそうした人を高く評価する。しかし市場、技術、経営戦略は常に変化するものである。そうした変化に適応できるように、企業はいま必要がなくても、将来必要になるような能力と労働意欲をもった人材のプールを準備しておくことが必要である。しかし成果のみで評価されれば、社員は長期的な視野に立って能力を高めよう、会社のために働こうとはしないはずである。

　第3に、成果を上げることが最終目標であったとしても、成果のみをみていたのでは成果は上がらないという点にも注意してほしい。より適切な配置、能力開発、処遇を実現することが成果を上げるための条件であり、人事評価はそのための仕組みとして設計されねばならない。しかし成果のみにとらわれた評価では、とくに配置と能力開発の「いまの状態」を正確に把握することができず、結局、将来にわたって大きな成果を達成できるような人事管理制度を作り上げることはできないだろう。

　こうした多くの問題があるなら、成果に代わって、たとえば潜在能力に焦点を当てた評価をすればいいのかというと、必ずしもそうはならない。たしかに、仕事配分における短期的な運不運や長期の能力開発が阻害されるという問題は回避できるかもしれない。しかしそれでは、いまの成果を高めようとする短期的なインセンティブが働かないし、いまの成果に見合った適切な処遇をすることも難しくなろう。

　このようにみてくると、個々の評価要素がもつ特性を考慮したうえで、評価の目的に合わせて複数の要素の最適な組み合わせを考えるということが現実的な解答になり、後述するように、現在の人事評価制度はそれに対するひとつの解答を示している。

4 人事評価制度の実際

1. 「何を評価するのか」の仕組み

(1) 評価要素の組み合わせの決定

実際の人事評価制度は、これまで説明してきた評価の原則と評価要素の特性に配慮しつつ設計される必要があり、具体的には図7-1に示したように、①何を評価するのか（評価の要素・基準）、②誰が、いつ、どのように評価するのか（評価の方法）、③人事管理に評価の結果をどのように活用するのか（評価結果の活用）のそれぞれについて仕組みを作り上げていく必要がある。

まず「何を評価するのか」については、何の評価要素をどのように組み合わせるのかを決める必要がある。図7-2で示したように、理論的に考えると、人事評価は各評価要素に対応して広義の能力評価（潜在能力、労働意欲、職務行動に対応）、職務評価（仕事に対応）、成果評価（成果に対応）の3つの領域から構成される。

ここで表7-2をみると、日本企業は一般的に、職務評価を行わず、能力評価（同表の業務能力評定が対応）、情意評価（同じく執務評定）、成果評価（同じく業績評定）からなる人事評価制度を採用している。

ここで以下の点を補足的に説明しておく必要がある。まず、ここでいう能力評価とは潜在能力を評価することをねらいとしているので、図7-2の能力評価と同じである。それに対して情意評価は仕事に対する取り組み姿勢・意欲・態度を対象にした評価であり、図7-3に例示した評価項目からも分かるように、図7-2で説明してきた評価要素に対応させると、労働意欲と職務行動を対象にする評価である。

しかし、それでは顕在化した能力としての職務行動を正確かつ体系的に評価することができないということから、新しい評価制度を導入する動きが出てきており、図7-2に示したコンピテンシー評価はその代表例である。また、コンピ

表7-2 » **人事考課の評定方法（1988年）**

評価の種類	実施企業比率(%)
業務能力評定	72.0
業績評定	66.3
執務評定	72.9
その他	9.5

注：業務能力評定は能力評価、業績評定は成果評価、執務評定は情意評価に当たる。

出所：労働省（現厚生労働省）『雇用管理調査』（1988年）

図7-3 >> **評価基準の体系の例示**

評価基準の体系						評価手順	
分野		評価基準の細項目（例）	社員区分（例）			評価点	ウエート
	名称		一般社員	主任係長	課長部長		
能力	能力評価	知識技能	○			α点	a%
		理解力	○				
		説明力	○				
		判断力		○	○		
		計画力		○	○		
		指導力		○	○		
		折衝力		○	○		
		革新性			○		
		部下育成			○		
取り組み姿勢	情意評価	規律性	○			β点	b%
		積極性	○	○	○		
		協調性	○	○	○		
		責任感	○	○	○		
成果	成果評価	（目標管理による業務評価）				γ点	c%
総合評価（α×a＋β×b＋γ×c）						T点	

注：最終評価はT点のランク分けで行う（例：5ランク制）。

テンシーの具体的な評価要素や使い方については、章末の事例編「富士ゼロックスのコンピテンシー・マネジメント」を参考にしてほしい。

このようにして評価要素が決まると、評価が客観的かつ公平に行われるように、評価要素を具体的に表現した評価項目が設定される。図7-3の「評価基準の細項目」は、そのひとつの例を示している。これらの評価要素（同図の「分野」が対応する）と評価項目（同じく「細項目」）にしたがって、上司はつぎのような手順で部下を評価する。まず評価項目ごとに評価し、それを分野ごとに合計する。それによって能力評価点（同図ではα点）、情意評価点（β点）、成果評価点（γ点）が決まると、それらに各領域に付けられているウエート（同図のa%、b%、c%）をかけて合計し（α×a＋β×b＋γ×c）、総合評価（T点）が決定される。

（2）評価区分の設定

　評価要素・基準の設定に当たっては、もうひとつ面倒な問題を解決する必要がある。それは働き方や会社の期待することが異なる社員を、同一の評価要素・基準で評価することが適切でないからである。そこで社員を複数のグループに区分し、それぞれに対して異なる評価要素・基準の体系を設定する、ということが行われる。こうした社員の区分は「評価区分」と呼ばれ、会社がどの社員に何を期待するのかを表現しているという意味で、人事評価制度のなかで大変重要な位置を占めている。

　ここで、第3章で説明した社員区分制度を思い出してほしい。人材活用を効率的かつ効果的に行うために、社員を異なる人事管理が適用される複数のグループに分ける仕組みが社員区分制度であるので、評価区分は社員区分制度を踏まえて設定されることになる。企業の実態をみると、①能力を養成する若手社員の段階、②より高度な能力を開発しつつ一人前としての役割が期待されている中堅社員の段階、③グループリーダーとしての役割が期待されている段階、④能力を発揮し成果を上げることが期待されている管理職レベルの段階といったように、評価区分がキャリア段階別に設定されることが多い。評価要素・基準体系の例を示している図7-3の評価区分では、①と②の段階が「一般社員」に、③が「主任・係長」に、④が「課長・部長」に対応している。

　異なる評価区分の社員に対しては、2つの面から異なる評価要素が適用される。第1は評価項目の違いであり、図7-3に示した例では、一般社員、主任・係長、課長・部長の管理職のキャリア段階別に3つの評価項目の体系が作られている。たとえば管理職になると、一般社員と異なり、能力評価では判断力、計画力、指導力、折衝力などが評価項目になっている。

　第2は、評価分野別のウエートの付け方が異なることである。成果を重視する会社であれば成果評価のウエートを高く設定するといったように、ウエートは会社の考え方に基づき戦略的に決定される。しかし一般的にいって、下位のキャリア段階から上位の段階になるほど、能力や取り組み姿勢のインプットの要素よりアウトプット（成果）の要素が重視される。

　以上の評価要素・基準の構成は、社員区分制度とともに社員格付け制度と連係している点にも注意してほしい。第3章の図3-4に示した、わが国企業が採用する職能資格制度の平均像をみると、キャリア段階を表す職位（一

般職、主任・係長、管理職）に対応して求められる能力（能力要件）が設定されており、この能力要件が能力評価と情意評価を構成する評価項目の基礎になるのである。

2. 人事評価の進め方

(1) 評価の方法

　こうした評価要素・基準の体系とともに、①誰が、②いつ、③どのように、評価するのかという評価の方法についても仕組みが作られる。「どのように」については、評価の客観性と公平性を確保する必要がある。そのために評価者による評価の過誤と評価者間の評価の不均衡を回避するための仕組みをいかに作るかが、最も重要な課題になる。とくに評価の過誤を生む、評価者がとりやすい行動特性として多くの点が指摘されており、表7-3にその代表例を示してあるので参照してほしい。

　評価の過誤を回避するための第1の仕組みは、できる限り客観的に表現した基準に基づいて評価してもらうという「評価基準の客観化」の工夫であり、前述の図7-3に示した細かい評価項目はそのひとつの例である。このように客観的な評価基準をいかに整備しても、評価する管理者が十分な評価能力をもっていない限り、あるいは管理者間で判断の基準が統一されていない限り効果は望めないので、第2には、管理者を対象にした「考課者訓

表7-3 ≫ **人事評価の代表的なエラー**

エラー	内容
ハロー効果	とくに優れた点、劣った点があると、それによってそれ以外の評価が影響されてしまうエラー
論理的誤差	密接な関係がありそうな考課要素や事柄が意識して関連付けられてしまうエラー
寛大化傾向	評価者の自信欠如から評価を甘く付けてしまうエラー
厳格化傾向	評価を辛く付けてしまうエラー
中心化傾向	厳しい優劣の判断を回避して評価が中央に集中してしまうエラー
逆算化傾向	先に評価結果を決めておいて、その結果になるように1つひとつの評価を割り付けていくエラー
対比誤差	自分の得意分野か不得意分野かによって評価が甘くなったり辛くなったりするエラー
遠近効果	最近のことは大きく、何カ月も前のことは小さくなってしまうエラー

表7-4 » **人事考課の評価段階（1996年）**

（単位：%）

1 次評価	10.4
2 次評価	46.3
3 次評価	36.3
4 次評価	5.3
5 次評価	1.6
6 次評価以上	0.1

注：人事考課制度のある企業についての回答である。

出所：労働省（現厚生労働省）『雇用管理調査』（1996年）

練」の仕組みが整備される必要がある。

さらに第3には、直接の上司の評価のみに任せず、何段階かにわたって複数人が評価を行う「評価者の多層化」の仕組みがとられており、これが「誰が評価するのか」からみた評価の方法になる。

ここで表7-4をみてほしい。「2次評価」と「3次評価」を採用する企業が圧倒的に多いことから分かるように、一般的には2段階あるいは3段階で人事評価が行われる。2段階の場合を例に挙げると、まず直属の上司（たとえば課長）が1次評価をし、その結果を受けて、評価の誤りや不均衡を是正するために、その上の上司（部長）が2次評価し、評価結果が最終的に決定される。最後に、それでも特定の部門が甘く、あるいは厳しく評価するという不均衡が起こる可能性があるので、部門間の均衡をはかるために、評価結果の「部門間調整」を行う企業も多い。

(2) 評価の時期と評価結果の活用

最後に、評価の時期（「いつ評価するのか」）については、評価要素の性格と評価結果の使い方が考慮される。短期に変動しやすい評価要素を扱う情意評価と成果評価は半年に1回、変動の少ない能力評価は1年に1回というのが一般的である。そうなると毎年、事業年度の前半期が終わると、その間の情意評価と成果評価が行われ、後半期が終わると、その間の情意評価、成果評価と1年間の能力評価が行われるというスケジュールになる。

以上の評価の要素と方法に沿って行われた評価の結果の活用方法は、評価の目的によって異なる。配置と部下育成のためには、能力評価の結果が重要な情報源になる。さらに昇進・昇格と昇給・賞与の処遇を決定するためには、2つの方法が使われる。第1に、半期ごとに実施される情意評価と成果評価は賞与に反映される。それは賞与には、短期的な成果に対して支払う変動型の給与という性格があるからである。しかし、それ以外の昇進・昇格・昇給は長期的な視野から決められるべきものなので、短期評価の成果評価などとともに長期評価の能力評価の結果が強く反映される。

3. 目標管理による評価

(1) 「目標管理による評価」の考え方

　評価の方法については、「成果をどのように評価するか」の問題が残っている。そのための最も重要な仕組みが「目標管理による評価」である。目標管理の基本的な考え方は、「組織目標と個人目標を統合して目標を設定し、個人はそれにむかって自立的に仕事を進める」点にある。これにより、目標の連鎖によって組織の統合がはかれるとともに、部下を管理統制するのではなく、部下の自主性を引き出すことによって効率的な組織が形成できると考えられている。この考え方を人事評価に取り入れたのが「目標管理による評価」である。

　「目標管理による評価」は図7-4に示してあるように、①評価期間（一般的には、会計年度）の初めに部下と上司の間で業務目標を設定する（「目標の設定」の段階）、②期の途中で経営目標の変更などがあれば、それに合わせて

図7-4 ≫ **目標管理の手順**

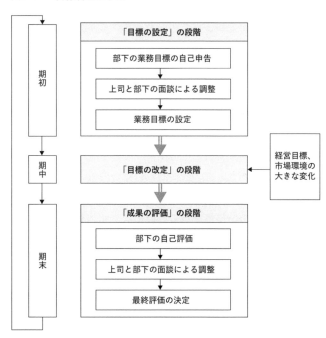

業務目標を調整する（「目標の改定」の段階）、③評価期間の終わりの時点で業務目標に対する達成度によって成果を評価する（「成果の評価」の段階）という手順をとる。ここで注目してほしい点は、「上司と部下の面談」を通して目標の設定と成果の評価が行われることである。社員の納得性が得られる透明性の高い評価にするために、目標管理ではこの「上司と部下の面談」が重視されている。

（2）業務目標の設定の手順

　第2章で詳しく説明したように、各部門の管理者は経営戦略や経営計画に基づいて部門の方針・目標・計画を設定する。こうした部門の方針・目標・計画を念頭に置いて、社員が参画して個人の業務目標が設定される。さらに、目標のなかに能力開発の目標も加える。

　目標設定に当たっては、①部門の方針・目標・計画に結び付いていること、②担当業務のなかの重要な目標に絞ること、③目標はなるべく定量化することなどが重要な留意点になる。

　この評価方法で最も問題になる点は、「簡単な目標にすれば高い評価が得られる」ということであり、そのため目標の難易度を判定することが必要になる。それには多様な方法が考えられるが、職能資格制度をとる日本企業の場合には、社員の能力水準を表示している職能資格の定義に沿って、個々の社員にとっての目標の難易度を評価する方法がとられている。つまり、高い資格の社員は高い能力をもっているので、より難しい目標が設定されるべきであるというわけである。

　また、目標設定に当たり社員の参画が重視されるので、まず部下が業務目標、その難易度を自己申告する。それを受けて上司は部下と面談し、部下の納得を得たうえで、最終的に目標の内容と難易度、遂行するための方法やスケジュールを決める。この目標によって成果評価の結果が左右されるので、評価の納得性を得るためには、面談制度による双方向型の目標設定の仕組みが大切である。

（3）成果評価の手順

　こうして目標設定が終わると、つぎに評価の段階に入る。成果はまず、目標がどの程度達成されたかで評価される。ここでは目標達成度を、表7-5の

表7-5 》 **業績評価表の例示**

		目標達成の評定				
		目標を大幅に上回った S	目標を上回った A	目標通り B	目標を下回った C	目標を大幅に下回った D
目標の難易度	能力を大きく上回っている　S	S		A		B
	上回っている　A					
	能力通り　B	A		B		C
	下回っている　C	B		C		D
	大きく下回っている　D					

「目標達成の評定」欄で示すようにSからDの5段階で評価することにする。さらに、本人の能力（職能資格）からみて難しい目標を達成した場合と、簡単な目標を達成した場合では成果が違うので、難しい目標を達成したときには高く評価する仕組みにしておく必要があるし、そうすることによって、社員は難しい目標（「チャレンジ目標」と呼ばれている）に挑戦しようとするはずである。こうした評価の仕組みが、前に説明した「加点主義」を重視した評価になるわけである。ここでは目標の難易度をSからDの5段階で評価することにする。

　成果は、以上の目標の達成度と困難度の2つの要素を組み合わせて評価される。最終評価はS、A、B、C、Dの5段階からなり、「難しい目標」（SまたはA）を「目標以上に」（SまたはA）達成した場合が一番高いS評価になるように設計されている。目標設定のときと同じように、評価の段階でも上司は部下と面談し、評価の結果について話し合いをする。とくに上司と部下の評価が異なっている場合には、その原因を話し合い、それに基づいて上司が最終的な評価を行うことが重要である。この評価結果が、図7-3の「成果評価」の欄に記入されることになる。

5 人事評価の国際比較

(1) 長期評価の違い—能力評価型と仕事評価型

「何を評価するのか」の観点からすると、人事評価には大きく能力評価、職務評価、成果評価の3つのタイプがあり、前二者は長期評価に、成果評価は短期評価になじむことを説明してきた。ここでは主に処遇の決定を念頭に置いて、日本と欧米先進国の人事評価の違いについて考えてみたい。

まず長期評価での違いを理解するには、第3章で説明した、社員の長期的な価値付けを行う社員格付け制度を思い出してもらう必要がある。一般的にみて、日本企業は社員の潜在能力を格付け基準として重視する職能資格制度を、欧米企業は職務の重要度に基づく職務分類制度を採用している。そうなると当然のことながら、日本は能力評価を、欧米は職務評価を重視する人事評価体系をとることになり、この点が日本と欧米の最大の違いである。

仕事を調べて（「職務分析」）、仕事に必要な能力、仕事の内容、期待する成果（「期待成果」あるいは「アカウンタビリティ」と呼称されている）を明らかにして職務記述書を作成し、それに基づいて、総合的にみてその仕事はどの程度重要であるかを決める（「職務評価」）。これが職務評価の一般的な手順である。

これをみると、職務評価といえども能力要素を考慮していることが分かるが、日本の能力評価と異なり、あくまでも当該の仕事に必要とされている能力を評価している点に注意してほしい。

このようにみてくると、欧米型の人事評価は、仕事を遂行するに当たって社員に求めることの重要度から、つまり労働力の需要面から社員を評価する「需要サイド型」の人事評価であり、それに対して日本型は、当面の仕事から離れて社員がもっている潜在能力から、つまり労働力の供給面から社員を評価する「供給サイド型」であることが分かる。

こうした違いが理解できると、日本企業と欧米企業の処遇の決め方の違いが理解できる。潜在能力を評価して処遇を決める日本型の決め方は、それによって社員の能力向上意欲を刺激し、獲得した高い能力（あるいは優秀な人材）をもって経営成果の向上を実現するという効果を、仕事の重要度に

よって処遇を決める欧米型は、「いましてほしいこと」を社員が確実に達成することを刺激することによって経営成果の向上を実現するという効果をねらっている。

(2) 短期評価と短期・長期評価の組み合わせ

つぎの短期評価については、日本企業、欧米企業にかかわらず成果評価が中心である。しかし対象者の範囲が異なり、日本企業の成果評価は欧米企業に比べて広い範囲の社員を対象にしている。

たしかに欧米企業でも、大学卒を中心としたホワイトカラーについては短期評価が行われるが、ブルーカラーは必ずしも対象者にならない。そのためブルーカラーの賃金は同じ仕事をしていれば同じに払うという、仕事の重要度のみで決まる場合が一般的である。

それに対して日本の場合は、ブルーカラーに対しても情意評価と成果評価が行われ、同じ仕事であっても、がんばった社員、より大きな成果を上げた社員にはより多くの賃金（主に賞与）を払うという仕組みになっている。この点からみると、日本企業は欧米企業に比べて成果重視の人事評価と賃金決定の仕組みをとっているといえるだろう。

このようにみてくると、日本企業はホワイトカラー、ブルーカラーにかかわらず、能力重視の長期評価と成果中心の短期評価の組み合わせからなる人事評価の仕組みを、欧米企業はホワイトカラーについては仕事重視の長期評価と成果中心の短期評価の組み合わせ、ブルーカラーについては仕事重視の長期評価という構成からなる人事評価の仕組みをとっていることが分かる。

日本型と欧米型のどちらが優れているのかを決めることはあまり意味がない。それは何が優れた人事評価であるかが、企業の置かれた状況によって異なるからである。それよりも、ここでは両者の仕組みの違いと、それぞれがもつ功罪を正しく理解しておくことのほうが重要である。

富士ゼロックスのコンピテンシー・マネジメント

●人事制度改革の背景

　大手の複写機・情報通信機器メーカーである富士ゼロックス社は1999年に管理職を対象に役割成果主義の新人事制度を、また全社員を対象にコンピテンシー・マネジメントを導入した。さらに新人事制度は、2002年に全社員に拡大された。こうした一連の人事改革には次のような背景がある。

　人事管理の基本的な役割は、図7-5に示してあるように、能力・適性と仕事・役割と給与・処遇の三者の均衡をとること、つまりより高い能力をもつ従業員がより高度な仕事に従事し、より高い処遇を得るという関係を実現することであるが、それまでの職能資格制度に基づく人事制度は、この基本的な役割を果たせなくなっていた。能力の評価基準が曖昧であったために年功的に決まってしまう給与と仕事・役割とのバランスが崩れる、仕事・役割に必要な能力が明確でないため適正な人材配置ができない、あるいは社員にとって何の能力を高めれば希望する仕事・役割につけるのかが分からないといったことが起こるからである。

　そこで同社は、職能資格制度に代わって、役割成果主義に基づく人事制度を導入したわけであるが、それだけでは十分ではなく、社員の能力・適性を把握する仕組みを整備しなければ、三者の均衡をはかる人事管理は実現できない。こうした認識のもとで、同社は役割成果主義と組み合わせてコンピテンシー・マネジメントを採用した。

●役割を基準とする新人事制度

　経営戦略・事業戦略を達成するには、それに必要な人材を定義し、現状の人材の過不足を把握し、そのうえで人材を確保することが必要であり、そのためには必要とされる組織と役割を明確にしなければならない。そのうえで第1には、賃金・報酬は役割に応じて決める必要があり、同じ役割であるにもかかわらず人によって賃金・報酬が異なってはいけない。第2には、役割にふさわしい能力をもった人材を任用することが必要であり、そのためには、役割に求められる能力は何か、社

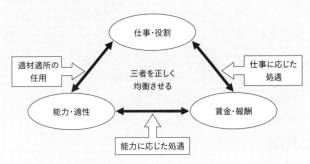

図7-5 ≫ 人事管理の役割

仕事・役割

適材適所の任用

三者を正しく均衡させる

仕事に応じた処遇

能力・適性

賃金・報酬

能力に応じた処遇

員1人ひとりはどのような能力をもっているかを把握しておかねばならない。あとから説明する方法で把握されたこの能力がコンピテンシーであり、それに基づいて評価、任用、能力開発などを行う人事管理がコンピテンシー・マネジメントなのである。

　ここで問題になることは役割とは何かであり、同社は意識的に「仕事」でなく「役割」の用語を使用している。それにはつぎの理由がある。事業環境の変化が激しい時代にあっては、必要とされる仕事を細部にわたって事前に規定することは意味がなく、仕事が存在する理由（これが「役割」になる）を明確にしたうえで、仕事のやり方は任用された社員に任せれば十分であると考えられているからである。具体的には、役割は「誰の指示を受けて、どう行動し、何を生み出す責任があるのか」という観点から表現されている。さらに、こうして決まった役割（仕事）には、その重要性に合わせて値段（賃金）が付けられる。役割（仕事）の重要性は、仕事が経営に与える影響の大きさと仕事の難しさの2つの軸に基づいて評価するという方法がとられている。

●コンピテンシーの構成

　それでは、同社が設定したコンピテンシーとは何なのか。どんな仕事でも特有の専門知識・スキルがあり、たとえば人事では労働法を知らずには仕事ができない。こうした専門知識・スキルは職種や部門によって多様であるが、それらを使いこなす能力には職種、部門を超えた共通性がある。さらに、高い倫理観をもっているか、他者の多様性を尊重しているかなど、その人の骨格ともいえる能力も求められる。そこで、これら3つの能力に対応して、以下で説明する専門コンピテン

シー、共通コンピテンシー、プライマリー・コンピテンシーが設定されている。同社は樹木にたとえて、プライマリー・コンピテンシーが根であり、共通コンピテンシーが幹であり、専門コンピテンシーが枝であり葉であるとしている。

①専門コンピテンシー

職種、業種、専門分野ごとに設定されている専門知識であり、表7-6にその一部を示しておいた。

②共通コンピテンシー

ビジネスパーソンとしてもっておくべき全社員共通のコンピテンシーである。表7-7で示してあるように、顧客価値を明確にして提供する力を表すカスタマー・フォーカス、新ビジネス創造や組織変換を

表7-6 ≫ **専門コンピテンシー項目例**

組織・職種	分類	専門コンピテンシー名
人事	企画系	モチベーション・マネジメント
人事	企画系	リクルーティング
人事	教育系	ファシリテータスキル
・	・	・
・	・	・
経理	会計	原価計算
経理	会計	引当金会計
経理	税務	固定資産税・消費税
経理	税務	移転価格税制知識
・	・	・
・	・	・

表7-7 ≫ **共通コンピテンシーの6分野**

分野	内容
カスタマー・フォーカス	具体的な顧客価値を明確にして提供する力
ストラテジック・リーダーシップ	新しいビジネス創造や組織変革をリードする力
バリュー・クリエーション	新しい技術や仕組みを創造・確立する力
オペレーショナル・マネジメント	効率的なオペレーションを実行・推進する力
パーソナル・エフェクティブネス	個人の成果責任のみが問われる場合の態度特性である、実務で効果的な行動がとれる力
マネジメント・エフェクティブネス	他者管理が必要な仕事に求められる態度特性である、人と組織を効果的にマネジメントする力

表7-8 ▶ コンピテンシー辞書の基本型

項目	基本定義	評価段階				
		レベル1	レベル2	レベル3	レベル4	レベル5
		社会人としての常識がある	その分野での基本がある	その分野での担当者になれる（ベースとなる素養がある）	その分野でのリーダーが務まる（任されて自律的に成果を出せる）	その分野でのTOPクラスの指導力がある（組織的な影響力を与えられる）
達成志向力	困難や障害にもあきらめずに、粘り強く仕事に取り組む	担当業務について、まじめに取り組むことができる（手抜きをしない）	担当業務について、目標達成にむけて粘り強く努力することができる	目標を高いレベルに置き、納期短縮あるいは高い仕事のクオリティーを追求していくことができる	困難な状況や不測の事態に陥ってもあきらめず、部門やチームレベルの目標達成を導いていくことができる	一見解決不可能にみえるような全社・事業・機能レベルの課題に対して、断固たる意思を示して、成果追求を導いていくことができる

リードする力であるストラテジック・リーダーシップ等の6つの分野から、また各分野は6項目から構成され、全体として36項目が共通コンピテンシーとして設定されている。なお表7-8には、オペレーショナル・マネジメント分野のなかの達成志向力（困難や障害にもあきらめず、粘り強く仕事に取り組む）の例を示してあるので参照してほしい。

③プライマリー・コンピテンシー

人としての成熟度を表すコンピテンシーである。成熟度の高い人は、個人として自立し、他者とともに新しい価値を創造しうる協働精神に富んでいる人であるとしたうえで、プライマリー・コンピテンシーを自立と協働の2つの分野に分け、それぞれについて自己管理力と自己革新力、支援連携力と啓発的影響力のコンピテンシーを設定している。

注：富士ゼロックス社のコンピテンシー・マネジメントを紹介している原井新介『キャリア・コンピテンシー・マネジメント』（日本経団連出版、2002年）に基づき作成。

第 8 章

昇進管理

1 多様化・複線化する昇進キャリア

　昇進というと、一般職から役職につくことや、現在の役職よりも上位の役職につくことをイメージする人が多い。つまり昇進を役職昇進として理解している人が多いのである。しかし、人事管理における昇進は役職昇進よりもその内容は広く、通常、役職だけでなく、職務や職能資格などが、下位の等級から上位の等級へ移動することを意味する。役職上の昇進を役職昇進、職務等級上の昇進を職務昇進、職能資格等級上の昇進を資格昇進（昇格）と呼んで、三者の昇進を区別することもある。このように、人事管理には多様な昇進がある。

　役職は企業内の管理階層に対応した管理を主とする職務の序列であり、職務等級は職務分析などによって仕事の内容を評価し、その仕事を序列化するものである。そして職能資格は、社員が保有している職務遂行能力に基づいて社員を格付けする役割を担う。

　日本の企業では1970年代半ばごろまでは役職昇進中心の昇進管理が行われていたが、役職ポストの不足から昇進機会が減少し、昇進期待層の仕事への意欲が低下したため、役職と資格を緩く対応させた職能資格等級制度が導入された。役職と資格が1対1で結び付いている場合は、役職昇進をしないと資格昇格できなかったが、両者の対応を緩めることで役職昇進をしなくても昇格が可能となり、昇格によって職能資格にリンクした基本給である職能給を引き上げることも可能となった。

　このように職能資格等級制度のもとでは、職務遂行能力が高まれば昇格が可能であり、それは資格等級に対応した職能給の上昇をともなうことに

なる。そのため社員が保有している職務遂行能力を活用できる仕事に配置できないと、昇格は企業の賃金負担増をともなうだけとなる。つまり、職能資格等級に対応した職務遂行能力を必要とする仕事がない場合の昇格は、企業の賃金負担を高めるだけとなる。

1990年代に入るとこうした問題が顕在化し、それを解決するために、職務等級制度と職務等級にリンクした仕事給（職務給）を導入し、賃金負担増に歯止めをかけようとする企業が出てきた。仕事給（職務給）のもとでは仕事で給与が決まることから、企業の職務構成が変わらない限り総人件費は一定となるため、総額人件費の管理が可能となる。

さらに、役職昇進とは別に、高度で専門的な知識や経験を必要とする職務群を1つのグループとし、そのなかで職務昇進していく新しいキャリアを作る企業も増えている。これが専門職制度であり、高度で専門的な知識や経験を必要とする職務内における職務昇進の仕組みと位置付けることができる。専門職制度の導入で、役職昇進のキャリアと並んで専門職昇進のキャリアが作られることで、キャリアの複線化がはかられたのである。

役職や職務、職能資格のいずれかで昇進すると、社員は給与、責任・権限、社会的威信などの報酬をより多く得ることができる。昇進を規定するルールは、企業内における報酬の配分を決めるルールともいえる。さらに昇進は、上位の役職や職務への異動をともなう場合が多く、新しい能力開発の機会の提供となる。したがって昇進機会が閉ざされることは、社員の能力向上の機会を奪うことにもなる。昇進によって報酬の改善や能力向上の機会が提供されることから、社員の昇進への関心は高く、昇進管理のあり方は社員の仕事への意欲を左右することになる。

2 昇進と選抜

1. 昇進管理における選抜の役割

企業内の管理階層の構成は通常、ピラミッド型である。つまり、上位の管理階層の役職数は下位の管理階層の役職数よりも少ない。そのため各管

理階層の役職数を一定にすれば、役職昇進には選抜が不可避となる。

役職昇進とは異なり、職能資格等級上の昇格は社員の職務遂行能力の格付けであるため、制度上は管理階層別の役職数によって制約を受けることはない。しかし、職能資格等級上の昇格は給与の上昇をもたらすため、給与の上昇に見合う付加価値を生み出せる職務への配置がともなわない場合には、企業にとって賃金の負担増のみとなる。

したがって企業としては、各職能資格等級に対応した職務遂行能力を必要とする職務の数と職能資格等級別の人員数の均衡維持が求められることになる。もちろん、短期的に両者の均衡を実現する必要はないものの、中期的には両者の均衡が不可欠となる。つまり、職能資格等級上の昇格も職務数に制約され、中期的には選抜を必要とする。

以上によると、日本の大企業で行われている昇進管理を、勤続年数に応じて自動的に役職や職務、さらには資格等級を昇進させるシステム、いわゆる年功昇進と解釈すれば、他の条件が一定である限り、そうした昇進管理は中・長期的には維持できないことになる。

勤続年数や年齢による自動的な昇進管理が行えないとすると、日本の大企業はどのような昇進管理を行っているのだろうか。この点をつぎに検討するが、その前に、昇進管理に不可欠な選抜方式に関するいくつかのモデルをみてみよう。

2. 昇進と選抜のルール

ローゼンバウム（J. Rosenbaum）は、企業内の選抜ルールをトーナメント移動（Tournament Mobility）によって説明した（*Career Mobility in a Corporate Hierarchy*, 1984）。トーナメント移動とは、ターナーが提示した庇護移動（Sponsored Mobility）と競争移動（Contest Mobility）を折衷したモデルである（図8-1を参照）。

庇護移動のもとでは、キャリアの初期段階において昇進機会が保障されたエリートと、将来の昇進機会が閉ざされたノン・エリートに分けられる。庇護移動は、キャリアの初期段階でごく少数の社員を選抜し、選抜された者に関してはその後の昇進を約束する。庇護移動のもとでは、ノン・エリートの競争参加への動機付けが困難となるが、選ばれた少数の社員に対して教育訓練を行うことが可能となり、教育訓練投資の効率化が実現できる。

他方、競争移動では、キャリアの各段階において昇進競争への参加機会が組織成員に開かれており、キャリアのかなり後半まで昇進競争への参加が確保される。競争移動のもとでは、成員の競争参加への動機付けを長期に維持できるが、少数のエリートを早期に選抜し教育することができないため、教育訓練投資の効率化が阻害される。

　両者に対してトーナメント移動は、昇進を連続的な選抜の過程とし、昇進をつづけるためにはキャリアの各段階での選抜に勝ちつづける必要がある。トーナメント移動は、キャリアの各段階における選抜によって昇進競争への参加者が次第に絞られていく選抜方式である。

　庇護移動あるいは競争移動とトーナメント移動との違いはつぎのようになる。第1に、トーナメント移動では、ある時点の昇進競争における敗者はつぎの競争機会に参加できず、このことが競争移動と異なる。第2に、トーナメント移動の勝者は、つぎの段階の競争での勝利が保障されていないため、昇進をつづけるためには競争に勝ちつづけなくてはならず、このことが庇護移動

図8-1 >> **選抜モデル**

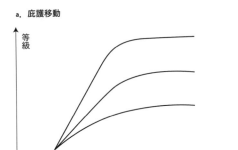

a. 庇護移動

等級

勤続年数

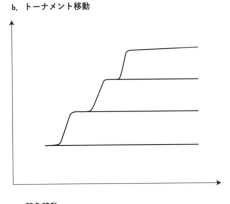

b. トーナメント移動

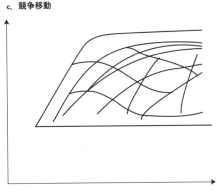

c. 競争移動

と異なる。

トーナメント移動では、競争の勝者に対してつぎの段階の競争への参加機会を与えることで動機付けが可能となり、同時に勝者のみに昇進のための教育訓練を集中でき、教育訓練投資が効率的となる。トーナメント移動は、社員に対する動機付けと教育訓練投資の効率化を同時に実現しようとする仕組みといえる。

トーナメント移動は、ローゼンバウムによってアメリカ企業の昇進競争に当てはめられ、その適合性が確認されたが、日本の企業にも当てはまるモデルなのだろうか。日本の企業における昇進実態を取り上げる前に、日本の大企業の昇進選抜の方式に関するモデルをみてみよう。

3. 日本の大企業の昇進管理：遅い選抜方式

小池和男は、大企業の昇進管理の方式を「遅い選抜方式」とモデル化した（『仕事の経済学（第3版）』東洋経済新報社、2005年）。

「遅い選抜方式」は、競争移動や庇護移動、さらにはトーナメント移動とも異なる別の選抜類型として提示されている。キャリアの初期段階での選抜によって部長以上の中枢幹部に昇進する可能性のある者が決まるトーナメント移動を「早い選抜方式」とし、それと対比して「遅い選抜方式」が類型化されている。小池がローゼンバウムの提起したトーナメント移動を「早い選抜方式」としたのは、つぎの理由による。

ある企業の昇進実態の分析からローゼンバウムは、キャリアの初期段階で早く昇進した者ほどその後の昇進確率が高く、かつその初期段階の選抜時期が入社後3年までと極めて早いことを見いだした。トーナメント移動のもとでは、庇護移動と異なりキャリアの初期に昇進が保障されたエリートが選抜されるわけではないが、キャリアの初期での選抜がその後の昇進の可能性を大きく左右する。トーナメント移動と庇護移動の両者とも、キャリアの初期段階にその後のキャリアの分岐が決定される点では共通しているためである。

他方、小池の提示する「遅い選抜方式」では、部長以上の中枢幹部への選抜が、入社後かなり時間が経過した時点、つまり大企業の調査によると、入社後15年前後とキャリアのかなり遅い時期に行われる。長期にわたる働

きぶりについて蓄積された評価情報に基づいて、入社後かなり時間が経過した段階でその後のキャリアの分岐が決まる選抜が始まり、その段階から、①非管理職にとどまる者、②課長など中間管理職に昇進しそこにとどまる者、③部長以上の部門管理職に昇進したり、さらにはトップ・マネジメントまで昇進したりする者に分かれていく。

小池は「遅い選抜方式」では、こうしたキャリアの分岐を決める決定的な選抜時期がかなり遅い時期にあり、その時期がキャリアの初期段階にある「早い選抜方式」のトーナメント移動や庇護移動とは異なるとしたのである。小池は「遅い選抜方式」をトーナメント移動と対比して論じたが、キャリアの初期段階ではなく、かなり遅い時期に最初のトーナメントが設定されている選抜方式とみることもできる。

「遅い選抜方式」では、キャリアの初期段階から決定的な選抜が始まる時点までの間に、入社時期を同じくする者（同期）のうち、少数は脱落するが、そのほとんどはほぼ同じテンポで昇進していく。

ここで留意すべきことは、決定的な選抜が始まる時点まで全員がまったく同じテンポで昇進していくわけではないことである。人事考課によって、毎年の昇給額だけでなく、役職昇進や、多くの場合は職能資格等級上での昇格に差が出ることになる。しかしその差は小さく、その後の働きぶりによって取り戻すことが可能な程度の差である。つまり、決定的選抜が行われるキャリア段階までは、敗者復活が可能なのである。

働きぶりの評価に基づく昇進上の差は小さいものの、同期入社者の間には強い競争意識が存在する。なぜなら、昇進競争からの脱落者が少ないため、競争への参加者数が入社後すぐには減少せず、また昇進スピードに差が生じても遅れを取り戻せる程度の差である期間がかなり長くつづくため、同期入社者の多くが、競争への参加意欲を決定的な選抜が行われる時点までもちつづけることによる。

小池の「遅い選抜方式」の内容を精緻化したのが、竹内洋の昇進モデルである（『日本のメリットクラシー——構造と心性（増補版）』東京大学出版会、2016年）。竹内の昇進モデルは、同期入社者の各役職への昇進比率と各役職に到達するまでの同期入社者の間の昇進時間の差（同時期か異時期か）に基づいて選抜方式を類型化したものである。

昇進時間差とは、ある役職に同期のなかで最も早い昇進者が出た時点か

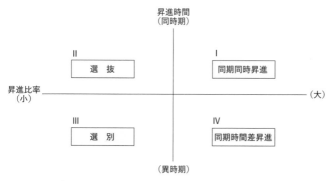

図8-2 » 昇進パターンの類型

出所：竹内洋『日本のメリットクラシー──構造と心性（増補版）』（東京大学出版会、2016年）

　ら、同期のなかで最も遅い昇進者が出る時点までの時間の差である。同期の者が全員一斉にある役職に昇進する場合は、昇進時間差はゼロとなる。竹内は、昇進比率と昇進時間差によって選抜方式を、同期同時昇進、同期時間差昇進、選抜、選別の4つに類型化している（図8-2を参照）。各類型の内容は下記のようになる。

　　同期同時昇進：同じ時期に、同期のかなり多くが当該の役職や職能資格等級に昇進（昇進確率が高く昇進時期が同じ）。

　　同期時間差昇進：昇進の時期には違いがあるが、同期のかなり多くが当該の役職や職能資格等級に昇進（昇進確率が高いが昇進時期が異なる）。

　　選抜：同期のなかで当該の役職や職能資格等級に昇進できる者が少ないが、昇進する時期がほぼ同じ（昇進確率が低く昇進時期が同じ）。

　　選別：同期のなかで当該の役職や職能資格等級に昇進できる者が少なく、かつ昇進する時期が異なる（昇進確率が低く昇進時期が異なる）。

　前述の小池による入社後15年程度までは決定的なキャリアの分岐が生じないとの指摘は、入社後に比較的長期間にわたって、同期同時昇進や同期時間差昇進が行われることに対応する。

　さらに竹内は、ある大企業の1966年入社者67人を対象にしたキャリア・ツリーの分析を行っている。図8-3に示したように、主任には67人全員が同時期（入社3年後）に昇進している（同期同時昇進）。その後の係長職、課長代理職へは全員が昇進しているものの、昇進速度に格差が出てきている（同

図8-3 ≫ キャリア・ツリー（1966年入社）

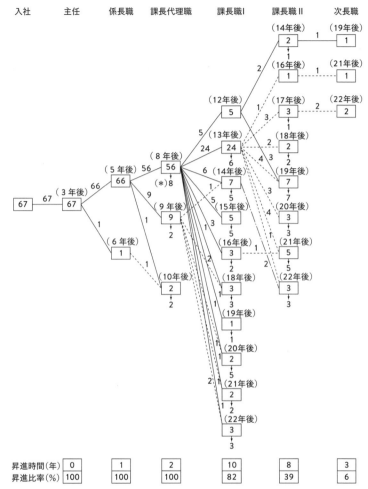

入社	主任	係長職	課長代理職	課長職I	課長職II	次長職

昇進時間（年）	0	1	2	10	8	3
昇進比率（%）	100	100	100	82	39	6

注：1. 昇進時間は当該ポストに昇進した人のなかの昇進時期の差を示す。
　　2. 昇進比率は同期（67人）中当該ポストに昇進できた人の割合を示す。
　　3. ＊印は、同期グループ（ここの場合は56人）のなかで、当該ポスト（課長代理職）に
　　　　滞留した人数を示す。

出所：図8-2と同じ。ただし、注に説明のため一部追加した。

期時間差昇進）。さらに課長職I以上のポストになると、昇進できない人が現れるとともに、昇進時期の格差が拡大している（選別）。たとえば、課長職IIに昇進できた人は39％であり、昇進した人のなかの昇進時期には8年の差が出ている。こうした昇進競争を経て、67人中4人（6％）のみが次長職まで

昇進できている。

　すなわち、昇進パターンが、入社後の時間の経過とともに、同期同時昇進→同期時間差昇進→選抜／選別と変化していくことを明らかにし、これを「遅い選抜方式」の内実としたのである。

　また、今田幸子と平田周一は、ある製造業大企業の人事データファイル（7937人）を詳細に解析することで、ホワイトカラーの昇進プロセスが、キャリアの初期の一律年功型→中期の昇進スピード競争型→後期のトーナメント競争型と、キャリアの段階ごとに競争ルールが変わる重層構造から構成されることを明らかにしている（『ホワイトカラーの昇進構造』日本労働研究機構、1995年）。この重層構造モデルも、竹内のモデルにほぼ対応するものである。

4.「遅い選抜方式」のプラスとマイナス

「遅い選抜方式」あるいは同期同時昇進や同期時間差昇進が入社後かなり長くつづく昇進方式のプラスとマイナスを検討してみよう。

　プラスの機能としては、第1に、キャリアの分岐が始まる決定的な選別の時期が入社後かなり遅い時点に設定されているため、多数の社員が長期にわたり競争に参加することになり、能力向上への意欲を長期間保持しつづけることが可能となることである。第2に、同期同時昇進の時期にも人事考課が行われるが、決定的な選抜の時期までに複数の異なる上司による評価情報が蓄積されるため、入社後のキャリアの初期段階における短期間の評価による選抜（「早い選抜方式」）よりも能力評価が適正に行われ、かつ選抜が社員から納得が得られるものとなる可能性が高いことがある。

　他方、マイナスの機能としては、第1に、企業の中枢幹部の育成という観点からすると、「遅い選抜方式」は決定的な選抜の時期がキャリアの後期となるため、経営トップや部門長以上の管理職の育成に相当の時間を要し、若手の抜擢ができないだけでなく、教育訓練投資の無駄が生じかねないことがある。第2に、「遅い選抜方式」は長期にわたる競争を社員に強いることになり、社員の間に過度の競争状況を作り出しやすいことがある。

「遅い選抜方式」には以上のようなプラスとマイナスの両機能が存在するが、企業の競争力の主たる源泉が、経営トップや部門長以上の管理職では

なく、組織成員の多数を占める中堅層の能力やモラールに存在する場合には、プラスの機能が大きいと判断できよう。

3 日本の大企業のホワイトカラーの昇進管理の実態と国際比較

1. 入社時点からの幹部候補生の育成

　日本の大企業のどの程度が「遅い選抜方式」を採用しているのだろうか。そして、それにはどのような国際的な特徴があるのだろうか。大卒ホワイトカラーに関する国際比較調査の結果でみてみよう。

　表8-1は、早期の選抜の典型例である、入社段階でキャリアを分け、幹部候補生を選抜する方式の採用状況を示している。

　人事職能の管理職（日本とアメリカの調査では部長、ドイツの調査では課長）の回答によれば、将来の幹部候補生のためのキャリア・ルートを入社時点から設けている企業は、日本、アメリカ、ドイツの3カ国とも少なく、日本が3.4％、アメリカとドイツも10％程度にすぎない。

　しかし入社後しばらくしてからそうしたキャリア・ルートを設けている企業は、アメリカとドイツではかなり存在し、アメリカで38.4％、ドイツで28.2％となる。他方、日本では、入社後にもそうしたコースを設ける企業は少数にとどまる。

　以上によると、入社時点あるいは入社後しばらくしてから将来の幹部候補生のためのキャリア・ルートを設ける企業は、日本が8.8％、アメリカが48.5％、ドイツが38.1％となる。アメリカやドイツでは、幹部候補生のためのキャリア・ルートを設けている企業がかなりの割合を占めるが、その制度の対象となるホワイトカラー層やそのルートで育成された部課長層の比率は低い（表8-1のb欄）。全社のホワイトカラー層に対する当該キャリアの適用者の比率が10％未満とした企業は、アメリカの85.4％、ドイツの62.0％となる。また全社の部課長層に占める当該キャリアから育成された者の比率でも、10％未満がアメリカで47.9％、ドイツで58.0％となる。キャリア・ル

表8-1 >> 将来の幹部候補生のためのキャリア・ルートの有無とその適用者比率

a. 幹部候補生のキャリア・ルートの有無　　　　（単位：％）

	日本 （148人）	アメリカ （99人）	ドイツ （131人）
1）入社時点からある	3.4	10.1	9.9
2）入社後しばらくして 　からある	5.4	38.4	28.2
3）ない	89.9	49.5	51.9
4）無回答	1.4	2.0	9.9

b. 幹部候補生のキャリア・ルートの適用者比率（aで1ないし2）

（単位：％）

	アメリカ （48人）	ドイツ （50人）
1）ホワイトカラーのうち上記のキャ 　リアに配属されている者の割合		
10％未満	85.4	62.0
約25％未満	8.3	20.0
約50％	2.1	6.0
約75％	2.1	4.0
約90％	0.0	0.0
無回答	2.1	8.0
2）部課長職で上記のキャリアの経験 　者の割合		
10％未満	47.9	58.0
約25％未満	18.8	14.0
約50％	12.5	14.0
約75％	12.5	6.0
約90％	2.1	0.0
無回答	6.3	8.0

出所：佐藤博樹「キャリア形成と能力開発の日独米の比較」小池和男・
　　　猪木武徳編著『ホワイトカラーの人材形成―日米英独の比較』
　　　（東洋経済新報社、2002年）

ートが設けられている企業においても、それが部課長の育成に果たしてい
る機能はそれほど大きくないといえる。

2. 遅い選抜の日本、早い選抜のアメリカとドイツ

　選抜時期を調べるため、同一年次入社者間で初めて昇進スピードに差が
付き始める時点と、同一年次入社者のなかで昇進の見込みのなくなる者が

表8-2 ≫ 昇進プロセスの国際比較（同一年次入社者）

	日本 （565人）	アメリカ （290人）	ドイツ （369人）
1）初めて昇進に差が付き始める時期	平均7.85年 （標準偏差3.56）	平均3.42年 （標準偏差1.96）	平均3.71年 （標準偏差1.87）
2）昇進の見込みのない人が5割に達する時期	平均22.30年 （標準偏差6.03）	平均9.10年 （標準偏差5.55）	平均11.48年 （標準偏差6.51）

出所：表8-1と同じ

5割に達する時点を取り上げよう。前述した大卒ホワイトカラーに関する国際比較調査では、両者の時期は採用後の年数で測定されている。なお、人事職能の管理職（日本とアメリカでは部長、ドイツでは課長）に対しては全社の実態を、営業職能と経理職能の管理職（同上）に対してはそれぞれの職能に関する昇進の実態を尋ねている。

　表8-2によれば、アメリカとドイツでは、昇進に初めて差が付き始める時期と同一年次入社者の5割が昇進の頭打ちをむかえる時期が、日本に比べて相当に早いことが分かる。アメリカやドイツでは、平均でみて入社後4年弱で昇進に差が付き始め、入社後10年前後には5割が昇進の頭打ちをむかえる。これに対して日本では、平均でみて入社後8年弱で昇進に差が付き始め、入社後22年前後でやっと5割が昇進の頭打ちをむかえる。つまり日本の大企業では、遅い選抜が行われていることが確認できる。

　ところで、アメリカやドイツの大企業における早期選抜の実施が、両国において20代だけでなく30代の転社を多くしている要因のひとつと考えられる。これに対して日本では遅い選抜のため、社員は30代後半まで社内での昇進の可能性を期待することができ、その年代までは転社を含めてキャリアの選択を考える必要性が低いことになろう。そのことが30代での転社を少なくしているといえよう。

4 日本企業における 昇進ルールの変化

1. 「遅い選抜方式」の存立条件

　日本の大企業の多くは「遅い選抜方式」を採用しているが、その方式が存立し、機能するためにはいくつかの条件が必要となる。そのため、その条件を欠いた企業では、別の選抜方式が採用されることになろう。また、「遅い選抜方式」の存立基盤が変わると、別の選抜方式が求められることになる。そこで「遅い選抜方式」の存立条件を検討しよう。

　第1に、決定的な選抜の時期が遅いため、かなり高位の役職まで高い昇進確率を維持する必要がある。そのためには、他の条件を一定とすれば、役職数の持続的な拡大をもたらす企業規模の拡大が不可欠となる。また、昇進の可能性が少ない役職までしか昇進機会が開かれていない社員層が多数存在し、大卒ホワイトカラー層が高い職位の役職を独占できることも条件となる。さらに、役職層での中途採用が増加すれば昇進機会が減少するため、役職層での中途採用は制限されなくてはならない。

　第2に、昇進や昇給のわずかな差を社員に意識させるためには、比較を可能とする準拠集団が必要である。この準拠集団は、同じ年の同じ月に入社した同期入社者が形成している。新規学卒者を毎年4月の同じ時期に採用する新規学卒定期採用や、入社後に行われる同期入社者を対象とした新入社員教育などが、同期という比較の準拠集団を作り出している（同期意識）。その存在を背景に「同期に後れをとりたくない」という競争意識が形成され、そのことがわずかな昇進差などを社員に意識させることになる。

　第3に、決定的選抜の時期を入社後のかなり遅い時期に設定するためには、選抜の時期までに能力など働きぶりの差がそれほど大きくならないことが必要となる。社員の間の能力のバラツキが大きくては、「遅い選抜方式」を維持することは難しい。なぜなら、能力のバラツキが大きいにもかかわらず昇進や昇給などの処遇差を小さくしていたのでは、能力のある社員の反発を強めることになりかねないからである。

　こうしたことから、採用段階においては能力のバラツキが小さくなるよ

うに時間をかけた選考を行い、採用後は能力の伸長に大きなバラツキが生じないようなキャリア管理を行うことが求められる。職業能力の維持・向上がOJTで行われるとすると、職業能力の伸長は配置される仕事のレベルに規定されることになる。そのため同期入社者を、同じレベルの能力が求められる仕事へ配置することが必要となる。さらには、上司や先輩の指導やアドバイスのあり方も職業能力の伸長に大きく影響を及ぼすため、それらの均質化が欠かせない。

　第4に、昇進管理の対象となる社員層が、管理職への昇進志向を共有していることが求められる。社員が昇進を魅力的な報酬と感じるのでなくては、昇進競争に参加する意欲を社員から引き出すことはできない。

2. 昇進システムの存立条件の変化

「遅い選抜方式」が存立し機能する条件を指摘したが、現在、これらの条件のいくつかが失われつつあり、それにともない、従来の昇進システムにも変化が求められている。

　第1に、高い昇進確率を維持することが難しくなったことがある。企業の成長鈍化および組織のフラット化による役職ポストの削減や増加テンポの低下、さらには大卒社員の増加によって、昇進確率は低下しつつある。また大卒女性の増加とその長期勤続化、さらにそれによる女性管理職の増加は、大卒男性の昇進機会を狭めている（後掲の図8-4を参照）。

　第2に、大卒者の採用数の増加は、採用時における潜在能力だけでなく、同期入社者間における訓練可能性のバラツキを従来よりも大きくしている。さらに企業の成長鈍化は、同じような能力開発機会が得られる仕事を同期入社の社員の間に均等に配分することを難しくしており、その結果、同期入社者の入社後の能力伸長のバラツキが大きくなっている。

　第3に、男性社員についても同期横並び意識や役職昇進志向が弱まり、専門職志向が強まるなど、キャリア志向の多様化が確認できる。

　以上のような従来の昇進システムを支えた諸条件の変化に対応するために、企業は昇進ルールにどのような変更を加えようとしているのだろうか。昇進時期を遅らせることで昇進機会を維持するとした企業は極めて少ない。課長や部長への昇進時期は変更したくないと考えている企業が多いことに

よる。現状よりも昇進機会が減る一方、昇進スピードに変更を加えないとすると、昇進ルールを変えざるをえないことになる。

昇進ルールの変更には、つぎのようなものがある。

第1は、専門職制度の拡充による役職昇進にこだわらない風土作りである。これは役職昇進以外のキャリアを整備し、キャリアの多元化を進め、役職昇進圧力を分散させようとするものである。

第2は、抜擢人事の実施である。勤続を重ねれば一定の資格や役職まで到達できる部分を少なくし、昇進機会の縮小に合わせて、選別や選抜を実施できるようにしようとするものである。

第3は、役職定年制を導入・拡充して役職ポストの占有期間を限定し、昇進機会を確保して昇進時期を一定に保つことである。

第4は、出向・転籍などを通じて企業グループ単位でキャリア管理を行い、昇進機会の拡大をはかるものである。

以上によると、これまで「遅い選抜方式」がかなり多くの大企業で採用されていたが、今後は、同期同時昇進と同期時間差昇進の期間が短くなり、選抜の開始時期が早くなろう。ただし「遅い選抜方式」のメリットを活かすために、「早い選抜方式」に移行するなどキャリアの初期段階で決定的な選抜が行われる状況にはならないと考えられる。

5 専門職制度

1. 専門職制度の新旧交代

専門職制度を導入している企業は多くないが、大企業を中心に定着しつつある。また導入理由では、「スペシャリスト化して能力の有効発揮をはかる」や「管理職と専門職の機能分化による組織の効率化をはかる」という回答が多く、昇進目標を多元化し、ライン管理職以外の昇進機会を設けることにより、専門能力を有する社員の確保・有効活用をはかることに専門職制度の特徴がある。

しかし、専門職制度の導入の歴史を振り返ると、このねらい通りに機能

してきたわけではない。まず1970年代の初めから1980年代の半ばにかけて多くの企業で導入された。これが第1世代の専門職制度であるが、運用面で多くの問題点が指摘された。最近はその見直し期に当たり、制度を再編成したりするなどで、新たな専門職制度を導入する企業が増えている。これが第2世代の専門職制度である。

第1世代の専門職制度の特徴についてふれると、制度の目的は専門能力をもった人材の処遇にあったが、運用面では処遇のためのポストとしての性格が強いものであった（「第2の役職制度」）。ライン管理職のポスト不足に対応するため管理職と同等の能力のある者を処遇したり、あるいはやや能力は劣るが社内活性化のための配慮として管理職と同等のポストで処遇したりするために専門職制度が利用されたことによる。こうしたことから、第1世代の専門職制度については、つぎのような問題点が指摘されてきた。

第1に、管理職と専門職の組織上の役割分担が不明確であるため、専門職がライン業務に組み込まれて補佐的な仕事をすることが生じる。

第2に、制度の趣旨と異なり専門能力を保持しない者が専門職として処遇されたため、専門職イコール管理職不適任者といったイメージが広がり、専門職を管理職よりも低く評価するという状況が生まれる。

第3に、人事評価の物差しがライン管理者としての能力を測るものであるため、専門職としての能力を伸ばそうとする意識が社員の間に育ちにくい。

第4に、以上の結果、専門職に配置された社員の仕事への意欲の低下が生じる。

以上のような問題が生じたのは、専門職制度の制度設計が本来の趣旨を活かすように行われていなかったことに起因する。このような問題をかかえた専門職制度であるが、最近は、それを廃止するのではなく、制度の趣旨に即して再構築しようとする動きがみられる。このなかから第2世代の専門職制度が生まれつつある。

2. 第2世代の専門職制度

第2世代の専門職制度が導入されつつある背景には、第1世代の場合と同じく役職ポストの不足がある。昇進目標を多元化しなくては、役職ピラミッドを前提とした役職昇進を維持することはできず、他方、経営環境の変

化は仕事の専門化・高度化を求めている。その結果、企業は専門能力を備えたスペシャリストへの人材ニーズを強めているので、以前にもまして専門性を備えた人材が求められている。さらに社員の側からみると、役職昇進志向がまだ強いものの、同時にラインの管理職ではなく専門的な知識を活かせる仕事につくことを希望する専門職志向が強まりつつある。このような企業の人材活用ニーズと社員の就業ニーズの両者を満たすために、専門職制度の再構築が行われている。

すでに説明したように、ホワイトカラーのキャリア形成は、専門性を育成するために特定の職能分野のなかで行われている。しかし従来のキャリア形成においては、キャリアの到達点として目標にされたのはライン管理職であった。これに対して専門職制度の導入が意図しているのは、ライン管理者以外のキャリア目標の設定である。

この第2世代の専門職制度が円滑に機能するには、つぎのような条件整備が必要となる。

第1に、専門職の役割と職務要件の明確化である。ライン管理職の職務が、部下を活用して業務目標を達成することにあるとすれば、専門職の職務は、それぞれの職能分野のなかで専門性に応じて業務遂行自体を担うことにある。また、人と仕事との結び付きの柔軟性を維持するのであれば、個々の職務ごとではなく、いくつかの職務をまとめた職能分野ごとに専門職に求められる職能要件を明確化することが必要となる。さらに能力ランクとして、管理職と専門職が上下関係にはないようにすることが不可欠である。なぜなら、それぞれに期待される職務要件が異なることによる。なお管理職について、マネジメントに特化した専門職と見なすことも可能である。こうしたことから、全員専門職制度といった用語も使われている。

第2に、専門職に期待される職能要件は職能分野ごとに異なるため、専門職の能力評価尺度も職能分野ごとに異なるものとなる。それぞれの職能分野内で専門職を育成するためには、それぞれの職能分野に応じた能力評価尺度を用意する必要がある。この考え方を進めると、多くの企業が導入している職能資格制度が全社一本のままでよいのかという問題に行き着くことになる。専門職制度を定着させるためには、複数の職能資格制度を導入することも課題となる。

職能分野ごとに専門職を評価する能力評価尺度が異なるため、ある職能

分野で上位の能力ランクに位置付けられた専門職が、他の職能分野でも上位に位置付けられるとは限らない。企業内における能力評価尺度の多元化である。社員の能力をひとつの評価尺度で序列化するものではないため、社員に多様な能力向上の機会を与えることにもなる。能力主義というより適性主義と呼ぶのがふさわしいものとなる。

第3に、キャリア管理についていえば、入社後一定年齢までに複数の職能分野を経験する機会を設け、その間に企業と社員のそれぞれが適性を判断し、マネジメントに適した人材は、ライン管理者としてのキャリアを歩み、特定の職能分野内で専門性を活かすことに適した社員は、そのなかで専門職としての道を歩むことができるようにすることである。

入社時点で管理職と専門職のキャリアの選択を可能にするシステムを否定するものではないが、それだけではなく入社後の一定期間を適性発見期間として設定し、そのあとにキャリアを選択する仕組みが望ましい。なぜなら、適性（＝能力）は実際に仕事に従事して初めて発見されることによる。

第4は、専門職の類型に関わる問題である。たとえば、「純粋専門職」と「マルチ専門職」といった類型化である。前者は高度な専門性をもち、企業外でも通用する社会的な専門性をもった者である。たとえば、公認会計士や弁護士などの資格を有する者などに当てはまる。後者は、特定の職能分野内で幅広い専門能力をもった者がイメージされる。量的には後者が多くなるだろう。

第5に、管理職と専門職は、それぞれに期待されるマネジメント能力は異なるが、専門職だからといってそれがなくてもよいわけではない。また、管理職も専門能力が皆無でよいというわけではない。一定の専門能力がなくては、管理職として専門職への仕事の配分や管理ができないことになる。

6 ポジティブアクションの必要性と取り組み方法

1. ポジティブアクションとは何か

　男女雇用機会均等法や女性活躍推進法の施行などを背景に、雇用の場における男女の機会均等が進展してきた。しかし管理職の男女構成をみると、男性が大多数を占め、女性の比率は低い状況にある（図8-4を参照）。つまり、女性の管理職が一般化するまでに男女の機会均等が進んでいるわけではない。女性の管理職が少ない背景には、妊娠や出産で退職する女性が多いことや、女性が配置されている仕事には補助的なものが多く、管理職のキャリアにつながる基幹的な業務が少ないことなど、性別による職域分離がある。そこで以下では、性別に基づく職域分離を解消し、女性管理職の拡大に貢献するポジティブアクションについて紹介することにしよう。

　ポジティブアクションとは、「雇用管理における男女の機会および処遇の均等確保に積極的に取り組み、女性の能力発揮を促進し、その能力を活用できる条件整備を行うこと」を意味する。こうしたポジティブアクションは、つぎの2つの取り組みから構成されている。

図8-4 ≫ **管理職（役職者）に占める女性比率（%）**

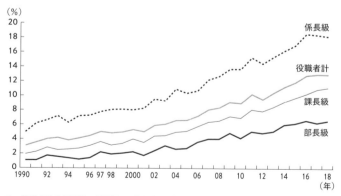

注：役職者計は部長級、課長級及び係長級の合計。
出所：厚生労働省「賃金構造基本統計調査」

　第1は、雇用管理における男女の機会および処遇の均等を阻害している要因を発見し、それを解消すること。

　第2は、これまで存在してきた雇用管理における男女の機会および処遇上の違いに起因する女性の能力活用の遅れを解消すること。

　上記の第1の取り組みで重要な点は、雇用管理に関わる制度を男女の機会および処遇の均等の視点から見直すだけでなく、雇用管理の運用面で男女の機会および処遇の均等を阻害している要因があるかどうかを検討し、それがあれば取り除くことである。たとえば、昇進・昇格に際して制度上は男女による区別を設けていなくとも、職場の管理職が部下の昇進・昇格に際して女性の推薦を避ける傾向があり、そのため昇進・昇格面で女性が不利になっている場合などが、運用面での阻害要因といえる。こうした事例では、管理職の意識を変えるために教育訓練を実施することなどが、ポジティブアクションとして考えられる。

　上記の第2の取り組みは、雇用管理における機会や処遇において男性と異なる取り扱いを受けてきたために生じた、女性の能力開発や活用の遅れを取り戻したり、取り除いたりするものである。たとえば、男性は営業業務を担当し女性は営業事務を担当するなど、営業部門内における男女の配置業務が異なるとしよう。こうした性別に基づく配置の固定化を解消するには、営業事務に従事している女性のなかから希望者を募り、営業業務に配置する必要があるが、その場合には、営業活動に必要な職業能力に関する教育訓練などの実施が求められる。これがポジティブアクションの取り組みのひとつである。

　ポジティブアクションが目指すことは、企業の人材活用を性別ではなく社員個々人の能力や適性、さらには希望に応じて行うことであり、性別管理を廃止し、個別管理を実現することである。雇用管理や処遇における個別管理は人事管理における改革の方向でもあり、ポジティブアクションが目指すものと重なるといえる。

2. ポジティブアクションの5つの視点

　ポジティブアクションの取り組みは、大きく5つの領域に分けることができる（図8-5を参照）。

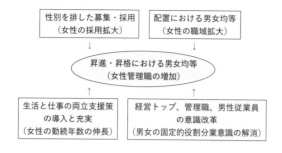

図8-5 ≫ ポジティブアクションへの取り組みの相互関係

性別を排した募集・採用 （女性の採用拡大）	配置における男女均等 （女性の職域拡大）

昇進・昇格における男女均等
（女性管理職の増加）

生活と仕事の両立支援策 の導入と充実 （女性の勤続年数の伸長）	経営トップ、管理職、男性従業員 の意識改革 （男女の固定的役割分業意識の解消）

　第1は、性別を排した募集・採用の実施である。募集や採用の段階で女性を制限したり排除したりしていたのでは、企業内で女性の活用を進めることはできない。募集や採用の仕組みが、男女の別なく行われているかどうかを検討する必要がある。その際、採用に関わる社員が性別に関わりなく選考を行っているかどうかが重要となる。募集自体は男女の別なく実施されていても、採用選考に関わる社員が女性よりも男性を優先して選んでいる場合も少なくない。応募者と比べて採用者の女性比率が大幅に低い場合などは、選考段階における男性優先の存在を疑う必要がある。さらに、採用に関わる社員が男性のみであったり、大多数が男性であったりする状況を解消し、採用選考に携わる女性を増やすことも、性別を排した採用実施にとって有効な方法である。

　第2は、男女で配置されている業務に偏りがないようにすることである。女性が特定の業務のみに配置されている場合は、その原因を明らかにし、女性が配置されていない業務を解消していく取り組みが求められる。すでに述べたように、たとえば営業部門に女性が配置されているということだけでなく、営業部門内における男女の配置業務の偏りの有無を検討することが求められる。男女による職域の違いは、男女の固定的な役割分業観（たとえば「女性は営業にはむかない」など）や職場慣行に起因することが少なくなく、職場の意識改革が求められる。女性の職域を拡大するために、生産設備や職場環境などの改善が必要となる場合もある。

　第3は、昇進・昇格における男女の機会均等を実現し、女性の昇進・昇格を促進することである。昇進・昇格の実態を男女で比較し、女性が男性に比べて遅れている場合はその原因を明らかにし、遅れを取り戻すための取

り組みが求められる。そのためには、昇進・昇格の制度と運用の検討が必要となる。また、役職昇進と資格昇進の両方が設けられている企業では、役職昇進の前提条件となる資格昇進の遅れの原因を問うことから始める必要がある。

さらに重要な点は、昇進や昇格に必要な能力を獲得できる仕事に女性が配置されているかどうかを検討することである。たとえば、営業部門の課長ポストには営業経験がある社員が昇進することが一般的な場合、営業事務のみの経験では課長に昇進することができないことになる。つまり役職につながるキャリアに、男性と同様に女性が配置されるようにしなくては、昇進・昇格の男女の機会均等は実現できない。また、女性自身が昇進・昇格を目指すような動機付けや教育訓練の実施、さらには女性管理職の役割モデルを提示することも効果的な取り組みとなる。

第4は、生活と仕事の両立支援策の導入と充実である（詳しくは第12章を参照）。とりわけ、育児や介護などに直面しても仕事を継続できる仕組みの整備が求められる。生活と仕事の両立支援がポジティブアクションに含まれるのは、たとえば昇進・昇格機会における男女均等を制度的に実現しても、キャリアの途上で退職してしまったのでは制度が活かされないことによる。課長になるためには通常、15年前後のキャリアを必要とするが、その間に直面する生活上の課題と仕事の両立を支援する仕組みがなくては、そのキャリアは実現できない。

第5は、経営トップ、管理職、男性社員の意識改革である。とりわけ職場で人事管理を担う管理職の意識改革が求められる。管理職が男女の固定的な役割分業意識をもっている場合はそれを払拭し、性別に関係なく部下に対して仕事の配分を行ったり、働きぶりを評価したりする必要がある。男女の固定的な役割分業意識を職場から払拭できなくては、ポジティブアクションの取り組みが効果を上げることは極めて難しい。

3. ポジティブアクションへの取り組み方法

ポジティブアクションに取り組むためには、第1にトップの理解と関与、第2に社内でのコンセンサス作り、第3にポジティブアクションの実施部門の明確化と権限付与が必要である。

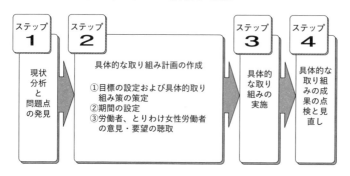

図8-6 ≫ ポジティブアクションへの取り組みの流れ

ステップ 1	ステップ 2	ステップ 3	ステップ 4
現状分析と問題点の発見	具体的な取り組み計画の作成 ①目標の設定および具体的取り組み策の策定 ②期間の設定 ③労働者、とりわけ女性労働者の意見・要望の聴取	具体的な取り組みの実施	具体的な取り組みの成果の点検と見直し

　人事セクションのなかに実施部門を設けるにしても、人事セクションだけでポジティブアクションを実効あるものにすることは難しい。なぜなら雇用処遇制度の見直しだけでなく、その運用の見直しや管理職をはじめとする社員の意識改革が不可欠だからである。雇用処遇制度の運用を見直すためには、人事セクション以外の他部門の協力が必要であり、そのためには経営トップの理解とポジティブアクションの実施部門への権限付与が望ましい条件となる。

　さらに、ポジティブアクションの実施部門に女性の担当者を含めたり、女性を配置する業務を拡大したりする際には当該部門の女性を加えるなど、女性を含めてポジティブアクションへの取り組みを立案・実施することが効果的となる。

　ポジティブアクションへの具体的な取り組みは、「現状分析と問題点の発見」「具体的な取り組み計画の作成（目標：量的、質的など、期間：短期、長期など）」「具体的な取り組みの実施」「具体的な取り組みの成果の点検と見直し」の4段階からなり、この流れを繰り返すことになる（図8-6を参照）。「具体的な取り組み計画の作成」に際しては、数量化できる目標を可能な限り設定することが効果的となる。

なぜ「パワーハラスメント」予防に取り組む必要があるのか

●人材活用におけるパワハラ予防の取り組みの重要性

　パワーハラスメント（以下、パワハラと略）が行われることは、企業としてコンプライアンス上、望ましくないものであることは明確である。また、パワハラを企業として放置すれば、訴訟リスクを負うことにもなる。ただし、こうしたコンプランス上の理由のみから企業がパワハラ予防対策に取り組むことでは限界がある。パワハラの予防対策は、企業の人材活用上、不可欠な取り組みであるという積極的な視点が大事なのである。

　企業の人材活用の基本は、以下の3つに集約される。すなわち、①社員が、自分が担うべき役割を理解すること（役割理解）、②社員が、役割遂行に必要な能力を保有していること（能力が不足する場合は能力開発を支援）さらに、③社員が高い水準の仕事意欲を持続していること（仕事意欲喚起による能力発揮）である。

　とりわけ、最近重要になっているのは、③の仕事意欲である。社員それぞれが役割遂行に必要な能力を保有しているだけでなく、仕事に意欲的に取り組むことが仕事の成果の質を左右するような仕事が増えているのである。

　実はこの点に、企業の人材活用としてパワハラの予防・対策が重要となる理由がある。パワハラが横行しているような職場では、パワハラを受けている本人はもとより、周囲の社員にとっても居心地が悪く、仕事に意欲的に取り組むことができないことが明らかなことによる。最悪の場合、優秀な人材が離職してしまうことになる。つまり、社員がパワハラに直面することは、企業の人材活用の大きな失敗といえる。

●職場でパワハラが増えている背景

　第1に、企業としての人材活用の要は、職場のマネジメントの担い手である部下をもった管理職にあるが、その職場の管理職が、パワハラの予防対策どころか、パワハラを引き起こしている張本人という場合も少なくない。

　その原因のひとつは、管理職のプレーイング・マネージャー化にあ

る。職場の人員抑制や短期的な成果評価などから、管理職がプレーヤーとしての仕事に忙殺されるなどから、部下のマネジメントに割く時間的、心理的余裕がなくなっていることがある。

第2に、職場には正社員のほか、有期契約社員や派遣社員など、様々な雇用形態の人が働いており、職場マネジメントが複雑化し、そのことがパワハラを誘発している面がある。たとえば、派遣社員に対して正社員が「最近、顔色悪いね」と声をかけたとする。その正社員は、軽い気持ちあるいはよかれと思って発した一言でも、派遣社員の側からすれば、「健康上の理由で派遣契約を切られる可能性がある」と受け取るかもしれないのである。このように職場では、正社員間だけでなく、多様な雇用形態の社員間の円滑なコミュニケーションがより重要になっている。

第3に、職場には、パワハラを誘発する要因が増えているだけでなく、同時にパワハラに関するインフォーマルな解決機能が弱体化していることがある。上司にきつく叱責された社員にベテラン社員が声をかけ、相談に乗って上司にとりなす、といったインフォーマルなパワハラ相談・解消のチャンネルが職場からなくなってきているのである。

以上のような背景から、企業による意識的なパワハラ予防対策の取り組みがより重要になってきている。

●企業がパワハラ対策に取り組むうえでの課題

厚労省は、職場のパワハラに関して図8-7のように6類型に整理している。図8-7の①～③及び⑥は、明らかにしてはいけない、法的にも問題となる行為である。一方、④と⑤をパワハラと認定するには、「業務

図8-7 ≫ パワーハラスメントの6類型

①身体的な攻撃（暴行・傷害）
②精神的な攻撃（脅迫・名誉棄損・侮辱・暴言）
③人間関係からの切り離し（隔離・仲間外し・無視）
④過大な要求
　（業務上明らかに不要なことや遂行不可能なことの強制・仕事の妨害）
⑤過小な要求（業務上の合理性なく能力や経験とかけ離れた程度の低い仕事を命じることや仕事を与えないこと）
⑥個の侵害（私的なことに過度に立ち入ること）

上の適正な範囲」との関係について慎重な判断が求められる行為である。とりわけ「業務上の適正な範囲」であるか否かは職場によって異なり、一律に規定することは難しい面がある。

そこでパワハラ対策を考える際、あるいは職場内でパワハラ案件が発生し、それを精査する際などに「業務上の適正な範囲」について関係者間で議論し、合意を形成することが重要となる。

さらに、④の過大な要求についていえば、部下の育成のために、質的あるいは量的に多少過重な業務を、あえて与えるケースもあろう。ただ、それはあくまで上司側の認識である。部下からはパワハラ、すなわち「業務上明らかに不要なことや遂行不可能なことの強制、仕事の妨害」と見なされることは十分に考えられる。

こうした認識のズレを防ぐためには、部下育成のために上記のようなケースもあり得ることを、職場内で合意し周知しておくことが必要となる。また上司は、実際に指示する際に、そのことをていねいに部下に説明することが大事になる。職場におけるコミュニケーションの欠如がパワハラの背景にあることが多いのである。

---

case

松下電器産業（現パナソニック）の「新・専門職制度」

松下電器産業は、1969年に初めて専門職制度を導入した。しかしその対象は、技術専門職が主たるものであった。その後、1979年には製造技能者の育成と活用をはかるために、製造分野へと専門職制度の対象を一部拡大した。さらに1995年には、「本物のプロ」を育成するために、専門職の位置付けや基準を明確なものとし、専門職制度の対象を全職種に拡大した。この「新・専門職制度」の具体的な内容は、次のようになる。

第1に、育成体系の明確化がはかられた。図8-8にあるように、副参事（課長相当職）昇格時までは全員について専門能力を高めることを基本に育成し、入社3年間を「核となる専門能力の確立にむけた基盤作り」の期間として位置付けた。そして入社4年目の者に対して人事に

図8-8 ›› **社員の育成体系**

表8-3 ›› **専門職の呼称**

特称	職掌		
	管理監督職	専門職	専任職
理事		主席技監	理事
副理事		技監	副理事
参事	事業場長職 / 部長職	・主幹講師 ・主幹安全衛生士 ・主幹カウンセラー ・主幹意匠技師 ・主幹工師 ・主幹研究員 ・主幹知財技師 ・主幹品質技師 ・主幹施設技師 ・主幹システムエンジニア ・主幹建設技師 ・リング主幹技師 ・主幹カスタマーエンジニア ・主幹半導体システムエンジニア	参事
副参事	課長職	・主席講師 ・主席安全衛生士 ・主席カウンセラー ・主席意匠技師 ・主席工師 ・主席研究員 ・主席知財技師 ・主席品質技師 ・主席施設技師 ・主席システムエンジニア ・主席建設技師 ・リング主席技師 ・主席カスタマーエンジニア ・主席半導体システムエンジニア	副参事
主事		・主任講師 ・主任安全衛生士 ・主任意匠技師 ・主任工師 ・主任研究員 ・主任知財技師 ・主任品質技師 ・主任施設技師 ・主任システムエンジニア ・主任建設技師 ・リング主任技師 ・主任カスタマーエンジニア ・主任半導体システムエンジニア	主事
主任	係長職	・講師 ・安全衛生士 ・意匠技師 ・工師 ・研究員 ・知財技師 ・品質技師 ・施設技師 ・システムエンジニア ・建設技師 ・リング技師 ・カスタマーエンジニア ・半導体システムエンジニア	主任
担任	班長職	・工師補	担任

表8-4 >> 事業所における専門職基準の例（品質管理）

専門職 （特称）	概括	主要基準および要件		
		経営・管理	専門分野	業務推進
技監 （副理事）	担当の専門分野ならびに関連する広範囲の分野において高度な専門知識と豊富な経験を有し、全体の第一人者として最高基準の品質を維持するビジョン構築ができる	品質部門の高位の組織スタッフとして経営戦略および技術戦略などの立案・策定に参画・支援ができる	●業界または関連団体などとの関係を通じて、高度な品質課題解決や推進ができる ●業界または関連団体で指導的役割を果たすことができる	●事業部門を中・長期の視点より考察し、品質戦略を立案・計画することができる
主幹品質技師 （参事）	業界に通じる高度な専門知識と豊富な経験を有し、方針管理の徹底、品質システムの構築、品質戦略の企画や立案をするとともに推進ができる。また、市場の実態や変化、業界の動向に精通し、常に社会通念を念頭に置き、規程・基準および評価・試験方法の将来あるべき姿を見据えて、関連部門に指導ができる	事業場長を品質的側面から補佐し、事業戦略・品質計画などの立案・策定に参画・支援することができる	●担当専門分野において部長の代行ができる ●学会、業界、関連団体で委員長や基調講演ができる	●当該事業における品質経営計画や品質システムの立案を統括し、主体的に推進できる ●事業場間にまたがる品質システムおよび品質行政の指導・推進ができる
主席品質技師 （副参事）	担当の専門分野ならびに関連する広範囲の分野において「社内の第一人者」として相応の専門技術と経験を有し、品質上の課題・問題点を明確にし、開発および関連部門に改善指導することができる	経営の仕組みを理解し、専門技術や高度の品質管理手法を駆使し、部の計画や方針などの策定に参画・支援することができる	●もの作りに関する知識、関連する技術法規、社会環境などの幅広い知識をもとに、製品の品質、性能、安全性などを審査し製品の改善を促進することができる ●規程・基準および評価方法の制定・改廃を行い、あわせて新規の評価や試験方法を開発できる ●業界や関連団体で指導的役割を果たすことができる	●担当専門分野において課長の代行ができる ●品質技術・品質管理の中枢として一連の品質管理活動のイニシアチブをとり、関連部門を巻き込んだ推進ができる

よる面接を実施し、適性の再検討を行っている。

　副参事昇格時点において、専門職制度が導入されている職種に関しては、管理職か専門職のいずれのキャリアを目指すかを明確にし、昇格後は、それぞれのキャリアに即した育成をはかることになっている。具体的には、各職種における「求められる専門能力」を明示するとと

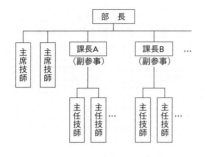

図8-9 >> 専門職の配置例

もに、「専門研修体系」を整備し、職場での○JTを含め、各自の能力開発を支援する仕組みがある。

第2に、松下電器産業の職能資格等級制度は「特称」と呼ばれているが、特称のランクに対応して専門職の呼称が設けられている（表8-3を参照）。専門職は、「原則として単独で社会横断的に認定される専門知識・技能などを発揮して経営に寄与する職務を遂行する職位」として定義され、職種ごとに、専門職の各呼称に対応してそのレベルを明示した「専門職基準」を設定している。専門職基準は、まず職種単位で「全社基準」を作成し、事業所ごとにこの基準に基づく「細目基準」が必要に応じて作成されている（表8-4を参照）。この「細目基準」は、職能開発目標や処遇などに活用される。なお、表8-3にある専任職は、「原則として単独で社内外で習得した知識、経験、ノウハウなどを発揮して経営に寄与する職務を遂行する職位」として定義され、専門職とは区別されている。

第3に、専門職への任用は、「専門職基準」に基づき昇格時に実施されている。専門職は、同一の職能資格等級（特称）の管理監督者と並行して上位の管理監督者のもとに配置され、上位者が直接指導・評価できるようになっている（図8-9を参照）。評価については、管理職とは別の専門職用の評価表を設けて人事考課が行われている。

注：原田雅俊「松下電器産業の『新・専門職制度』」日経連出版部編『新専門職制度事例集』（日経連出版部、1999年）に基づき作成。

第 **9** 章

報酬管理

1 進んだ賃金改革と
遅れた賃金改革

1. 2つの賃金改革

　成果主義賃金、年俸制の導入など賃金改革が進みつつあるが、それには2つの面があることに注意してほしい。

　賃上げ率の低下のなかで春闘見直し論が浮上し、「企業を越えて賃上げ率の標準化をはかる」というこれまでの横並び主義を改め、個々の企業の経営業績に合わせて賃上げ率を決めるべきであるという経営側の主張が目立ってきている。春闘で決まる賃上げ率が企業の平均賃金の増加率を示していることからすると、春闘見直し論は企業が支払う賃金総額の決め方をめぐる賃金改革の動きといえる。

　それに加えて、賃金総額を個人にどのように配分するかをめぐる改革も進みつつある。これがもうひとつの賃金改革の動きであり、「年功賃金を仕事や成果を重視する賃金に改める」が改革の基本コンセプトになっている。急速に広がりつつある年俸制は、年間の成果を賃金に反映させる変動型の賃金という意味で、このコンセプトを表現する代表的な賃金配分の仕組みであろう。

　このようにみてくると、「社員の平均的な賃金水準（賃金総額）をどのように決めるのか」についても、「賃金総額を社員個人にどのように配分するか」についても、新しい仕組みが模索されている。

2. 遅れた改革の動き

　こうした動きはバブル経済崩壊後の失われた10年、あるいは失われた20年のなかで現れてきたが、日本の企業も「ようやく」賃金改革に取り組み始めたかと感じざるをえない。ここで「ようやく」と表現したのには理由がある。前述したような賃金改革は、厳しい不況に直面した企業がコスト削減のために緊急避難的に行っている対策にすぎない、と考えられるほど状況は楽観的ではない。これまでの賃金決定の基本構造は高度成長期のなかで形成されてきたが、企業を取り巻く環境について、高度成長期と最近あるいは将来とを比較してみてほしい。経済の長期的な成長率は確実に変化し、日本経済は1980年代以降、安定成長の時代を経て低成長の時代をむかえている。それに加えて、少子高齢化や高学歴化などといった労働市場の変化が確実なテンポで進んできた。

　そう考えると、賃金決定の仕組みも1980年代に入り、「高度成長期型」から「安定成長型」さらには「低成長型」に転換すべきであったはずである。たとえば、いま深刻に問われている中高年ホワイトカラーの賃金問題も、その当時から予想されていた問題である。

　この点に関連してとくに考えておくべき点は、賃金上昇率が大きく鈍化するなかで、増えないパイ（賃金総額）を個人にいかに配分するかという問題が深刻になるということである。「ある人の賃金が上がっても、他の人の賃金も上がる」というプラス・サム的な状況と、「誰かの賃金が上がると、他の人の賃金が下がる、あるいは上がらない」というゼロ・サム的な状況では、社員の納得性が得られる配分の仕組みはまったく違うはずである。

　このようにみてくると、日本企業は問題の解決を先延ばしにしてきたことになる。1980年代は他の先進国に比べて良好な経済パフォーマンスを発揮してきた時代であったなどの事情があったとしても、日本企業はあまりにも改革に呑気であったのではないか。だからこそ「ようやく」と表現したのである。

2 労働費用の管理

1. 労働費用の構成と賃金決定のプロセス

　社員は労働の対価として、毎月の賃金にとどまらず、賞与・一時金、退職金などの多様な形で経済的報酬を得ている。それらは、社員からみると生活を支える所得の源泉になるが、企業からみると労働費用というコストであり、賃金はそのなかの一部である。そこで賃金の詳細に入る前に、表9-1をみて、労働費用の大まかな構成を頭に入れてほしい。

　まず労働費用は、現金で支払われる現金給与総額と、退職金・福利厚生費などからなる現金給与以外の労働費用に分かれ、現金給与総額は総労働

表9-1 ≫ **労働費用の構成**

労働費用総額　100			
現金給与総額 82	毎月決まって 支給する給与 67	所定内給与 63	基本給　54
			諸手当　9
		所定外給与　4	
	賞与・期末手当　15		
現金給与以外 の労働費用 18	退職金　6 法定福利費　9 法定外福利費　2 その他（募集費・教育訓練費など）1		

注：1. 表中の数値は、労働費用総額を100としたときの各要素の構成比を示している。
　　2. 主要な要素の定義は以下の通りである。(a) 現金給与総額～労働契約、労働協約または就業規則によってあらかじめ定められた支給条件・算定方法によって支給される給与と、一時的または突発的理由に基づいてあらかじめ定められた契約または規則によらないで支払われた給与の総額、(b) 退職金など～退職金・企業年金の支払い・積み立てに要する費用、(c) 法定福利費～法律で定められた社会保険支払いの企業負担（厚生年金、健康保険、雇用保険、労災保険）、(d) 法定外福利費～企業独自の福利厚生に要する費用（社宅など）。
出所：1. 「労働費用総額」「現金給与総額」「現金給与以外の労働費用」および、「現金給与以外の労働費用」を構成する「退職金」「法定福利費」などは厚生労働省『就業条件総合調査』（企業規模30人以上、2001年6月現在のデータ）による。
　　　2. 「現金給与総額」を構成する「毎月決まって支給する給与」（定期給与）、「賞与・期末手当」（特別給与）、「所定内給与」「所定外給与」の構成比は、厚生労働省『毎月勤労統計』（事業所規模5人以上、2003年平均のデータ）によっている。
　　　3. 「所定内給与」を構成する「基本給」と「諸手当」の構成比は、厚生労働省『就業条件総合調査』（企業規模30人以上、2004年11月現在のデータ）による。

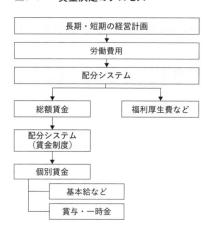

図9-1 >> 賃金決定のプロセス

```
┌─────────────────────────────────┐
│        長期・短期の経営計画        │
└─────────────────────────────────┘
               ↓
┌─────────────────────────────────┐
│            労働費用             │
└─────────────────────────────────┘
               ↓
┌─────────────────────────────────┐
│          配分システム           │
└─────────────────────────────────┘
        ↓                ↓
┌──────────────┐  ┌──────────────┐
│   総額賃金   │  │ 福利厚生費など │
└──────────────┘  └──────────────┘
        ↓
┌──────────────┐
│  配分システム │
│  （賃金制度） │
└──────────────┘
        ↓
┌──────────────┐
│   個別賃金   │
└──────────────┘
        ├────┌──────────────┐
        │    │   基本給など  │
        │    └──────────────┘
        └────┌──────────────┐
             │  賞与・一時金 │
             └──────────────┘
```

費用の8割強を占める。さらに現金給与総額は「毎月決まって支給する給与」と賞与・一時金あるいはボーナスと呼ばれる賞与・期末手当に、さらに前者は、会社が決めた通常の勤務時間（所定労働時間と呼ばれる）に対応して支払われる所定内給与とそれを超えた労働（いわゆる残業）に対応する所定外給与（残業手当）に分かれる。所定内給与は基本給と諸手当から構成され、表中に示した構成比率を使って計算すると、その労働費用に占める割合は約6割になる。つまり会社が1人の社員を雇用すると、毎月決まって支払う所定内給与の2倍弱の労働費用がかかるという計算になる。

　こうした構成を頭に入れると、賃金決定の全体のプロセスが理解しやすい。図9-1にあるように、まず長期・短期の経営計画などに基づき労働費用全体が決まると、それが現金給与の部分（総額賃金）と福利厚生費などの現金給与以外の部分に配分される。総額賃金はさらに賃金制度を介して配分され、個々の社員の賃金（個別賃金）が決定される。以下では、この賃金決定のプロセスに沿って説明するが、本章の主要なテーマである賃金管理は、主に総額賃金以降の部分を扱う管理活動である。

2. 労働費用の決め方

　企業はまず、賃金や退職金などの個々の要素の前に、労働費用全体を支払い能力に見合った適正な水準に決定し管理する労働費用管理（総額人件費管理とも呼ばれる）から始める。そのための代表的な管理指標が、労働分配率（付加価値に占める労働費用の割合）と売上高人件費比率（売上高に対する労働費用の比率）である。適正な労働費用はそれぞれ「付加価値×適正な労働分配率」「売上高×適正な売上高人件費比率」によって決定されるが、「適正な」水準を見極めることは難しい。

そこで市場の状況を参考にすることになり、表9-2がその現状を示している。労働分配率58％、売上高人件費比率12％が現在（2018年度）の日本企業全体の平均である。ただし、その水準は業種によって多様であり、たとえば売上高人件費比率をみると、サービス業と宿泊・飲食サービス次いで運輸・郵便業、生活関連サービス・娯楽業は高めであるし、電気業次いで卸売・小売業、不動産業等、鉱業等は低めである。

これら2つの指標のなかで、とくに労働分配率の考え方が重要である。付加価値は経営活動が生み出した価値である。

表9-2 ≫ **産業別にみた売上高人件費比率と労働分配率（2018年度）**

	売上高人件費比率（%）	労働分配率（%）
全産業（除く金融保険業）	11.9	57.9
製造業	12.5	63.8
農林水産業	12.7	67.7
鉱業、採石業、砂利採取業	7.8	22.4
建設業	12.6	56.6
電気業	4.9	36.9
ガス・熱供給・水道業	7.0	52.3
情報通信業	16.4	55.7
運輸業、郵便業	20.1	60.0
卸売業・小売業	6.3	59.1
不動産業、物品賃貸業	6.8	24.2
サービス業	24.7	60.3
宿泊業、飲食サービス業	25.0	63.6
生活関連サービス業、娯楽業	19.2	65.1
学術研究、専門・技術サービス業	16.2	38.1

注：労働費用は従業員給与、従業員賞与、福利厚生費の合計値を用いている。
出所：財務省『法人企業統計』

そのなかのある部分は賃金などの形で労働者に配分され、残る部分は株主に配分されるか、将来の投資のために企業内に留保される。この労働者に配分される部分が労働費用であり、付加価値に対する労働費用の割合が労働分配率になる。もし付加価値のすべてを労働費用に配分すると、企業は株主に対して配当ができないし、投資を行う資金を確保することもできなくなる。したがって企業は、経営の長期の成長性と健全性を考えて、労働分配率を適正な水準に維持するように労働費用を決める必要があり、それが労働費用管理の役割である。

しかし、こうした企業性と呼ばれる理屈だけでは労働費用は決まらない。それは賃金の世間相場を無視できない、社会保険料負担からなる法定福利費は政府が決めるという社会性も考慮しなければならないからである。したがって現実には、労働費用は企業性を中心にしつつも、社会性の要素も加味して総合的に決められ、そのため企業業績に合わせて短期に大きく変

動させることは難しいというのが現実である。

3. 高まる労働費用管理の必要性

　これまで日本企業は、労働費用を戦略的に管理するという企業性の意識
が薄く、社会性をかなり重視してきた。春闘で賃上げ率の世間相場が決ま
ると、それに合わせて賃金を「世間並み」に上げる。それに連動して退職
金や社会保険料負担が自動的に増えるが、「それはやむをえないコスト増で
ある」とする企業が多かったように思う。

　たしかに、支払い能力に余裕のある時代にはそれでもよかった。しかし、
厳しい国際競争にさらされ、労働コストが厳しく問われる時代になると、労
働費用を全体として管理することが求められてくる。というのは、「労働費
用がこの程度であるから、価格をこの程度にする」ということは許されず、
「競争に勝つためには価格をこの程度に設定する。そのためには労働費用を
この程度にする」といった経営戦略に直結するアプローチが必要になるか
らである。

　それに加えて日本の企業は、労働費用の水準が構造的に上昇するという
問題に直面し、そのことが労働費用管理の必要性を高めている。ここで売
上高人件費比率と労働分配率の長期推移をまとめた図9-2をみてほしい。こ

図9-2 ≫ **売上高人件費比率と労働分配率の長期推移（金融業を除く全産業）**

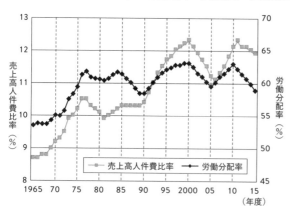

注：図中のデータは5年間の移動平均である。
出所：表9-2と同じ

れをみると、労働費用水準は高度成長期に一貫して上昇しているとともに、売上高人件費比率は1980年代の10％前後から1990年代以降の11～12％へ上方にシフトしている。なお労働分配率は1970年代後半以降60％前後の水準で推移している。

4. 労働費用の自動拡大メカニズム

このようなことが背景にあって、企業は労働費用を適正水準に管理するために、後述するように賃上げ率を厳しく抑制してきた。しかし賃上げ率が抑制できても、福利厚生費などのその他の労働費用が拡大したのでは何の意味もない。

これまでの労働費用の内部構成の変化をみると（表9-3を参照）、第1に、「現金給与以外の労働費用」が1975年の13.6％から2016年の19.1％へと確実に増加し、第2に、その増加が退職金等と法定福利費の伸びによることが分かる。

表9-3 ≫ **1人1カ月平均労働費用の構成の推移**

（企業規模30人以上、単位：円）

年	労働費用	現金給与	現金給与以外の労働費用	退職金等	法定福利費	法定外福利費	その他
1975	198,042 100.0	171,073 86.4	26,968 13.6	6,163 3.1	12,096 6.1	6,225 3.1	2,484 1.3
1985	361,901 100.0	306,080 84.6	55,820 15.4	14,119 3.9	27,740 7.7	10,022 2.8	3,939 1.1
1995	483,009 100.0	400,649 82.9	82,360 17.1	20,565 4.3	42,860 8.9	13,682 2.8	5,253 1.1
2006	462,329 100.0	374,591 81.0	87,738 19.0	27,517 6.0	46,456 10.0	9,555 2.1	4,209 0.9
2016	416,824 100.0	337,192 80.9	79,632 19.1	18,834 4.5	47,693 11.4	6,528 1.6	6,576 1.6

注：1.「退職金等」は退職一時金・年金・解雇予告手当及び中小企業退職共済制度の掛金、「その他」は作業服、社内報、転勤費用及び表彰等の費用
　　2. 法定福利費は使用者側負担分
　　3. 図表中の上段は金額（単位　円）、下段は構成比率（単位　％）を示している。
出所：労働省（現厚生労働省）「賃金労働時間制度等総合調査」、厚生労働省「就労条件総合調査」（2001年以降）

また、企業が現実に問題にする点は毎年の増加幅であるので、労働費用の増分に対する各要素の寄与率をみると、労働費用の伸び率が低下した1990年代以後、「現金給与以外の労働費用」が企業の大きな負担になってきている。

つまり1985年と2016年を比較すると、その間の労働費用の増加に対する退職金と法定福利費の寄与率がそれぞれ9％と36％に上っており、両者で労働費用増の5割弱を占めている。ここで退職金と法定福利費が、短期的には動かすことができない、制度に規定された費用部分であることに注意してほしい。労働費用の拡大が難しい時代になると、企業にとって「現金給与以外の労働費用」の退職金と法定福利費、それもとくに法定福利費の負担増が深刻な問題になってくる。

3 賃金の総額管理と春闘

1. 2つの賃金管理

こうした労働費用のなかの現金給与に関わる管理が賃金管理になり、それ以外の労働費用については、第10章で福利厚生との関連で説明したい。賃金管理の目的は、賃金コストを適正に維持しつつ、①必要な社員の確保、②社員の労働意欲の向上と有効活用、③労使関係の安定を実現することにある。

前述したように、賃金管理は大きく2つの分野から構成される。まず企業にとって賃金総額をどの程度にするかが問題になり、これに関わる賃金管理が総額管理と呼ばれる。こうして賃金総額が決まると、個々の社員の賃金（個別賃金）をいくらにするかが問題になる。これに関わる管理が個別賃金管理である。個別賃金は賃金総額の個人への配分ルール（これが賃金制度と呼ばれる）によって決まるので、個別賃金管理のなかの最も重要な分野が賃金制度の管理になる。

2. 春闘と日本型の賃金総額決定方式

　毎年、春になると「春闘賃上げ率　○○％」という数値が発表される。この賃上げ率は、現在働く社員の平均賃上げ率を示している。後述するように、それは定期昇給分とベースアップ分から構成され、理論的には、ベースアップ分の賃上げ額と社員総数をかけると企業の賃金総額の増加分になる。定期昇給分が一定と考えると、春闘賃上げ率（とくにベースアップ率）が賃金総額の伸び率の市場相場を示していることになり、春闘で賃上げ率がどのように決まるかは賃金管理上、大変重要である。

　この点を賃上げ率の社会的な相場形成と個別企業での決定の2つの面からみてみたい。まず前者については、鉄鋼、電機、自動車などの中核的な産業の代表企業の労使が交渉して相場を決め、それが他産業、中小企業さらには公務員にまで広く波及していく。しかも、相場を決める中核産業・代表企業の労使は、企業の競争力、労働市場の需給関係、インフレなどの状況を配慮して交渉してきた。こうした社会的相場形成のメカニズムが経済合理的な賃金決定を実現し、日本経済の競争力を支えてきたといえる。

　また、この社会的相場は、総額管理の世間並みあるいは社会性を示す水準になる。そのため個々の企業は、表9-4で示したように「世間相場」を参考にしながら、第1に「企業業績」で決まる支払い能力（企業性）を重視し、それに社内での社員や労働組合との関係（表中の「雇用の維持」と「労使関係の安定」）と労働市場の状況（同「労働力の確保定着」）を加味して賃上げ率を決めている。

　なお、社員の実質賃金を維持するためには「物価の動向」も重要な要素であり、事実、インフレが深刻な時期には重視されていたが、物価上昇率が極めて低い（あるいは物価が低下する）という最近の状況を反映して同表で

表9-4 >> **賃上げ額の決定要素（2019年）**

（単位：％）

企業業績	世間相場	雇用の維持	労働力の確保定着	物価の動向	労使関係の安定	親会社・関係会社の動向	前年度の改定実績	その他
60.5	20.8	30.4	37.6	1.2	11.0	11.0	19.4	4.3

注：表中の比率は、回答企業が重視した3つまでの決定要素の合計比率である。
出所：厚生労働省『賃金引上げ等の実態に関する調査』

の比率は小さくなっている。

3. 春闘賃上げ率の変遷

　このようにして動態的に決まる春闘相場の変遷を、労働市場の状況と関連付けて簡単にみておこう。図9-3に示したように、1960年代の賃上げ率は平均して10%を超える高い水準を維持してきた。その背景には、①経済の高度成長のなかで高収益に支えられて企業は支払い能力を拡大し、②他方で旺盛な人材需要によって労働力不足が進行し、③物価も緩やかであるが上昇するという事情があった。

　しかし第1次石油危機が起きた1970年代前半期になると、経済状況は一変した。企業は不況に苦しみ、労働市場の需給関係は大きく緩和した。それにもかかわらず、狂乱的な物価上昇が起きたために、1974年の賃上げ率は30%を超える異常な水準に跳ね上がった。しかし1970年代後半期には、賃上げとインフレの悪循環を断ち切り、経済を安定した成長軌道に軟着陸させるための調整期に入り、物価が落ち着いた1980年代には、賃上げ率5%前後の安定期をむかえた。さらに1990年代に入ると、バブル経済の崩壊、円高の進行と国際競争の激化という環境変化のなかで、①企業

図9-3 》 **春闘賃上げ率の推移（%）**

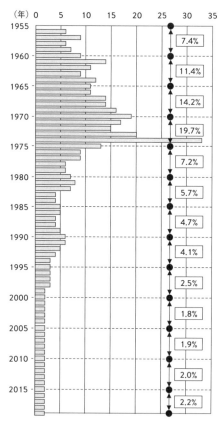

注：図中の5年刻みの箱内の数値は、当該期間の賃上げ率の平均である。
出所：厚生労働省調べ

の収益力（支払い能力）が低下し、②労働市場の需給関係が悪化し、③物価が安定したため、春闘相場は3%を下回る水準にまで低下した。

さらに21世紀に入ると、2%前後の低い水準で推移し、これが長期の賃上げ相場として定着したかのようにみえる。同図で示した春闘賃上げ率は、前述したように定期昇給による賃上げ（詳細については後述する）とベースアップによる賃上げを合わせた数値であるので、2%前後の水準は定期昇給のみ、ベースアップなしに近い状況にあることを示している。労働者の賃上げは定期昇給中心の時代に入っているのである。

このような長期的な趨勢をみると、低水準の賃上げ構造はこれからも続くと考えられ、賃金管理はプラス・サム型からゼロ・サム型への転換を迫られる。そのため賃金制度は、厳しくなると予想される賃金配分に関わる個人間・集団間の利害対立を調整できる仕組みとして設計される必要がある。

4 個別賃金と賃金制度の管理

1. 賃金制度の考え方

(1) 賃金制度の2つの管理

こうして賃金総額が決まると、個々の社員への配分が賃金制度によって決まる。この賃金制度の管理には2つの役割が期待されている。第1は、基本給と手当の組み合わせをどのようにするのか、あるいはどのような種類の手当を作るのかなど、賃金要素の合理的な構成を決めること。第2は、個々の構成要素ごとに適正な決定ルールを設定することである。

労働費用の構成でみたように、日本の給与は基本給、賞与・一時金、手当、所定外給与の要素から構成されているが、賃金管理で問題になるのは、法律によって算定基準が規制されている所定外給与を除く要素である。

なかでも基本給は、①給与のなかで最も大きな比率を占める要素であること、②社員の生活の基礎になる最も安定的な給与部分であること、③社員に対する企業の評価・格付け（つまり社内的な「偉さ」）の金銭的指標である

こと、④賞与・一時金、退職金、手当等の算定基礎になっていることといった理由から、最も重要な構成要素である。

(2) 個別賃金決定の第1の原則—長期と短期の区分

　賃金は企業が社員に付けた一種の価格であるが、価格を決めるためには2つの基準が必要である。第7章で説明した人事評価は、社員の価格を決めるための評価の仕組みであり、その際、長期的な評価と短期的な評価の組み合わせの重要性について指摘した。それに対応して賃金にも、長期の価格としての安定的な賃金と短期の価格としての変動的な賃金の2つがあり、前者を「長期給」、後者を「短期給」と呼ぶことにする。賃金制度を設計する際に最も重要なことは、この長期給と短期給のそれぞれをどのように決め、両者をどのように組み合わせるかという点である。

　このことは国を越え、企業を越えて共通する制度設計上の考慮点であるが、長期給と短期給の具体的な決め方とそれに対応する賃金要素、さらに長期給と短期給の構成割合は国や企業によって大きく異なり、その決定は企業の人事戦略の反映でもある。なお日本の一般的な賃金制度では、基本給が代表的な長期給に、企業や個人の成果によって変動する賞与・一時金が代表的な短期給に当たる。

(3) 個別賃金決定の第2の原則—配分ルールの原則

　賃金制度を設計する際に問題になるもうひとつの点は、うえで決定された賃金要素ごとの決定基準（配分ルール）である。短期給は一般的に短期的な成果に連動して決まるので、問題は長期給としての基本給であり、その決定基準には「内部公平性」と「外部競争性」の2つの原則がある。

　内部公平性の原則とは、企業にとって価値のある人材であるかどうかによって社員を序列化し、高く位置付けられた人には高い給与を払うという、社員間の公平性を確保するための原則である。ここで重要な点は、内部公平性の基準が社員格付け基準に対応して決められること、したがって社員格付け基準と同様に、その基準には多様な選択肢がありうることである。基準として「仕事の重要度」が採用されれば、より難しい仕事についている社員の給与が高くなるし、職務遂行能力を基準にとれば、より高い能力をもつ社員により多くの給与が払われることになる。

こうした内部公平性の原則によって社員の給与序列を決めても、その序列にいくらの給与額を対応させるかは決まらない。そこで必要になるのが、「給与は外部の労働市場のなかで競争力をもった水準（言い換えれば、社会的相場に対応できる水準）に設定される必要がある」という外部競争性の原則である。そうなると、どのように社会的相場が形成され、企業はそれをどのように確認するのか、ということが問題になる。この点は、内部公平性基準として何を選択するのかに規定されるので、あらためて説明したい。

2. 日本の賃金制度の現状

(1) 基本給の諸類型

それでは、日本の賃金制度の現状はどのようになっているのか。まず基本給についてみると、その決め方には大きく3つタイプがあり、それらは以下のような内部公平性の基準に対応している。なお日本では、仕事、能力、属人要素を総合的に勘案して決めている給与を総合（決定）給と呼称している。

①職務給：職務の重要度・困難度・責任度などによって決まる職務の価値
②職能給：職務遂行能力
③属人給：年齢・学歴、勤続年数などの属人的要素

こうした基本給のタイプは、それぞれ利点と欠点をもっている。職務給と職能給を例にとると、前者は職務に給与がリンクしているので、組織が決まり職務の構成が決まると個別賃金も賃金総額も決まるという意味で、賃金管理がやりやすいという利点がある。しかし、第1に、仕事が変わると個人の賃金が変わるため、環境変化に対する人員配置や組織の適応力が阻害され、能力向上のインセンティブが小さいという欠点がある。それに対して職能給は、社員の労務構成が変化すると賃金が変わるため賃金管理が難しいという欠点がある一方で、人員配置の柔軟性と社員の能力向上意欲を高めるという利点をもっている。

それでは、日本の企業はどのような基本給体系をとっているのか。一般的に大企業では、職能資格制度をベースに［基本給＝生活給（年齢給、勤続給と呼ばれることもある）＋職能給］の2階建ての構成がとられている。属人

図9-4 >> 基本給と昇給の構造

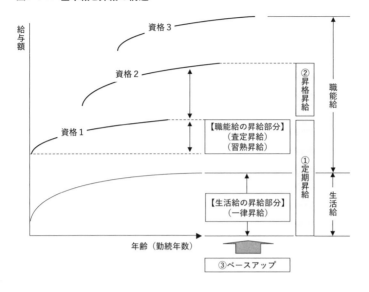

給の一形態である生活給は文字通り生計費を重視した給与なので、社員の
ライフ・ステージを表現する年齢（あるいは勤続年数）に対応して決められる。
そのうえに積み上げられる職能給は職能資格制度に対応する給与で、一般
的には職能資格別のレンジ・レート型（同一資格に対応する給与に幅をもたせる
タイプ）の形態をとる。

　そうなると日本の基本給は、能力と生計費（あるいは年齢・勤続）という2
つの内部公平性基準によって決定され、図9-4のような形態をとることにな
る。

(2) 昇給の仕組み―定昇とベア

　以上の賃金制度のもとで、個々人の基本給はつぎのように上がっていく。
まず入社すると、初任給が決まる。2年目に入ると昇給するが、この昇給額
には定期昇給（定昇）分とベースアップ（ベア）分の2つが含まれる。この2
つを区別していない会社も多いが、定昇とは、賃金制度に基づき制度的に
保障されている昇給を、ベアとは、賃金制度のなかの賃金表の改定に基づ
く昇給を指す。

　ここで図9-5をみてほしい。ある社員の「ある年」の賃金はA万円で、「翌

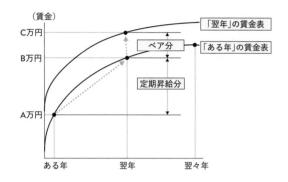

図9-5 ≫ **定期昇給とベースアップ**

年」以降の賃金は「ある年の賃金表」に沿って増えていくとする。そうす
ると、この賃金表に基づき「翌年」にはB万円になり、A万円からB万円へ
の昇給が賃金制度に基づく定期昇給ということになる。さらに「翌年」に
賃金表が改定されたため、「ある年の賃金表」ではB万円であった「翌年」
の賃金がC万円に増えたとすると、このB万円からC万円への増加がベース
アップ分になる。この2つの増加によって、この社員は「その年」のA万円
から「翌年」のC万円へと昇給している。

　企業が導入している実際の賃金制度に沿って、この点を説明してみたい。
前述したように、基本給は一般的に生活給と職能給から構成される。それ
を示した図9-4をもう一度みてほしい。

　それによると、毎年定期的に昇給する定昇は2つの部分から構成されてい
る。第1は、年齢（勤続年数）とともに自動的かつ一律に上がる生活給の昇
給部分である。第2は、同一資格内での職能給の昇給部分であり、同じ資格
内であっても習熟によって能力が向上するはずであるということから行わ
れる「習熟昇給」と呼ばれている昇給である。この昇給には査定があり、そ
の結果によって一定の昇給格差が設けられている。

　したがって、定昇は生活給の一律昇給部分と職能給の査定昇給部分から
構成されることになる。さらに、職能給は同一資格にとどまる限り昇給に
上限があるように設計されているので、社員が連続的に昇給をつづけてい
くためには、上位の資格に昇格し昇給すること（昇格昇給と呼ばれる）が不可
欠になる。

　つぎに、企業が社員に同じ額の賃金を支払ったとしても、インフレがあ

ると賃金の実質額はインフレ分だけ目減りすることになるので、会社は実質額を保障するために賃金水準を全体的に上げるかもしれない。また優秀な人材を確保したい、社員の生活を改善したい等々の理由から、社員全体の賃金を底上げすることがあるかもしれない。これがベアであり、それは生活給や職能給の賃金表を変えることによって行われる。

　このようにして初任給に毎年の〔定昇＋ベア〕を積み上げ、それに昇格に見合う昇給を加えることによって、個人の長期間の給与が決まることになる。これが個別給与を決める基本的な仕組みである。そうなると、この仕組みと春闘賃上げ率との関係が問題になるが、前述したように、春闘賃上げ率は社員の平均的な賃金の伸び率を示しているので、主に定昇に要する原資の部分とベアに要する原資の部分に分解されると考えてほしい。

(3) 賞与・一時金と手当

　基本給以外の大切な賃金要素は、手当と賞与・一時金である。まず手当とは、基本給では対応できない、社員の生活上のニーズに応えるための構成要素（これは生活関連手当と呼ばれる）、あるいは労働に応えるための構成要素（同職務関連手当）として作られた賃金である。表9-5は、手当の種類と支給企業の比率を示している。これをみると、通勤手当、家族手当、住宅手当が生活関連の、役付手当、技能手当、精皆勤手当が職務関連の代表的な手当である。

　つぎに賞与・一時金の支給額は通常、所定内給与の月数で表される。中央労働委員会の調査（『賃金事情調査』）によると、大企業（資本金5億円以上、従業員1000人以上の民間企業）の平均月数は2007年で5.1カ月である。世界の先進国のなかで、賞与・一時金が給与のなかでこれほど大きい比率を占める国は珍しく、日本の賃金制度の大きな特徴のひとつである。

　賃金管理の面からみると、賞与・一時金には基本給にないつぎのような機能がある。第1に、成果配分・利益配分としての性格から、経営状況に合わせて賞与・一時金原資（会社全体の賞与・一時金総額）を決めることができ、第2に、個人に対する短期的な報酬という性格から、成果に合わせた個人別配分ができる。以上の2つは、企業、個人の成果に合わせて賃金を弾力的に決定する賃金の変動費化機能、つまり短期給としての機能が賞与・一時金に期待されていることを示している。

表9-5 ≫ **諸手当の支給企業比率（2014年）**

	手当の種類	支給企業比率（%）
職務関連手当	業績手当	14.9
	役付手当	81.0
	特殊作業手当	11.8
	特殊勤務手当	22.5
	技能手当	45.4
	精皆勤（出勤）手当	28.0
生活関連手当	通勤手当	85.6
	家族手当	62.8
	地域手当	11.9
	住宅手当	42.6
	単身赴任手当	15.1
	その他（寒冷地手当、食事手当等）	15.7
	調整手当	31.9
	その他の手当	10.4

出所：厚生労働省「就労条件総合調査」

　第3に、総労働費用の節約効果もある。基本給を上げると、下方硬直的な性格があるので、長期的に労務費の増加を招くうえに、短期的にも基本給を算定根拠とする所定外賃金、退職金などが上がり労働費用が膨らむが、賞与・一時金を上げる限り、長期的にも短期的にも波及効果は小さくて済む。

　以上が賃金管理からみた賞与・一時金の機能であるが、とくに労働組合は「毎月支払うはずの賃金を賞与・一時金としてまとめて払っているにすぎない」という意味で、賞与・一時金は賃金の別払いであるという主張をしてきた。社員は賞与・一時金を生活に必要な所得として家計に組み込んでいるという現実をみると、この主張にも一定の説得力がある。しかし最近は変動費化機能が強まり、別払い機能が低下しつつあるという状況にあろう。

　それでは企業は、実際にどのように賞与・一時金を決めているのか。表9-6をみてほしい。まず賞与・一時金原資についてみると（同表の「賞与・一時金総額（原資）の決定方法」を参照）、経営業績にリンクして決めている業績連動方式をとる企業が55%、短期の業績に連結させず過去の支給実績を考慮しつつ安定的に決定している企業が45%の構成である。さらに非管理職に対する個人配分方法についてみると、「考課査定部分」は約4割にとどま

表9-6 >> **賞与・一時金の決定方法（2018年）**

①賞与・一時金総額（原資）の決定方法　　　　（単位：％）

集計企業（276社）	(1) 業績連動方式を取り入れている						(2) 業績連動方式を取り入れていない
		生産高・売上高を基準	付加価値を基準	営業利益を基準	経常利益を基準	その他	
100.0	55.4 (100.0)	(19.0)	(4.6)	(58.2)	(38.6)	(14.4)	44.6

②賞与・一時金の配分割合（1人当り平均支給額の構成）（単位：％）

	一律定額	定率部分	考課査定部分	その他
非管理職	26.6	31.1	39.5	2.8
管理職	25.9	16.6	54.5	3.0

出所：日本経団連『2018年　夏季・冬季　賞与・一時金調査結果』(2019年)

り、基本給などに対する倍率で決める「定率部分」と「一律定額」を合わせた安定的な部分が約6割と多くなっている。もちろん管理職になると「考課査定部分」は多くなる。以上が現状の平均的な姿であるが、この間の変化をみると、賞与・一時金原資では業績連動方式が、個人配分では考課査定部分が増えてきており、賞与・一時金の変動費化機能は確実に強まりつつある。

（4）外部競争性基準とモデル賃金

このように賃金制度の体系ができても、それによって決まる賃金の水準をどのように設定するのかという重要な問題が残る。そのための基準あるいは目安になるのが前述の「外部競争性基準」であり、それはとくに中心的な賃金要素である基本給で問題になる。

基本給の外部競争性基準の指標として何をとるかは、内部公平性基準と密接に関連している。たとえば「仕事の重要度」を基本給の内部公平性基準とすれば、仕事の重要度でみた賃金の市場相場が外部競争性基準の指標になる。事実、職務給を採用してきたアメリカの企業は、賃金を決める際に他社の賃金水準を職務別に調査している。

それでは職能資格制度を基盤にして、能力を基本給決定の内部公平性基準として重視している日本企業は、何を外部競争性基準の指標としているのか。仕事と異なり能力はあまりに抽象的であり、個々の企業の特殊性も

大きいので、能力別の賃金の市場相場を調べることは難しい。

そこで日本企業は、学歴、年齢、勤続年数の年功的要素を能力の代理指標として用いてきた。つまり、同種の企業に新規学卒者として採用され、標準的に昇進した同一学歴、同一年齢（あるいは勤続年数）の社員（この種の社員は「標準労働者」と呼ばれる）であれば、能力水準は企業を越えて類似している。そうであれば、標準労働者が得ている賃金（「モデル賃金」と呼ばれる）が、能力からみた立派な市場相場になるはずであり、これが日本企業のとる外部競争性基準になる。

したがって企業にとって、学歴、年齢、勤続年数別の賃金データ、とくにモデル賃金データが必要になり、日本の代表的な賃金統計もそのように構成されている。

さらに最近では、各社が採用している職能資格制度にかなりの共通性があるという実態を踏まえて、表9-7に示した資格等級別の賃金統計が出てきている。年齢・勤続年数などの年功的な要素に引きずられることなく、能力に基づいて賃金を決定したいとする企業が増えるほど、この新しい賃金統計が広く活用されることになろう。

表9-7 » **資格等級別の所定内給与（2006年度）**

（単位：1000円）

等級	名称	最高額	平均額	最低額
1等級	一般職Ⅴ（高卒初任）	—	—	—
2等級	一般職Ⅳ（短大卒初任）	—	—	—
3等級	一般職Ⅲ（大学初任）	238.0	204.4	188.9
4等級	一般職Ⅱ	279.6	226.4	193.5
5等級	一般職Ⅰ	324.3	252.9	206.2
6等級	係長・主任相当Ⅱ	360.9	301.1	257.5
7等級	係長・主任相当Ⅰ	401.0	342.2	291.0
8等級	課長相当	489.2	431.3	380.2
9等級	次長相当	538.5	493.2	454.9
10等級	部長相当	627.8	558.8	506.6

注：1. 企業に資格等級数を10等級と仮定してもらい、3〜10等級の実在者の最低額、平均額、最高額を回答してもらっている。
2. 表中の最高額、平均額、最低額は企業が回答した最高額、平均額、最低額の平均値を示している。
出所：社会経済生産性本部（現日本生産性本部）『活用職種別賃金統計』（2006年）

5 年功賃金の実際と理論

1. 変化する年功賃金

　これまで賃金制度の詳細について説明してきたが、それによって決まる現実の賃金額にはどのような特徴があるのか。業種による違い、企業規模による違いなどの多様な面から特徴をとらえることができるが、ここでは、日本の賃金は年功賃金であると広くいわれてきたので、年齢や勤続年数による違いに注目したい。

　製造業・男性労働者の賃金（所定内給与）を学歴・年齢別に整理した図9-6をみると、第1に、定期昇給制度などによって賃金が毎年累積的に増加する賃金制度がとられているので、賃金は学歴にかかわらず年齢とともに確実に増加している。しかし第2に、その上昇する賃金曲線の形態は学歴によっ

図9-6 ≫ **標準労働者の学歴・年齢別の賃金カーブ（2018年）**

（規模計・製造業・男性の所定内給与）

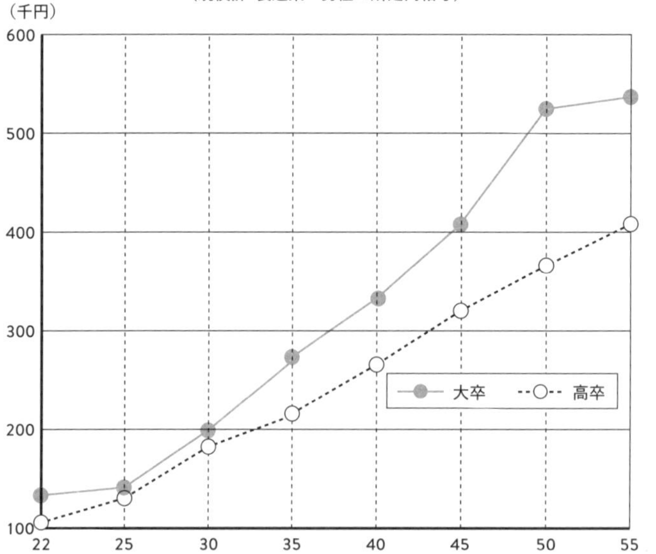

注：標準労働者とは、新規学卒者として入社し同一企業に働き続けている労働者のこと。
出所：厚生労働省「賃金構造基本統計調査」

て大きく異なり、30代半ば（図中では35歳）を節目にして、高卒者と大卒者の賃金格差が急に拡大している。

賃金の継続的な増加は昇格昇給の頻度に依存する。30代半ば以降、高卒者に比べ大卒者の昇進機会が目立って増えてくる。これが、学歴間の賃金曲線の違いを生む理由である。

表9-8 >> 賃金の年齢間格差の長期推移

年	所定内給与（千円）		格差指数
	20〜24歳	50〜54歳	
1970	47.2	206.3	4.37
1990	194.5	628.1	3.23
2000	217.9	659.0	3.02
2010	226.4	626.9	2.76
2018	237.6	594.5	2.50

注：1. 企業規模1000人以上・製造業・大卒男性の標準労働者からみた賃金格差。
　　2. 格差指数＝[50〜54歳の所定内給与]／[同20〜24歳]
出所：厚生労働省「賃金構造基本統計調査」

　こうした右上がりの賃金曲線は、長い時間をかけながらも確実に変化してきている。表9-8によると、入社時の男性・大卒の標準労働者（年齢20〜24歳）の賃金（所定内給与）に対する定年間近の同労働者（同50〜54歳）の賃金の倍率（表中の格差指数）は、1990年代に入ってスピードは落ちているものの一貫して低下しており、同じ右上がりの賃金曲線であっても、年齢（同様に勤続）間の格差は確実に縮小してきている。この背景には、年齢や勤続の属人的要素を重視する生活給型の賃金制度から、能力や実績を重視する賃金制度への変化があり、前述した〔基本給＝生活給＋職能給〕の賃金制度は、その変化のなかで形成された制度である。

2. 年功賃金の理論

(1) なぜ、年功賃金は合理的なのか

　それでは、年齢（あるいは勤続年数）とともに増加する年功賃金がなぜ採用されてきたのか。そこには、企業にとっても個人にとっても何らかの合理的な理由があるはずである。経済学ではこの点について、これまでいくつもの説明がなされてきた。

　代表的な説明の第1は、「企業は社員の生活の安定をはかることを人事管理の基本理念として重視しているので、年齢とともに増加する生計費に合わせて賃金を決める」という生計費に焦点を当てた考え方であり、それを「生計費保障仮説」と呼ぶことにする。しかし、この説明だけでは経営目的

との整合性を説明できないので、さらにつぎの説明が付け加えられる。生計費に基づき安定的な賃金が保障されるので、社員は安心して働くことができ、それが会社に対する忠誠心と労働意欲の向上につながる。さらに組合員の生活安定を重視する労働組合もそうした政策を評価するので、安定的かつ協調的な労使関係が形成される。したがって、生活保障のために年齢などの属人的な要素で賃金を決定しても、高い意欲をもって会社のために働く社員と、経営に協力的な労働組合が形成されるので、経営成果は確実に向上する、というわけである。

　もうひとつは、社員の能力形成に焦点を当てた説明であり、ここではそれを「熟練仮説」と呼ぶことにする。終身雇用慣行のもとでは社員の定着性が高いので、企業は社員の能力を社内で長期的に養成する。そうなると、長い期間勤続している（つまり年齢の高い）社員ほど、多くの仕事と教育訓練を経験し、高い能力をもつことができる。その能力に対して賃金が支払われるので、年齢や勤続年数にリンクしたようにみえる年功賃金が形成されるという説明である。この場合には、高い能力は高い成果を実現する、ということが想定されているので、年功賃金は企業にとっても合理的な賃金制度ということになる。

　どちらも年功賃金を説明する考え方としては有力であるが、生計費保障仮説には、生計費を保障するからといってなぜ企業への忠誠心や労働意欲の向上につながるのか、生計費を重視しているにもかかわらず、なぜ年齢別の賃金曲線が学歴間で異なるのかなどの多くの疑問が残る。このことからすると、熟練仮説のほうが有力な考え方であるといえるが、それにもいくつかの疑問点があるので、最後に、それに答える代表的な理論である人的資本論について説明しておきたい。

(2) なぜ、企業内教育なのか

　熟練仮説は能力の企業内での長期養成を前提にしているが、なぜ企業は社員を社内で教育する必要があるのか。社外の学校や教育訓練施設で訓練を受け、高い能力を獲得した社員を直接採用すればよいではないか。これが第1の疑問点である。

　第6章で詳細に説明したが、教育訓練にはOff-JT（仕事から離れて受ける訓練）とOJT（仕事をしながら上司・先輩から受ける訓練）の2つタイプがあり、社

外の学校や教育訓練施設で受ける訓練はOff-JTの一形態である。

この2つの訓練形態を比較すると、OJTは現在担当している仕事に直結する知識や技能を、個々の社員のニーズに合わせて個別的に訓練できるので、一般的な知識や技能を訓練するOff-JTに比べて効率的で効果的な訓練方法である。しかも、職場では文書などで客観的に表現することが難しい技能が必要とされており、客観化された知識や技能を教えるOff-JTではその習得は難しい。このように考えてくると、企業が自社にとって必要な人材を効率的・効果的に養成するには、OJT主体の社内教育にならざるをえないということになる。

なおOJTでは、社員がいまの仕事に必要とされる能力を習得すると、より難しい仕事に配置し、より高い能力を訓練するという方法がとられる。このようにして社員が経験する仕事の連鎖がキャリアと呼ばれ、長く勤続するほど（したがって年齢が高くなるほど）社員のキャリアは広がり、能力は向上する。また、ホワイトカラー（その中心は大学卒）はブルーカラー（同高卒）に比べて多様な仕事を経験できるので、それだけ高い能力（したがって高い賃金）を得ることかできる。このことが、前述した年齢別賃金曲線の高卒者と大卒者の違いに現れる。

(3) なぜ、転職しないのか

このようにOJTを中心とした社内教育の重要性をいくら強調したところで、年功賃金の合理性を説明するうえでは十分でない。個人にしてみると、社内教育で高い能力を獲得したら、その能力をもって、より高い賃金を提示してくれる他社に転職したほうが有利な選択になるはずである。しかし、個人がそのような行動をとると、企業は訓練にかけた費用を回収できず、社内で訓練するより他社で訓練を受けた社員を直接採用したほうが有利な選択になるので、年功賃金の合理性を説明するOJT中心の社内教育が成立しなくなる。

このように考えてくると、社内教育、したがって年功賃金が成立するには、訓練した社員が転職しないという条件が必要になる。日本の状況をみると、たしかに年功賃金の対象になる層の社員の離職率は低い。

それでは、社内教育を受けた社員はなぜ転職しないのか。この疑問に答えられない限り、年功賃金の合理性を説明したことにならないだろう。そ

こで、OJTで養成される社員の能力には、どの会社でも通用する一般能力と、特定の会社でのみ通用する企業特殊能力の2つがあり、企業特殊能力は、同じ職種の社員のなかでも、企業によって機械のクセ、仕事の進め方、キャリアの作り方（経験する仕事の組み合わせ方）などが異なるために形成されるという考え方が提案されている。

この考え方にしたがうと、社員はいまの会社では、一般能力と企業特殊能力を合わせた能力全体に対応する賃金を得ることができる。しかし他社に転職すると、転職先で使える能力が一般能力に限られ、賃金は一般能力に対応する水準に低下することになるので、社員はいまの会社に勤めつづける。

このようにして年功賃金は、「社員の定着」⇒「OJT中心の社内教育の実施」⇒「勤続年数（年齢）に比例して向上する能力」⇒「能力に合わせた賃金決定」という関連によって説明できる、経済合理性をもった賃金ということになるのである。

---

topic

企業は「同一労働同一賃金」で何を求められているのか

●「同一労働同一賃金」の誤解―法律が求めていること

政府は非正社員の雇用改善を進めるために、2020年4月（中小企業は2021年4月）施行のパートタイム・有期雇用労働法を制定した。これにより企業は、同じ仕事につく正社員とパートタイム労働者・有期雇用労働者（以下では非正社員と呼ぶ）の賃金を同じにする「同一労働同一賃金」の原則に沿って現状の賃金を見直さなければならないと考えられている。しかし、それは大きな誤解である。同法が求めていることは「同一労働同一賃金」ではなく、正社員と非正社員の間にある「不合理な待遇差」の是正である。

同法の条文、あるいは、それに沿って作成された「不合理な待遇差解消のための点検・検討マニュアル」を読んでみてほしい。「同一労働同一賃金」の用語は基本的に使われていない。「同一労働同一賃金」は便利な用語であるが、誤解をまねく不適切な表現といえるだろう。それでは、同法が具体的に求めていることは何なのか。

　同法が求めていることは2つである。第1は、正社員と非正社員の間の均等待遇、均衡待遇の実現。つまり企業は、職務内容、配置転換等の人材活用の範囲が正社員と同じ非正社員には正社員と同じ待遇（つまり均等待遇）を、それ以外の非正社員には正社員と均衡がとれた待遇（均衡待遇）を実現しなければならない。なお、ほとんどの非正社員で問題になり、「不合理な待遇差」が問われるのは、均衡待遇である。

　第2は、「待遇の内容」「正社員との待遇差の内容・理由」等について、企業が非正社員に説明する義務が強化されたこと。企業は「なんとなく」は許されず、正社員と非正社員の待遇差を合理的に説明できることが求められているのである。

●「不合理な待遇差」はどのように判断するのか

　以上の法律が求めることのなかで、とくに問題になるのは「不合理な待遇差」をどのように判断するかである。この点については、個々の待遇ごとに、当該待遇の「性質・目的」に照らして適切と認められる「考慮要素」に基づき判断されるべき旨が定められている。ここで重要なことは、以下の2つである。

　第1に、賃金全体の水準ではなく、基本給、賞与、各手当等の個々の賃金要素ごとの均衡が問題にされている。第2に、「考慮要素」とは、①職務内容、②人材活用の範囲、③その他事情であり、③その他事情には労使間の協議の状況等が含まれる。

　そのため「不合理な待遇差」を判断するには、個々の待遇ごとに①当該待遇の「目的・性格」を明確にする、②その「目的・性格」に照らして適切な「考慮要素」を確定する、③その「考慮要素」に沿って「不合理な待遇差」の有無を判断するという手順を踏むことになる。

　特殊作業手当を例にとると、「高度に危険な作業に従事することに報いる待遇」が「目的・性格」であるとすると、「職務内容」が適切な「考慮要素」になるので、同じ「職務内容」の正社員と非正社員の特殊勤務手当に違いがあれば「不合理な待遇差」ということになる。ただし、非正社員は特殊作業手当相当分が基本給に組み込まれている等の合理的な「その他事情」があれば、その限りではないと考えられる。

●企業の取り組むべきことは

　それでは企業はどう取り組むべきであるのか。それを考える際には

2つの点が重要である。第1には、これまで説明したように「同じ職務は同じ賃金」が求められているわけではないので、「同一労働同一賃金」を職務という狭い視点のみからみるのではなく、それには多様な選択肢があるという認識をもつことである。

　したがって第2には、人材活用戦略に沿って非正社員の賃金を合理的に決定すれば問題なく、その点から非正社員の処遇を見直し、問題があれば改善するという姿勢が重要である。同法が制定されたので「やむをえず対応する」というのではなく、これ機に非正社員の賃金を見直してみようという姿勢をもったらどうであろうか。

　最後に強調しておきたいことは、賃金を見直せば非正社員の雇用改善が進むということにはならないことである。最も重要なことは非正社員がより高度な仕事に従事し、より高いキャリア段階に進むことのできる仕組みを整備することであり、賃金の改善はその後についてくるという視点をもつことである。最初に賃金があるのではなく、活用の仕方を決め、それに合わせて賃金のあり方を決めるのが基本である。

---

case

武田薬品工業の職務給制度

　職能資格制度と職能給にベースを置いた賃金制度を、仕事要素を重視する新しい賃金制度に改革しようとする企業が増えている。しかし、仕事要素を重視するという点では一致していても、そこには職能給との連続性を考えて能力を重視するタイプから、仕事そのものに着目するタイプまで多様な形態がある。ここでは後者の典型的な例として、大手医薬品メーカーの武田薬品工業が導入した職務給制度を紹介しておく。

●人事制度改革の背景と職務給制度

　世界のトップメーカーが合併などを通して経営体質を強化し、それを背景にして新薬攻勢をかけてくる。こうした厳しい国際競争のなかにあっては、世界的メーカーに伍して戦える力をもたない限り、国内市場すら守れない。そのためには旧来の制度や考え方を改め、社員の

やる気と能力を引き出す革新的な体制を作ることが必要である。

　こうした危機意識を背景にして、同社は1997年に新人事制度を導入し、報酬制度の抜本的な改革をはかった。評価制度については透明性を高めること、報酬制度については世界基準である職務給を採用することが、その改革の基本方針とされた。

●職務を評価し、格付ける仕組み

　職務給を作るには、職務を評価し、格付ける仕組みが必要である。まず幹部社員については、アメリカのヘイ・システムにより職務を評価し、11段階の職務等級に格付ける制度をとっている。なお、職務評価の基準（ヘイ・ガイドチャート）の概要については、表9-9の「幹部社員の職務評価基準」を参照してほしい。

　つぎに一般社員についてはヘイ・システムでなく、ヘイ・システムの考え方を参考にして同社が独自に作成したACE（Accountability & Competency Evaluation）ポイントで職務評価を行う。一般社員の場合には幹部社員と異なり、同じ職務についていても働き方で価値が変わるので、職務価値を決めるアカウンタビリティ（成果責任の大きさ）とともにコンピテンシー（能力・行動特性）を基準にする評価の仕組みにしたわけである。

　具体的なACEの評価基準は、①仕事の内容・任され方、②職務知識（専門知識、スキル）、③問題解決（問題解決における知識の活用、行動特性）、④折衝の内容・程度（情報収集力、レポート作成力）、⑤仕事の取り組み姿勢、⑥チームワーク・指導・育成の6項目からなる。この評価結果に基づいて、一般社員は6段階の職務等級に格付けされる。

表9-9 ≫ **幹部社員の職務評価基準**

ノウハウ	実務的・専門的ノウハウ（知識、経験、技術、見識）
	マネジメント・ノウハウ（業務活動、機能の統合・調和）
	対人関係スキル（社内外の人に対する働きかけ）
問題解決	思考環境（考えさせられる範囲）
	思考の困難度（考えさせられることの難しさ）
アカウンタビリティ（成果責任の大きさ）	行動の自由度（意思決定権限の範囲）
	職務規模（職務が影響を与える相対的金額）
	インパクト（職務規模で特定した金額への関わり方）

図9-7 >> 職務等級制度

	P
	H4
	H3
	H2
幹部社員	H1
	M2
	M1
	L4
	L3
	L2
	L1
	J1
	J2
一般社員	J3
	J4
	J5
	J6

　このようにして同社では、図9-7の「職務等級制度」に示した社員格付け制度が導入されている。また、職務評価の考え方の違いを反映して、幹部社員の場合には、異動（職務の変更）がない限り昇進（職務等級の昇級）はないが、一般社員では、コンピテンシーを評価要素に加えたので、同じ職務でも一定以上のACE評価を上げると昇級できる仕組みになっている。

●「人」を評価する仕組み

　以上の職務等級制度のもとで、社員は働きぶりや能力を毎年評価される。幹部社員を対象にする評価の仕組みはAPS（アカウンタビリティ・パフォーマンス・システム）評価と行動評価の2つから構成され、両者を総合して最終的な評価が決まる。APS評価では、期初に成果責任（アカウンタビリティ）と業績目標が設定され、それに基づき期末に実績（パフォーマンス）が評価される。行動評価では、同社が抽出したコンピテンシーに基づいて評価が行われる。一般社員の場合には、上記のACE評価と、職務等級に基づく基準からみて業績を評価する業績評価の2つによって最終評価が決まる。

●賃金制度と昇給の仕組み

　幹部社員の給与は職務給一本であり、職務等級ごとの範囲職務給の形態をとっている。したがって同一の職務についている限り、職務等級に対応する範囲内でしか賃金は増えない。一般社員の場合には、職務等級に対応した（範囲）職務給と年齢で決まる本人給からなり、両者の構成は平均すると100対35の割合である。

　こうした制度のもとで、昇給の基本的な仕組みが決まる。昇給には年齢が上がることによる本人給の昇給（一般社員のみに適用）、昇給評価による職務等級に対応する職務給の範囲内での昇給、昇進（職務等級の昇級）にともなう昇給の3つがある。なお昇給評価は、H1以上の幹部社員ではAPS評価、それ以下の幹部社員ではAPS評価と行動評価、一般社員ではACE評価と業績評価の結果が反映される。

注：「武田薬品工業の新職務制度をみる」（『労政時報』第3306号〈1997年6月6日〉）
　　に基づき作成。

---

case

山武（現アズビル）の業績連動型賞与

　本文では賞与の変動費化機能が強まりつつあることを指摘したが、その典型が業績に連動して賞与を決定する方式（業績連動型賞与）である。これまでは会社全体の業績に基づいて賞与の原資を決め、それを個人業績に基づいて個人に配分する方法が業績連動型の一般型であったが、最近では、部門業績も考慮する企業が増えてきている。ここで紹介する山武の業績連動型賞与は、全社、部門、個人の3段階の業績に基づいて賞与が決定される事例である。

●業績連動型賞与の変遷とねらい

　山武は各産業分野の制御機器、オートメーション機器の開発・製造・販売を行う企業であり、2007年3月現在の従業員数は5390人である。同社は1977年に、生活を配慮した固定部分と、株主・会社・従業員の3者で利益を分配する「利益3分法」の思想に基づいて全社の営業利益に連動する部分の合計で賞与原資を決定する、業績連動型賞与を導入した。その後、幾度かの変更を経て、山武、山武ビルシステム、山武産業システムが合併して社内カンパニー制を採用するにともない、2004年からカンパニー業績（部門業績）を反映する新しい業績連動型賞与を導入した。

　この改定のねらいは、①持続的な企業力強化に向けてチャレンジする組織風土を醸成すること、②社員が安心して働くことができ、納得性の高いインセンティブを実現することにある。

●業績連動型賞与の仕組み―賞与原資の決定方法

　賞与は図9-8に示してあるように、生活の安定を配慮した部分である年間4カ月固定の基礎賞与と、全社業績と部門業績を反映して変動する業績賞与（変動幅は年間0〜3カ月）から構成される。業績賞与は全社業績反映部分と部門業績反映部分に分かれ、前者は以下の営業利益額

図9-8 >> **賞与の原資決定と個人配分の仕組み**

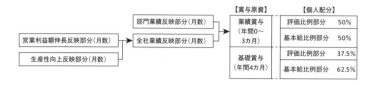

伸長反映部分と生産性向上反映部分からなる。

①営業利益額伸長反映部分

支給月数＝前年度の月数×対前年営業利益額伸び率で計算される。ここでは、本来の事業活動から獲得した利益であり、社員の努力を直接反映したものであることから、営業利益の指標が用いられている。また、営業利益伸び率に焦点を当てているのは、持続的に成長していくという社員に対するメッセージである。

②生産性向上反映部分

支給月数＝1人当たり売上高増加額×売上高営業利益率増加÷基本給で計算される。これは賞与を1人当たり営業利益額と連動させる方式である。1人当たり営業利益額を改善するには、①1人当たり売上高を増やすか、②コストを下げて売上高営業利益率を向上させるかであるので、両者の要素が算定式に組み込まれている。なお、1人当たり売上高増加額、売上高営業利益率増加のどちらかがマイナスになると、この部分の賞与は不支給になる。

つぎの部門業績反映部分は、利益と売上高の予算達成率に応じて支給月数が決定される。利益の場合には、達成率「100〜105％」で0.2カ月とし、5％ごとに0.02カ月のピッチで変化し、上限が0.4カ月、55％以下が不支給である。売上高の場合には、達成率「100〜102％」で0.1カ月とし、2％ごとに0.01カ月のピッチで変化し、上限が0.2カ月、82％以下が不支給である。なおスタッフ部門には、全社平均の売上高と営業利益の予算達成率が適用される。

以上の方式で決定された全社業績反映部分の月数と部門業績反映部分の月数の合計が、業績賞与の原資になる。

●個人配分ルール

以上の方法で決定された原資は、人事評価に基づいて個々の社員に

配分される。なお人事評価は、目標管理制度に基づく業績考課と行動プロセスや遂行能力を評価する能力評価からなるが、賞与決定に用いられるのは業績考課である。評価が反映される割合は、図9-8で示してあるように、基礎賞与で37.5％、業績賞与で50％であり、残る部分は基本給に比例して一律に決定される。評価比例部分の支給金額は、職能等級と評価ランクの組み合わせで決まる査定係数の全社員の合計値で原資を除して1点当たりの単価を計算し、それに個々人の査定係数を乗じて決定される。なお評価ランクはS、A1、A2、B1（標準評価）、B2、C、Dの7ランクであり、同じ職能等級内の査定係数は、標準のB1を1.0としたときにSが1.9、Dが0.3に設定されている。

注：「業績連動型賞与の運営実務〜山武」（『労政時報』第3713号〈2007年11月9日〉に基づき作成。

第 *10* 章

福利厚生と退職給付

1 転換期にある福利厚生と退職金

1. 改革を迫られる福利厚生と退職金

　賃金とともに労働費用の重要な部分を占めている福利厚生や退職金にも、構造改革の波が押し寄せている。前章でもふれたように、日本企業は競争力を維持するために労働費用を戦略的に管理し、賃金管理面では賃上げ率を抑える、賃金制度を改革するなどの施策を打ちつつある。しかし、賃金総額の伸びを抑制できたとしても、それ以外の福利厚生と退職金の費用が自己膨張メカニズムを内部に組み込んでいるために、労働費用は自動的に膨らんでしまう。こうした状況のなかで、企業は福利厚生と退職金の制度を再編せざるをえない状況に置かれている。

　のちに詳しく説明することになるが、たとえば退職金制度について考えてみてほしい。「社員に長く定着してほしい」というねらいもあって、勤続年数の長い高齢者に有利な制度として設計されてきたため、高齢化が進めば進むほど、企業の退職金の負担は増大していく。それなら、退職金を退職時に一括して払うのではなく、長い期間かけて払うことによって、つまり年々の負担額を平準化することによって負担増の問題を回避しようということで、多くの企業が企業年金を導入してきた。

2. 合理化が難しい福利厚生と退職金

　しかし、その企業年金も問題山積である。企業は毎年一定額を、将来の

年金支払いのために拠出して積んでおく。その積んだ資金を債券や株式などで運用して運用収入を得る。そして、この積んだ資金と運用収入を合わせた資金を元手にして、「約束している年金額」を退職した社員に支払う。これが企業年金の基本的な仕組みである。そのため、株価が低迷するなどによって実際の運用収入が予想した運用収入を下回ると、「約束している年金額」を支払う資金が不足し、企業はこの不足分を負担しなければならない。いま多くの企業年金が直面している問題であり、不足分を埋めきれずに、企業年金を解散するという深刻な事態も起きている。さらに少子高齢化が進むなかで、年金や健康保険などの社会保険の保険料からなる法定福利費の負担も確実に増加している。

そうなると、社宅、娯楽・体育施設などその他の部分で福利厚生の費用を削減することが必要になるが、社員の既得権益の壁に阻まれ、それも難しい。しかし、労働費用の拡大が難しい時代にあって、福利厚生費や退職金の拡大を放置することは許されない。このように企業はどちらをむいても難しい状況にあり、賃金と同じように福利厚生、退職金においても、改革に着手せざるをえない状況に置かれている。

2 付加給付の管理

1. 付加給付の構成と管理

この章では、現金給与以外の労働費用を構成する福利厚生と退職給付を扱うが、ここからは両者を合わせた分野を付加給付と呼ぶことにする。また、退職金に代わって退職給付の用語が使われるのは、退職時に一時金として支払われる退職金とともに企業年金も視野に入れて考えなければならないからである。この点の詳細については後述したい。

前述したように、付加給付は福利厚生と退職給付から、福利厚生は法定福利厚生と法定外福利厚生の分野から構成される。法定福利厚生とは、健康保険や年金などの社会保険制度に基づき法的に義務付けられた保険料の一部を負担する報酬で、法定外福利厚生とは、会社の裁量によって社宅の

貸与などの福利厚生サービスを社員に提供する報酬である。

　付加給付の管理は、以上のそれぞれの分野において展開されるが、管理の特徴は分野にかかわらず、①どのようなねらいをもった報酬とするのか（目的）、②その報酬のためにどの程度の費用を投下するのか（費用）、③その報酬をどのような仕組みで社員に配分するのか（制度）の3つの観点からみることができる。

　各分野の詳細については目的と制度の観点から後述するので、ここでは、費用の面から付加給付の管理の特徴について整理しておきたい。

2. 付加給付の費用

(1) 費用の構成と特徴

　第9章の表9-3のなかの「現金給与以外の労働費用」のデータをあらためてみてほしい。2016年現在で、付加給付に配分されている費用は労働費用の19.1％（これは基本給、賞与などで支給される現金給与の約2割に当たる）である。さらにその内訳をみると、法定福利費が付加給付全体の半分を超える11.4％を占め、それ以外は退職金等が4.5％、法定外福利費が1.6％である。

　このような付加給付費の構成には、大きく2つの特徴がある。まず、すでに説明したことであるが、労働費用に占める付加給付費の割合（付加給付費比率と呼ぶことにする）が一貫して増加し、そのことが労働費用の膨張圧力になっている。たとえば、1975年から2016年までの約40年間に、付加給付費比率は13.6％から19.1％へと上昇している。

　その主な原因は退職金等と法定福利費にあり、法定外福利費が低下傾向にあるのに対して、両者の労働費用に占める比率は同期間にそれぞれ1.4％、5.3％増加している。ここで注意してほしいことは、法定福利厚生は政府の政策によって決定され、退職給付と法定外福利厚生は企業の裁量によって決定されることであり、企業が付加給付の再編を考える場合には退職給付と法定外福利厚生が対象になる。

　もうひとつの特徴は、企業規模によって付加給付費が大きく異なる点である。表10-1をみると、たしかに現金給与の面でも格差があるが、付加給付費の格差はそれをはるかに上回り、5000人以上の大企業が社員1人にかける「現金給与以外の労働費用」（付加給付費）を100とすると、30〜99人規模

表10-1 » **労働費用（1人1カ月の平均）の企業規模間格差（2015年）**

(単位：円)

企業規模	現金給与総額	現金給与以外の労働費用						
		計	退職金等の費用	法定福利費	法定外福利費			その他
					計	うち住居		
(a)5000人～	375,888	105,189	29,016	53,254	9,237	5,095		13,682
(b)30～99人	284,469	54,439	7,797	41,349	3,883	731		1,410
(b)/(a)(%)	75.7	51.8	26.9	77.6	42.0	14.3		10.3

出所：厚生労働省『就労条件総合調査』

表10-2 » **労働費用構成の国際比較（製造業）**

(単位：%)

国名	調査年	現金給与	現金給与以外				
			合計	法定福利費	法定外福利費	退職金等	その他
日本	2015	79.9	20.1 100.0	59.7	10.9	26.4	3.0
アメリカ	2018	77.9	22.1 100.0	34.8	44.8	20.4	—
イギリス	2016	81.8	18.2 100.0	46.2	34.1	3.8	15.9
ドイツ	2016	77.2	22.8 100.0	60.5	31.6	0.9	7.5
フランス	2016	65.1	34.8 100.0	75.9	14.4	9.2	1.1

注：1.「現金給与以外」の下段の比率は、「現金給与以外」の「合計」を100.0%としたときの構成比率を示している。
2.「その他」は出所統計の「現物給付」「教育訓練費」「その他」の合計である。
出所：労働政策研究・研修機構編集・発行『データブック国際比較2019』

の小企業は約半分にとどまる。

とくにその傾向は、法律で決められている法定福利厚生に比べて、企業が独自の裁量で決定できる法定外福利厚生と退職給付の分野で顕著であり、小企業がそれらにかける費用は大企業の3〜4割程度の水準にとどまる。大手企業の社員が受け取る経済的な報酬は、付加給付を考慮すると給与の見かけ以上に大きいのである。

(2) 付加給付費の国際比較

日本企業は社員の生活保障を重視する人事管理をとっているので、国際的にみて福利厚生や退職給付に多くの費用をかけていると考えられてきたと思うが、現実の姿はそれとはかなり異なっている。表10-2に基づいて日本企業の付加給付の特質を整理すると、以下のようになる。

第1に、労働費用に占める「現金給与以外」(つまり付加給付費)の「合計」の割合をみると、日本が欧米先進国に比べて福利厚生や退職給付に多くの費用をかけているということはない。むしろ日本はイギリスとともに最低の水準であり、それに対してフランス、次いでドイツとアメリカが高くなっている。

　第2に、付加給付費の内部構成では、フランス次いでドイツと日本は法定福利費が大きいのに対して、アメリカとイギリスは法定外福利費が大きい。とくに後者の傾向はアメリカにおいて顕著であり、その背景には、医療保険を中心とする福利厚生費が大きな負担になっていることがある。また退職金等については日本とアメリカの比率が大きい。

　第3には、データは示していないが、いずれの国の企業も年金や医療のための福利厚生費の増加が重要な経営問題になっている。

(3) 付加給付の課題と再編

　法定福利厚生と退職給付が労働費用の膨張圧力になっていることを説明したが、そうした傾向は今後も間違いなく進むことになろう。たとえば、社員の高齢化が進めば、退職給付のための費用は増加するだろう。

　しかも、企業の裁量が及ぶ分野であるとはいえ、その増加を抑えることは難しい。それは退職給付の制度が労使間の長期的な約束として設計されているからである。また法定福利費については、少子高齢化が進むなかで健康保険、年金などの社会保険料の負担増は避けられない。

　そうなると、付加給付のための費用は構造的に増加する。しかもそれは、経営業績にかかわらず負担しなければならない固定費的な性格をもつので、これからも企業経営にとって頭の痛い問題であり、付加給付の再編圧力になっている。図10-1の「全体」をみると（同図での福利厚生は付加給付のことを表している)、「再構築の予定はない」の現状維持派は半数の企業にとどまり、「再構築を検討したい」と「検討したいが困難」の消極的リストラ派が33.1%、「再構築を実施・検討中」の積極的リストラ派が15.9%に達している。

　さらにここで、付加給付費の企業規模間格差が非常に大きいことを思い出してほしい。そうなると付加給付費の増加に悩むのは、もともと大きな費用をかけてきた大手企業である。同図をみても、大手企業になるほどリストラ派が多くなり、社員300人以上の企業ではリストラ派が7割を超え、う

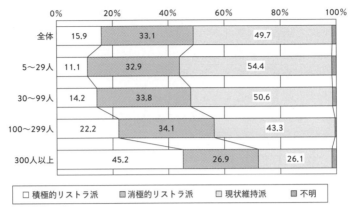

図10-1 》》 **福利厚生の再構築の実施状況（企業規模別）**

注：図中の積極的リストラ派は「再構築を実施・検討中」、消極的リストラ派は「検討したい」
と「検討したいが困難」、現状維持派は「再構築の予定はない」の回答である。
出所：生命保険文化センター『企業の福利厚生制度に関する調査』(2002年)

ち積極的リストラ派が45％も占めている。

　このようにみてくると、付加給付のリストラには第1に、企業の裁量が及ぶ退職給付と法定外福利厚生が主要な対象であること、第2に、もっぱら大企業の問題であることの2つの特徴がある。

　これまでは主に費用の面から付加給付管理の全体をみてきたので、以下では、福利厚生と退職給付のそれぞれについて詳しく説明したい。

3 福利厚生の管理

1. 福利厚生の目的

　福利厚生とは、社員およびその家族の福祉の向上のために、現金給与以外の形で企業が給付する報酬の総称であり、そのための福利厚生管理の特徴は、どのようなねらいをもった報酬であるのか（目的）、その報酬はどのような仕組みによって社員に配分されるのか（制度）の観点からみることができる。

福利厚生には2つの目的がある。第1は、健康保険や厚生年金保険などの社会保険制度に基づき法的に義務付けられた保険料を負担するなどによって、公的な社会保障システムの一翼を担うことであり、この目的に対応するのが法定福利厚生である。もうひとつの分野である法定外福利厚生は、社員およびその家族の福祉の向上をはかることを通して、人材の確保と定着、労使関係の安定をはかることが目的である。

このように法定外福利厚生は人材の確保・定着などの人事労務管理上の機能を担うことが期待されている一方で、社員などの福祉向上の機能をもつため、仕事や成果にかかわらず、生活上のニーズに合わせて報酬を社員に平等に配分するという性格を強くもっている。

2. 法定福利厚生

(1) 社会保険制度

法定福利厚生には労災保険、雇用保険などからなる労働保険と、健康保険、厚生年金などからなる社会保険の2つの分野があるので、それぞれについて概要を説明しておきたい。

日本の公的年金制度は、図10-2に示してあるように国民年金と上乗せ制度の2つから構成され、国民すべてが国民年金に加入し、基礎年金給付を受ける国民皆年金の仕組みをとっている。自営業、学生などの第1号被保険者と専業主婦などの第3号被保険者は国民年金のみに加入するが、第2号被保

図10-2 》 **年金制度の概要**

険者の被用者の場合には国民年金に加えて厚生年金の上乗せ制度に加入する。厚生年金制度の保険料は月収、賞与の18.30%（2017年9月改定の料率）であり、労使が折半して負担する。

　医療保険とは、病気やけがに備えて保険料を出し合い、医療サービスを受けたときに保険から医療費を支払う仕組みであり、日本ではすべての国民が公的医療保険制度に加入する国民皆保険制度がとられている。医療保険制度には医療保険、高齢者医療などがあり、医療保険には労働者を対象にした職域保険と、自営業などの労働者以外を対象にした国民健康保険がある。前者の職域保険の代表的な制度は、主に中小企業の労働者を対象にした全国健康保険協会管掌健康保険（2008年までは政府管掌健康保険）と、大手企業の労働者を対象にした健康保険組合を保険者とする組合管掌健康保険の2つであり、保険料の負担は原則労使折半である。

（2）労働保険制度

　つぎに労働保険制度についてみると、雇用保険制度は雇用保険法に基づき、原則的に労働者を雇用するすべての事業主に適用される制度であり、①労働者が失業した場合、雇用の継続が困難になった場合などに、生活および雇用の安定と就職の促進のために失業給付などを支給すること、②失業の予防、労働者の能力開発などを行うことを主要な事業としている。保険料は一般企業の場合で、賃金額の1000分の6が事業主負担、1000分の3が労働者負担である（保険料は変動するので、2019年度の保険料を示してある）。

　労働災害保険制度は労働災害補償保険法に基づき、労働者が業務上の災害や通勤による災害を受けた場合に、被災労働者や遺族を保護するために必要な保険給付を行う制度である。事業主が保険料を全額負担し、保険料率は事業の種類によって決定される。

3. 法定外福利厚生

（1）事業内容の概況

　法定外福利厚生の事業の内容は、表10-3に示すように住宅関連、医療保険、生活援助、文化・体育・娯楽関連の事業分野からなり、各分野には多様な施設、サービス、活動が含まれている。

表10-3 >> 法定外福利厚生の概要と費用構成

区分	費用の構成（％）			
	1985年	1995	2005	2015
住宅関連	39.5	46.3	49.9	47.3
医療保険	15.2	15.7	19.5	23.9
医療保険関連	6.7	5.6	6.7	13.4
私的保険制度への拠出金	6.6	8.4	10.5	8.5
労災付加給付	1.9	1.7	2.3	2.0
生活援助	20.1	17.9	14.8	15.3
食事関連	14.0	10.6	9.1	9.4
慶弔見舞等	3.6	3.4	3.2	3.4
財形奨励等	2.5	3.9	2.5	2.5
文化・体育・娯楽関連	12.1	8.6	6.0	5.9
その他	13.0	11.6	9.9	7.7
構成比（％）	100.0	100.0	100.0	100.0
1人1カ月平均法定外福利費（円）	10,022	13,682	9,555	6,528

出所：厚生労働省『就労条件総合調査』

　個々のサービスに投入される費用の構成（2015年）をみると、住宅関連が全費用の半分（47.3％）を占め、法定外福利厚生の最も重要な分野であることが分かる。それ以外については、医療保険23.9％、生活援助15.3％、文化・体育・娯楽関連5.9％である。

　こうした費用の構成は、ゆっくりではあるが確実に変化してきている。1985年と2015年の30年間の変化をみると、住宅関連分野が39.5％から47.3％へと約10％増加している。同様に医療保険も増加傾向にある。それに対して生活援助（とくに食事関連）と文化・体育・娯楽関連は減少幅が大きい。

　前述したように法定外福利費は、趨勢的に増加する法定福利厚生と退職給付の費用を賄うために抑制されてきた。そのなかにあって、生活上の緊急性が薄い生活援助と文化・体育・娯楽関連の分野を削減する一方で、業務上の必要性が大きい住宅関連と生活上のリスクに備えるための医療保険を拡充するという対応がとられてきたといえるだろう。

（2）課題と対応

　法定外福利厚生の管理はいくつかの課題に直面している。第1は、これまで繰り返し指摘した、原資に関わる「法定外福利厚生原資の合理化」の課

題である。原資の合理化を進めるのであれば、「あれもこれも行う」という
わけにはいかず、事業分野の選択と集中が求められる。

第2の課題は、原資の各事業への配分に関連した「社員ニーズの多様化へ
の対応」である。生活の価値観やスタイルが変わるなかで、社員の福利厚
生に対するニーズは多様化している。しかし、伝統的な制度は同じサービ
スをすべての社員に一律に提供することを重視して作られてきたので、ニ
ーズの多様化に合わせた再編が求められている。

さらに、法定外福利厚生に対する企業のねらいが変化しつつある。これ
までは生活保障機能を重視してきたので、生活上のニーズに合わせてサー
ビスを平等に提供することを重視してきた。しかし、ここにきて、法定外
福利厚生も会社に対する貢献度によって決めるという考え方が強まり、制
度の「成果対応型への再編」が求められている。

章末のパソナの事例で紹介してあるカフェテリアプランは、これらの課
題に対応した代表的な施策であるので、ぜひ参照してほしい。

4 退職給付の管理

1. 退職給付の目的

(1) 退職給付は「何に対する報酬か」

退職を契機に、あらかじめ定められた就業規則、労働協約などにより社
員に支払われる報酬が退職給付であり、そのための管理が退職給付の管理
である。その特徴は、これまでと同様に、①どのようなねらいをもった報
酬とするのか（目的）、②その報酬のためにどの程度の費用を投下するのか
（費用）、③その報酬をどのような仕組みで社員に配分するのか（制度）の3つ
の観点からみることができる。費用についてはすでに説明したので、以下
では目的と制度の面からみていきたい。

まず目的については、退職給付は「何に対する報酬なのか」「どのような
役割をもつ報酬であるのか」の2つの面からとらえることができる。まず前
者については、退職給付は、退職する社員に対して「これまで立派に働い

図10-3 >> **退職給付の理論モデル**

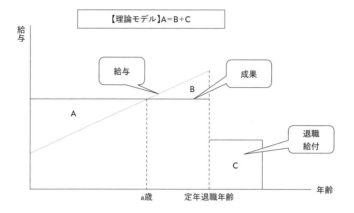

てくれてご苦労さん」といって会社が温情的に支給する功労金であるとする「功労褒賞金説」と、給与の一部を積み立てて退職時に受け取る、つまり労働者が権利として当然受け取れる給与の一形態であるとする「賃金後払い説」の2つの考え方がある。

どちらかというと、経営側は「功労褒賞金説」を、組合側は「賃金後払い説」を支持してきたが、後者の「賃金後払い説」が主流になってきている。それにはいくつかの理由がある。

第1には、退職給付の支給額の決め方があらかじめ制度化されているので、会社が温情的という意味で自由に決定できる状況にはない。第2に、退職給付の会計原則によって、企業には退職給付制度に基づき、将来支払わねばならない原資を積み立てておく責任が課せられている。さらに、退職給付にかかる費用を給与の一部として毎月支払う「退職金の前払い制度」を導入する企業が出てきていることは、経営側も「賃金後払い説」を公式に認めつつあることを示しているといえよう。

図10-3はこの「賃金後払い説」を理論的に整理したものである。若いうちは会社に対する貢献度（成果）より低めの給与をもらうので、この間に社員は会社に「A」の金額を貸したことになる。しかし、年齢が高くなると給与は貢献度を超えて高くなる。その超過部分を「B」とすると、個人は会社に貸した「A」を、この「B」と退職給付の「C」で返してもらうということになり、「A」＝「B」＋「C」の恒等式が成立する。

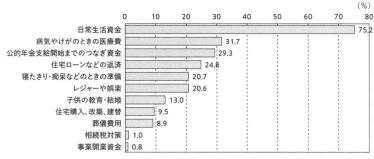

図10-4 » **退職給付の使途**

(%)

日常生活資金	75.2
病気やけがのときの医療費	31.7
公的年金支給開始までのつなぎ資金	29.3
住宅ローンなどの返済	24.8
寝たきり・痴呆などのときの準備	20.7
レジャーや娯楽	20.6
子供の教育・結婚	13.0
住宅購入、改築、建替	9.5
葬儀費用	8.9
相続税対策	1.0
事業開業資金	0.8

出所：図10-1と同じ

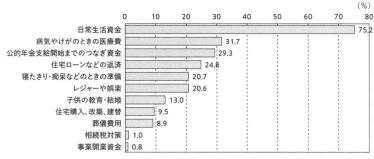

（2）退職給付は「どのような役割をもつ報酬か」

　つぎの「どのような役割をもつ報酬か」は、図10-4をみてほしい。退職給付の使途についての定年到達者の回答は、「日常生活資金」（75.2%）が最も多く、「病気やけがのときの医療費」（31.7%）と「公的年金支給開始までのつなぎ資金」（29.3%）がそれにつづく。このことから、退職給付が老後の生活保障のための重要な所得であることが分かる。

　他方、企業は社員に対する勤続奨励策としての機能を期待しており、だからこそ、後述するように、退職給付の算定方式が勤続年数の長い人に有利なように設計されているのである。

　以上の点を上の図10-3に基づいて説明すると、次のようになる。定年退職すると「A」＝「B」＋「C」になり、それ以前に退職すると「C」が減額されるように、しかも、早期に退職するほど減額幅が大きくなるように制度を設計しておく。そうすると、たとえば、a歳から定年年齢までのある時点で退職すると、「B」の全額をもらえないうえに、退職給付の「C」も少なくなり、しかも、早期に退職するほど減少幅が大きくなるので、a歳までの若いときに会社に貸し付けた「A」を回収できなくなる。その結果、社員はできる限り長く会社に勤めようとする、というわけである。

2. 退職給付の制度──2つの支払い形態

　退職給付の制度には「退職給付をどのように決定するのか」に関わる給付額を決める制度と、それを「どのように支払うのか」に関わる支払制度

表10-4 ≫ **退職金制度の実施状況（企業比率）規模30人以上（2017年）**

	退職給付制度がある		退職給付（一時金）のみ	退職給付（年金）制度がある	退職給付（年金）制度のみ	退職（一時金）制度との併用
規模計	（80.5）	100.0	73.3	26.7	8.6	18.1
1000人以上	（92.3）	100.0	27.6	72.4	24.8	47.6
300〜999	（91.8）	100.0	44.4	55.6	18.1	37.5
100〜299	（84.9）	100.0	63.4	36.6	12.5	24.1
30〜99	（77.6）	100.0	82.1	17.9	5.4	12.5

注：図表中の（ ）は、退職給付制度のある企業の比率を示している。
出所：厚生労働省『就労条件総合調査』

の2つがあるので、まず支払制度について説明しておきたい。

　退職給付というと、すぐに社員が退職時に一括して受け取る一時金を思い浮かべるだろう。しかし上記したように、退職給付は企業が退職にともない社員に支払う報酬の総称であり、現在では、一時金（退職一時金）と企業年金の2つの支払い形態をもつ制度として設計されている。しかも支払い形態は変化しつつあり、退職一時金のみを採用する企業が減少し、退職一時金と企業年金の一体運営が広まりつつある。

　表10-4に示したように、「退職給付（一時金）のみ」という企業が73.3％と多くを占め、「退職給付（年金）制度がある」は3割程度である。しかし大手企業では企業年金が中心になり、社員1000人以上の企業は、「退職給付（一時金）のみ」はわずか3割であり、「退職（年金）制度がある」が7割、それも「退職（一時金）制度との併用」が5割を占めている。

5 退職一時金制度

1. 給付額を決める制度

　つぎの給付額を決定する制度は、退職一時金と企業年金のそれぞれについて理解する必要がある。企業年金については後述することにして、ここでは退職一時金についてみておきたい。

　退職一時金の支給額は、一般に〔退職一時金＝算定基礎給×支給率×退職事由による係数〕の方式で算定される。退職一時金の特質を理解するには、この算式のなかにある3つの要素の特性に注意しておく必要がある。第1に、「算定基礎給」として勤続年数が長いほど高くなる退職時の基本給が使われ、第2に、「支給率」は長期勤続者に有利なように勤続年数にリンクして設定され、第3に、「退職事由による係数」は自己都合の退職者に比べ定年退職者と会社都合の退職者に有利なように設定されている。そうなると、勤続年数が長い社員（とくに定年退職者）ほど有利になり、逆に勤続年数が短く自己都合で退職する社員ほど不利になる。退職給付制度は、間違いなく基幹的な社員の定着促進をねらった制度として設計されている。

　ここで、表10-5の大卒者の勤続年数別、退職事由別にみたモデル退職金をみてほしい。これによると、22歳で入社し38年間勤続したのちに60歳で退職（会社都合）した社員は2800万円の退職一時金を受け取り、その額は月収の約46カ月分に当たる。この退職一時金は、当然のことながら勤続年数に比例して増加するが、それとともに重要な点は、勤続に比例して増加スピードも速まることである。

　この点は同表の「会社都合の勤続年数1年当り金額」の欄をみると分かりやすく、勤続が長くなるほど、勤続が1年延びることによる退職金の増加額

表10-5 》 **大卒・事務技術（総合職）社員のモデル退職金の構造（2017年）**

勤続年数	年齢	会社都合		自己都合		会社都合の勤続年数1年当り月数	会社都合の勤続年数1年当り金額	自己都合の会社都合に対する比率
		退職金（千円）	月収換算（月）	退職金（千円）	月収換算（月）	（月）	（千円）	（％）
（年）	（歳）							
3	25	721	2.9	317	1.3	0.97	240	0.44
5	27	1,244	4.5	615	2.3	0.90	249	0.49
10	32	3,297	9.4	1,915	5.5	0.94	330	0.58
15	37	6,287	14.9	4,312	10.2	0.99	419	0.69
20	42	10,106	20.1	8,224	16.5	1.01	505	0.81
25	47	15,080	27.8	13,011	24.0	1.11	603	0.86
30	52	21,836	35.6	19,707	31.9	1.19	728	0.90
35	57	25,910	43.4	24,346	40.2	1.24	740	0.94
38	60	28,005	45.7	26,320	42.7	1.20	737	0.94

注：1. 退職一時金と退職年金の併給の場合の退職金額には退職年金現価額が含まれる。
　　2. 月収換算は所定内賃金に対する割合。
出所：中央労働委員会『退職金年金および定年制事情調査』

は急増する。たとえば、勤続3年の場合には、勤続が1年延びても退職一時金は24.0万円しか増えないが、勤続20年になるとそれが50.5万円に、勤続30年になると実に72.8万円になる。それは、前述した算定式のもとで算定基礎給と支給率が勤続に比例して増加するからであり、同表の「月収換算」の数値は支給率の動きを反映している。

　退職金のもうひとつの重要な点は、退職事由によって金額が異なることであった。この点をみるために、同表の「自己都合の会社都合に対する比率」の欄をみてほしい。これによると、退職金は自己都合の理由で退職すると不利になるように決められている。つまり、前述の算定式のなかの「退職事由の係数」は、自己都合退職者に不利になるように設定されている。しかもその傾向は、短期勤続者で顕著である。たとえば勤続3年あるいは5年で自己都合退職した社員の退職金は、同比率から分かるように、会社都合の場合の約半分にとどまる。

　ただし、こうした自己都合と会社都合の格差は勤続が長くなるほど縮小し、とくに高齢層については、転職を促進するというねらいから格差をなくすという施策がとられている。

2. 退職一時金の改革

(1) 給付額を決める制度の改革

　このように長期勤続者に有利に作られていることが今日、退職一時金の改革を促進する背景になっている。平均的な日本企業をみると、社員の年齢構成は確実に高齢化し、それにともなって勤続年数は延びている。その結果、先に説明した算定式に沿って、企業の退職金負担は確実に増大するからである。これに対して企業は一貫して、退職一時金の増加を抑制する方針をとってきた。

　そうなると、その背景にある給付額を決定する制度の改革が問題になる。制度の改革には、大きく算定方式の骨格を変えずに修正する方向と、骨格そのものを変える方向の2つがある。まず前者については、〔退職一時金＝算定基礎給×支給率×退職事由による係数〕の算定式の構造をみれば概ね想定できる。

　つまり算定方式のなかの支給率を変えるか、算定基礎給を変えるかであ

る。分かりにくい後者の方法について説明すると、基本給の一部を算定基礎給とすることにより算定基礎給の削減をはかる方法が代表的であり、この新しい算定基礎給を第2基本給と呼ぶ企業もある。そうなると、毎年の定期昇給やベースアップによって基本給が上がっても、算定基礎給に反映されるのはその一部ということになるので、退職一時金のための費用負担の増加を抑制できる。

　この方法は表10-6のなかの「一部の基本給」に当たり、2017年現在で「退職時の賃金」を算定基礎給とする企業58.4%のなかで、「一部の基本給」とする企業は約2割（17.0%）であり、「全ての基本給」とした伝統型の算定方式をとる企業は約4割（41.3%）である。

　もうひとつは、算定方式の骨格を変える、つまり伝統的な算定方式とは異なる算定方式をとる方向であり、同表の「別に定める金額」がこれに当たり、2017年で4割を超える企業がこの方法を採用している。

　このなかの代表的な方式には、算定基礎額を賃金とは別の体系として決

表10-6 》 **退職一時金算定基礎額の種類別企業構成**

| | 社内準備採用企業 | 退職時の賃金 | | | 別に定める金額 | | | | | その他 |
		計	全ての基本給	一部の基本給	計	別テーブル方式	定額方式	点数方式	その他	
1997年	[68.3] 100.0	70.9	39.6	30.8	30.6	7.9	15.6	8.2	0.7	1.4
2007年	[64.2] 100.0	56.6	34.2	22.4	44.2	15.7	11.1	18.0	0.9	3.9
2017年	[57.0] 100.0	58.4	41.3	17.0	43.8	15.6	9.1	19.4	1.8	1.8
規模別 1000人以上	[91.4] 100.0	33.9	21.1	12.8	69.2	16.1	6.6	49.4	0.9	0.5
300〜999人	[81.6] 100.0	40.7	28.5	12.2	61.7	17.6	7.9	37.4	0.7	1.0
100〜299人	[67.9] 100.0	54.8	39.5	15.4	47.8	13.0	10.1	26.5	0.3	0.2
30〜99人	[52.9] 100.0	64.5	45.5	18.7	37.4	16.4	8.9	11.5	2.6	2.7

注： 1. 「別テーブル方式」とは、退職金算定のために賃金表とは別に算定基礎額表を設けているもので、算定基礎額を賃金とは別の体系又はテーブルにしているものをいう。
　　 2. 「定額方式」とは、例えば勤続年数別に退職一時金額そのものを事前に定めているものをいう。
　　 3. 「点数方式」とは、例えば一般に点数×単価の形がとられ、職能等級別に一定の点数を定め、それに在級年数を乗じて入社から退職するまでの累積点を算出し、これに1点あたりの単価を乗じる方式（持ち点方式）をいう。
　　 4. [ ] 内の数値は、退職一時金制度がある企業に対する支払い準備形態として社内準備がある企業の割合である。
　　 5. 複数の制度をとる企業があるので、内訳の合計は100%を超えることがある。
出所：労働省（現厚生労働省）「賃金労働時間制度等総合調査」、厚生労働省 「就労条件総合調査」（2001年以降）

めている別テーブル方式、勤続年数に対応して一定額を決めておく定額方式、職能資格制度にリンクさせて退職金を決める点数（ポイント）方式がある。

とくに注目されるのがポイント方式である。ある資格に格付けされているときの勤続1年当たりの点数を決めておく。もちろん、高い資格のほうが高くなるように設定する。この方式に基づいて退職までの総点数を計算し、それに一定の単価をかけて退職一時金を算定する。この方式をとることによって、第1には、より高い成果を上げてきた（つまり、より高い資格により長く格付けされてきた）社員により多くの退職金を支払うことができるので、退職一時金を成果対応型に再編できる。第2に、基本給と切り離したので、ベースアップなどによって基本給が上がっても、点数の計算方式と単価を変えない限り、退職金の増額を抑えることができる。

(2) 支払制度に関する改革

さらに支払制度に関わる改革もあり、退職一時金を企業年金に転換するというのがその最も重要なものである。その背景には、将来の支払いに要する資金を企業年金として定期的に積み立てれば負担の平準化がはかれるということとともに、以下のことがある。退職一時金の管理は、将来の支払い準備が十分できているのかという深刻な問題に直面してきた。そのため支払い能力を確保する対策が求められ、政府は2001年に新しい退職給付会計を導入した。これは退職一時金と企業年金を退職給付として包括的に扱い、企業に対して退職一時金・企業年金の積み立て不足の開示と補塡を義務付けたものである。企業も支払い能力確保の有力な方法のひとつとして、退職一時金の企業年金化を進めたのである。

もうひとつ忘れてならない改革の動きは、退職金の賃金化である。これは、退職一時金のために会社が積み立てておかねばならない資金を賃金としてその都度前払いするという、一種の「退職金の前払い制度」である。松下電器産業（現パナソニック）が1998年に他社に先駆けて導入した制度である。これがどのような効果を発揮し、どの程度普及するかについて判断することは難しい。しかし、同社に追随する企業が何社も出てきていることと、もし広く普及すると退職金制度そのものの存在基盤が問われることになるので、今後の動きを注目しておく必要がある。

6 企業年金

1. 企業年金の仕組み

　日本の年金制度は公的年金と企業年金からなる2階建て方式であり、図10-5はその概要を示している。公的年金は、法定福利厚生との関連で説明したように、すべての国民が加入する基礎年金（国民年金）と報酬比例部分の年金の2つから、さらに後者は、被用者が加入する厚生年金保険（公務員などを対象にした旧共済年金も含む）、自営業者等の国民年金基金などから構成される。そのうえにある企業年金は、厚生年金基金、確定給付企業年金、確定拠出年金（企業型）などの複数の制度が並立している。

　以前の企業年金の代表的な制度は、厚生年金基金と適格退職年金であった。将来の給付額を保障している確定給付型であることなど両制度には共通する部分が多いが、運営形態に大きな違いがあった。適格退職年金は、企業が運営主体になり、生命保険会社などと契約して掛金を積み立てるという運営形態をとっているのに対して、厚生年金基金は、厚生年金の一部を代行し、それに企業独自の年金を上乗せする制度であり、企業が設置する厚生年金基金が運営の主体になる。

　両制度からなる年金制度は、1990年代の環境変化のなかで見直しを迫られた。両制度とも確定給付型であるため、運用環境の悪化のなかで年金資

図10-5 ≫ 年金制度の体系

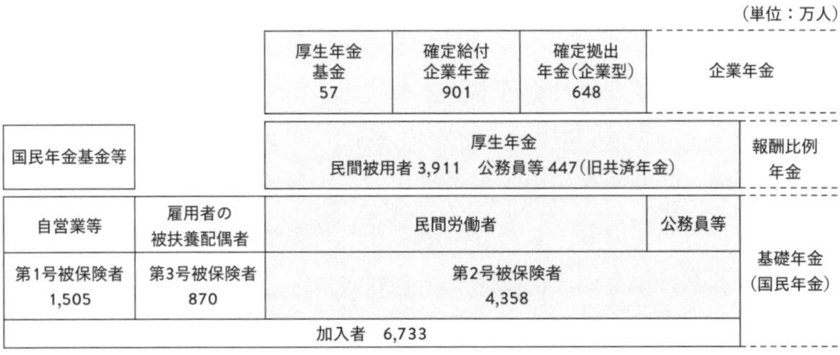

（単位：万人）

	厚生年金 基金 57	確定給付 企業年金 901	確定拠出 年金(企業型) 648	企業年金	
国民年金基金等	厚生年金 民間被用者 3,911　公務員等 447(旧共済年金)			報酬比例 年金	
自営業等	雇用者の 被扶養配偶者	民間労働者	公務員等	基礎年金 (国民年金)	
第1号被保険者 1,505	第3号被保険者 870	第2号被保険者 4,358			
加入者　6,733					

注：2018年3月末現在
出所：企業年金連合会
　　　(http://www.pfa.or.jp/nenkin/nenkin_tsusan/nenkin_tsuusan01.html)

産の積み立て不足が発生し、企業はその補填に苦しむという状況が起こった。とくに厚生年金基金の場合には、厚生年金の代行部分が運用環境の悪化のなかで企業にとって大きな負担になり、代行部分の返上を認めるべきとの声が経営側から出されるようになった。さらに2001年に退職給付会計が導入されることによって、積み立て不足が表面化し、改革に拍車がかかった。

このような背景のもとで2001年に成立した新企業年金法に基づいて、新しい確定給付企業年金と確定拠出年金（企業型）が設立され、既存の厚生年金基金は厚生年金の代行のない他の制度への移行が認められ、適格退職年金は2012年までに廃止されることになった。

確定給付企業年金には、労使合意による年金規約に基づき、信託銀行、生命保険会社などの外部機関に積み立てる規約型と、厚生年金の代行部分のない基金による基金型があり、受給権保護のために統一的に定められた積み立て義務、受託者責任の明確化、情報開示の基準を満たすものについて承認されるとされた。

もうひとつの確定拠出年金（企業型）は、拠出された掛金が個人ごとに明確に区分され、掛金と運用収益で給付額が決定される。したがって運用実績によって給付額が変動する年金である。401kと呼ばれるアメリカの確定拠出型企業年金を参考にしていることから、日本版401kとも呼ばれている。

なお章末のエスエス製薬の事例では、厚生年金基金を確定給付年金、確定拠出年金へと再編した企業の例が紹介されているので参照してほしい。

2. 企業年金の特質と課題

こうした企業年金には、日本的ともいえるいくつかの特徴がある。まずは、企業年金の主流が退職一時金から転換してきた制度であるため、年金給付に退職一時金的な仕組みが組み込まれ、ほとんどの企業が年金と一時金の選択を認めている。しかも年金より一時金で受け取るほうが税制上有利であること、年金には物価スライド制がないので将来の受け取り額に不安があることなどの理由から、多くの社員が年金を一時金の形態で取得している。

第2の特徴は、有期年金制度が多いことである。年金制度は老後の収入を

保障する制度であるので終身支給が原則であり、国民年金も厚生年金も終身年金になっている。しかし、たとえば代表的な企業年金であった適格退職年金の多くは支給期間が有期であり、その主流は10年年金である。これには、退職一時金の積み立てを目的としたものが多い、年金といいながら多くの社員が一時金で受け取っている、終身年金にすると財源の確保が難しいなどの背景がある。

このような特徴をもつ企業年金は現在、いくつもの問題に直面している。年金給付の面では、終身年金化が遅れていること、インフレによる支給額の目減りに対する保障が不十分であること、退職給付を年金として受け取ると退職一時金に比べて税制面で不利であることが問題として挙げられる。

また、すでに説明したように確定給付型の場合には、積み立て不足のリスクがある。積み立て不足を埋められるか否かは企業の支払い能力に依存し、最悪の場合には約束された年金額を受け取れない、企業年金を解散せざるをえないなどの深刻な事態が起こる。これが確定拠出型の制度が導入された理由のひとつになっていることは、すでに説明した通りである。

case

パソナのカフェテリアプラン

●カフェテリアプランのねらい

人材派遣業最大手のパソナは、1999年に福利厚生にカフェテリアプランを導入した。このプランは、社員に成果などにリンクしてポイントを配布する、社員はそのポイントを使って自分がほしい福利厚生サービスを購入するという仕組みである。それには主に3つのねらいがある。

①福利厚生の成果主義化：これまでの福利厚生は扶養家族の有無などの個人的な事情によって給付が異なり、社員間に不均衡が生じていた。そこで同プランを導入することによって、業績への貢献度や能力の発揮度を福利厚生に反映させる。

②福利厚生コストの適正管理：後述するように、社員1人当たりのポイント数とポイント当たりの単価を決めるので、福利厚生費を適正に管理しやすい。

③社員のニーズの多様化への対応：社員の福利厚生に対するニーズ
　は多様化しているので、多様なメニューを用意し、社員が選択で
　きるようにできる。

●ポイントを決めるシステム

　社員が獲得できるポイント数は、全員一律分（120点）に能力や業績
などにリンクするポイント数が加算されて決まる。ポイント単価は
1000円で設定されており、導入初年度の同プランの総原資は約1.2億円
である。

　ポイント数の決め方の概要は表10-7の「ポイントの計算方法」をみ
てほしいが、分かりにくい部分について説明しておきたい。業績ポイ
ントを決める人事考課はS、A、B、C、D、Eの6段階評価であり、その
うちポイントの対象になるのはS（20ポイント）とA（15ポイント）である。
ヒューマンポイントの対象になる公的活動の評価はS、A、Bの3段階で
あり、それに対応するポイントは20、15、10である。

　資格ポイントでは税理士（40ポイント）や社会保険労務士（30ポイン
ト）が高ポイント資格であり、最低の10ポイントの資格には初級シス
テムアドミニストレータ、秘書検定などがある。同社では毎年1回、企
業人として必要とされる実務上の知識を問うための社内試験「パソナ
プロフェッショナルテスト」を実施している。テストのポイントは、こ
の試験の好成績者をS（20ポイント）、A（15ポイント）、B（10ポイント）の
3段階で評価してポイントを付与するものである。

●選択できる福利厚生サービスのメニュー

　社員が選択できるメニューを設計するに当たり、同社は以下の点を
重視している。第1は、社員の生活安定や働きやすさを援助するととも
に自己啓発を促進するメニューにすること。同社はそれ以前にも業務
に直結する講座の受講を補助する自己啓発補助制度をもっていたが、同
プランの導入にともない「業務に直結」の制限を外し、趣味の講座も
認めるように改めている。

　住宅政策は福利厚生のなかで最も費用のかかるサービス分野である
が、それまでは自宅通勤社員はその恩恵を受けられないなどの不公平
が生じていた。そこで第2に、住宅に関するサービスをメニューに組み
込み、社員が受ける福利厚生サービスの平準化をはかることが重視さ

表10-7 》 **カフェテリアプラン**

【ポイントの計算方法】

ポイントの種類			ポイント付与の対象	付与ポイント
ベーシックポイント			全社員一律	120
インセンティブポイント	キャリアポイント	能力ポイント	管理職。ランク別のポイント	20〜70
		業績ポイント	人事考課の好成績者	15〜20
	ヒューマンポイント		社会的評価を受けた公的活動	10〜20
	チャレンジポイント	資格ポイント	業務上必要な資格の取得者	10〜40
		テストポイント	社内テストの好成績者	10〜20

【選択メニュー】

サービスの区分	サービスの内容
マイホームサポート	住宅の賃貸、ローン、修繕・新築・改築への費用補助
マネーサポート	財形貯蓄などの積立額に対する補助
ライフサポート	医療、人間ドック、保険料に対する補助
ファミリーケアサポート	介護、育児のための費用に対する補助
バラエティーサポート	パソナグループ会社の商品・サービスの購入費への補助
ブラッシュアップ	社内外講座、自己啓発用図書購入の費用への補助
リフレッシュサポート	余暇活動の費用への補助

出所：「パソナ—インセンティブポイントで社会貢献、資格取得を反映」(『労政時報』第3448号〈2000年6月16日〉)

れている。

　福利厚生サービスには、カフェテリアプランの対象となるサービスと対象外のサービスの2つがあり、後者には共済制度、食堂、社内預金・財形貯蓄・個人年金、小口融資制度、慶弔見舞金などがある。前者のカフェテリアプラン対象のサービス内容の概要については、同表の「選択メニュー」を参照してほしい。

注：「パソナ—インセンティブポイントで社会貢献、資格取得を反映」(『労政時報』第3448号〈2000年6月16日〉)に基づき作成。

エスエス製薬の退職給付制度の転換

●厚生年金基金から確定給付企業年金への転換

　医薬品メーカー大手のエスエス製薬は、医薬品業界の大きな転換期のなかで競争力を高めるには優秀な人材の確保が重要であり、そのためのインセンティブプランの一環として退職給付制度の再編を進めてきた。

　もともと同社の制度は、55歳到達時に退職金を確定し、その半分を一時金として同時点で支給し、残りの半分を60歳時点から厚生年金基金より支給する仕組みをとってきた。厚生年金基金は資産の外部保全体制の確立、終身年金の充実などのメリットが大きく、社員の福祉向上に大きく寄与した。

　しかし21世紀に入り、資産運用の低迷、退職給付会計の導入により退職給付債務が大きな問題になり、2004年に厚生年金基金の代行部分を返上し、確定給付企業年金に移行した。さらに2006年4月には、確定給付企業年金を運用実績に連動して給付が変動する制度（キャッシュバランスプランと呼ばれている）に変更した。同プランでは、利率は10年国債の過去5年の平均利率が用いられ、利率の変動範囲は年2.0〜5.5%の範囲である。

●さらに確定拠出年金制度の導入へ

　退職給付債務の解消という重要な経営課題を解決するためには、厚生年金基金の代行返上と確定給付企業年金への移行では十分でないとの判断から、同社はさらに2006年10月に確定拠出年金制度を導入した。これによって同社の新しい退職給付制度は、以下の特徴をもつ制度になった。

　第1に、同制度発足時にすでに雇用されている社員については従前のキャッシュバランスプランのままとし、それ以降に入社する者について確定拠出年金制度を適用する。したがって、2007年4月入社の新入社員から適用され、全社員がこの制度の適用を受けるようになるには約40年を要すると想定されている。

　第2に、確定給付型と確定拠出型の2つの制度が並立する退職給付制

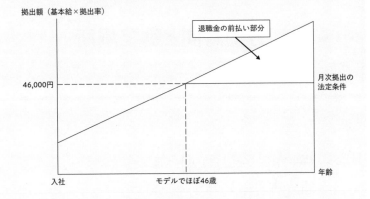

図10-6 》 確定拠出型企業年金の拠出額の仕組み

度であるが、会社の負担する掛金額は制度にかかわらず同じ水準である。ただし確定拠出型の場合には、会社の拠出金額の限度額が法律で設定されているため、図10-6に示してあるように、限度額を超える分については現金支給（つまり退職金の前払い）を行う。現在のモデルでは、おおよそ46歳を超えると現金支給の対象になる。

　第3には、キャッシュバランスプランは6割を年金として、4割を一時金として受け取る設計であり、確定拠出年金制度は一時金受け取りと年金受け取りの割合を選択できる制度として設計されている。

　新しい確定拠出年金制度のもうひとつの重要な点は、社員が適切な資産運用ができるように十分な投資教育を行うことが義務付けられていることである。同社では、新入社員については、新入社員研修のなかで2時間半をかけて、中途採用者については、入社時期がバラバラであることなどから1時間半程度をかけて、個別に制度について説明している。

注：「確定拠出年金制度～（事例）エスエス製薬」（『人事実務』第1015号〈2007年6月1日〉）に基づき作成。

労働時間と勤務場所

1 多様化・柔軟化する 労働時間と勤務場所

　従来、労働時間は、始業時間と終業時間が定められ、その長さも固定されていることが一般的であった。しかし最近は、労働時間制度の多様化と柔軟化が進展している。

　労働時間制度の多様化や柔軟化は、労働サービス需要の変化に柔軟に対応できるようにするだけでなく、生活と仕事の両立をはかり、働き方や仕事の進捗に合わせて労働時間の使い方を自分で選択したいとする、社員側の就業ニーズを満たすものでもある。こうした制度として、フレックスタイム制、裁量労働制、短時間勤務、ジョブ・シェアリングなどを挙げることができる。

　勤務場所についても柔軟化と多様化が進みつつある。社員の住まいの近くにサテライト・オフィスを設けたり、自宅を職場とする在宅勤務制（勤務日数の一部を在宅勤務とする部分在宅を含む）を導入したりするなど、社員の働く場所の選択肢を拡大する企業もみられる。

　こうした背景には、インターネットなど情報通信技術の発展によって通勤を通信で代替できるようになってきたことがある。企業が勤務場所の柔軟化や多様化に取り組んでいるのは、オフィス・コストの削減や長時間通勤の解消、さらには生活と調和した働き方を求める社員のニーズに対応したり、さらにはこれまで労働市場に参入しにくかった層を参入しやすくして、潜在的な労働力層を掘り起こしたりするためである。

2 労働時間の制度と管理

1. 労働時間制度の機能

　労働時間制度は労働時間の配分を決める仕組みであり、社員が企業に提供する労働サービスの量と、労働サービスが提供されるタイミングを規定する。

　社員が提供する労働サービスの総量は、社員の数が一定であっても、社員1人当たりの労働時間の長短によって変化する。したがって、労働サービスの総量を増加させる方法には、社員数の増加と社員1人当たりの労働時間数の増加の2つがある。残業や休日出勤などは後者の例となる。同じく、労働サービスの総供給量を減少させる方法も、社員数あるいは社員1人当たりの労働時間数の削減の2つからなる。

　労働サービス需要が拡大した際に、社員数の増加でなく労働時間数の増加で対応すると、不況期など労働サービス需要の減少時に、社員数ではなく労働時間数の削減で対応でき、雇用の維持が可能となる。

　さらに、労働サービス需要が季節や曜日や時間帯で変動する場合などには、労働サービス需要の発生に合わせて労働サービスの供給が行われるように、労働サービスが提供されるタイミングを管理することが求められる。労働サービス需要の変動に応じて年間における労働時間の配分を事前に定めておく変形労働時間制や、社員自身が仕事の進捗に応じて出退勤時間を選択するフレックスタイム制は、労働サービスの需要と供給のタイミングを一致させる制度である。

　また、製造業における24時間操業職場や営業時間が社員1人当たりの労働時間よりも長い小売業およびサービス業などでは、労働サービス需要が存在する時間と社員1人が供給できる時間の乖離を埋めるために交替制勤務が活用されている。これも労働サービスの需要と供給のタイミングを対応させる仕組みである。

2. 生活時間と働き方の柔軟性

　労働時間制度は、社員にとって自分の生活のために使える時間や仕事と生活の関係を規定するものである。

　生活時間は、生活必要時間（睡眠、食事など）、拘束時間（仕事、学業、家事、通勤・通学など）、自由時間に分けられる。フルタイムで働く社員の場合、拘束時間のうちの労働時間が相当な比重となるため、労働時間が他の生活に割ける時間を規定することになる。あるいは逆に、社員の生活必要時間や労働時間以外の拘束時間、さらには希望する自由時間が、労働に割ける時間（フルタイムで働くかパートタイムで働くかなど）を決めるともいえる。いずれにしても労働時間が長くなると、自由時間が少なくなるだけでなく、生活必要時間や労働時間以外の拘束時間が削減されることになる。

　また、労働時間を社員が勤務する労働日数でみると、労働日数は休日数を決め、さらに有給休暇の付与日数やその取得の容易さなどは、社員の休日の過ごし方を規定する。休日や有給休暇の増加は社員の自由時間を拡大し、さらに長期休暇の利用が広がると、社員のライフスタイルを変えることにもなる。

　労働時間制度は、社員の生活時間の配分だけでなく、仕事と生活の両立のしやすさを決めるものでもある。たとえばフレックスタイム制は、仕事の進捗に合わせて始業・終業時間を選択することに使えるだけでなく、同時に、生活の必要に合わせて始業・終業時間を選択することにも活用できる。具体的には、出勤前に病気の子供を病院へ連れていったり、通勤時のラッシュアワーの時間帯を避けたり、終業時刻を早めて退社後に専門学校へ通い資格を取得することなどにフレックスタイム制を利用することができる。

　さらには、ライフステージのある段階、たとえば育児や介護などを必要としたときに、労働時間が短い働き方を選ぶことを希望する社員に対して、仕事と生活の両立を可能とする働き方を提供できることは、社員のストレス軽減や仕事意欲の向上に貢献することになる。こうした社員の生活の視点に立った労働時間制度の柔軟化が、人事管理の課題のひとつといえる。このような視点からすると、労働時間の柔軟化の仕組みとして、フレックスタイム制だけでなく、短時間勤務制度やひとつの仕事を2人で分割するジョ

ブ・シェアリング制なども有効な制度となる。

　短時間勤務としては、非正社員が多いパート社員の働き方が念頭に置かれやすいが、法律上認められている育児や介護だけでなく、今後は自己啓発や社会貢献活動など幅広い目的のために生活時間を使いたい社員が、正社員のまま一定期間について短時間勤務に移行できる制度の導入が重要となろう。

　ジョブ・シェアリング制は、日本での導入は極めて少ないが、イギリスなどでは導入している企業がかなりの比率となる。ジョブ・シェアリング制は、ひとつの仕事（ポスト）を通常、2人の社員が分担して担当するものである。単に仕事を2人で分担するのではなく、2人の間で綿密に情報を交換して、あたかもフルタイムの社員1人が担当しているのと同様に仕事を遂行する仕組みである。

　社員にとっては短時間勤務が可能となり、同時に管理者にとっては短時間勤務を導入しても管理コストが増えずに、あたかもフルタイム勤務の社員を1人管理しているのと同じ状態となる。さらに、仕事の性格にもよるが、企画的な業務では、1人分の人件費で、仕事をシェアしている2人のアイデアを活用することが可能となる。具体的な事例として、ひとつの仕事につ

図11-1 》 **ジョブ・シェアリングの事例**

出所：B. Olmsted, Job Sharing, New Ways to Work, 1980.

いてAさんが月曜、火曜、水曜を、Bさんが水曜、木曜、金曜を分担する仕組みを挙げることができる（図11-1の〔4〕）。この場合、水曜日は、2人の間で情報を交換・共有するための日となる。この他、図11-1に示したように、ジョブ・シェアリング制には多様な組み合わせがある。

3. 法定労働時間と労働時間の構成

　労働基準法は、1週の法定労働時間を40時間とし、1週の労働時間を各日に割り振る場合の1日の法定労働時間の上限を8時間としている。また1週間に少なくとも1回の休日を与えなくてはならない（法定休日）。1日の労働時間を8時間とすれば、通常は週休2日制となる。法定労働時間の枠のなかにおいて、企業は労働時間管理を行うことになる。さらに休憩に関しては、労働時間が6時間を超える場合は少なくとも45分、8時間を超える場合は1時間の休憩を与えなくてはならないとされている。

　企業に雇用されて働く社員の実際の労働時間は、所定労働時間と所定外労働時間に分けられる。所定労働時間は、労働契約、就業規則、労働協約などによって社員が労働すべき時間として定められたものである。具体的には、始業時刻から終業時刻までの時間から休憩時間を除いた時間となる。所定労働日は、労働契約上、社員が労働すべき日として定められているものである。労働日は通常、労働契約、就業規則、労働協約などで休日と定められた日以外となる。

　所定外労働は所定労働時間を超えて労働することで、休日労働は労働日以外の休日に労働することである。所定外労働は、残業や超過勤務とも呼ばれる。所定外労働のうち法定労働時間を超えた労働は、法定時間外労働と呼ばれる。

　所定内賃金は、所定労働日に所定労働時間だけ労働することを前提として計算されるため、通常、社員の責任で就業しなかった時間に対応した賃金は支払われない。

　なお、社員が実際に働いた時間が実労働時間となる。実労働時間は、所定労働時間に所定外労働と休日労働の時間を加え、有給休暇の時間を除いたものとなる。

4. 残業と年次有給休暇

　使用者は、法定労働時間を超えて労働者を労働（時間外労働）させたり、法定休日に労働（休日労働）させたりするためには、労働者の代表と時間外労働協定あるいは休日労働協定を結び、それを労働基準監督署に届ける必要がある。この協定は、その根拠が労働基準法の第36条にあることから、36協定と呼ばれることが多い。労働者の代表は、労働者の過半数を代表する労働組合が組織されている場合はその労働組合が、それ以外は労働者の過半数を代表する者となる。

　労働基準法は、時間外労働や休日労働に関して、割増賃金を支払わなくてはならないとしている。ただし、法定労働時間内の所定労働時間を超えた労働（法内残業）や法定休日以外の休日労働（法内休日労働）は、法律上は割増賃金を支払う必要はない。しかし実態をみると、法内残業や法内休日労働を含めて36協定を締結し、割増賃金を支払っている企業が多い。なお、2019年4月（中小企業は2020年4月）から時間外労働に関して上限規制が導入された。時間外労働の上限は、原則として月45時間・年360時間で、月45時間を超えることができるのは、年間6カ月までである。

　年次有給休暇（年休）は、毎年、一定の日数の休暇を有給で保障する制度である。労働基準法は年休の最低基準について定めており、最初の付与日数は10日間（6カ月間継続勤務し、全労働日の8割以上勤務した場合）で、勤続を重ねるにつれて付与日数が増加し、法定の最高付与日数は年20日間である（表11-1を参照）。年休を取得しなかった場合、その権利は翌年まで持ち越すことができる。所定労働日が少ないパート社員に関しては、その所定労働日数に比例した年次有給休暇を与えなくてはならない。

表11-1 ≫ **有給休暇の付与日数（法定）**

6カ月経過日から起算した継続勤務年数	加算日数	合計付与日数
6カ月経過日から1年未満		10労働日
1年(雇入れ日から1年6カ月)	1労働日	11労働日
2年(雇入れ日から2年6カ月)	2労働日	12労働日
3年(雇入れ日から3年6カ月)	4労働日	14労働日
4年(雇入れ日から4年6カ月)	6労働日	16労働日
5年(雇入れ日から5年6カ月)	8労働日	18労働日
6年(雇入れ日から6年6カ月)	10労働日	20労働日

有給休暇は本来、すべて取得すべきものであるが、有給休暇の付与日数に占める取得日数の割合は、2017年で5割程度とかなり低い水準にある（厚生労働省『就労条件総合調査』）。他方、先進諸国では、有給休暇はすべて取得することが一般的である。日本で有給休暇の取得率が低い背景には、完全取得を前提とした要員配置になっておらず、有給休暇を取得すると、同僚に迷惑をかけることになったり、取得後に仕事が忙しくなったりすることなどがある。また、病気などに備えて有給休暇を残しておこうとする社員の意識なども取得率を低くしている要因である。

　有給休暇は、社員個々人が具体的な時期を指定して取得するものであるが、取得しにくい職場状況などがあるため、一定日数の有給休暇の取得を計画的に行わせる計画的付与制度が認められている。計画的付与の方法には、事業所全体の休業による一斉付与方式と、個人別付与やグループ別付与などがある。計画的付与を行うためには、労働者の過半数を代表する労働組合が組織されている場合はその労働組合と、それ以外は労働者の過半数を代表する者との労使協定が必要となる。

　なお、2019年度から年10日以上有給休暇が付与されている社員に年5日の有給休暇を取得させることが企業の義務となった。

5. 連続休暇とリフレッシュ休暇

　年末年始やゴールデン・ウイーク、夏季に長い休暇をとる制度が普及してきたが、それとは別の時期に長期の連続休暇（たとえばフリーバカンス休暇など）を導入したり、あるいは毎年ではないが職業生活の節目に長期の連続休暇（たとえばリフレッシュ休暇）を導入したりする企業も増えている。フリーバカンス休暇は、年末年始やゴールデン・ウイークのように社員が一斉に休む時期とは別に、たとえば秋や学校の春休みの時期などに個々人の希望に応じて、まとまった連続休暇を取得できる仕組みである。リフレッシュ休暇は、職業生活の節目に長期の休暇を取得することで十分な休養をとり、心身の活力を維持することなどを目的として導入された連続休暇である。

　長期の連続休暇を導入する企業が増えているのは、社員が細切れの休暇取得よりも連続した休暇を望んでいることによるだけではなく、経営上の

メリットや目的が背景にある。長期の連続休暇の取得によって会社や仕事だけの生活とは違う体験をしたり、あるいは日ごろは生産者の立場で行動することが多い社員が、生活者や消費者の側に長期間、身を置いたりすることによって、新しいアイデアの獲得や創造性を発揮できることなどが考えられている。

　また、仕事ばかりに長期間追われていると、適応力や発想力が次第に低下していくことが否めないため、長期間、会社や仕事から完全に離れることで、社員がリフレッシュできる機会とするものである。こうした導入目的は、リフレッシュ休暇により強く表れており、勤続年数が長い中高年層の活性化策として導入している企業が多い。

　また長期休暇の導入には、社員の創造性開発やリフレッシュのためだけでなく、業務の効率化や人材育成などの組織開発も副次的な効果として考えられている。

　1カ月程度の連続休暇はまだ少ないものの、多くの社員が長期の連続休暇を円滑に取得できるようにするためには、長期休暇を前提とした業務計画の作成や業務の遂行方法を導入することが必要となる。こうした業務計画の作成などが、業務の効率化を促進したり、また連続休暇取得のために行われる職場内での仕事の配分や分担の調整プロセスが、業務内容や仕事の進め方に関わる情報の共有化を促進したり、さらには上位職位の者が長期休暇を取得する際にその仕事を下位の職位の者に代行させることで、連続休暇取得を部下の育成機会として活用できることなどが副次効果として期待されている。連続休暇の取得を契機として、業務の効率化、職場内コミュニケーションの円滑化、部下育成などが促進されるのである。

3 労働時間短縮の課題

1. 労働時間の推移と国際比較

　戦後における年間の実労働時間の推移をみると、高度経済成長期の初めの1960年までは増加しているが、それ以降は、労働力需給の逼迫や労働生

産性の上昇を背景に着実に減少している。しかし、1970年代後半に入ると、経済成長の鈍化などもあり横這いをつづけることになる。

　1980年代には日本の国際収支の黒字が増大し、対外経済摩擦が激化した。こうしたなかで1987年4月、経済審議会は貿易摩擦と円高に対処するため、「経済構造調整特別部会報告」（新・前川レポート）を発表し、内需拡大や国際的に調和のとれた産業構造の実現と並ぶ構造調整のための柱として労働時間短縮を位置付け、政策目標として2000年までに年間の実労働時間を1800時間程度に短縮する方針を打ち出した。こうした方針に沿って、労働基準法改正（1988年4月施行、本則に週40時間労働制を明記）、金融機関の完全土曜閉店（1989年2月から）、公務員の完全週休2日制（1992年5月から）などが実施された。

図11-2 》 **一般労働者とパートタイム労働者の年間総実労働時間**

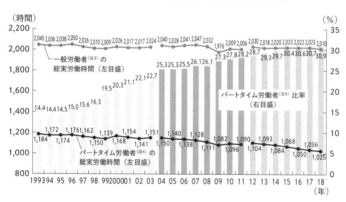

注：1. 事業所規模5人以上、調査産業計。
　　2. 就業形態別総実労働時間の年換算値については、各月間平均値を12倍し、小数点以下第1位を四捨五入したもの。
　　3. 一般労働者：「常用労働者」のうち、「パートタイム労働者」以外の者。なお、「常用労働者」とは、事業所に使用され給与を支払われる労働者（船員法の船員を除く）のうち、
　　　　①期間を定めずに雇われている者
　　　　②1か月以上の期間を定めて雇われている者
　　　のいずれかに該当する者のことをいう（2018年1月分調査から定義が変更になっていることに留意が必要）。
　　4. パートタイム労働者：「常用労働者」のうち、
　　　　①1日の所定労働時間が一般の労働者より短い者
　　　　②1日の所定労働時間が一般の労働者と同じで1週の所定労働日数が一般の労働者よりも短い者
　　　のいずれかに該当する者のことをいう。
　　5. 2012年以降の数値は東京都の「500人以上規模の事業所」について復元して再集計した値（再集計値）、2011年以前は従来公表してきた値（従来の公表値）より求めた。なお、2004年から2011年までの数値は、東京都の「500人以上規模の事業所」について復元が行われていないものであることに留意。
出所：厚生労働省『令和元年版過労死等防止対策白書』（2019年）
資料：厚生労働省「毎月勤労統計調査」

表11-2 ≫　1人当たり平均年間総実労働時間（雇用者）

	2011	2012	2013	2014	2015	2016	2017	2018
日本3)	1,747	1,765	1,746	1,741	1,734	1,724	1,720	1,706
アメリカ	1,789	1,790	1,789	1,790	1,790	1,786	1,785	1,792
カナダ	1,718	1,726	1,721	1,718	1,718	1,714	1,705	1,721
イギリス	1,484	1,501	1,509	1,515	1,502	1,515	1,515	1,513
ドイツ1)	1,315	1,301	1,292	1,299	1,303	1,298	1,300	1,305
フランス2)	1,435	1,429	1,417	1,412	1,412	1,420	—	—
イタリア	1,615	1,580	1,567	1,566	1,570	1,581	1,581	1,586
オランダ	1,358	1,348	1,353	1,362	1,356	1,367	1,365	1,365
ベルギー	1,430	1,431	1,429	1,426	1,423	1,425	1,429	1,433
デンマーク4)	1,388	1,387	1,370	1,411	1,407	1,416	—	—
スウェーデン	1,437	1,425	1,419	1,418	1,419	1,432	1,419	1,424
韓国3)	2,011	2,098	2,071	2,047	2,058	2,033	1,996	1,967
ニュージーランド	1,735	1,723	1,747	1,760	1,754	1,740	1,751	—

資料：OECD Database（https://stats.oecd.org/index.aspx?DatasetCode=ANHRS）2019年7月
　　　現在
注：データは一国の時系列比較のために作成されており、データ源及び計算方法の違い
　　から特定年の平均年間労働時間水準の各国間比較には適さない。フルタイム労働者、
　　パートタイム労働者を含む。
　　1) 1990年は旧西ドイツ地域が対象。1990年と1995年以降の数値は接続しない。
　　2) 2015年は推計値。
　　3) 常用労働者5人以上の事業所が対象。
　　4) 雇用者の2014～2015年は推計値。
出所：労働政策研究・研修機構編集・発行『データブック国際労働比較〈2019〉』

　こうして1980年代末から実労働時間短縮への動きが始まったのである。

　ただし、1990年代半ば以降は、労働時間短縮の動きが停滞している。図
11-2にあるようにフルタイム勤務の一般労働者では年間の総実労働時間は
2000時間台で推移している。

　労働時間を国際比較することは難しいといわれる。それは労働時間管理
の対象となる労働者の範囲が国によって異なることなどによる（表11-2を参
照）。日本の実労働時間はドイツやフランスの水準を大幅に超えており、ア
メリカやイギリスの水準に近いものの、両者を上回っている。ドイツやフ
ランスに比べ日本の実労働時間が長い背景には、年次有給休暇の取得日数
が少ないことや所定外労働時間が多いことがある。

2. 労働時間短縮の課題

　労働時間の短縮方法は、①所定労働時間の短縮、②残業とりわけ恒常的
な残業の削減、③有給休暇の付与日数の増加と取得率の向上が主なものと

なる。この他、職業生涯でみた労働時間の短縮もある。たとえば職業生涯でみれば、定年延長は労働時間の延長となり、長期の教育訓練休暇の提供は労働時間の短縮となる。

労働時間短縮が進展する以前の1980年代半ばについて、日本の労働時間が長かった要因に関して国際比較を念頭に置いて検討すると、所定労働時間が長いだけでなく、残業時間が長く（恒常的な残業の存在）かつ有給休暇の取得率が低いことが挙げられる。

1980年代末から労働時間短縮が進んだが、それは所定労働時間の短縮による部分が大きく、残業の削減や有給休暇の取得率の向上はあまり進んでいない。景気変動による労働需要の減少時に雇用機会を維持するために、労働需要の拡大期に社員を増やさず、労働時間の拡大つまり残業で対応することは、社員の雇用機会維持を優先する労使の雇用規範が影響したことがある。しかしながら、「毎日残業がある」といった恒常的な残業、とりわけ残業を前提とした業務体制や要員配置は、仕事と生活の調和を推進するためにも見直しが不可欠なものとなっている。

同時に、恒常的な残業が削減されにくいのは、社員の側にも残業手当を収入として期待していることが少なくないことがある。残業収入に依存することなく、定期収入のみで一定の生活水準が維持できるようにすることが望まれる。

恒常的な残業を削減するためには、①業務体制の見直し（残業を前提としない業務計画や要員計画とする、仕事を効率化するなど）、②職場風土の改革（付き合い残業をなくす、労働時間でなく仕事の成果で評価するなど）、③仕事の進捗に応じた労働時間管理（フレックスタイム制や裁量労働制の導入など）が行えるようにするなどの取り組みが求められる。

有給休暇については、現状では、付与日数を増やすことよりも、取得率を高めることがより重要である。取得率が低い理由を労働者の意識調査でみると、①仕事が多いため取得できない、②休んだときの代わりが務まる者がいない、③病気などのために残しておきたい、④上司や同僚に気兼ねがあるなどが指摘されている。

こうした意識を踏まえると、有給休暇の取得率を向上させるためには、①完全取得を当然とする職場風土の確立、②休暇取得時の代行者の選定など業務体制の見直し、③有給休暇の計画的付与制度の活用などが考えられる。

さらに有給休暇の取得では、短期の休暇でなく、1週間や2週間の長期休暇の取得を可能とすることが課題である。

4 労働時間の柔軟化

1. 柔軟な労働時間制度

労働基準法の労働時間法制は、規則的な一斉就業の工場労働を基本的な労働形態として想定し、1日および1週間の両面で労働時間の長さに上限を設ける方式を長い間採用してきた。しかし、労働基準法の改正によって労働時間の柔軟化が認められ、産業構造の変化などによる事業活動や労働態様の変化、また裁量度の高い仕事の増加などに対応しうる柔軟な労働時間制度の導入が可能となった。

柔軟な労働時間制度には、①労働力需要の変動（業務の繁閑）への対応を可能とするもの（労働時間制度の「企業にとっての柔軟化」）と、②社員による労働時間の自己決定を容認するもの（労働時間制度の「個人にとっての柔軟化」）の2つの側面がある。企業の労働力需要の変動に即応した労働サービスの提供を行いうる労働時間制度としては、変形労働時間制度などを、社員自身が生活リズムや仕事の進捗に合わせて労働時間の配分を行うことができる労働時間制度としては、フレックスタイム制や裁量労働制などを挙げることができる。

2. 変形労働時間制とフレックスタイム制

変形労働時間制を導入する企業が増加しているが、その主たるものは1年単位の変形労働時間制である。それに比べると、フレックスタイム制や裁量労働制を導入している企業はまだ多くない。

1年単位の変形労働時間制は、1カ月を超え1年以内の一定期間を平均して1週間当たりの労働時間が40時間を超えない定めをした場合に、1日・1週の所定労働時間を1日10時間・1週52時間まで延長できる制度である。業務の

267

第11章 労働時間と勤務場所

変動を予測する必要があるが、業務が増加する時期に所定労働時間を長くし、業務が減少する時期に所定労働時間を短くできるため、時期によって業務の繁閑が大きい業種や企業に適した制度である。たとえば、アイスクリーム製造やエアコン製造などの事業所、さらにはリゾートホテルなどで利用されている。

フレックスタイム制は、始業時間と終業時間を社員の選択に委ねる制度である。社員自身が、仕事の進み具合に合わせて出退勤時間を選択できるだけでなく、生活のリズムに合わせて出退勤時間を選択することにも利用できる。

実際に働いた時間と所定労働時間を清算する期間は、1カ月以内（2019年4月からは3カ月までが可能に）に設定される。所定労働時間よりも実労働時間が長い場合は、その時間が所定外労働時間となる。

フレックスタイム制では、社員自身が選択できる出退勤の時間帯が決められている場合が一般的であり、選択できる時間帯がフレキシブルタイムで、必ず出勤していなくてはならない時間帯がコアタイムである（図11-3を参照）。フレキシブルタイムが長く、かつコアタイムが短い（あるいはコアタイムがない）ほど、柔軟性が高いフレックスタイム制となる。

フレックスタイム制では、同じ職場の社員であっても、フレキシブルタイムには社員全員が出勤しているわけではないため、常に全員が揃って仕事をしなくてはならない職場に導入することは難しい。このためフレックスタイム制は、生産現場などにはほとんど導入されていない。

フレックスタイム制の導入後にその効果を調べた調査によれば、管理職と一般職の多くは、業務効率の向上や時間の自己管理意識の向上などのプ

図11-3 » **フレックスタイム制の例**

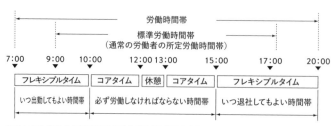

出所：厚生労働省労働基準局賃金時間課編『労働時間ハンドブック（改訂版2001）』（全国労働基準関係団体連合会、2001年）

ラス効果を指摘している。ただし、フレックスタイム制が円滑に機能するためには、時間管理の柔軟化だけでなく、それに合わせて仕事の裁量度を高め、人事考課の評価項目を仕事の成果、とりわけ時間生産性に結び付いたものに変えていくことなどが不可欠である。

3. 裁量労働制

　裁量労働制は、業務の遂行方法や労働時間の配分を社員に委ねる労働時間管理の仕組みであり、専門業務型と企画業務型の2つがある。専門業務型は、研究開発や情報システムの開発に当たる技術者など特定の業務に適用でき、企画業務型は、事業運営上の重要な決定が行われる事業所の企画、立案、調査および分析などの業務で、かつ対象業務を適切に遂行するための知識・経験などを有する社員が従事する場合に導入できる。

　裁量労働制の対象業務が拡大されてきた背景には、業務遂行上の裁量度が高く、社員自身に業務遂行と時間配分を任せるほうが生産性や創造性が向上するだけでなく、社員の仕事への意欲が高まると考えられる業務が増えてきたことがある。

　裁量労働制では、実際に働いた労働時間ではなく、事前に定められた時間数（みなし労働時間数）を労働したと「みなす」、いわゆる「みなし労働時間制」が適用される。ただし、休憩、時間外・休日労働、深夜業の法規制が適用され、みなし労働時間数が法定労働時間を超える場合は、36協定の締結および届け出と割増賃金の支払いが必要となる。

4. 企画職型の裁量労働制の導入条件

　企画業務型の裁量労働制を導入するための条件は下記のようになる。

　第1の条件：裁量労働制の対象となる業務は、①事業の運営に関する事項についての企画、立案、調査および分析の業務であり、②業務の性質上、その遂行方法を大幅に社員に委ねる必要があり、③業務の遂行手段および時間配分について使用者は具体的な指示をしないことが求められるものである。制度を適用する社員は、企画、立案、調査、分析を組み合わせた業務に常態として従事していなくてはならない。

第2の条件：裁量労働制を適用する社員は、対象業務を遂行するための知識・経験などを有していることが求められる。この条件について厚生労働省の指針は、「少なくとも3年ないし5年程度の職務経験を経たうえで、対象業務を適切に遂行しうる知識・経験をもつ者」としている。

　第3の条件：労使委員会を設置し、委員会において、①対象業務と対象者の具体的な範囲、②みなし労働時間、③対象者の健康・福祉を確保するための措置、④苦情処理に関する措置、⑤実施に当たり対象者の同意を得ることなどに関して、5分の4以上の多数で決議することが求められる。

5. 企業にとっての柔軟化と個人にとっての柔軟化

　労働時間制度の「企業にとっての柔軟化」は、企業が労働力需要の変動を予測し、それに合わせて労働時間の配分を事前に変更しておくもので、社員による労働時間の自己管理は予定されておらず、この点が「個人にとっての柔軟化」と基本的に異なる。しかし、「個人にとっての柔軟化」であっても、社員自身が仕事の進捗に合わせて時間配分を行う場合、それは「企業にとっての柔軟化」にも貢献できる。また「個人にとっての柔軟化」は、時間管理に関して社員に自己決定権を与え、労働時間に関する他律的管理を緩和することで仕事への意欲を高めることや、時間管理に関する目的意識を喚起し時間効率を上げること、さらには生活と仕事の調和を実現できるなどの効果を期待できる。

　労働時間制度の「個人にとっての柔軟化」によってこのような効果が得られる背景には、業務の性格から仕事の遂行や時間管理を社員自身に任せる必要のある裁量性の高い仕事や、社員に時間管理を任せるほうが効率化をはかれる仕事が増加していること、さらには社員自身も仕事と生活の調和が可能な労働時間制度を求めていることなどがある。

　同じ「個人にとっての柔軟化」を意図した労働時間制度であっても、労働時間の管理が社員の自己決定に任せられる程度、つまり社員に任される時間管理の裁量の幅は、それぞれの制度によって異なる。

　たとえば、フレックスタイム制よりも裁量労働制のほうが社員の裁量度が大きく、フレックスタイム制のなかでも制度のあり方によって社員の裁量度の程度が異なる。フレックスタイム制における裁量度は、コアタイム

の有無やコアタイムがある場合はその長さ、さらにはフレキシブルタイムの長さなどに規定される。フレックスタイム制を社員に任される裁量度の程度で分類すると、裁量度が高い順からコアタイムなしのフレックスタイム制、相対的に短いコアタイムのフレックスタイム制、相対的に長いコアタイムのフレックスタイム制となる。

　労働時間管理が制度として柔軟化されても、運用面が制度の意図通りに柔軟化されるとは限らない。たとえば変形労働時間制では、労働力需要の事前の予測が外れれば、企業にとっての柔軟化が実現できない。また、フレックスタイム制や裁量労働制では、社員自身が労働時間の自己管理を行える条件が整備されていない場合は、制度と運用の乖離が生じる。当然のことながら、制度を活用できる条件が整っていなくては、社員自身が弾力的な労働時間制度を利用することはできない。

　個人にとっての「労働時間の柔軟化」が機能するためには、労働時間の柔軟化に合わせて、①仕事の量・質の適正化、②仕事の目標の明確化、③進行管理や遂行手段の選択権付与（仕事上の裁量度の向上）、④成果による評価と評価基準の明確化、⑤社員自身の自己管理能力の育成などが不可欠となる。

5 勤務場所の柔軟化：
サテライト・オフィスと在宅勤務

1. 勤務場所の柔軟化の目的

　勤務場所の柔軟化、すなわち働く場所の選択肢の拡大や生活に調和した働く場所の実現を可能にする施策のひとつに、職住の近接化あるいは一致をはかる施策がある。具体例としては、サテライト・オフィスや在宅勤務などを挙げることができる。

　企業が職住近接に取り組んでいるのは、仕事と生活の調和を実現できる働き方を求める社員の就業ニーズを充足するためである。たとえば職住の近接化で長時間通勤を緩和し、家族と一緒に過ごせる自由時間を増やすこ

となどを目指している。

この他、企業側のニーズを挙げることもできる。職住が近接した働き方を開発することによって、これまで労働市場に参入しにくかった人々に雇用機会を提供し、潜在的労働力層を顕在化することである。さらに、サテライト・オフィスの設立によって既存のオフィスよりも質の高い職場環境を提供したり、在宅勤務や直行・直帰を導入したりすることで、既存オフィスのスペースの有効活用をはかることなどが考えられる。

2. サテライト・オフィスとは

サテライト・オフィスは、社員の勤務にとって都合のよい場所、主として住居の近くに、本社（セントラル・オフィス）などから分離された事務所（サテライト・オフィス）を設置し、社員が自宅からサテライト・オフィスに通勤し、それまでセントラル・オフィスで従事していた業務を処理するものである。

ほとんど毎日、サテライト・オフィスに通勤し、セントラル・オフィスへの通勤頻度が少ないものから、逆にサテライト・オフィスへの通勤頻度は少なく、セントラル・オフィスで主として仕事をするものまで、勤務態様は多様である。

サテライト・オフィスには高度な情報通信機器が整備されていることが多いが、サテライト・オフィスの設置にとってこれらの情報通信機器が不可欠というわけではない。サテライト・オフィスが必要とする情報通信基盤は、業務内容、セントラル・オフィスや他の事業所との分業関係のあり方、サテライト・オフィスとセントラル・オフィスそれぞれへの通勤頻度などに規定される。

現在実施されているサテライト・オフィスは、企業が自社用に設置したものだけでなく、賃貸用に設けられた共用型のサテライト・オフィスもある。

サテライト・オフィスとは別にリゾート・オフィス（ワーケーション；Workation）の設置が提起され、いくつか試行がなされている。リゾート・オフィスは、その名称からも明らかなように、リゾートにオフィスを設置するものである。リゾート・オフィスの目的には、①日常の生活から切り

離され、かつ環境がよい場所で集中的に仕事をしたり、あるいは②休暇中にもある程度の仕事ができる環境を整備し、長期休暇の取得を可能にしたりすることなどがある。

3. サテライト・オフィスとオフィスの分散化との相違

サテライト・オフィスは、在宅勤務ともオフィスの分散化とも異なる。在宅勤務との違いは、在宅勤務では自宅がオフィスとなるが、サテライト・オフィスでは自宅外にオフィスが設けられる。

オフィスの分散化との違いはつぎのとおりである。第1に、オフィスの分散化は組織や部門を単位としたものであるのに対し、サテライト・オフィスは個人を単位とした分散化である。オフィスの分散化では、セントラル・オフィスの組織や部門を切り離して分散化するため、当該オフィスが担うべき業務は事前に定められている。しかしサテライト・オフィスでは、セントラル・オフィスの組織や部門に所属する社員が個人を単位として分散化するため、サテライト・オフィスの業務は、そこで働く社員が担う業務によって決まることになる。また、サテライト・オフィスに配属された社員間には、原則として仕事上の連携はない。

第2に、サテライト・オフィスの設置によって、そこで働いている社員のセントラル・オフィスがなくなるわけではない。もちろん、セントラル・オフィスの当該部門の社員のすべてが別々のサテライト・オフィスに分散化し、相互に連携をとりながら仕事をすることも考えられるが、それは例外的なケースである。しかし、サテライト・オフィスの設置によってセントラル・オフィスへの通勤頻度が削減される点では、オフィスの分散化と同様の効果が得られる。

こうしたサテライト・オフィスとオフィスの分散化の違いを踏まえると、たとえばデータ入力要員やソフト開発要員を確保するために、労働力を確保しやすい地域にオフィスを設置する事例は、サテライト・オフィスではなくオフィスの分散化に分類される。しかし、オフィスの分散化であっても、立地選定に際して社員のニーズが優先されている点では、サテライト・オフィスに近いものといえる。サテライト・オフィスの運営ノウハウが蓄積されると、長時間通勤が難しい潜在的労働力層を活用するために、その

居住地近くにオフィスを設置する形のオフィスの分散化が促進される可能性が指摘できる。

4. サテライト・オフィス設置の背景と課題

　サテライト・オフィスの試行や設置が行われている理由はつぎのようなものである。第1に、都心部では社員1人ひとりにゆとりあるオフィス空間を確保することが難しいため、相対的にオフィス・コストが安価な地域にサテライト・オフィスを設置することで、社員1人当たりのオフィス・スペースを拡大し、快適なオフィス環境を整備しようとするものである。同時に、サテライト・オフィスの設置によってセントラル・オフィスのスペースの必要量が減るという効果も期待されている。

　第2に、仕事と生活の調和が実現できる働き方を求める社員のライフスタイルを実現することがある。労働時間が短縮されても、大都市における住宅問題を背景に長時間通勤が行われていたのでは短縮効果が少ないため、居住地の近くにオフィスを設置して通勤時間を短くし、社員の可処分時間を増やすことが意図されている。職住の近接化による通勤問題や住宅問題の緩和である。

　第3に、通勤にともなう社員の疲労が緩和されたり、快適なオフィスで業務に集中できたり、通勤時間の短縮化で自由時間が拡大することなどによって、生産性や創造性が高まることが期待されている。

　第4に、居住地の近くにオフィスを設置することで、長時間通勤が就業の制約条件となっていた人々に雇用機会を提供することができ、そうした労働力の活用を容易にすることが意図されている。

　サテライト・オフィスが定着するためには、①仕事自体や仕事の進め方を見直して自己完結的な仕事を増やす、②サテライト・オフィスからアクセスできるデータベースなどを整備する、③社員の自己管理能力を高める、④セントラル・オフィスとの定期的なコミュニケーション機会を設定する、⑤セントラル・オフィスの管理者の意識改革を行う、さらには⑥人事考課の評価項目など人事管理システムを見直すこと（たとえば、働きぶりでなく仕事の成果により評価するなど）などが課題として指摘されている。

5. 2つの在宅勤務

　インターネットなど情報通信技術の発達を背景に、自宅にいながら仕事をすることができる環境が整備されてきている。在宅勤務によって通勤から解放され、職住一致の生活が可能となる。もちろん、これまでも自由業や自営業のかなりの部分、さらに内職者などは自宅が仕事場であり、自宅で仕事をすることを在宅勤務とすれば、こうした人々も在宅勤務者となる。しかし、最近普及しつつある在宅勤務はそうしたものではなく、インターネットなど情報通信技術を活用して自宅で仕事をするという働き方である。在宅勤務は、就業形態によって在宅雇用と在宅就業の2つに分けることができる。

　在宅雇用は、サテライト・オフィスが個々の社員の家庭に設置された状況を考えればよい。企業に雇用された社員が、会社への出勤の頻度を少なくしたり（部分在宅）、あるいは出勤しないで（完全在宅）自宅で仕事をしたりするものである（A・トフラーの『第3の波』で描かれた「エレクトリック・コッテージ」）。在宅就業は、企業に雇用されるのではなく、企業と請負契約や委託契約などを結んで自宅で仕事を行うものである。多くの在宅就業は、情報通信技術の利用以外の点では、ほとんどが従来の家内労働と同様の就業形態となる。

　在宅勤務が注目されているのは、通勤を通信で代替することによって、自宅で仕事ができるようになることから、通勤の負担がなくなったり、仕事と生活が調和した働き方が可能となったり、通勤などが就業の制約条件となっていた人々に新しい就業機会を開く可能性が生じたりするからである。たとえば、在宅勤務によって、社員が子育てや介護などのために退職することなく自宅で仕事を継続し、職業能力を維持・向上させることなどが可能となる。

6. 在宅勤務の今後

　今後、在宅勤務、とくに在宅雇用が定着していくためには、業務を見直して個別作業や個別評価が可能な業務へと編成替えすることが不可欠である。フレックスタイム制の導入やサテライト・オフィス設立にともなう業

務の再編は、在宅勤務の普及にプラスに作用すると考えられる。またサテライト・オフィスと同じく、社員にとっては自主管理能力の向上が求められる。

　一方で、在宅勤務は、プラス面だけでなくいくつかのマイナス面も指摘されている。1人で自宅で仕事をするため、サテライト・オフィス以上に人間的な接触機会が少なくなり、孤立感が高まったり、自己責任が増大して負担感が増すことなどである。

topic

働き方改革と管理職の役割

●企業における働き方改革―2つの目的

　企業における働き方改革には、狭義と広義の2つの目的がある。狭義の目的は、長時間労働の解消であり、広義の目的は、①多様な人材が活躍できる働き方や②時間意識の高い働き方への転換である。広義の目的は、ダイバーシティー・マネジメントの土台としての働き方改革であり、また時間意識の高い働き方への転換は、企業の競争力基盤の変化に対応するものである。狭義と広義の目的は相互に関係するが、働き方改革では、広義の目的を実現することを通じて、狭義の目的を実現することが望ましい。

　もちろん、健康を害するような過度な長時間労働や法違反は、即座に解消すべきものである。しかし、長時間労働の解消のみが優先され、働き方改革の取り組みを欠いた単なる残業禁止などは、不払い残業などを増やすだけに終わる可能性が高い。単なる長時間労働の解消ではなく、仕事が終わらないときには安易に残業すればよいと考える、いわゆる「残業依存体質」を解消ことが重要なのである。

●広義の働き方改革を実現するために
―時間意識の高い働き方への転換

　広義の働き方改革を進めるためには、社員1人ひとりが、時間意識の高い働き方に転換することや、管理職の職場マネジメントの改革が不可欠である。社員一人ひとりが時間意識の高い働き方に転換することと管理職の職場マネジメントの改革は、相互に関係する。

　時間意識の高い働き方とは、管理職だけでなく職場成員の1人ひとりが、「時間」を有限な経営資源ととらえて仕事をすること、つまり高い「時間意識」をもって仕事に取り組むことである。こうした時間意識をもつことが、従来の働き方の変革につながる。

　具体的には、男女役割分業を前提とした男性の働き方、つまり「時間制約」のないワーク・ワーク社員を前提とした既存の仕事管理・時間管理を、「時間制約」のあるワーク・ライフ社員を前提とした仕事管理・時間管理へと改革することである。

　「時間制約」のないワーク・ワーク社員が多い時代の仕事管理・時間管理は、職場の管理職にもよるが、安易なものとなりがちであった。このことが、仕事が終わらないときは残業で対処すればよいとする安易な残業依存体質をもたらしたのである。その結果、無駄な業務の削減、仕事の優先付け、過剰品質の解消などを考慮せずに、仕事総量を所与としてすべての業務が完了するまで労働サービスを投入しつづけるような働き方が行われていた。

　時間を「有限」な経営資源と考える意識を欠いたことで、時間を効率的に活用する考えが弱かったのである。そのため、質の高い仕事が生み出されていても、無駄な仕事や過剰品質も多く、全体としての時間あたりの生産性は低くなる事態が生じていたのである。

　「時間制約」のあるワーク・ライフ社員を前提とした仕事管理・時間管理とするためには、時間総量を所与として、その時間で最大の付加価値を生み出すことが大事になる。時間を「有限」な経営資源ととらえて、その時間を効率的に利用する高い時間意識を職場成員の間に定着させるのである。

　具体的には、仕事管理・時間管理として、無駄な業務の削減、優先順位付けをしたうえでの業務遂行、過剰品質の解消、情報共有や仕事の「見える化」などの取り組みが不可欠となる。

　働き方改革で、情報共有と仕事の「見える化」が必要となるのは、時間制約のない社員が多数を占める時代と異なり、時間制約のある社員が主となると、職場成員の全員が同じ仕事時間を共有できないことによる。

　短時間勤務の社員、残業免除の社員、残業免除ではないが週に数回

は定時退社を希望する社員など、様々な職場成員が混在している職場が一般化することによる。この結果、職場での情報共有や仕事の「見える化」が不可欠となる。

●働き方改革の担い手としての管理職―管理職への支援が不可欠

働き方改革では、職場の管理職の役割が重要となる。管理職自身が時間制約を自覚することが必要となることによる。しかし管理職には、これまで時間制約を意識せずに仕事をしてきた者が多い。「仕事中心の価値観」が強いだけでなく、そうした価値観を望ましいと考えている管理職が少なくない。

管理職自身に、ワーク・ライフ・バランス（WLB）を実現できる職場作りを自分の課題として理解してもらう1つの方法として、仕事と介護の両立を取り上げることが有効となる。

これまで時間制約を感じずに仕事中心の生活をしてきた管理職も、今後は、仕事と介護の両立の課題に直面することで、時間制約が生じることになることを説明し、時間制約のある社員を前提とした仕事管理・時間管理とすることが、管理職自身のWLB実現にとって不可欠なことと理解してもらうのである。

さらに、管理職が、働き方改革の担い手としての役割を果たせるように企業として支援することも必要となる。しかし、現実の管理職の働き方をみると、長時間労働などで働き方改革に時間を割けない状況にある。こうした長時間労働の背景には、管理職が担うべき業務の増加だけでなく、部下が担当すると同じ仕事、いわゆるプレイング業務の増加もある。

プレイング業務が多くなる理由としては、業務量が多いことに加えて、メンバーの力量不足が2大理由となる。メンバーの力量不足が上位に指摘されているのは、管理職が、部下育成に時間を割けないことが背景にある。管理職が働き方改革を担うためには、管理職の働き方を見直し、管理職としての役割が担えるようにすることが必要となる。

第 12 章

企業の人材活用と
ワーク・ライフ・バランス支援

1 誤解も多い
ワーク・ライフ・バランス支援

　ワーク・ライフ・バランス（WLB）やWLB支援の内容については、必ずしも正しく理解されていない。たとえば、WLB支援に積極的に取り組んできた企業においても、経営状況が悪化すると雇用維持が最優先であり、社員のWLB支援どころではない、といった声も聞かれる。

　しかし、業務改革や生産性向上の取り組みとWLB支援は矛盾するものではなく、後者は前者にも貢献するものなのである。WLB支援を福利厚生施策ととらえている企業もあるが、WLB支援は福利厚生施策ではなく、社員に意欲的に仕事に取り組んでもらうために不可欠な人材活用上の施策である。

　また、WLBやWLB支援を、仕事中心のライフスタイルを否定するもので、仕事と仕事以外の生活に割く時間を同程度とする生き方を唯一望ましいとするものだと考えることも誤解である。

　社員にとって望ましいWLBの状態は、社員1人ひとりや社員のライフステージによって異なることによる。WLB支援は、特定のライフスタイルや生き方を望ましいとするのでなく、多様なライフスタイルや生き方を受容できる企業や職場とするための取り組みである。

　さらに、WLB支援を労働時間短縮と短絡的にとらえている企業も少なくない。WLB支援は、単なる時短の取り組みでなく、時間生産性を向上させて、時間意識の高い「メリハリのある働き方」への転換を目指すものである。

2 「新しい報酬」としての
　　ワーク・ライフ・バランス支援

1. WLBとWLB支援の必要性

　WLBが実現できる職場とは、「働く人々が、会社や上司から期待されている仕事上の責任を果たすと同時に、仕事以外の生活でやりたいことや、やらなくてはならないことに取り組める状態」を指す。他方、WLBが実現できない職場では、働く人々が、会社や上司から期待されている仕事上の責任を果たそうと努力すると、仕事以外の生活でやりたいことや、やらなくてはならないことに取り組めなくなり、いわゆる「ワーク・ライフ・コンフリクト」が生じることになる。この逆もある。ワーク・ライフ・コンフリクトの状態にある社員は仕事に意欲的に取り組めなくなることが、様々な調査によって明らかにされている。

　つまり企業の人材活用においては、社員のWLBを支援し、ワーク・ライフ・コンフリクトを解消することが課題となる。

　働く人々のWLBを支援し、ワーク・ライフ・コンフリクトを解消することが、企業の人材活用において課題となった背景には、働く人々の「生活関心」の所在や希望するライフスタイルが大きく変化してきたことがある。たとえば、女性の職場進出や共働き世帯が増加した結果、働いている人のなかで、家庭生活や地域生活により多くの時間を割くことを必要としたり、そのことを希望したりする者が、女性だけでなく男性においても増加するようになった。これを生活時間の配分でみると、働く人々のなかに、仕事以外の様々な活動に、以前よりも多くの時間を投入する必要や投入することを希望する者が増加しているのである。

　企業の人材活用の視点からみれば、仕事に投入できる時間に制約のある社員が増加してきたのである。

　他方、企業の人材活用の特徴をみると、望ましい「社員像」として、企業が必要とするときに必要とする時間を仕事に投入できる働き方ができる者（「ワーク・ワーク社員」）を想定してきたことが指摘できる。

　この背景には、高度経済成長期に「男性は仕事を、女性は家事や育児を

担う」という男女の役割分業を前提とした男性の働き方が確立し、男性の多くが「仕事中心のライフスタイル」を支持し、それが1980年代の初めまで支配的であったことの影響が大きい。

しかし、1980年代に入ると、女性が望ましいとするライフスタイルが変化し、女性の職場進出が進展し、共働き世帯が増加した。また男性の価値観も変化してきた。最近では、男性社員のうち配偶者が仕事をもっている者が過半を超えている。こうした結果、育児など仕事以外の生活に時間を必要とする女性社員が増加しただけでなく、男性の間にも子育てに参加することを希望する者が増加したのである。また、育児だけでなく、社員のなかには、社会人大学院で経営学修士（MBA）などを取得するために自己啓発のための時間を希望する者や、親などの介護の必要に直面する者なども増加している。

このように、仕事に投入できる時間に制約のある社員（「ワーク・ライフ社員」）が増えてきたにもかかわらず、企業や職場には、仕事時間に制約がない「社員像」を前提とした人材活用の仕組みや職場風土が残っている。

こうした状況をもたらしている要因のひとつは、現在の部課長層の多くが、仕事中心のライフスタイルを望ましいとする上司のもとでキャリアを形成して管理職となっただけでなく、そうしたライフスタイルを望ましいものとして受け入れてきたことがある。つまり、時間制約のある部下が増加し、部下が自分たちとは異なるライフスタイルを希望していることを、管理職は理解できにくいのである。

時間制約のない社員を望ましいとする管理職のもとで働いている時間制約のある社員にとっては、会社や上司の期待に応えるように仕事をしようと努力すると、仕事以外の活動に必要とするだけの、あるいは希望するだけの時間を割くことができず、ワーク・ライフ・コンフリクトに直面することになりがちとなる。ワーク・ライフ・コンフリクトに直面すると、働く人々の生活の質が低下するだけでなく、仕事にもマイナスの影響があることが、様々な研究から明らかにされている。

なお、WLBは、仕事と仕事以外の生活の両立であり、WLB支援の対象は社員の子育てに限定されるものではない。社員が希望する生活と仕事の両立を阻害する要因を取り除き、両立を可能にすることがWLB支援の取り組みとなる。つまり、WLB支援の対象には、育児だけでなく、介護、自己啓

発、社会活動などが含まれる。

2. 硬直的な日本の働き方：国際比較

　日本の働き方が硬直的であることを国際比較で確認しよう。図12-1の①から③が国際比較の結果で、日本の働き方が他の先進諸国に比べて硬直的

図12-1① ≫ 就業時間中の自由度

自分や家族の事情のために、就業時間中の1、2時間を使うことができるか
（1＝難しくない、4＝難しい）

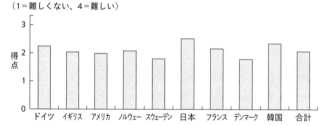

図12-1② ≫ 仕事の進め方の裁量度

仕事の進め方をどの程度自分で決めることができるか（仕事の裁量度、1＝自分で決めることができる、3＝自分で決めることができない）

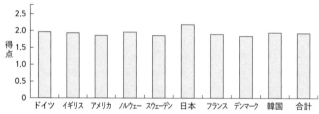

図12-1③ ≫ 出退勤時間の裁量度

出退勤時間をどの程度自分で変えることができるか（時間の裁量度、1＝変えることができない、3＝変えることができる）

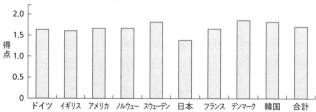

であることが分かる。同図は、International Social Survey Programme: Work Orientation III（ISSP2005）の個票データを筆者が再集計して作成したものである。ISSPは、同プロジェクトに参加している国々に関して同じ設問で比較調査を行うものである。

　ここでは、分析対象としてドイツ（西）、イギリス、アメリカ、ノルウェー、スウェーデン、日本、フランス、デンマーク、韓国の9カ国を取り出し、かつ18歳から64歳で週35時間以上就業する雇用者に限定して、働き方に関して3つの点を比較した。具体的には、働き方について、①就業時間中の自由度（「自分や自分の家族の事情のために、就業時間中の1、2時間を使うことができるか」、1点から4点で値が大きいほど「難しい」を意味する）、②仕事の進め方の裁量度（「仕事の進め方をどの程度自分で決めることができるか」、1点から3点で値が大きいほど「できない」ことを意味する）、③出退勤時間の裁量度（「出退勤時間をどの程度自分で変えることができるか」、1点から3点で値が小さいほど「できない」ことを意味する）の3つに関して比較した。

　3つの設問で働き方を比較すると、日本の働き方は他の先進国に比べて硬直的であることが確認できる。2015年に実施されたISSP2015の再分析でも日本に関しては同様の結果が得られている。こうした硬直的な働き方のもとでは、多くの人々がワーク・ライフ・コンフリクトに直面し、仕事への意欲を低下させたり、離職を余儀なくされたりしかねないのである。

3. 新しい「報酬」としてのWLB支援

　企業がWLB支援に取り組む必要性は、WLBが社員にとって新しい「報酬」となったことによる。企業は、社員が希望しているライフスタイルを実現できるような働き方を実現できなくては、社員の仕事への意欲を高い水準に維持することができない。社員の仕事への意欲を高い水準に維持し、職業能力を十分に発揮してもらうためには、企業として社員のWLBを実現する取り組みが不可欠となる。企業にとってWLBを支援することは、ワーク・ライフ・コンフリクトを解消し、働く人々の生活の質の低下を回避するだけでなく、社員の仕事に対する意欲を落とさないためにも、重要な取り組みとなったのである。

　WLBが、働く人々の仕事への意欲を左右する要因となっていることを、

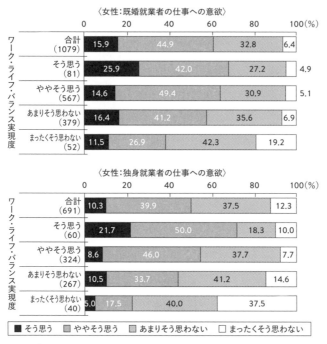

図12-2 ≫ **WLB実現度別にみた仕事への意欲**

〈女性：既婚就業者の仕事への意欲〉

〈女性：独身就業者の仕事への意欲〉

■ そう思う　■ ややそう思う　■ あまりそう思わない　□ まったくそう思わない

注：1.「ワーク・ライフ・バランス実現度」：「あなたにとって、仕事と生活のバランスは、
　　　うまくとれていると思いますか」への回答。
　　2.「仕事への意欲」：「あなたは、いまの仕事に目的意識をもって積極的に取り組んで
　　　いますか」への回答。
出所：少子化と男女共同参画に関する専門調査会『少子化と男女共同参画に関する意識調
　　　査』2006年1月実施

男女共同参画会議の少子化と男女共同参画に関する専門調査会が実施した
個人に対するアンケート調査で確認しておこう。図12-2の「WLB実現度」
とは、「あなたにとって、仕事と生活のバランスは、うまくとれていると思
いますか」という設問への肯定的な回答をWLBの「実現度が高い」と想定
した。また「仕事への意欲」は、「あなたは、いまの仕事に目的意識をもっ
て積極的に取り組んでいますか」に対する肯定的な回答による。同図によ
れば、既婚、独身の男女ともにWLBが実現できていると認識している人で
は、仕事への意欲が高い傾向を確認できる。

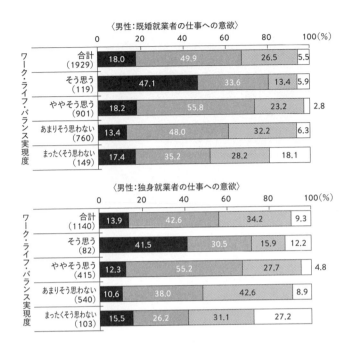

3 ワーク・ライフ・バランス支援と 管理職の役割

1. WLB支援のための3つの取り組み

　WLB支援のための具体的な取り組みを説明しよう。育児休業などのWLB支援制度を整備することで、WLB支援が実現できると考えている企業も少なくない。しかし、WLB支援制度を整備するだけでは、WLB支援としては不十分となる。WLB支援制度の整備を含めて、WLB支援のためには、図12-3のようにつぎの3つの取り組みが必要となる。

　第1は、仕事管理や時間管理など人材マネジメントと働き方の改革である。「ワーク・ワーク社員」と異なり、「ワーク・ライフ社員」は、仕事に投入できる時間に制約があることから、社員の「時間制約」を前提とした人材

図12-3 》 **3つの取り組みからなるWLB支援**

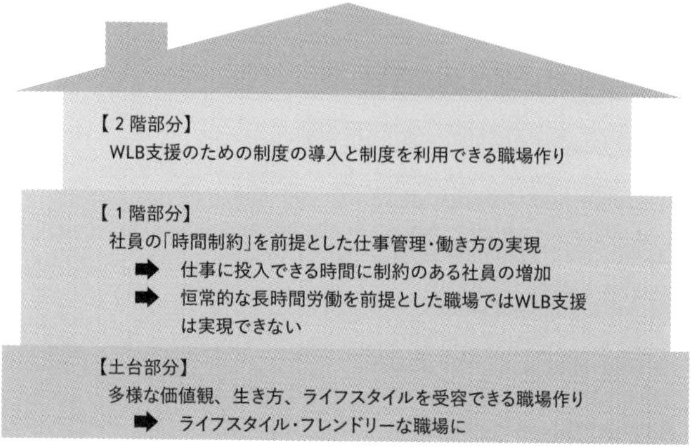

【2階部分】
WLB支援のための制度の導入と制度を利用できる職場作り

【1階部分】
社員の「時間制約」を前提とした仕事管理・働き方の実現
➡ 仕事に投入できる時間に制約のある社員の増加
➡ 恒常的な長時間労働を前提とした職場ではWLB支援
は実現できない

【土台部分】
多様な価値観、生き方、ライフスタイルを受容できる職場作り
➡ ライフスタイル・フレンドリーな職場に

マネジメントと働き方が必要となる。「ワーク・ワーク社員」も1日24時間、1週7日間という「時間制約」があるが、従来はその上限までは仕事ができるという意識や考え方のもとで人材マネジメントや仕事が行われていたのである。この点の改革が必要となる。

第2は、WLB支援に関わる制度を導入するだけでなく、その制度が活用できる人材マネジメントを日ごろから行うことである。法定を上回る育児休業制度や短時間勤務制度が導入されていても、それらの制度を利用しにくい企業や職場が少なくない。その問題を解消するためには、第1の取り組みに加えて、WLB支援に関わる制度が活用できるようにする日常的な取り組みが必要となる。

第3は、社員の多様な価値観やライフスタイルを受容できる職場風土とすることである。「ワーク・ワーク社員」を否定するのではなく、「ワーク・ワーク社員」だけでなく、「ワーク・ライフ社員」など多様な価値観の社員を受け入れることができ、そうした社員が仕事に意欲的に取り組めるようにすることである。

言い換えれば、「ワーク・ワーク社員」が多い部長や課長などの管理職の価値観を否定するのではなく、管理職が部下に対して「ワーク・ワーク社員」としての価値観を求めることを解消することが課題となる。

WLB支援を実現するためには、上記の3つの取り組みが必要条件となる。建物にたとえれば、第1の取り組みが1階で、第2が2階、第3が土台となる。

しかし、WLB支援の現状をみると、3つのうち2階の取り組みしかできていない企業や、さらには2階のうち制度を導入したものの、それが活用しにくい企業も少なくない。土台と1階が完成すれば、2階は法定水準の両立支援制度であっても、それが活用できるならば、WLB支援としては十分なものとなる。

2. 職場の管理職のマネジメントが鍵

　育児休業制度や短時間勤務などWLB支援に関わる諸施策は、企業が導入すれば自動的に社員が活用できるわけではない。休業などを取得しても、業務遂行に支障が生じにくい職場でなくては、社員が休業取得を申し出にくいだけでなく、職場の管理職や同僚も休業取得を歓迎しにくいことになる。つまり、社員のWLBは、育休制度など両立支援の制度を導入することで自動的に実現できるものではないのである。

　企業がWLB支援のために両立支援制度を導入し、社員がそれを活用できるようにするためには、すでに指摘したように社員の時間制約を前提とした仕事管理・時間管理に切り替えることが不可欠となる。社員がいつでも必要なときに必要なだけ残業や休日出勤ができると想定するのでなく、社員が仕事に投入できる時間に制約があることを前提とした仕事管理・時間管理に切り替えていくことが必要なのである。

　そのために職場の管理職は、部下が休業を取得したり、短時間勤務や残業免除を選択したりするなど、仕事に投入できる時間に制約があることを前提とした人材活用をしなくてはならない。こうした人材活用に移行するための取り組みは、「時間」を有限と考え、その有限な「時間資源」を効率的に活用することを管理職や社員に自覚させることである。そのことを通じて仕事の優先順位付けや無駄な仕事を取り除くことなど、仕事の効率化や生産性向上に貢献することになる。

　エネルギー制約や環境制約に対処できる企業経営に取り組んだことが、企業に経営革新をもたらしたように、社員の時間制約を前提とした新しい人材活用と働き方の開発は、日本企業に新しいイノベーションをもたらすものと考える。

　休業制度や短時間勤務などWLB支援の施策を円滑に活用できるようにす

るためには、お互いの仕事をカバーできるように職場での情報を共有化し仕事の幅を広げるように、管理職は日ごろから部下マネジメントを行うことが不可欠となる。こうした取り組みは、休業取得の有無にかかわらず、仕事の効率化を通じて職場の生産性の向上に寄与することが明らかにされている。この点を、部下が育児休業や短時間勤務を取得したことがある管理職に対する調査結果で紹介しよう（男女共同参画会議・少子化と男女共同参画に関する専門調査会『管理職を対象とした両立支援策に関する意識調査』2005年実施）。

　育休取得や短時間勤務利用の職場全体への総合的な影響に関する管理職の評価をみると、「マイナスの影響が大きい」（「大きい」3.3％＋「どちらかといえば大きい」14.0％）は少なく、それよりも「プラスの影響が大きい」（「大きい」4.1％＋「どちらかといえば大きい」26.6％）が3割を占めることが注目される（「どちらともいえない」は51.4％）。総合的な影響として「プラスの影響が大きい」が多くなる。

「プラスの影響が大きい」と回答した管理職が指摘したプラス面の事項を取り上げると、「両立支援策に対する理解が深まった」（65.6％）が第1位を占め、それ以外では「生産性向上に貢献する」と考えられる事項が多く指摘されている。それらは、「仕事の進め方について職場内で見直すきっかけになった」（53.8％）、「仕事を引き継いだ人の能力が高まった」（41.4％）、「各人が仕事に効率的に取り組むようになった」（31.7％）、「職場の結束が強まった」（21.5％）などである。他方、「マイナスの影響が大きい」とした管理職では、「職場のマネジメントが難しくなった」（46.7％）や「社員間で不公平感が生じた」（26.7％）の比率が高い。以上の結果は、管理職の職場管理のあり方によっては、育休取得を仕事の進め方の見直しや能力開発の機会などに活用できることを示唆している。

　職場全体への総合的な影響に関して「プラスの影響が大きい」とした管理職の職場の状況や取り組みを分析すると、①職場の同僚の間に育休取得を積極的に支援しようとする雰囲気がある、②育休取得者の仕事に関して複数の同僚に引き継ぐことが多い、③育休取得者に対して職場復帰にむけた情報提供を行っている、④育休取得者が職場復帰後に取得前のスキル水準に戻るまでの期間が短いことなどが分かる。同僚の間に育休取得を支援する雰囲気があり、職場の複数の同僚が育休取得者の仕事を引き継ぐことが多いのは、日ごろから特定の社員にしか仕事ができないような状況を少

なくするために、各人の仕事の範囲を広くし、お互いに仕事をカバーできるように連携して仕事をするようにしているためと考えられる。つまり、育休取得者の仕事を同僚がカバーできることによって、育休取得による職場全体の生産性低下を解消したり、あるいは低下幅を小さくできたりしているのである。こうした取り組みは、育休取得の有無にかかわらず、職場の生産性の向上に寄与することにもなる。

3. なぜ男性の子育て参画か

　WLB支援は男女の両者を対象とするものであるが、企業のなかには、女性それも既婚女性を念頭に置いて運営している事例もある。この背景には、育児や介護は女性が担うものという男女の役割分業意識がいまだ根強いことがある。そのため、男性が育児休業を取得することに抵抗感や違和感を指摘する経営トップや管理職も多い。

　たとえば、男性が育休を取得することに関する経営トップ（人事担当者による判断）と人事担当者の意見を調べると、女性が育児休業を取得する場合に比べて、男性に関しては肯定的な意見が少なくなる。ただし、男性の取得実績のある企業のほうが、男性による育休取得を肯定的にとらえる傾向が強いことが明らかにされている。

　このことは、経営トップや人事担当者、さらには職場の管理職が、男性の育休取得を当然のこととする職場風土が形成できれば、男性の育休取得も増えていく可能性があることを示唆している。

　男性の子育て参画に関しては、子供をもった夫婦の選択の問題であり、社会や企業がそれを促進すべきものではないとの意見がある。しかし、働きながら子育てを担っている女性を取り上げると、その女性の子育てと仕事の両立は、本人だけでなく、勤務先企業や職場の同僚などの理解や支援に支えられたものである。そうした状況において、たとえばその女性の夫が、他の企業で長時間労働を行い、子育てにいっさい関わらないとすれば、女性を雇用する企業や職場のみに子育て支援を負わせることになり、女性の雇用をできるだけ避けようとする企業行動を誘発し、その結果、男女の雇用機会均等を阻害することにもなりかねないのである。

　つまり、男性の子育て参画を促進すると同時に、すべての企業における

WLB施策を充実させていくことが重要な取り組みとなる（佐藤博樹・武石恵美子『男性の育児休業―社員のニーズ、会社のメリット』中公新書、2004年など参照）。

4 ワーク・ライフ・バランス支援と女性の活躍の場の拡大

　WLB支援は、運用のあり方によっては性別役割分業を固定化するものとなる。つまり、女性が子育てを担いかつ仕事を継続できる環境を整備することだけになりかねないことによる。企業における子育てと仕事のWLB支援が充実しても、男性の働き方が変わらなかったり、女性の職域拡大が行われなかったりする場合には、そうした状況を招きかねない。この点を図12-4で説明しよう。

　同図は、企業や職場におけるWLB支援と雇用機会均等施策の両者の充実度によって、企業や職場を4つの類型に分け、それぞれにみられる特徴を類型別に示したものである。同図の第3象限に分類される企業あるいは職場では、均等施策が充実しているため、男女の職域分離がなく女性の管理職も多いものの、WLB支援策が不十分なため、結婚や出産、さらには子育てなどを契機に仕事をやめざるをえない状況に直面する女性や、仕事を継続するために結婚や出産をあきらめざるをえない女性が多くなる。つまり、一

図12-4 >> **WLB支援と雇用機会均等の関係**

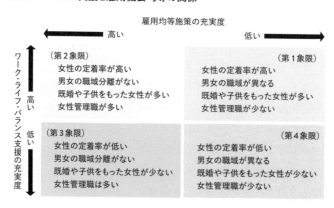

部の女性しか活躍できないことになる。

　他方、同図の第1象限の企業あるいは職場は、WLB支援策が充実しているため、結婚や出産、さらに子育てなどに直面しても仕事の継続が可能となるが、均等施策が不十分なため、女性の職域や昇進機会が制約されることになる。女性が勤続することは可能であるが、その能力を十分に発揮できていないことになる。

　このようにWLB支援策と雇用機会均等施策のいずれを欠いても、女性の活躍の場を拡大することができないのである。つまり、企業の人材活用において女性の活躍の場を拡大していくためには、WLB支援策と雇用均等施策の両者を車の両輪として定着化していくことが課題となる。つまり、第2象限が目指すべき目標となる。しかし現実の人事管理施策をみると、WLB支援策と均等施策のいずれかに軸足が置かれていたり、あるいはいずれの施策も不十分であったりする企業が少なくない。

　ところで同図の第1象限と第3象限は、WLB支援策と均等施策でみると異なる類型であるが、実は両者とも企業の人材活用策の基底にある基本的な価値観は同じものなのである。その価値観とは、「男性は主に仕事を、女性は主に家事・育児を担うもの」という男女の性別役割分業を前提とした人材活用なのである。

　第1象限は、男女役割分業を前提として、女性が家事や育児を主として担うため、女性が働く場合でもその仕事は補助的なものでよいとするものである。他方、第3象限は、男女役割分業を前提として、妻が家事や育児を担っている男性と同様に仕事ができる女性がいた場合には、男性と同様の活躍の機会を提供するというものである。

　第1象限の企業あるいは職場はポジティブアクションを通じて第2象限を、第3象限の企業あるいは職場はWLB支援策の導入・充実を通じて第2象限を目指すべきものとなるが、そのためには男女の役割分業を前提とした人材活用の仕組みを解消し、多様なライフスタイルをもった人材が活躍できる企業、あるいは職場とすることが最大の課題となる。

　ちなみに、データは示さないが図12-2と同じ調査によれば、WLB施策を「子育てする人が働きやすい」職場で代表し、男女の雇用機会均等施策を「女性登用が進んでいる」職場で代表させると、両者が実現できている職場では、既婚女性のみならず既婚男性や独身男女も「仕事の満足度」が高い

傾向がみられる。さらに、「仕事への意欲」も、「子育て」と「女性登用」の両者の環境が整っている場合、男女ともに意欲が高くなるが、一方の環境しか整っていない場合には、「女性登用」が進んでいるほうが、男女ともに意欲が高くなる。この点からも、WLB施策と雇用機会均等施策を同時に推進することの重要性が理解できよう。

5 ワーク・ライフ・バランス支援と人事処遇制度の連携、企業業績

1. WLB支援と人事処遇制度の連携

　企業は、WLB支援のために、育児休業や介護休業さらには短時間勤務などの導入、整備に取り組んできている。こうしたWLB支援に関わる諸制度を希望者が円滑に利用できるように、制度に関する情報提供や代替要員の確保などの支援を行う企業も多い。しかし、現状の取り組みだけで、WLB支援の制度が円滑に利用されるための環境整備が必要十分というわけではない。WLB支援制度を定着させ利用しやすいものとするためには、WLB支援制度の内容を充実させるのみでなく、支援制度と他の人事処遇制度の接合が不可欠なのである。

　WLB支援制度を独立した制度として導入し、その制度を充実し利用しやすい環境を整備することを第1段階とすると、他の人事処遇制度との接合をはかること、すなわちWLB支援制度を組み込んだ人事処遇制度の構築が、WLB支援に関わる制度整備の第2段階となる。この第2段階の取り組みが、企業に求められている。

　WLB支援に関わる制度整備の第2段階の取り組みの必要性と、そのための基本的な取り組みのあり方を整理すると、つぎのようになる。

　企業の多くでは、WLB支援制度が他の人事処遇制度と独立して導入され、両者の接合が十分に考慮されていない。しかし、そのことが人事管理上の課題や問題として表面化してこなかったのは、支援制度の利用者が限定的であったことによる。キャリアの途中段階において、育児や介護のために

長期の休業を取得して就業中断する者や、フルタイム勤務から短時間勤務に移行する者が、男性の子育て参画の進展などから、男性を含めて社員の間に一般化することは確実である。さらに、共働き世帯や単身者の増加を背景とし、要介護者をかかえる社員の増加から、管理職を含めて50代以上の男性社員においても、WLB支援制度の利用ニーズが高まることになる。

　他方、企業における従来の人事処遇制度は、入社してから定年までキャリアの中断がなく、かつフルタイムで継続して勤務する「社員像」を前提として設計されていたといえよう。

　企業においては、ノーワーク・ノーペイの原則から休業期間中の給与に関しては無給が一般的であるが、①賞与や退職金の算定における休業期間の扱い、②人事考課や昇給さらに昇格における休業期間の取り扱い、③休業復帰後における評価のあり方や休業期間中の評価と処遇における取り扱い、さらに④短時間勤務者に対する目標管理における目標設定や評価方法などに関して、人事部門として明確な取り扱い方針やルールを定めていない企業も少なくない。

　このような企業では、現場の管理職が人事考課などの運用に苦慮することも多く、また人事考課や目標管理の運用などが現場の管理職の裁量に依存することから、職場ごとに対応が異なるなどの問題も生じている。

　こうした結果、WLB支援制度を利用することが自分の今後のキャリアや処遇にどのように影響するかに関して明確でないことから、社員の間には、WLB支援制度の利用を躊躇したり、制度を利用するにしても、制度利用後における処遇の扱いに関して不安や不満をもったりするという問題も生じがちである。

　他方、一部の企業ではあるが、休業に関して給与や賞与などの処遇面でまったく控除しなかったり、あるいは一部のみ控除したりするところもあるが、こうした取り扱いの場合には、WLB支援制度を利用しない社員から不満が出たり、制度の利用者にとっても制度を利用しにくいという問題も生じかねないのである。

　WLB支援制度と人事処遇制度の接合のあり方を検討する際には、制度利用者に対して合理的に説明できない処遇上の不利益をもたらすことがないようにするだけでなく、制度利用者と制度非利用者の間に不公平感を生まないように、制度の仕組みや運用を設計し、周知することが大事なことと

なる。

　以上を踏まえると、WLB支援制度と人事処遇制度の円滑な接合のためには、以下の検討が必要となろう。

　①社員の多くが、キャリアの途中段階で休業を取得したり短時間勤務に移行したりすることを前提として、現在の人事処遇制度を点検し、人事考課、処遇（昇給、賞与、退職金など）、昇格の仕組みを見直すこと。

　②WLB支援制度の利用者が不利益と感じることがなく、処遇に納得できる制度とすると同時に、制度非利用者も不公平感を抱くことがなく、納得できる制度とし、また両者間の処遇の均衡を確保すること。

　③WLB支援制度の利用に関わる人事考課、処遇、昇格の取り扱いに関する情報を社員に提供し、両立支援制度の利用に関わる人事処遇制度の透明性を担保すること。とりわけ人事考課の実施者である管理職に、その運用に関して情報提供を行うこと。

　なお、人事処遇制度の改善に際しては、社員のキャリア段階や他の人事処遇制度との組み合わせや運用のあり方によっては、見直しの必要がない場合もあることに留意が必要となる。

　たとえば、職能資格制度における昇格の条件として設定されることが多い滞留年数要件は、休業取得期間に応じて昇格の遅れを休業取得者にもたらすものとなる。しかし、キャリアの初期段階など人材育成期間において一定期間の仕事の経験が職業能力の習得に不可欠な場合には、滞留年数要件の設定とそれにともなう休業取得者の昇格の遅れは合理的な扱いとなろう。他方、能力発揮段階において昇格に滞留年数要件を設定することは、経験年数と能力発揮が相関しない場合には不合理なものとなり、滞留年数要件の設定を廃止し、休業取得期間に関係なく、評価期間における貢献などに応じて昇格を決めることが合理的なものとなる。

　このように昇格などにおける滞留年数要件は、それ自体では、合理的なものとも非合理的なものとも評価できないのである。WLB支援制度と人事処遇制度の接合のための見直しに際しては、こうした人事処遇制度の違いについて留意が必要となる。

2. WLB支援の人材活用や企業業績に対する効果

　WLB支援の取り組みと企業業績の関係について、分析の結果を紹介する。WLB支援（ここでは両立支援策）と人材活用や企業経営との関係についていくつかの仮説を設定し、計量分析を行った結果を紹介しておこう（佐藤博樹・武石恵美子編『人を活かす企業が伸びる──人事戦略としてのワーク・ライフ・バランス』勁草書房、2008年を参照）。

　第1に、両立支援策の「制度導入」は、新卒採用、中途採用ともに質・量の両面で必要な人材の確保にプラスの効果がある。

　第2に、両立支援策の導入と利用は、結婚や自己都合による退職を減少させ、育児休業の利用を通じて就業の継続を促進する。

　第3に、両立支援策と人材開発戦略を組み合わせることで、女性の仕事への意欲の向上を期待でき、また女性だけでなく男性の会社・仕事満足度にもプラスの効果が表れる。会社・仕事満足度については、さらに男女均等施策に取り組むことでより向上する。

　第4に、両立支援策を単独で導入すると企業業績にマイナスの影響があるが、均等施策と併せて導入することで、企業業績にプラスの効果がある。

　以上の分析から明らかになったことは、WLB支援策が人材活用や企業業績にプラスの効果をもたらすためには、雇用機会均等や人材開発など他の人事施策との組み合わせが極めて重要なことである。

6 育児休業と介護休業

1. 育児休業

　育児休業制度は、子供を養育するために労働者が休業することを企業が認める制度である。親が子供を直接育てることを可能とし、かつ雇用の継続が保障される。育児を担いながら雇用の継続が保障されることに、休業の意味がある。

　労働市場の現況をみると、育児のためにいったん離職すると、退職まで

に培った職業能力を活かせる就業機会を探すことは難しいのが現状である。とりわけ女性の中途採用市場は、有期契約のパート社員が多く、正社員としての雇用機会が相対的に少ないだけでなく、あったとしても労働条件が退職前より大幅に低下することが少なくない。育児休業制度は、こうした障害を取り除き、雇用の継続だけでなくキャリアの継続も可能とする仕組みである。

さらに育児休業制度によって、休業後に雇用が継続されるため、企業にとっては休業までに行った社員に対する教育訓練投資の回収が可能となる。企業は、社員が蓄積した技能や知識を退職によって失うことを回避できる。育児休業制度は、社員の側だけでなく、企業の側にもメリットの多い制度である。

育児・介護休業法は、育児に関して基本的に男女労働者の双方が担うべきものとの考えに基づき、男女を対象とするとともに、育児休業だけでなく、短時間勤務など柔軟な働き方の提供を事業主に求めている。それは、育児をめぐる状況が社員によって異なるため、「完全休業」と「完全勤務」の二者択一では社員の多様な育児ニーズに対応できないことを考慮したものである。

また、配置など雇用管理について必要な措置を講じる努力を企業に求めているのは、社員が育児休業を申し出ても、それが事業活動に及ぼす影響が少なくなるように業務分担や人員配置などの面で適切な措置を行うことで、社員が育児休業を申し出やすい状況を整備し、原職復帰などによって休業前のキャリアが継続できるようにするためである。

育児休業期間中は、賃金の支払いはなく無給である。ただし、育児休業期間中の社会保険（健康保険と厚生年金保険）の保険料は、会社負担と本人負担分の両者が免除される。また雇用保険被保険者が育児休業を取得した場合は、休業前賃金の一定割合が給付金として雇用保険から支給される。

2. 介護休業

人口の高齢化が急速に進展し、要介護の高齢者が増加する一方、世帯規模の縮小や女性の職場進出などにより家庭の介護機能が低下している。こうしたなか、地域における介護サービスの提供の仕組みの整備（介護保険制

度など）に加えて、仕事と介護の両立を支援する仕組みが求められてきている。

　老親介護の問題は40代や50代の中高年従業員が直面することが多く、同時にこの年齢層は、企業内では管理職や監督職など職責が重い者が少なくない。さらに、家庭生活面では子供の教育や住宅取得など経済的負担が大きい時期に当たっており、仕事と介護の両立が大きな課題となる。また、家庭内における介護の担い手は中高年女性が多く、女性の就業に及ぼす影響も大きく、老親介護のために仕事をやめる女性も少なくない。

　介護と仕事の両立を可能とするためには、家庭に介護を必要とする者が発生した場合、発病から症状が一定するまでの間の緊急避難的な一定期間の介護休業の制度や、勤務時間の短縮や柔軟化などが必要となる。介護は子育てと異なり、いつ、どの程度、そしていつまでつづくか分からないといった不安定要素を含んでいるため、育児よりも対応が難しいともいえる。つまり、介護ニーズは多様であり、就業している者への影響も多様となるため、よりきめ細かな対応が求められることになる。

　育児・介護休業法によって、1999年4月から介護休業制度の導入が企業の義務となった。すなわち男女の労働者が、要介護状態にある一定の範囲の家族を介護するために休業を取得することが権利として認められている。介護休業中は原則無給であるが、雇用保険被保険者が介護休業を取得した場合には、休業前賃金の一定割合の介護休業給付金が雇用保険から支給される。

---

topic

介護離職から社員を守る

●仕事と介護の両立に必要な情報

　働く人々が介護の課題に直面しても離職せずに仕事を継続でき、かつ要介護者が必要とする介護サービスを活用できるようにするためには、何が必要なのか。それは、働く人々が、①仕事と介護の両立のためのマネジメントの仕方や、②両立に不可欠となる様々な社会的資源に関する情報を得ることができるようにすることである。

　前者には、介護の課題の直面した際には、自分がひとりで介護の課

題を解消しようとするのでなく、仕事の継続を基本として、様々な社会的資源を活用して、仕事と介護の両立をはかることが、後者には、両立のために必要な社会的資源として、介護保険制度と勤務先の両立支援制度に関する知識が含まれる。

　働く人々が介護の課題の直面する前に、上記の①と②に関する基本的な情報を得ることができるようにすることが求められる。事前の情報提供が重要な点も仕事と子育ての両立支援とは異なる。たとえば、企業が社員に両立支援の情報提供する場合を取り上げると、仕事と子育ての両立では、妊娠が分かったときに両立支援の情報を提供しても間に合うが、仕事と介護の両立に関しては、介護の課題に直面する前に提供することが求められる。それは、介護の課題に直面する時期を事前に予測できないことと、介護の課題に直面しても社員がそのことを勤務先に説明しないと会社として情報を提供できないことがある。

●事前に提供が望ましい基本的な情報

　提供が望ましい基本的な情報として、①親がいる限り誰でも介護の課題に直面する可能性が高いので直面しても慌てないこと、②介護の課題に直面した際には、会社や上司さらには地域の専門家（地域包括支援センター、ケアマネージャーなど）に相談し、自分ひとりで介護の課題を抱え込まないこと、③自分で直接介護を担うのでなく、介護保険制度などによる介護サービスを利用し、さらに会社の両立支援制度なども活用して、仕事の継続を重視すること、④介護休業は、自分で直接介護するためではなく、仕事と介護の両立のための準備期間として活用するものであること、などである。

　社員にそうした基本的な情報をいつ提供するのが望ましいのか。40代後半から介護の課題に直面する社員が漸増するため、その前に提供することが必要となる。他方で、30歳代以下の社員層では、親が要介護の状態にある者が少なく、情報提供しても関心をもたない者が多くなる。こうした点を考慮すると、基本的な心構えに関する情報を提供する時期として、社員が関心をもちやすい40歳時点と考えられる。

　その理由は、40代になると親の介護の課題に直面する社員が出現することに加えて、40歳になると社員は介護保険制度の被保険者となることによる。また、介護保険制度の被保険者になるものの、保険証は

なく（保険証が届くのは65歳の誕生月）、また被保険者に対して介護保険制度に関する情報提供を国などがしていないこともあり、社員のなかには、介護保険制度の被保険者になったことを知らなかったり、被保険者になったことは知っていても介護保険制度の仕組みを知らなかったりする者が多いため、40歳時に介護保険制度に関する情報提供が必要となる。

40歳に続いて、情報提供の時期として適切と考えられるのは、親などの介護の課題に直面する社員が多くなる50歳前後である。50歳から退職時期となる65歳までは、仕事を継続するうえで仕事と介護の両立が極めて重要となることによる。提供する情報は、40歳時点で提供したものをベースにしたものでよい。

40歳や50歳の時点での社員への情報提供に加えて、介護に関する親の希望などに関して、社員が親と話し合うことや、親の健康や生活の状態を適宜把握することを社員に働きかけることも、仕事と介護の両立支援として重要な取り組みとなる。子育てとは異なり、介護の課題に直面する時期を事前に予測することは難しいものの、親の健康や生活の状態を注意深く観察することで、介護の課題に直面する時期が近いかどうかをある程度まで知ることができることによる。また、親自身が要介護の状態になったときにどのような介護を希望しているかを事前に確認することも望ましい。そのために、社員が親の健康や生活の状態を確認したり、親の介護に関する希望を確認したりするためのきっかけを企業として社員に教えることも大事な両立支援となる。

まず親が65歳となる誕生月に介護保険証が届くことを契機に、親と同居していない場合も含めて、介護保険制度の仕組みを親に説明したり、介護に関する親の希望を確認したりするわけである。75歳以降は親の健康や生活の状態を適宜把握することの必要性が高まることを社員に喚起することが求められる。

介護に関する親の希望に関して社員が親と話し合ったり、親の生活や健康の状態を確認したりすることを社員が行うようにするためには、親と話し合うことが望ましい事項や、生活や健康に関するチェックリストを企業として作成して社員に提供することが有効となる。

第 13 章

雇用調整と退職の管理

1 迫られる「基本」の見直し

1. 2つの人材確保法と雇用調整

　経営活動に必要な人材を確保することは、人事管理の基本的機能のひとつであるが、それには2つの面がある。ひとつは、いま、あるいは将来必要になる人材を新たに調達することであり、社外から調達すれば採用、社内からであれば配置転換ということになる。しかし、これだけでは企業は必要な人材を確保することはできない。それは、会社全体あるいは特定の部門の事業が縮小すれば、それに合わせて現有の人材を調整する必要があるからであり、企業にとっては、これも人材確保のための重要な管理活動である。この機能を担うのが雇用調整であり、そのなかの最も厳しい方法が解雇になる。

　どのような雇用調整策をとるかは個々の企業の問題であるが、そのあり様は労働市場全体の構造を規定する。もし企業が雇用調整策として解雇を多用すれば不景気になり、企業の業績が悪化すればすぐに失業率が上がる労働市場が、もし解雇を避け社内のやり繰りで乗り切ろうとする雇用調整策を重視すれば、不景気になってもすぐには失業率が上がらない労働市場が形成されることになろう。

　「終身雇用制は日本の人事管理の基本である」を強調するということは、日本が後者の選択をしてきたことを意味している。また、終身雇用政策を緩和する方向で人事管理が変化しつつあることが問題になっているが、もし日本企業が本気になってその方向に進むとすれば、労働市場の構造を大き

く変えることになろう。

2. 変化する雇用調整の役割

　雇用調整をめぐって、いま、もうひとつの点が問題になっている。経営活動の変動（とくに縮小）に合わせて人材を調整することが雇用調整であるので、人材需要の変動（落ち込み）が大きいと予想されるほど、その役割は重要になるし、雇用調整のための強力な仕組みが必要になる。それは、雇用調整には大きなコストがかかるからである。社員をむやみに解雇すれば、労働組合は反対し労使間の緊張は高まるだろう。それに加えて個々の社員にしても、会社の将来に不安をもって、あるいは会社のやり方に不満をもって労働意欲を低下させるかもしれない。事業活動が縮小したからといって、雇用を安上がりに調整する方法はない。

　そうなると、日本企業にとって雇用調整はこれまで以上に重要な管理分野になる。一般論としては、経営業績が悪化すれば雇用の調整は不可避ということになるが、「数年待てば経営業績が回復する」との見通しをもてるような時代であれば、企業も厳しい雇用調整策をとらずに我慢するし、それを前提に雇用調整の仕組みを準備しておくだろう。高度成長期はまさにそうした時代であった。

　しかし、「何年待っても、以前のような経済成長は望めない」あるいは「何年待っても、既存事業が以前のような状態に回復することはない」という見通ししかもてない時代になると、企業は雇用調整を早期に、かつ厳しく行わない限り組織を存続させることができないという思いを強め、それに合った雇用調整の仕組みを作ることになろう。

　市場は不透明さを増しており、競争に負けるかもしれないリスクは確実に大きくなっている。経営環境の変化をこのようにとらえると、日本企業は間違いなく、雇用調整策の再構成を迫られているのである。

2 雇用調整

1. 雇用調整の政策体系

(1) 業務調整と雇用調整、数量調整と賃金調整

　理論的に考えると、雇用調整とは、事業活動に要する適正な雇用量を確保するために既存の雇用量を調整することであるので、雇用量を増やす方向で調整することも減らす方向で調整することもある。しかし現実には、適正な雇用量の縮小に合わせて既存の雇用量を調整することを雇用調整と呼んでおり、図13-1はその政策体系を整理したものである。

　事業、したがって人材需要が縮小し、余剰人員が発生したとき、短期的に企業は、外注していた仕事を内部に取り込むこと（「内製化率調整政策」）によって、社内の仕事量を増やして余剰人員を吸収する業務量調整の政策か、雇用を調整する政策をとるだろう。後者の雇用調整策が本章の目的なので詳細は避けるが、とくに大手企業は、短期の余剰人員対策として業務量調

図13-1 >> 雇用調整政策の体系

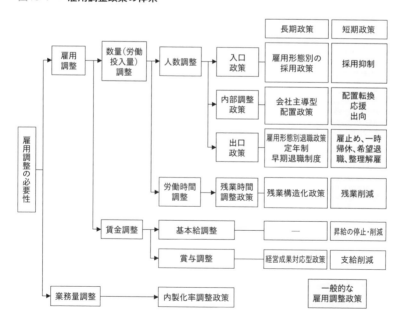

整策も重視している。

　雇用調整策には2つの方法がある。企業にとって余剰人員の問題は、業務量に比べて人件費が肥大化しているから問題であるという面と、雇用量が多すぎるから問題であるという面の2つがある。前者に対応するには、業務量の減少に合わせて人件費を削減する政策（同図の賃金調整策）が、後者に対しては、余剰化している雇用量を直接削減する政策（数量調整策）が必要になるが、一般的には数量調整策が重視される。

　なお主要な賃金調整策には、基本給を調整する施策と賞与を調整する施策の2つがある。前者は昇給の停止、昇給額の削減などの方法がとられるが、一般的には、基本給が長期的な観点から決定される安定的な賃金であるため、短期的な賃金調整効果は小さい。短期的な賃金調整は主に賞与調整で行われ、そのためには、賞与決定の仕組みを経営成果に対応して変動する仕組みとして設計しておく必要がある。この点については第9章で詳しく説明したので、あらためて参照してほしい。

(2) 2つの数量調整─労働時間調整と人数調整

　数量調整策で問題になる雇用量は、厳密にいうと社員の人数と労働時間のかけ算で決まる労働投入量を示している。そのため事業が10％減少し、必要な労働投入量が10％低下したとき、適正な雇用量は社員数を10％削減しても、労働時間を10％削減しても実現できる。そうなると、数量調整策は人数調整策と労働時間調整策から構成されることになる。

　まず労働時間調整策については、就業規則などで決められている所定労働時間の変更は難しいので、所定外労働時間（残業時間）で調整する方法がとられる。ただし、この政策を常に使える状態にしておくには、人員を少なめに配置し残業を常態化しておく長期政策（残業構造化政策）が必要になる。

　つぎの人数調整策には、採用抑制によって流入してくる人数を抑制するか（入口政策）、解雇などの方法で流出する（退職する）人数を増やすか（出口政策）、配置転換・出向・転籍によって、社内あるいは企業グループ内の余剰部門から不足部門に人員を異動させる方法で内部調整するか（内部調整政策）の3つの方法がある。

　とくに出口政策については、雇止め、希望退職、整理解雇など（これらに

ついては後に詳述する）の施策がとられるが、そのためには長期政策によって基盤を整備しておく必要がある。最も重要な制度は定年制度であり、これによって定年年齢に達した社員は自動的に退職していく。

　さらに、同図の長期政策に雇用形態別退職政策を挙げている点に注意してもらいたい。すでに第3章で説明したように、企業は正社員、パート社員などの非正社員、派遣社員などの異なる雇用形態の労働者を組み合わせる雇用戦略をとっているが、出口政策による雇用調整がどの程度必要になるかを念頭に置いて、その最適な組み合わせを決める必要がある。また経営業績のいかんにかかわらず、社員（とくに中高年者）の退職を奨励する早期退職制度を整備しておくことは、不況時に希望退職を募集するための希望退職優遇制度の基盤を作ることになる。

　さらに内部調整政策については、雇用調整が必要な場合に機動的に配置転換、応援、出向を行えるための基盤を長期的な観点から整備しておく必要がある。同図にある長期政策としての会社主導型配置政策がそれであり、会社は業務上の必要性に応じて社員に何の仕事を担当させるのか、どこに異動させるのかについて広範な人事権をもつ必要がある。

2. 雇用調整の実際

(1) 雇用調整に対する労使の基本方針

　これまで雇用調整策の体系について説明してきたが、日本企業は現実に、どのような雇用調整の方針と政策をとっているのか。1950年代、1960年代に大量解雇をめぐり激しく対立し、深刻な混乱を経験してきた日本企業の労使は、その後、雇用調整を円滑に実施するためのルール作りに努力し、そのなかで次のような方針を形成してきた。

　まず経営者側は、基幹的労働者の確保、労使関係の安定、労働意欲の維持・向上を通して生産性の向上をはかるために解雇はできる限り回避し、その代わりに解雇以外の雇用調整策、とくに内部調整政策を積極的に活用するという方針を立てた。その結果、企業内での労働力の柔軟な配置（つまり強力な内部調整政策）を可能にする人事管理政策が形成された。それに対して労働組合は、「仕事保障」より「雇用保障」を重視する方針をとり、解雇を回避するのであれば、配置転換などの雇用調整には協力する方針をとった。

(2) 雇用調整の手順

このような労使の方針にしたがって、雇用調整策は一般的に、温和な方法から厳しい方法にむかって、つぎのような手順を踏んで段階的に進められる。第1段階では、残業時間削減（労働時間調整）の方法がとられる。日本の企業は、社員に及ぼす影響が小さいこととともに、解雇（人数調整）の回避を基本とする雇用調整策をとってきたため、労働時間調整策を重視してきた。そのため、前述した残業時間構造化政策がとられ、残業が常態化する状況が作り出されてきた。

しかし、残業時間削減の方法は2つの面で効果に限界がある。第1は、調整できる時間数が限られる点である。表13-1の労働時間の構成をみると、残業時間は総実労働時間の8％であり、残業時間をゼロにしたとしても調整できる労働投入量は1割弱にとどまる。しかも現実には、残業時間をゼロにすることは困難なので、その調整効果はさらに限られる。第2は、この方法によって労働投入量が調整できたとしても、労務費、減価償却費などの固定費部分があるため、単位製品当たりのコストは増加せざるをえない点である。

第2段階では、採用を抑制しつつ退職などによる欠員を補充しないことにより、人員の段階的な減少をはかる自然減と呼ばれる方法と、配置転換、応援、出向の内部調整の方法がとられる。多くの場合は、この段階までの雇用調整策で終わるが、それでも調整が済まない深刻な状況になると、人数調整のなかの出口政策の段階に進むことになる。

その第一歩が第3段階であり、非正社員の契約更新を停止する方法（「雇止め」と呼ばれる）と、「雇用関係を継続したままで就業を一時停止する」一時帰休の方法がとられる。なお一時帰休の場合には、その間が経営上の都合による休業として扱われるので、企業は労働基準法にしたがって平均賃金の60％以上の休業手当を保障しなければならない。

政府は解雇の圧力を緩和し、企業からできる限り失業者を出さないとの方針から、企業に対して休業手当の一定割合を援助する雇用調整給付金制度を導入している。

表13-1 》 **労働時間の構成（2018年）**

（5人以上の事業所）

	時間	構成比（%）
平均月総実労働時間	142.2	100.0
所定内労働時間	131.4	92.4
所定外労働時間	10.8	7.6

出所：厚生労働省『毎月勤労統計調査』

こうした対応のあとの最後（つまり第4段階）の雇用調整策として、企業は正社員を直接削減する本格的な人数調整策の出口政策に踏み出す。これには退職金の割り増しなどの優遇策を付けて自発的な退職者を募集する希望退職募集と、社員を指名して解雇する整理解雇の2つの方法がある。一般的には整理解雇に一気に進むことはなく、希望退職募集が先行して行われる。

（3）雇用調整と希望退職の実際

　それでは日本の企業は、どの雇用調整策を、どの程度の頻度で実施しているのか。その状況を示したのが表13-2である。景気の状況によって雇用調整を実施する企業は変動するが、不況期には約半数もの事業所が何らかの雇用調整を行っている。

　雇用調整策の内容は概ね前述した段階に沿った構成である。最も多く利用されている政策は第1段階の残業規制（バブル崩壊後の不況期の場合で38%）であり、それに次ぐのが第2段階の中途採用の削減・停止（同24%）、配置転換（同17%）、出向（同12%）である。

　このようにして、日本企業は解雇などの厳しい人数調整策をできる限り回避するために、労働時間調整、自然減、内部調整などの多様な方法からなる政策をとり、とくに配置転換、出向などの企業内、企業グループ内での労働力の再配置を強力に進めることが大きな特徴になっている。さらに第3段階になると、雇止めと一時休業が行われる。

　こうした雇用調整の仕組みが終身雇用制を支える重要な役割を果たしており、そのため、最後の雇用調整策といえる希望退職募集・解雇をとる事業所は少ない。しかも、それをとるにしても希望退職募集が主要な役割を果たしている。希望退職募集制度は後述する早期退職優遇制度と似た制度であり、雇用調整の必要から時限的に退職者を募集する制度が希望退職募集制度であるのに対して、恒常的に退職者を募集する制度が早期退職優遇制度である。

　希望退職募集制度の骨格は、「誰を募集の対象にするのか」と「どのような条件で退職を促すのか（退職優遇条件）」の観点から設計されている。表13-3から分かるように、主に「年齢」を応募基準にし、「45歳以上」の社員を対象にしている。

　つぎの退職優遇条件は、「有利な退職一時金」＋「特別加算金」の算式で

表13-2 >> **不況期における雇用調整策の実施状況（製造業）**

（実施事業所割合、%）

| | 雇用調整実施企業割合 | 第一段階 | | 第二段階 | | | 第三段階 | | 第四段階 | 特別な措置はとらない |
		残業規制	休日・休暇の振り替え	中途採用の削減・停止	配置転換	出向	臨時・パート等の再契約停止・解雇	一時休業（一時帰休）	希望退職者の募集・解雇	
円高不況（1986年10～12月）	40	26	4	12	11	9	6	3	3	60
バブル崩壊後（1993年10～12月）	50	38	9	24	17	12	10	7	2	50
1998年10～12月	46	31	7	14	16	9	8	7	4	54
2001年10～12月	43	24	8	12	14	9	9	7	8	57
2009年1～3月	69	52	14	20	22	7	21	31	7	31

出所：厚生労働省『労働経済動向調査』

退職金を優遇するという方法が一般的である。第10章ですでに説明したように、退職一時金は勤続年数と退職事由で決まる支給率に基づいて決定される。「有利な退職一時金」の算定に当たっては、勤続年数については退職時の勤続年数が使われるが、退職事由別の係数については、希望退職が自己都合退職の一形態であるにもかかわらず、会社都合退職の有利な支給率が適用される。特別加算金はケースによって様々であるが、一般的には若い年齢で退職するほど高額になるように設定されている。

表13-3 >> **希望退職募集制度の骨格**

	応募条件[複数回答]（%）
年齢	77.6
勤続年数	42.9
役職・資格	4.1
その他	10.2
とくに条件なし	18.4

	適用開始年齢（%）
40歳未満	8.8
40歳	11.8
41～44歳	2.9
45歳	47.1
46～49歳	5.9
50歳	17.6
51～54歳	5.9
55歳以上	0.0

出所：「早期退職制度と希望退職制度」（『労政時報』第3484号〈2001年3月23日号〉）

3 解雇

1. 解雇の日本的な特質

　最後の雇用調整策である整理解雇を「経営状況がどの程度深刻な場合に解雇に踏み切るのか」「何人解雇するのか」「誰を解雇するのか」という決め方の観点からみると、いくつかの日本的な特徴がみえてくる。

　まず「経営状況がどの程度深刻な場合に解雇に踏み切るのか」と「何人解雇するのか」の決定については、これまでの説明からも分かるように、企業は労使関係と人事政策への配慮から極めて慎重であるし、実質的に厳しい制約を受けている。後述する法的な規制は、さらにそれを強化する役割を果たしている。

　しかし、最後の「誰を解雇するのか」については、勤続年数の逆順で解雇するというアメリカの先任権ルールなどに比べると、日本には経営の決定を制約する明確なルールや慣行が弱い。そのため、企業は経営上のメリットの大きい高齢者を中心に解雇する傾向を強めることになる。若い社員に比べて高齢者の再就職は難しいという現実を踏まえると、解雇による失業は少ないが、いったん解雇されると失業は深刻化するという点に日本の特徴があるといえよう。

2. 解雇の法的規制

　企業内の慣行としての終身雇用制とともに、法的規制が企業の解雇行動を厳しく規制しており、それが終身雇用制を支える法的基盤にもなっている。具体的には、労働契約法（平成20年3月施行）において、「解雇は、客観的に合理的な理由を欠き、社会通念上相当であると認められない場合その権利を濫用したものとして、無効とする」が法制化されている。

　それでは、「正当な解雇」を構成する要素とは何なのか。以下の4つの条件を満たして初めて、「正当な解雇」として認められる。

　第1は、倒産の恐れがあるなどの経済的な必要性があること（経済的必要性の存在）。第2は、解雇を回避するために残業規制、配置転換、希望退職募集

などの努力を尽くすこと（解雇回避義務）。第3は、客観的、合理的な基準に基づいて被解雇者を選定すること（客観的、合理的な選定基準）。第4は、解雇の必要性、実施方法などについて労働組合、社員に対して説明、協議すること（説明・協議の必要性）。

このように法的規制が厳しいからといっても、企業にとって不利なことばかりではなく、雇用の安定を通して労使関係の安定を実現し、労働意欲の高い社員を獲得できるという大きなメリットがある。しかし規制があまりに厳しいと、企業は特定部門の業績が悪化し余剰人員問題が深刻化しても、会社全体の経営状態が悪化しない限り解雇はできないということになり、ある部門を縮小して他の部門を拡大するという事業分野の再構築が雇用の面から阻害される恐れがある。

それは往々にして、縮小部門が必要とする人材と拡大部門が必要とする人材が異なり、縮小部門から拡大部門に社員を異動させれば余剰人員問題が解決するということにならないからである。

3. 解雇の国際比較

(1) アメリカの特徴

日本の解雇について説明してきたが、それには欧米先進国と異なる点が多くあるので、アメリカとドイツを取り上げ、解雇に対する社会的な規制の特徴について紹介しておきたい。

まずアメリカは欧米先進諸国のなかで、会社が工場閉鎖や部門の縮小などの経済的な理由による解雇を、労働組合と協議・交渉することなく自由に決定できる最も典型的な国である。ただし労働組合がある会社では、誰を解雇するのか（解雇の順位）については、使用者の恣意的な決定がなされないように、つぎの先任権ルールが確立されている。

まず解雇は、景気が回復するなどして会社が新たに社員を採用する場合には、解雇した社員を優先的に再雇用するとの特約が付いた「再雇用契約付きの解雇」として行われる。縮小あるいは閉鎖される工場や部門での勤続年数の短い社員から解雇され、逆に勤続年数の長い社員から再雇用される。この勤続年数の長い（先任権のある）社員が有利に扱われるルールが先任権ルールと呼ばれている。

このようにみてくると、アメリカは日本に比べ、「経営状況がどの程度深刻な場合に解雇に踏み切るのか」と「何人解雇するのか」については会社の自由度が大きく、「誰を解雇するのか」については小さいという特徴がある。しかし、労働組合の組織率が年々低下し、2割を大きく下回る状況にあることなどを考慮すると、アメリカの経営者は先任権ルールにしたがうとはいえ、経済的解雇を簡易、迅速に行うことができるといえよう。

(2) ドイツの特徴

　ドイツの解雇規制はアメリカに比べると厳格であり、規制は3つの面から構成されている。第1は、民法典による解雇告知期間の規制である。その期間は相当長く、しかも勤続年数の長い社員ほど長く設定されているので、長期勤続者ほど迅速な解雇が難しい仕組みになっている。

　第2に、解雇は最後の手段であるべきである、被解雇者の選定に当たって社会的弱者を保護すべきであるとの考え方から、解雇制限法により解雇事由に関する規制が定められている。つまり解雇の経済的な必要性があったとしても、会社はその立証責任を負うとともに、被解雇者の選択指針、雇用継続の可能性、被解雇者選択に対する社会的考慮について不当なことがないことが求められる。

　最後に、手続き規制が詳細に定められている。とくに事業所委員会との手続きに関する規制が重要であり、会社には解雇通知に先立って同委員会の意見を聞かなければならないなどの手続きが求められている。

　なお同委員会は、当該事業所の社員によって選出された従業員代表からなる、事業所組織法に基づく組織であり、社会的事項（労働時間の配分、賃金支払いなどの事項）、職場・作業関連事項（工場の施設・設備についての事項）、人事事項（人員計画、採用・配置・解雇の基準などの事項）などについて、広く会社と協議するなどの権利をもっている。

4 退職とセカンドキャリアの管理

1. 多様な退職と高齢者のキャリア・ルート

　退職には、図13-2に示してあるように多様なタイプがある。すなわち、年齢を理由に社員を一律に退職させる定年退職、社員が自発的に退職する自己都合退職、会社の決定によって社員を退職させる解雇による退職の3つがある。

　より良好な条件を求めて転職する、家庭の都合で退職するなどは自己都合退職の一般型であるが、前述した希望退職募集に応じて退職する場合、あるいは後述する早期退職優遇制度に沿って退職（早期退職）する場合も、自己都合退職になる。

　解雇には、これまで説明してきた雇用調整策としての整理解雇に加えて、勤務成績が著しく悪い、健康上の理由で長期にわたり職場復帰が見込めないなどの理由で行われる普通解雇、悪質な規律違反を行ったなどの理由で懲戒処分として行われる懲戒解雇がある。

　このような退職に関わる諸制度に、年齢などで一律に役職者を解職する役職定年制、転職を支援する制度、定年後の再就職を支援する制度などを組み合わせて、社員の高齢期のキャリア（一般的にセカンドキャリアと呼ばれている）を管理し支援しようとする企業が増えてきている。そのため整理解雇や希望退職などの緊急避難的な退職、普通解雇や懲戒解雇の例外的な退職を除くと、退職の管理は高齢者のためのセカンドキャリアの管理の体系のなかでとらえることが必要であり、そ

図13-2 >> **退職のタイプ**

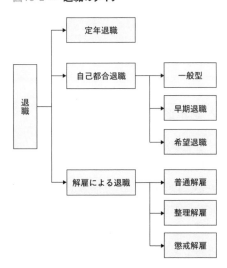

図13-3 ≫ **高齢期のキャリアと多様な退職**

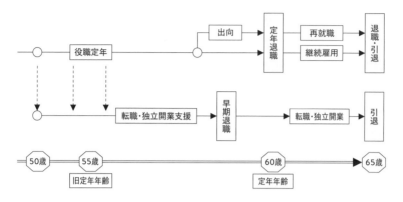

うした諸制度の体系を整理すると図13-3のようになる。

　このセカンドキャリアは、同一企業（あるいは企業グループ）で継続して就労するキャリアと、他社に転職する、あるいは独立開業するキャリアの2つのタイプに分かれる。

　前者の場合には、定年退職後もそのまま同一企業で継続雇用する、あるいは定年退職の前後で関連会社に再就職するキャリアが代表的な例である。後者は、会社の支援策を活用して他社に転職する、あるいは独立開業するキャリアである。セカンドキャリアの具体的な例については、章末の事例「NECのセカンドキャリア支援制度」を参照してほしい。

　以下では、セカンドキャリアの管理のなかで活用されている主要な制度である定年退職制度、役職定年制度、転職・独立開業支援制度、早期退職優遇制度、継続雇用制度を取り上げている。

2. 定年退職と役職定年

　現在の定年制度は一般的に、定年年齢を60歳にする制度として設計されている。図13-4から分かるように、1970年代までは55歳定年が主流であったが、1980年代に入り60歳定年制が急増した。現在では、高年齢者雇用安定法によって、定年制度を設ける場合には、原則として定年年齢を60歳以上にすることが義務付けられており、ほとんどの大手企業が60歳定年制をとっている。

　55歳から60歳への定年延長にともない、年齢などを理由にして役職者を一律に解任する役職定年制度を導入する企業が増えた。さもないと、役職者の在任期間が定年延長とともに延び、若手の昇進が遅れ、人事の停滞を招くからである。表13-4に示してあるように、役職定年制度を導入している企業は1割強にとどまるが、大手企業（従業員規模5000人以上）では、半数近くの企業が導入している普通の制度になっている。課長以上の職位を対象にして55歳を解任年齢とし、解任後の賃金は低下するというのが一般的である。

　この制度の難しい点は、解任後に「どの部門に配置して、何の仕事をしてもらうか」の配置とキャリア開発の問題である。

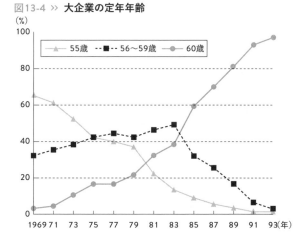

図13-4 ≫ **大企業の定年年齢**

注：1．大企業とは、資本金５億円以上、従業員数1000人以上の企業。
　　2．1985年以前は、性別で異なる場合には男性の定年年齢である。
出所：中央労働委員会『退職金・定年制および年金事情調査』

表13-4 ≫ **退職関連制度の概況（2003年）**

（導入企業比率、単位：%）

	全体	従業員規模				
		5000人以上	1000〜4999人	300〜999人	100〜299人	30〜99人
役職定年制度	11.8	43.1	36.6	18.5	12.0	10.3
早期退職優遇制度	6.7	57.3	41.1	23.0	11.8	2.4
転職援助あっせん制度	1.2	26.3	13.4	3.2	1.9	0.4
独立開業支援制度	1.0	18.0	9.6	3.1	0.5	0.6

注：役職定年制度は1990年。
出所：厚生労働省『雇用管理調査』

表13-5 » 役職定年による所属部署の変化について（事務・技術部門の場合）

合計	100.0	
変わらないことが多い	79.9	100.0
これまでの知識・技能・経験が活かせる		85.1
これまでの人脈・人間関係が活かせる		40.6
とくに問題ないから		25.1
異動先がないから		11.3
その他		1.5
変わることが多い	15.3	100.0
職場の人間関係がぎくしゃくする		7.8
上司・同僚が元の部下なので本人のモチベーションが低下する		56.7
部下が以前の上司なので、上司が指示・命令をしにくい		60.0
高齢者向けの組織があるから		4.4
その他		18.9

出所：日本労働研究機構『職場における高年齢者の活用等に関する実態調査』（1999年）

表13-5にあるように、多くの場合には、これまでの「知識・技能・経験」「人脈・人間関係」を活かすために、役職をしていた元の職場に配属される。しかしながら、元の部下の同僚や部下として働くことになるので、同表の「変わることが多い」理由で示されているように、「本人のモチベーションが低下する」「部下が以前の上司なので、上司が指示・命令をしにくい」ことが問題になり、それを理由に他の職場に配置する企業もある。いずれにしても、役職定年制度は高齢者のキャリアのあり方に大きな影響を及ぼす制度である。

3. 定年退職後の継続雇用制度

定年退職は必ずしも仕事からの引退を意味するわけではなく、定年後も働きつづける人は多い。図13-5をみると、高齢者の労働力率（働いている人と働きたいが仕事がなく失業している人の合計の当該年齢層の人口に占める比率）は60〜64歳70.6％（男性に限ると83.5％）、65〜69歳47.6％（同58.7％）であり、欧米先進国に比べて高い水準にある。

とくに定年年齢に近い60代前半層では7割の人が働きつづけており（あるいは働きつづけたいと思っており）、男性に限ると、その比率は8割を超える。さらに60代後半層でも、かなりの高齢者が就労あるいは就労を希望している。

こうした高齢者の高い労働力率は、定年退職者には継続就労を希望する社員が多いことを示している。これに対して企業はこれまで、定年後も同

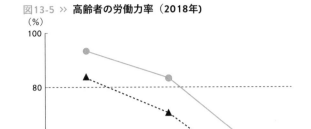

図13-5 ≫ **高齢者の労働力率（2018年）**

出所：総務省『労働力調査』

じ企業（あるいは同じグループの企業）で継続的に働くことを可能にする政策
と再就職の斡旋・相談を行う政策をとってきた。とくに前者の継続雇用支
援政策が重視され、それを具体化する制度として「定年年齢に達した社員
を退職させることなく引き続き雇用する制度」の勤務延長制度と、「定年年
齢に到達した社員をいったん退職させたあとにあらためて雇用する制度」
の再雇用制度が広く導入されてきた。

　それにもかかわらず、定年退職者の継続雇用が十分でなかったこと、さ
らには、公的年金の支給開始年齢が段階的に引き上げられることにともな
い、60歳定年から年金支給開始年齢までの間の空白期間が問題になること
から、政府は2004年に高年齢者雇用安定法を改定し、企業に対して、65歳
までの安定した雇用を確保するために、①定年の引き上げ、②継続雇用制
度の導入（法改正により2013年4月1日からは希望者全員の継続雇用が義務化）、③定
年の廃止のいずれかの措置（高年齢者雇用確保措置）を義務付けた。同措置の
対象年齢は段階的に広げられ、2013年以降には65歳までが対象年齢になる。

　こうした法改正を受けて、企業はどのような施策をとっているのか。定
年の廃止、定年の引き上げを行う企業は少なく、定年前の現役社員を対象
にした人事管理に手を加えることなく、しかも、定年退職者の労働条件の
大幅な変更がやりやすい継続雇用制度、それもとくに再雇用制度を採用す
るというのが企業の一般的な対応である。

　高年齢者雇用安定法のもとで、60歳以降の社員は確実に増加する。彼ら

（彼女ら）の活用は企業にとって、ますます重要な経営課題になるので、それに合わせた人事管理の整備が求められている。

4. 早期退職優遇制度と転職・独立開業支援制度

　もうひとつの退職は、早期退職優遇制度による定年年齢前の早期退職であり、早期退職優遇制度に転職・独立開業支援制度を組み合わせて、高齢者のセカンドキャリアを支援する企業は多い。前掲の表13-4をみると、早期退職優遇制度を導入している企業は7％にとどまり、ましてや転職援助あっせん制度、独立開業支援制度になると、たったの1％台である。しかし、ここで従業員5000人以上の大企業をみてほしい。導入企業は早期退職優遇制度で半数を超え、転職援助あっせん制度、独立開業支援制度でも4分の1から5分の1の企業が導入している。高齢者の処遇問題に悩む大企業型の制度であることが分かる。

　早期退職優遇制度の特徴を理解するには、「何のための制度なのか」「誰を対象にする制度なのか」「どのような優遇条件を付けるのか」を知る必要がある。まず「何のための制度なのか」（導入の目的）については、中高齢者の自発的退職を促進する（あるいは援助する）点に主要な目的がある。

　そうなると「誰を対象にする制度であるのか」は中高齢者が中心ということになり、表13-6はその実態を示している。適用開始年齢をみると、「年齢条件なし」は例外的であり、40代後半以降の中高齢層が主要な対象層になっている。また大手企業ほど対象者の若年化が進んでおり、従業員5000人以上の企業では、40代の社員を適用開始年齢にする企業が半数を超えている。

　最後の「どのような優遇条件を付けるのか」については、退職金を優遇

表13-6 ≫ **早期退職優遇制度の適用開始年齢（2003年）**
（制度あり企業＝100％）

	40歳未満	40〜44歳	45〜49歳	50〜54歳	55歳以上	年齢条件なし
全体	3.5	6.9	21.6	34.6	24.2	6.7
5000人以上	7.6	21.6	36.2	30.3	3.8	0.5

出所：表13-4と同じ

する方法がとられ、具体的には希望退職募集制度と同様に、第1に、早期退職は自己都合退職であるが会社都合扱いの退職金を適用する、それに加えて第2に、退職金に特別割増金を付けるという方法がとられている。

　なお、転職援助あっせん制度、独立開業支援制度では、情報提供、転職先（あるいは取引先）の紹介、資金的な援助、転職・独立開業の準備のための特別休暇の付与などの方法がとられる。大手企業のセカンドキャリア制度のなかでとくに重視されているのは特別休暇の付与であり、この点については章末の事例「NECのセカンドキャリア支援制度」を参照してほしい。

---

topic

問われている定年後高齢社員の人事管理

●遅れている定年後高齢社員の人事管理

　312ページの図13-3を用いて高齢社員のセカンドキャリアについて説明したが、ここにきてとくに注目を集めているのは、定年後に再雇用された嘱託等と呼ばれる高齢社員の人事管理のあり方である。その背景には、つぎのようなことがある。

　すでに本論で説明したように、企業は高年齢者雇用安定法によって、原則として希望するすべての社員を65歳まで雇用することを義務付けられている。その結果、高齢社員が増えているにもかかわらず、高齢社員に対する人事管理の整備は遅れている。

　定年になると賃金は、定年時の賃金から3割、4割等と一定割合で減額され、その水準は65歳まで変わらず維持される。しかも、その間は人事評価が行われない。多くの企業がとるやり方であるが、これでは頑張っても、成果を上げても評価されないし、賃金も上がらないということになり、高齢社員の労働意欲は低下する。

　企業はこの状況を変え、高齢社員を職場の戦力として活用するために人事管理の改革が求められている。

●求められるキャリア転換戦略

　変わらねばならないのは企業だけではない。高齢社員自身も変わることが求められている。それは定年を契機にキャリアと役割が変化するからである。定年までは管理職等の責任ある役割についていたが、定

年後は一担当者としての役割に変わる。

　これが定年後のキャリアの典型であるが、このことは、定年を契機に、高齢社員はより高度な仕事やより高い地位を目指すという、若いときから大切にしてきた「上るキャリア」を捨て、「下るキャリア」に踏み出す必要があることを意味している。さらに言えば、定年の有無にかかわらず65歳まで、あるいは70歳までと職業期間が長くなると、職業生活の最後まで「上るキャリア」をつづけることは難しく、どこかの時点で「下るキャリア」に転換することが普通のことになる。

　そうなると高齢社員にとっての課題は2つである。ひとつは、新しい「下るキャリア」段階に入って「どのような役割を通して会社や職場に貢献するのか」のキャリア戦略を構築することである。そのためには、「仕事は会社が用意してくれる」意識を払拭し、会社や職場がどのような課題を抱え、どのような人材を求めているかを見極めたうえで、会社や職場に自分の能力をどう売り込むかを考える。こうした姿勢をもつことが重要になろう。

●大切なのは「プラットフォーム能力」

　もうひとつ課題は、役割とキャリアが転換するので、新しい役割に合わせて「働く意識・行動・能力」を再構成することである。定年前は管理職であっても、定年後は一担当者になるのであれば、高齢者に求められる「働く意識・行動・能力」は担当者のそれであるからである。

　たとえば、同僚であるはずの若い担当者に管理職時代と同じように仕事を依頼する。同じ担当者である若手社員に対して、管理職目線でコミュニケーションをとる。さらに、管理職のときには部下に仕事を任せていたので必要でなかったが、担当者として仕事を遂行するときには必要になるIT等の基本スキルをもっていない。このようなことがあると、高齢社員の活躍する場は限られてしまう。

　そうなると、新しい役割にむけて気持ちを切り替える力、若い同僚とは水平的な目線でコミュニケーションをとることができる力、不足している基本スキルを新たに身に付ける力が必要になる。

　これらは高齢社員が活躍するうえで必要な基盤となる力（「プラットフォーム能力」と呼んでいる）であり、高度な専門能力をもっていても「プ

ラットフォーム能力」がないと活かすことが難しい。

　これまで説明した新しいキャリア戦略を構築すること、新しい役割に合わせて「プラットフォーム能力」を形成することは、高齢者にとって苦しい作業である。企業にはそれを支援する施策の整備を期待したい。

　とくに定年のかなり前の時点で、定年後のキャリアビジョンを構築してもらう、「働く意識・行動・能力」を点検し、「何が不足しているのか」を確認してもらう等を主な内容とするキャリア研修を行うことが重要だろう。さらに高齢社員には、この研修の成果を踏まえて、定年までの間に、定年後の新しいキャリアと役割にむけて準備することを求めたい。

---

case

NECのセカンドキャリア支援制度

　早期退職優遇制度は、何らかのメリットを付けて高齢者が定年前に早期退職することを促す制度である。メリットには退職金の増額などの金銭的な優遇措置もあるし、退職後の第2の職業人生（セカンドキャリア）を支援する措置もある。ここでは、大手電気メーカーのNECが1998年に導入したセカンドキャリア支援制度を紹介する。

●セカンドキャリア支援施策の体系

　同社は高齢者の退職後のセカンドキャリアを支援するため多様な施策を準備している。図13-6の「セカンドキャリア支援施策」がその概要であり、以下はその主要な内容である。

　　○将来計画表：50歳、54歳到達者全員が経歴の棚卸しをし、将来のキャリア計画などのために将来計画表を作成する。セカンドキャリアの計画の立案・準備のきっかけ作りが目的。

　　○社内カウンセラー：キャリアプランの相談、各種支援制度の情報提供などを担当。

　　○セルフビジョン研修：47〜55歳の希望者対象。セカンドキャリアの計画立案のための1泊2日の研修。受講料1万円を自己負担。

図13-6 ▶▶ セカンドキャリア支援施策

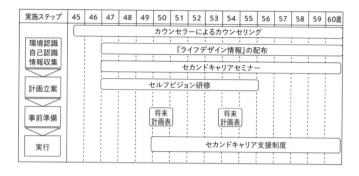

実施ステップ	45	46	47	48	49	50	51	52	53	54	55	56	57	58	59	60歳
環境認識 自己認識 情報収集	カウンセラーによるカウンセリング														
			『ライフデザイン情報』の配布													
			セカンドキャリアセミナー													
計画立案			セルフビジョン研修													
事前準備						将来 計画表				将来 計画表						
実行						セカンドキャリア支援制度										

○セカンドキャリアセミナー：47歳以上を対象とする、社内衛星放送システムを利用した自主研修のための特別講座。これまでのテーマの例は「飲食ビジネスで独立開業する法」「介護ビジネスの研究」など。

　ここで紹介するセカンドキャリア支援制度は、こうした施策の一環をなす、転職・開業を支援しつつ早期退職を促す制度であり、能力開発支援制度とセカンドキャリア準備支援金制度の2つから構成される。制度の適用対象者は満50歳以上の、NECグループ外への再就職や独立・自営などを計画している者である。ただし、競合他社への再就職などには適用されない。

●研修のための休暇と費用を支援する能力開発支援制度

　セカンドキャリアに必要なスキル・知識を習得するための研修の受講、独立自営の開設準備などを行う者に、最長2年間の能力開発休暇が付与され、休暇期間は勤続年数に算入される。同休暇を取得した者は原則として休暇終了時に退職する。休暇中の手当支給額は、給与と賞与を合わせた現年収の7割程度に設定してある。

　さらに能力開発研修費補助の制度によって、セカンドキャリアに必要なスキル・知識を習得するための研修などに要する費用の一部が補助される。支給額は本人負担額の50％。上限の補助額は1コース当たり10万円、1人当たり20万円である。

●退職金加算のセカンドキャリア準備支援金制度

　60歳定年前にセカンドキャリアのために退職する場合の経済的支援

として、退職金を上乗せ支給する制度。支給額は以下の2つの部分の合計額である。

①56歳みなし勤続による退職金

　同社の退職金制度は、勤続年数を56歳まで算入する仕組みであるが、上記したようにセカンドキャリア支援制度の適用対象者は満50歳以上である。そこで同制度の適用を受けて56歳未満で退職する場合でも、56歳まで勤務したとみなした勤続年数に基づいて退職金が計算され、その退職金と通常の計算に基づく退職金の差額が加算額として支給される。

②年齢別特別加算

　退職時の満年齢に応じて、退職時月収の24カ月分（退職年齢が満50歳の場合）〜3カ月（同じく59歳）を特別加算として支給する。なお能力開発休暇を取得した場合には、その月数をこの加算から引くことにしているが、最低でも6〜1カ月分は支給されることになっている。大卒50歳の標準的な社員がこの制度を利用する場合を想定すると、①の部分が月収の約7カ月、②の部分が24カ月となり、加算額の合計は月収の31カ月程度になる。

注：「50歳以上を対象に能力開発支援、セカンドキャリア準備金でサポート〜NEC」（『労政時報』第3484号〈2001年3月23日〉）に基づき作成。

---

case

ワークシェアリングとは

●ワークシェアリングとは何か

　労働時間による雇用調整については、所定外労働時間で調整する方法について説明してきた。しかしあまりに厳しい雇用状況がつづくと、それ以外の労働時間調整策によって雇用を確保しようとするワークシェアリングの動きが出てくる。

　もともとワークシェアリングとは「仕事の分かち合い」を意味するが、その政策的な考え方は「仕事のプロセス」を考えてみると分かりやすい。「何人かの社員が、ある時間にわたって仕事に従事し、成果を

上げる」というのが仕事のプロセスであるが、そこでの労働力の総投入量は社員数と社員1人当たり労働時間のかけ算で決まる。ここで、成果と仕事量にしたがって労働投入量の全体を一定と考えると、社員1人当たりの労働時間を減らすことによる「仕事の分かち合い」を行えば、必要とされる社員数は増加し、結果として雇用は確保あるいは創出される。

　ここまでは、所定外労働時間の削減による雇用調整策と同じシナリオをたどるが、ワークシェアリングでは所定外労働時間以外の労働時間の部分を扱おうとする。

●「どのように」分かち合うのか

　ここで図13-7をみてほしい。1人当たり労働時間を減らすことによって「仕事の分かち合い」を行うには、いま働く社員の労働時間を削減するか、パートタイマーなどの短時間で働く社員を増やすかの2つの方法がある。

　前者では、所定労働時間を減らすことが必要になるが、それには週所定（法定）労働時間を減らすか、所定労働時間から控除される育児、介護、教育訓練などのための休暇や休業を増やすかの方法がある。たとえばフランスでは、週法定労働時間を削減することによりワークシェアリングを促進するという政策がとられた。また雇用削減を回避するために、労使協定に基づいて一定期間にわたり所定労働時間を削減するという方法もあり、以下のドイツのフォルクスワーゲン社の事例

図13-7 ≫ **ワークシェアリングの具体的な方法**

		何の時間を分かち合うのか	具体的な方法	主要な事例
労働時間の分かち合い	いま働く社員の労働時間を削減する	所定労働時間	削減	
		週所定（法定）労働時間	削減	（フランス）週法定労働時間の削減 （ドイツ）フォルクスワーゲン社の所定労働時間の削減
	控除する時間	有給休暇	増加	―
		育児、介護、教育訓練などのための休暇・休業	増加	ベルギーなどの欧州諸国
		所定外労働時間	削減	―
	短時間で働く社員を増やす			（オランダ）フルタイマーとの均衡待遇のパート社員

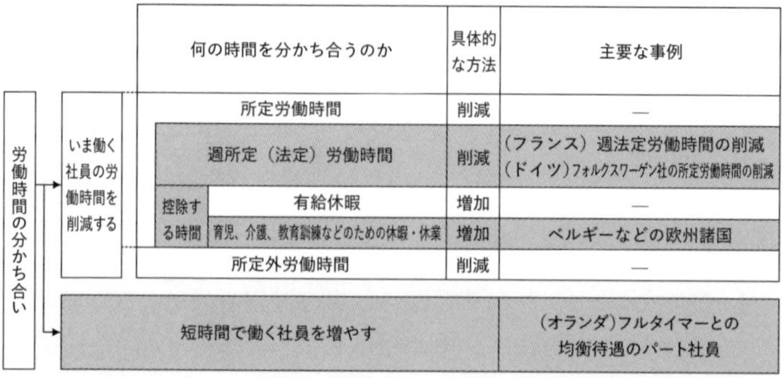

注：網かけの部分がワークシェアリングの具体的な方法を示している。

が知られている。

　【ドイツの事例】　1993年12月に労使間で合意された雇用保障協定に基づいて、週35時間制を28.8時間制に変更。給与は時間短縮に合わせて引き下げられたが、政府から補塡される部分があるので、減収幅は10％程度である。

　またベルギーをはじめとする多くの欧州諸国は、社員が育児などのために長期の休暇・休業をとり、企業がその間に代替の社員を雇用するワークシェアリングを奨励している。

　短時間で働く社員を増やすワークシェアリングの方法では、以下のオランダの事例が有名である。同国では、フルタイマーであろうとパートタイマーであろうと、時間ベースでみると賃金も社会保障も等しく処遇されるという点に特徴があり、日本の感覚からすると、同国のパートタイマーは短時間勤務の正社員ということになろう。

　【オランダの事例】　1996年には労働法のなかに均等取り扱いの一般原則が導入され、労働条件、社会保障などにおいてフルタイマーとパートタイマーの均等待遇が定着した。いまでは、この均等処遇の原則はEU全体に適用されている。

---

case

イオンの65歳定年制

　高年齢者雇用安定法によって、企業は社員に対して65歳までの雇用確保措置をとることが義務付けられている。多くの企業は継続雇用制度（とくに再雇用制度）でそれに対応し、その傾向はとくに大手企業で顕著であるが、イオン株式会社は定年年齢を65歳に延長するとの施策を採用した。定年延長で対応する大手企業は少ないので、ここで紹介する同社の事例には参考になる点が多い。

●社員区分制度と社員格付け制度

　65歳定年制度の特徴を理解するには、まずは同社の社員区分制度（同社では人事コースと呼んでいる）と社員格付け制度（同じく資格・等級体系）について理解する必要がある。

表13-7 ≫ **人事コース別の勤務条件**

	N社員 （全国勤務）	R社員 （エリア勤務）	コミュニティ社員
雇用契約期間	期間の定めなし		原則6カ月単位
勤務エリア	勤務地限定 せず	一定地域内で 勤務	自宅から通勤可能範囲で勤務
転居をともなう転勤	あり	あり	なし
労働時間	（年間） 1920時間	（年間） 1920時間	《時間給》個別設定 《日給月給者》（年間）1920時間

　まず人事コースをみると、社員は全国勤務の社員であるN社員、一定地域内で勤務するR社員、転居をともなう転勤のないコミュニティ社員（パートタイマーが中心）の3つに区分され、それぞれについて表13-7に示す勤務条件が設定されている。N社員とR社員は期間の定めのない雇用契約を結ぶいわゆる正社員であり、コミュニティ社員は原則6カ月の雇用契約である非正社員である。また、労働時間は基本的にはフルタイマー（年間労働時間が1920時間）であるが、コミュニティ社員のなかでは短時間勤務が認められている。

　つぎの資格・等級体系は、図13-8のような構造である。すなわち社員は事業部長、商品部長などの経営幹部層に当たるS職、小型店店長、統括マネージャーなどのM職、それら以下の職位であるJ職の3つの職群に区分されている。S職には6階層からなる職務等級制度が、M職とJ職にはそれぞれ3階層からなる職能資格制度が適用されている。なお、コミュニティ社員はM3の資格まで昇格できる制度になっている。

　この資格制度はN社員、R社員、コミュニティ社員に共通しており、社員区分にかかわらず「同一資格同一処遇」が原則である。ただし、転居をともなう転勤の有無によって月給に格差が設けられており、

図13-8 ≫ **資格・等級体系**

職群	資格	主な職位
S職	S6	事業部長 商品部長 大型店店長 など
	S5	
	S4	
	S3	
	S2	
	S1	
M職	M3	小型店店長 統括マネージャー など
	M2	
	M1	
J職	J3	小型店マネージャー 売場長　など
	J2	
	J1	

たとえばマネジメント層では、N社員、R社員、コミュニティ社員の月給は100：95：80の割合である。

このような社員区分制度と社員格付け制度のプラットホームのもとで、65歳定年制度が導入されている。

●再雇用制度の導入

同社は2006年、高年齢者雇用安定法に対応するために、定年退職者（定年年齢は60歳）の65歳までの再雇用制度を導入した。多くの定年到達者は、S職かM職で退職する事業への貢献が期待できる専門性の高い人材であり、これまで蓄積してきたノウハウや技術を後進に伝えてもらう役割も期待できる人材である。再雇用制度は、こうした人材ニーズを踏まえて設計された。

同制度は1年ごとの契約更新により、希望者の大半を最長65歳まで再雇用する仕組みである。再雇用者は希望居住地を定め、会社はそこから通勤できる範囲で仕事を決定する。勤務時間はフルタイムか短時間勤務かを選択できるが、表13-7の人事コース制度にしたがって、処遇は転居をともなう転勤がないためコミュニティ社員扱いになる。これによって処遇は定年時と比べて低くなるが、それは年齢を理由にした引き下げではなく、働き方の変化に応じた引き下げである。

●65歳定年制

〈導入の背景〉

しかし同社は2007年に65歳定年制導入に踏み切り、再雇用制度導入から1年で大きく方針を転換した。その背景には、再雇用制度であると、高年齢社員は定年退職がキャリアのゴールととらえ、60歳近くなるとモチベーションが低下する、また定年後も1年ごとの契約であるため、65歳まで頑張ろうという意欲を維持することが難しい、という事情があった。

さらに、65歳定年制を導入できた背景には、それに適応できる人事管理の整備があった。前述したように、S職は職務・職位に連動した格付けである。職能資格制度をとるそれ以下のクラスでも、資格と役割の大きさが連動し、月給の大半を占める資格給は資格別単一給である。こうした制度によって、「同じ仕事・同じ働き方であれば、処遇は年齢にかかわらず同じである」という条件がかなりの程度確保され、定

年延長をしても人件費が大きく増えることはない。このことが、65歳定年制を導入できた主な要因になっている。

〈制度の内容〉

　新しい65歳定年制度では、転居をともなう転勤の有無と労働時間について複数の選択肢が設けられている。60歳までと同様に転勤の範囲は、①全国転勤あり、②一定エリア内の転勤あり、③転居のある転勤なし（希望居住地での勤務）から選択でき、③については短時間勤務を選択できる。

　以上に基づいて、表13-8に示してある3つの働き方のタイプが設定されている。第1は、N社員あるいはR社員として59歳までの働き方を継続する働き方、第2は、希望居住地で勤務する働き方、第3は、希望居住地で勤務する短時間勤務の働き方である。第1と第2の働き方には65歳定年制が適用されるが、第3の働き方の場合には、いったん退職して1年契約を65歳まで更新する再雇用制度が適用され、処遇については資格設定を行わず、職務に基づいて決めている。さらに、あまりに短い労働時間であると能力発揮や後進の指導が難しいので、1日6時間以上（6時間あるいは7時間の）勤務の場合にはコミュニティ社員水準にするが、それ以下の場合には単純作業のパートタイマーの水準になる。

　このような人事コースの制度のもとで、60歳以降も59歳までの人事管理がそのまま適用されるので、職位・職務・働き方が変わらなければ、処遇は同じになるし、職位・職務・働き方が変われば、それに対応した内容になる。

表13-8 >> 「**65歳定年制」の概要**

働き方	処遇	雇用形態
①59歳までの働き方の継続（N社員あるいはR社員）	○職位・職務・働き方が同じであれば定年前と賃金水準は同一 ○管理職定年制はなし ○昇格あり	65歳までの定年延長
②希望居住地で勤務	○賃金はコミュニティ社員水準 ○その他は①と同様で管理職としての勤務も可	65歳までの定年延長
③希望居住地で勤務	○1日6時間以上勤務〜賃金はコミュニティ社員水準 ○それ以下の勤務〜単純労働のパートタイマー水準	退職後に1年契約更新で最長65歳まで再雇用

●65歳定年制の運用状況と評価

　65歳定年制度の運用状況をみると、60歳以降も就業を希望している社員は対象者の95％であり、そのうちの半数強が第1の働き方、4割強が第2の働き方の希望者である。それに対して第3の働き方（6時間以上勤務の場合）の希望者は5％程度にとどまり、第3の働き方（6時間以下の場合）はごく少数である。

　最後に、同社は65歳定年制度を導入できた背景として、以下の点を強調している。それは、定年延長を実現する重要な前提条件である。

　　「定年延長するのであれば、年齢にともなって上昇する給与項目がないことが大前提である。……当社の場合、同じ資格・同じポストなら、30歳でも60歳でも賃金は同じです。年齢給・年功給があると、当社のような仕組みは難しいと思います。」

注：「65歳雇用時代の高年齢者活用～イオン・イオンリテール」（『労政時報』第3750号〈2009年5月22日〉）に基づき作成。

第 **14** 章

パート社員や外部人材の活用

1 新しい人材活用戦略

　企業は、市場の不確実性への対応や迅速な事業展開、さらには総人件費の削減などのために、新しい人材活用戦略を導入しつつある。企業内部で育成されるコア人材としての正社員を縮小し、パート社員、嘱託社員、契約社員など非正社員の雇用の拡大、外部人材である派遣社員や職場内請負社員の活用の拡大、さらには業務の外部化の推進など、多様な人材活用を進めている（表14-1、図14-1を参照）。こうした人材活用の変化は、企業の労働力需要の変化に柔軟に対応できるように、後述するように人材活用面で数量的柔軟性を高めることを目指したものである。

　こうした人材活用の変化を背景に、企業にとってパート社員や外部人材を対象にした人事管理が重要になってきている。これらには正社員と異なる就業ニーズをもつ者も少なくなく、正社員とは異なる人事管理が求めら

表14-1 ≫ **非正社員と外部人材の類型**

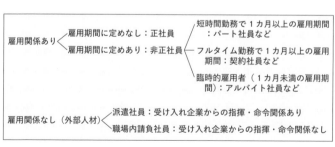

注：実態を分析するための類型化であり、これらの類型と異なるものも少なくない。

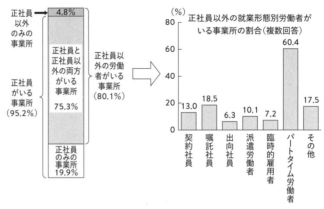

図14-1 ≫ **パート社員や外部人材の活用状況**
（事業所規模5人以上民営事業所の職場内請負社員を除く）

注：正社員：雇用している労働者で雇用期間の定めのない者のうち、他企業への出向
　　　　　　者などを除いた、いわゆる正社員。
　　契約社員：特定職種に従事し、専門的能力の発揮を目的として雇用期間を定めて
　　　　　　　契約する者。
　　嘱託社員：定年退職者などを一定期間再雇用する目的で契約し、雇用する者。
　　出向社員：他企業より出向契約に基づき出向してきている者。出向元
　　　　　　　に籍を置いているかどうかは問わない。
　　派遣労働者：「労働者派遣法」に基づき派遣元事業所から派遣されてきている者。
　　臨時的雇用者：臨時的にまたは日々雇用している労働者で、雇用期間が1カ月以
　　　　　　　　内の者のうち雇われた日数が17日以下の者。
　　パートタイム労働者：常用労働者のうち、フルタイム正社員より1日の所定労働
　　　　　　　　　　　時間が短いか、1週の所定労働日数が少ない者。
　　その他：上記以外の労働者で雇用している者。
出所：厚生労働省『平成26年就業形態の多様化に関する総合実態調査結果』（2015年）

　れる場合が多いためである。また、外部人材は自社が直接雇用している社
員ではないため、雇用関係に基づかない人材活用策の整備が課題となる。さ
らに、同一の職場に正社員、パート社員、外部人材など異なる就業形態の
人材を配置し、活用する場合も少なくなく、人材の適切な組み合わせと円
滑な連携確保が求められる。

　他方、場当たり的なパート社員や外部人材の活用は、それら人材の活用
にともなう管理業務の増大による正社員の多忙化、正社員の人材育成の阻
害、商品やサービスの品質低下、機密情報の漏洩などの問題を引き起こす
可能性もある。また、パート社員や外部人材の仕事への意欲の低下を引き
起こすことも考えられる。

　このような問題を回避するためには、人材活用における数量的柔軟性を
高めたり、コストを削減したりするだけでなく、品質の維持・向上や人材

育成、さらには働く人々の仕事への意欲の維持・向上への配慮が求められる。そのためには、人事管理として、コア人材としての正社員と、パート社員や外部人材の組み合わせの適正化が求められる。企業の人事セクションは、パート社員や外部人材の活用、さらには業務の外部化の影響をモニタリングし、それらがマイナスの影響をもたらしている場合は、人材活用のあり方を修正していくことが不可欠となる。

2 雇用ポートフォリオ戦略

1. 雇用ポートフォリオ戦略

　すでに指摘したように、人材活用の多様化時代における人事管理の課題のひとつは、雇用戦略と業務内容に応じて、正社員、パート社員、外部人材などを合理的に組み合わせて活用することにある。これが雇用ポートフォリオ戦略である。

　たとえば、製品市場の不確実性が高く、また財・サービスのライフサイクルが短い場合は、人材の長期育成を基本とする正社員の比重を小さくすることが合理的な雇用戦略となる。また、労働サービス需要が季節や曜日、時間帯に応じて大きく変動する場合には、労働サービス需要のボトムをフルタイムの正社員で充足し、それを上回る労働サービス需要を短時間のパート社員などで充足することが合理的な雇用戦略となる。

　こうした雇用ポートフォリオ戦略を選択する際に考慮すべき事項として、下記の点を挙げることができる。

　第1に、自社内で処理すべき業務と外部化の可能な業務の切り分けである。前者の自社内で処理すべき業務が、正社員やパート社員などを雇用したり、外部人材を活用したりして処理される業務となる。ちなみに外部化が可能な業務の条件には、社内にノウハウを蓄積する必要がないこと、企業情報の社外流出の問題がないこと、他の社内業務から分離して処理が可能であること、必要なノウハウなどを有する外注先（企業および個人）が外部に安定的に存在すること、仕事の成果が測定可能な業務であること、内部で処

理するよりもコスト面で割高でないこと、正社員の技能形成にとって必要のない業務であること、などがある。

　こうした条件が整わない場合は、自社内で処理することが望ましいことになる。

　第2に、自社内で処理すべき業務が確定したあとは、それぞれの業務に正社員、パート社員、外部人材などをどのように配置するかが課題となる。いずれの就業形態の社員を活用するかは、正社員とパート社員などの人件費や外部人材の活用コストの比較だけでなく、それぞれが提供可能な労働サービスの質、つまり職業能力の水準を考慮することが求められる。コストが安くても、労働サービスの質が低く、その結果、財・サービスの質の低下が生じることを避けなければならない。

　第3に、派遣社員や職場内請負社員など外部人材の活用には法律上の制約がある。派遣社員や職場内請負社員の活用が可能な業務の性格は、外部化が可能な業務と重なる部分が多い。派遣社員は受け入れ企業の社員と一緒に就業できるだけでなく、受け入れ企業の社員が指揮・命令することができることから、受け入れ企業の社員と連携が必要な業務にも活用が可能である。他方、職場内請負社員については、派遣社員とは異なり、個々の請負社員を受け入れ企業の社員が指揮・命令することは法律上、禁止されている。もちろん請負社員を管理しているリーダーを通じて、個々の請負社員に情報を伝えることは可能となる。したがって、派遣社員と請負社員の活用上の違いを踏まえて、それぞれの活用になじむ業務を選択し、それぞれを適切に使い分けることが求められる。

2. 新しい雇用戦略モデル

「柔軟な企業モデル」は、国際競争の激化や競争範囲の拡大、産業構造や技術構造の変化などを背景とする製品市場の不確実性の増大などに対応可能な雇用戦略として、イギリスの研究者であるJ.アトキンソンによって提起された（図14-2を参照）。「柔軟な企業モデル」は、企業の労働力需要の量的変動と質的変動への対応能力の向上、さらには企業の支払い能力を適切に反映した労働費用の実現を目指したものである。

　労働力需要の量的変動への対応能力を数量的柔軟性（numerical flexibility）、

図14-2 ≫ アトキンソンの「柔軟な企業モデル」

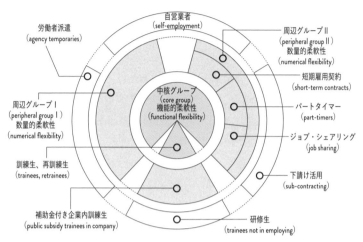

出所：J. Atkinson, "Flexibility, Uncertainty, and Manpower Management," *IMS Report*, No. 89, 1985.

質的変動への対応能力を機能的柔軟性（functional flexibility）、支払い能力と労働費用の連動強化を金銭的柔軟性（financial flexibility）と呼び、それぞれの柔軟性の向上を可能にする雇用処遇システムを提示している。数量的柔軟性から時間的柔軟性（temporal flexibility）を分離して議論する論者も多い。

　この4つの柔軟性の向上を、人的資源のセグメント化、業務の外部化、労働時間制度の柔軟化、賃金制度の成果主義化などで実現しようとしたのが「柔軟な企業モデル」である。

　数量的柔軟性は、有期の労働契約による社員の活用、業務の外部化、派遣社員の活用、さらには継続雇用ではあるがキャリアが浅く技能レベルが低い社員の活用など労働力需要の変動に対して労働投入量の調整を可能にする仕組みによって実現し、機能的柔軟性は、職場や職種の転換を受け入れることが可能な幅広い技能や知識を保有する社員を確保・育成することで実現し、時間的柔軟性は、フレックスタイム制や変形労働時間制などで実現し、最後の金銭的柔軟性は、業績給や利益配分制などで実現できるとされている。

　日本経営者団体連盟の新・日本的経営システム等研究プロジェクトによる『新時代の「日本的経営」：挑戦すべき方向とその具体策』（1995年）が提

表14-2 >> **雇用ポートフォリオモデル**

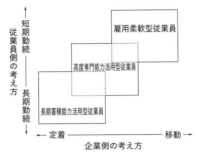

a. 企業・従業員の雇用・勤続に対する関係

注： 1. 雇用形態の典型的な分類。
　　 2. 各グループ間の移動は可。

b. グループ別にみた処遇の主な内容

	雇用形態	対　　象	賃　金	賞　与	退職金・年金	昇進・昇格	福祉施策
長期蓄積能力活用型従業員	期間の定めのない雇用契約	管理職・総合職・技能部門の基幹職	月給制か年俸制職能給昇給制度	定率＋業績スライド	ポイント制	役職昇進職能資格昇格	生涯総合施策
高度専門能力活用型従業員	有期雇用契約	専門部門（企画、営業、研究開発など）	年俸制業績給昇給なし	成果配分	なし	業績評価	生活援護施策
雇用柔軟型従業員	有期雇用契約	一般職技能部門販売部門	時間給制職務給昇給なし	定率	なし	上位職務への転換	生活援護施策

出所：新・日本的経営システム等研究プロジェクト編著『新時代の「日本的経営」：挑戦すべき方向とその具体策』（日本経営者団体連盟、1995年）

起した「雇用ポートフォリオ論」は、日本版「柔軟な企業モデル」といえるものである。企業が活用する雇用層を「長期蓄積能力活用型」「高度専門能力活用型」「雇用柔軟型」従業員の3つのタイプに分け、それらを効果的に組み合わせた「自社型雇用ポートフォリオ」を構築し、それぞれの雇用層に対応した処遇制度の適用を提案している（表14-2を参照）。

3 パート社員の活用と課題

1. パート社員の基幹労働力化と施策

　短時間勤務のパート社員の活用は、小売業やサービス業の企業で進んでいるが、それ以外の多様な業種にも浸透している。また、パート社員の活用は、量的な増大だけでなく、活用業務が補助的なものから基幹的なものへと質的にも拡大してきている。つまりパート社員の戦力化や基幹労働力化の進展である。企業の人材活用において、正社員のみならずパート社員などの非正社員や外部人材の活用のあり方が、企業の競争力を左右する状況となっている。

　パート社員を基幹労働力化するためには、採用や定着に関わる施策だけでなく、人的資源の開発や仕事への意欲の維持・向上のための施策が求められるようになってきている。パート社員の基幹労働力化に取り組んでいる企業では、パート社員に対して人的資源投資を行い、能力向上を促進するだけでなく、能力向上を評価し、それを処遇する仕組みを導入している。これらのうちのいくつかを取り上げよう。

　第1は、複数の社員区分の設定である。企業は、短時間勤務のパート社員だけでなく、フルタイム勤務の有期契約の社員など多様な社員区分の人材を活用している。さらに、パート社員に関して複数の社員区分を設けている企業も多い。パート社員の主たる担い手は既婚女性で、仕事と生活の調和を重視する者や課税限度内で働くことを希望する者などが多く、こうした多様な就業ニーズを充足するために複数の社員区分が導入されている。複数の社員区分を導入している企業では、それぞれの社員区分ごとに異なるキャリアや処遇を設けているのが一般的である。

　具体的な事例をみると、社員区分には、①1日の勤務時間や週の勤務日数による区分、②社会保険や雇用保険の適用の有無による区分、③②とも関係するが、希望年収（就業調整）の有無による区分、④業務や職種による区分、⑤上記の組み合わせによる区分などがある。

　週の労働時間は、社会保険や雇用保険の適用基準と関係し、さらに勤務時間数が年収総額を規定するため、①〜③の社員区分は相互に関係する。た

とえば、課税限度内で就業する社員区分では、週の勤務時間は非課税限度を超える社員区分よりも短くなる。

第2は、勤務日や勤務時間の選択制の導入や勤務時間の柔軟化である。パート社員として働く者は、仕事と生活の調和を実現しやすい働き方を希望する者が多い（図14-3を参照）。そのため、こうした就業ニーズを充足するために多様な勤務パターンを用意したり、勤務時間の選択制を導入したりする企業がある。とりわけ既婚女性が多いパート社員では、仕事と生活の調和を志向する者が多いため、このような仕組みの整備が人材の確保や定着のために有効な施策となる。なお、週の勤務時間や勤務日によって複数の社員区分を設ける仕組みも、勤務時間の選択制と見なすことができる。

また、事例は少ないが、ひとつの業務を2人のパート社員が分担するペア・パート制を導入し、短日数の働き方を設けている企業もある。この場合、勤務日はフルタイム勤務となるが、短日数勤務のため週単位では短時間勤務となる。

第3は、パート社員の職能資格制度の導入である。職能資格制度は、社員

図14-3 >> **パートタイム労働者や派遣労働者が現在の就業形態を選んだ理由（労働者調査、3つまで選択）**

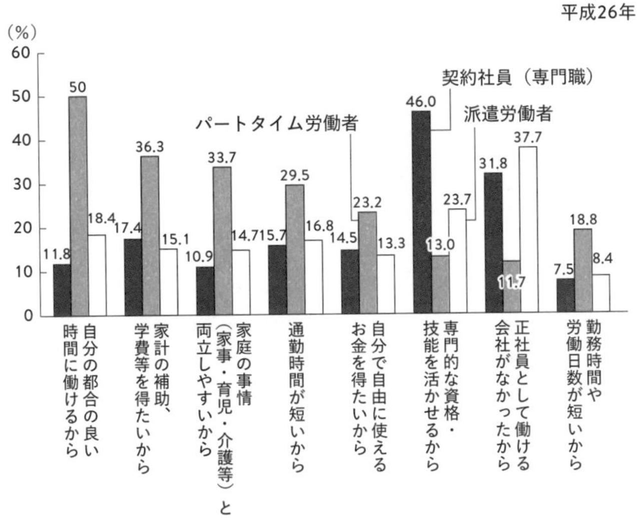

平成26年

注：現在の就業形態を選んだ理由については、「正社員以外の労働者（出向社員を除く）計」の上位8つまでを掲載している。
出所：図14-1と同じ

335

が保有する職務遂行能力に基づいて社員をいくつかの資格等級に分類し、その資格等級を社員の処遇や配置、さらには昇進に活用する仕組みである。職務遂行能力を高めることで社員は昇格でき、それが処遇の向上に結び付くことから、職能資格制度は、社員の能力開発意欲を喚起する仕組みとして機能することになる。しかし、そのためには、習得すべき職務遂行能力を明確にして社員に提示する必要があり、職能資格等級別だけでなく、業務別や職務別に能力開発目標を具体的に提示することが望ましい。パート社員の職能資格制度と正社員用のそれを結合し、一元化している会社もみられる（図14-4を参照）。

第4は、賃金制度の工夫である。賃金制度のあり方は、社員の働きぶりや仕事への意欲を左右する。たとえば、従事している仕事のみで賃金が決まり、本人の能力や働きぶりが賃金に反映されない仕組みであれば、社員の能力向上意欲や、担当以外の仕事を手伝い合うなど職場のチームワークを維持することが難しい。パート社員の賃金は、従事している仕事で決まる部分が大きいものの、パート社員の基幹労働力化を進めるためには、保有している技能など職務遂行能力を評価することが求められる。

図14-4 ≫ **クレジット会社の職能資格制度**

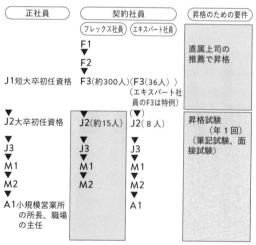

注：1. エキスパート社員：1年契約、月給制、フレックス社員：1
　　　年未満の短期の契約で短時間勤務、時間給。
　　2. 筆者がヒアリングに基づき作成。

このほか、パート社員に関しても成果配分制を導入したり、賞与と退職金の選択制を導入したりする事例もある。後者の仕組みがあると、課税限度内での就業を希望する者では、賞与があることで課税対象となる場合に、賞与の代替として退職金を選択することでそれを避けることが可能となる。

第5は、管理監督職やリーダー層への登用機会や正社員への転換制度の導入である。パート社員に関しても管理監督職の階層を作り、責任や権限の大きい職位への昇進機会を設ける仕組みである。正社員が従事することが多い店長など高位の管理職位にパート社員が昇進できるようにしている事例もある。責任や権限の大きい仕事への昇進機会をパート社員に開くことで、パート社員の能力開発意欲の喚起や仕事意欲の向上が意図されている。

さらに、正社員への転換制度を設ける企業もある。正社員転換制度の対象となる層は、職能資格制度がパート社員に導入されている場合は上位資格者が、パート社員のなかに管理監督職の階層が設けられている場合は管理監督職の者が、勤務時間による社員区分がある場合は勤務時間の長い者などが想定されていることが多い。また、正社員転換制度の運用をみると、本人が正社員への転換を希望し、管理職などが推薦することを転換の条件としている企業が主となる。

正社員への転換実績をみると、パート社員など非正社員数に比べてそれほど多くない。その背景には、正社員になると働き方が変わり、勤務時間が長くなったり、仕事や職場の変更などがあったりするため、正社員転換を希望する者が少ないことがある。

2. 就業調整

就業調整とは、税制や社会保険制度によって設定された一定の条件を満たすために、労働サービスの提供を調整する労働者の就業行動を指す。企業が教育訓練を行って職業能力を高め、より責任のある仕事に配置し、その結果、時間給などが高くなるような仕組みを用意しても、年間総収入を一定枠内に収めるために、時間給が上がった分だけ労働時間を削減するパート社員が少なくない。これがいわゆる「就業調整」である。

就業調整は、現行の税制や社会保険制度のもとでは経済合理的な選択ではあるが、企業にとっては、こうしたパート社員に対する人的資源投資や

パート社員の基幹労働力化を難しいものにしている（表14-3を参照）。

　ただし、所得税に関しては、配偶者特別控除制度が導入された結果、逆転現象、すなわちパート社員の収入が一定額を超えると世帯収入が減少するという現象は解消された。にもかかわらず、年収103万円を超えないように就業調整を行っている者が少なくない。

　この背景には、配偶者特別控除制度の仕組みが十分に理解されていないことに加え、夫の勤務先企業の配偶者手当の存在がある。一部の企業は、配偶者手当の支給基準を妻の年収額103万円（非課税限度額）に設定していることによる。夫に配偶者手当が支給され、かつ支給基準が非課税限度額に設

表14-3 ≫ **パート社員の就業調整の実態**

a　過去1年間の就業調整の有無

(%)

	計	就業調整をしている	就業調整をしていない	就業調整をしない理由			
				年収、所定労働時間が要件に達していないため就業調整の必要がなかった	年収、所定労働時間が要件を超えているため就業調整の必要がなかった	その他	わからない
男	100.0	4.9	65.2	35.4	16.8	13.0	28.7
配偶者がいる	100.0	6.9	79.8	37.9	23.9	18.0	11.0
配偶者がいない	100.0	3.4	54.7	33.5	11.8	9.0	41.4
女	100.0	19.1	67.1	37.0	19.1	11.0	12.2
配偶者がいる	100.0	22.8	66.7	39.8	19.6	7.3	9.0
配偶者がいない	100.0	7.2	68.6	28.0	17.6	23.0	22.8

b　就業調整を行う理由（複数回答）

(%)

	就業調整をしているパート計	就業調整をする理由										
		自分の所得税の非課税限度額（103万円）を超えると税金を支払わなければならないから	一定の額を超えると配偶者の税制上の配偶者控除が無くなり、配偶者特別控除が少なくなるから	一定額を超えると会社の配偶者手当がもらえなくなるから	一定額（130万円）を超えると配偶者の健康保険、厚生年金保険等の被扶養者からはずれ、自分で加入しなくなるから	労働時間が週の所定労働時間20時間以上になると雇用保険に加入しなければならないから	正社員の所定労働時間の3/4以上になると健康保険、厚生年金保険に加入しなければならないから	平成28年10月1日から健康保険、厚生年金保険等の加入要件に該当しなくなるため	会社の都合により雇用保険、厚生年金保険等の加入要件に該当しないようにしているため	現在、支給されている年金の減額率を抑える又は減額を避けるため	その他	不明
男	100.0	33.3	2.5	1.3	4.6	4.7	9.9	3.5	10.9	29.2	13.1	3.3
配偶者がいる	100.0	11.0	4.2	2.1	7.8	4.7	6.1	3.4	6.3	49.0	17.4	2.6
配偶者がいない	100.0	65.8	—	—	—	4.7	15.3	3.6	17.7	0.4	6.9	4.3
女	100.0	53.9	40.8	21.3	49.2	10.3	10.9	12.7	2.9	1.1	6.0	2.4
配偶者がいる	100.0	55.1	44.8	23.4	54.0	10.5	11.6	13.4	2.3	1.1	4.4	0.4
配偶者がいない	100.0	41.8	—	—	—	8.3	3.3	6.2	8.7	0.6	21.8	22.9

出所：厚生労働省『平成28年パートタイム労働者総合実態調査』（2017年）

定されている場合、年収が103万円を超えると、配偶者手当がなくなり、世帯の可処分所得が減少することになる。

　さらに年金制度では、年間収入が130万円未満であれば、夫の被扶養者として、別に保険料を納めることなく年金給付を受けることができる。医療保険制度でも同様の仕組みがある。つまり、年間収入が130万円を超えると、妻は夫の被扶養の立場から外れ、自ら各社会保険制度に加入して保険料を負担しなくてはならなくなり、収入が増えても手取り額が減ることになる。いわゆる逆転現象である。

　以上の結果、配偶者がいるパート社員は、年収103万円や130万円を超えて働き、かつ手取り額収入を増やすためには、労働時間を相当増やすことが必要となる。しかし、多くのパート社員は所得よりも余暇選好が強いため、手取り額を増やさずに、一定の年収内で働くことを選択しやすくなるのである。この就業調整行動は、企業のパート社員の活用を難しくしている。職業能力が高まり時間給が上がると年収が増える結果、労働時間を減らしたり、年末に仕事を休む者が増えたりして、要員計画が立てられなくなるなどの問題が生じることにもなる。

3. アルバイト社員など

　アルバイトは法律用語ではない。法律に即してみれば、短時間勤務が多いため、パート労働法上のパート社員に該当する。学生のアルバイト社員は、就業者の学生という属性に基づいた用語といえる。

　短時間勤務の社員のなかで、学生が主要な労働力の供給源となっている業種も少なくない。小売業（コンビニエンスストアなど）や飲食業（ファミリーレストラン、ファストフードなど）、さらにサービス業（スキー場、遊園地など）などは短時間勤務の社員に占める学生の割合が高い。こうした業種には、主婦パート社員とアルバイト社員を組み合わせて活用している企業も多い。主婦パート社員を確保しにくい夜間の時間帯や日曜日などに、アルバイト社員を投入するといった活用方法が採用されている。

　アルバイト社員の就業状況をみると、学校の長期休暇中のみ働くというよりも、長期休暇中と授業期間中の両時期に働く者が多い。アルバイト就業の通年化である。しかし、アルバイト社員には本業である学業があるた

め、試験の時期などは確保が難しく、また活用できる雇用期間も在学期間に規定されることになる。この結果、主婦パート社員に比べて労働力供給の安定性に欠ける労働力である。ここに学生アルバイト活用の難しさがある。

アルバイト社員とは別にフリーターという用語が使われることもある。学校を卒業しても正社員の仕事などフルタイムの常勤の仕事につかずに、アルバイトなどの仕事で働いている者をフリーターと呼ぶことが多い。学生に比べると学業がないため勤務日数や勤務時間を長くできることなどから、アルバイト社員よりも安定した労働力として活用している企業も少なくない。

4. パート社員やアルバイト社員と労働法

パート社員やアルバイト社員も労働者である限り、労働基準法、最低賃金法、男女雇用機会均等法などの労働保護法の適用を受ける。

たとえば、パート社員やアルバイト社員にも、労働基準法上の年次有給休暇の権利があり、短日数勤務のパート社員やアルバイト社員には、所定労働日数に応じた比例付与の制度が設けられている。また雇用保険についても、週20時間以上の勤務であれば対象となる。

パート社員やアルバイト社員などは、有期の労働契約のため雇止めされたり、雇用期間の途中で中途解約されたりすることも少なくない。しかし、有期の労働契約であっても反復更新されている場合は、パート社員やアルバイト社員についても正社員と同様に、客観的にみて合理的理由のない解雇や、客観的理由はあるが「社会通念上相当として是認しえない」解雇は、使用者の解雇権の濫用として無効とされる。

5. パート社員及び有期雇用労働者と正社員の処遇の均等・均衡

パート社員の人事管理上の課題は、パート社員の間の処遇の公平化だけでなく、正社員とパート社員の処遇の均等・均衡にある。パート社員の勤続の長期化や基幹労働力化が進み、正社員と同じ仕事につくパート社員や、正社員と同様の職務遂行能力をもつパート社員が、正社員と同じ職場に配

置されて一緒に仕事に従事する事例がある場合などには、とりわけ処遇の均等・均衡が求められる。

正社員とパート社員が同じ仕事に従事していながら時間単位でみた賃金水準が違う場合は、その差が合理的な要因に基づくものであるかどうかの検討が求められる。合理的な根拠のない処遇差は、パート社員の仕事への意欲を低下させたり、離職率を高めたりすることになる。

ただし処遇差の議論で難しい点は、たとえば正社員は仕事を特定せずに雇用（キャリアへの雇用）される場合が多いのに対して、パート社員は仕事を限定して雇用（ジョブへの雇用）される場合が多いことである。

正社員は他職場への配置転換などを前提に雇用されており、賃金は従事している仕事だけで決められているわけではない。さらに同じ仕事でも、正社員は残業があるがパート社員はない、また正社員は転勤があるがパート社員はないなど、両者で仕事に対する労働サービスの提供の仕方が異なり、それが処遇差として表れている面も否定できない。

したがって、一時点において同じ仕事に従事していることだけを取り上げ、正社員とパート社員の賃金水準などの処遇を比較することが難しい。

両者のキャリアや労働サービスの提供方法の違いなどを含め、正社員とパート社員の仕事や働き方を比較検討し、そのうえで合理的な根拠のない処遇差をなくし、処遇差がある場合では合理的な要因に基づく差としていくことが不可欠である。

たとえば、パート社員に対する調査結果によれば、職務内容や職務レベルが自分と同程度の一般職の正社員と自分の賃金水準を時間給で比較した場合、自分のほうが低いとするパート社員が大部分である。しかし、「自分のほうが低い」と回答したパート社員のすべてが、その賃金格差について納得していないわけではない。

その理由を分析すると、パート社員と正社員の間に責任の違いや勤務時間の自由度の違い、さらには職務内容の違いがあれば、賃金格差を納得している者が多いのである。

言い換えれば、こうした違いが存在しないにもかかわらず、職務内容や職務レベルが同程度の正社員とパート社員の間に賃金格差が存在すると、賃金に関する納得性が低下し、パート社員の間に賃金など処遇に関する不満を引き起こす可能性が高まることになる。

パートタイム・有期雇用労働法（2020年4月施行、中小企業は2021年4月施行）は、パート社員と有期雇用労働者の処遇に関して表14-4のように定めている。詳しくは、224ページのtopic「企業は「同一労働同一賃金」で何を求められているのか」を参照されたい。

　第1に、パート社員・有期雇用労働者の待遇が正社員と異なる場合、従事している仕事内容、人材活用の仕組みや運用、その他の事情に照らして不合理なものであってはならない（法第8条、不合理な待遇差の禁止）。

　第2に、正社員とパート社員・有期雇用労働者で、従事している仕事が同じで、人材活用の仕組みや運用が、長期でみても同じとなる場合は、両者の待遇を異にすることを差別として禁止している（法第9条、差別的取扱いの禁止）。

　第3に、パート社員・有期雇用労働者を雇用する際には、賃金、教育訓練、福利厚生などに関して文書で明示するとともに、雇用したあとに、正社員との間の待遇差の内容・理由等について、パート社員・有期雇用労働者から説明を求められた場合には、説明することを企業の義務としている（法第14条）。

　パート社員・有期雇用労働者が説明を求めるのは、人事セクションだけでなく、直属の管理職が多いと考えられるため、企業としては、パート社員・有期雇用労働者から説明を求められたときに回答できるよう、管理職にパート社員・有期雇用労働者の待遇などに関して正確な情報を提供して

表14-4 >> **パートタイム・有期雇用労働法**

①正社員とパートタイム・有期雇用労働者の間の不合理な待遇（基本給や賞与など）差の禁止

均衡待遇規定［法第8条］ （不合理な待遇差の禁止）	①職務内容※、②職務内容・配置の変更の範囲、③その他の事情の内容を考慮して不合理な待遇差を禁止するもの
均衡待遇規定［法第9条］ （差別的取扱いの禁止）	①職務内容※、②職務内容・配置の変更の範囲が同じ場合は、差別的取扱いを禁止するもの ※職務内容とは、業務の内容＋責任の程度

②パートタイム・有期雇用労働者に対する説明義務

a）パートタイム労働者・有期雇用労働者から求めがあった場合、正社員との間の**待遇差の内容・理由等を説明する義務**［法第14条2項］
b）説明を求めた労働者に対する**不利益取扱い禁止規定**［法第14条第3項］

おくことが求められる。

4 派遣社員と請負社員

1. 派遣業と派遣労働の特徴

　派遣労働とは、派遣先の労働サービス需要を満たしうる人的資源を保有する労働者を探し、雇用し、派遣先に派遣する仕組みである。この派遣労働は、派遣元、派遣先、派遣労働者の三者の関係から構成される（図14-5を参照）。通常の雇用関係では雇用者と使用者は同じで、雇用関係（労働契約関係）と使用関係（指揮・命令関係）が同一になる。しかし派遣労働では、派遣労働者は派遣元と雇用関係（労働契約関係）を結ぶことになるが、使用関係（指揮・命令関係）は派遣先との間に発生する。また、派遣元と派遣先の間で労働者派遣契約が結ばれる。

　派遣元である派遣業には、2015年の派遣法の改正まで特定労働者派遣事業と一般労働者派遣事業の2種類があり、前者は常用労働者のみを派遣（常用型派遣）するもので、後者は常用労働者以外の労働者も派遣するものであった。後者がいわゆる登録型派遣である。ただし、2015年の派遣法改正により、両者の法律上の区分がなくなり、いずれも許可制の事業となった。

　労働者派遣は、当初特定の業務に関してのみ認められていたが（26業務）、その後の派遣法改正により対象業務が拡大され、原則自由となった。2015年の派遣法改正によって、対象業務の派遣受け入れ期間がつぎのように変更された。

　派遣会社との①雇用契約が無期の場合は、業務にかかわらず期間制限なしで、②雇用契約期間が有期の場合は、業務にかかわらず、派遣社員個人単位で3年までとなった。

　2000年12月から紹介予定派

図14-5 ≫ **派遣元、派遣先、派遣労働者の三者の法律関係**

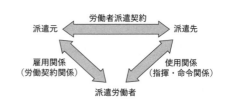

遣が法認されたため、採用方法のひとつとして派遣労働を活用することが可能となった（第4章を参照）。

2. 派遣労働の担い手

　派遣社員、とりわけ登録型の派遣社員は20代から30代が多い。パート社員は40代以上に多いが、それに比べると派遣社員は年齢層が若くなる。また、派遣社員の学歴構成はパート社員よりも高い。

　登録型の派遣社員が派遣の働き方に感じているメリットは、働く曜日や時間帯、さらには仕事を選べたり、仕事の範囲や責任が明確であることなどにある。他方、雇用期間に定めのない正社員ではないため、雇用が不安定であるというデメリットがある。派遣という働き方は、勤務先や仕事内容などの選択が可能となる働き方であるが、同時に、自己責任、自己負担をともなう働き方ともいえる。

　派遣社員が感じている問題点は、派遣先の受け入れ態勢に起因するものが少なくない。活用業務を特定して派遣社員を受け入れているにもかかわらず、それとは別の業務を依頼したり、派遣労働の仕組みを知らずにパート社員やアルバイト社員と同じ働き方と見なすことなどが、派遣社員の仕事への意欲を引き下げる要因になっている。派遣社員を活用している職場の管理職や社員に対して、派遣社員の活用に関する教育を行うことなどが求められる。

3. 派遣社員の活用方法

　派遣労働の仕組みは、派遣社員を活用する企業からみてつぎのような特徴をもつ。

　第1に、自社で社員を採用する場合と異なり、募集や採用に要する時間やコストが不要となる。

　第2に、業務に必要な職業能力を保有する者が派遣されてくるため、教育訓練が不要となる。もし業務に求められる職業能力をもたない場合は、他の派遣社員の派遣を派遣会社に依頼することが可能となる。

　第3に、派遣社員の活用は直接雇用ではないため、雇用にともなって発生

する社会労働保険などの諸手続きの事務管理が不要となる。

　第4に、一定の期間を限って活用することができるため、短期的あるいは一時的に発生する業務への対応に活用することができる。

　派遣システムは以上のような特徴をもつことから、派遣社員はつぎのような場合に活用されることが多い。

　第1に、一時的あるいは季節的な業務を処理するためである。たとえば、決算時期に経理事務の担当者を確保したり、また新製品の販売時期に大量の営業職を投入したりする場合などに活用できる。

　第2に、一時的な欠員に対処するための利用である。たとえば、秋に欠員が生じたが、補充は新卒採用で行うため、翌年の3月末まで派遣を受け入れるといったケースである。育児や介護休業の代替要員を派遣で確保することも、これに類似した活用策である。

　第3は、社内で確保できない専門的な能力のある人材を派遣社員で補充するものである。たとえば、海外の企業との業務提携の際、一定期間だけ特定の言語が堪能な秘書が必要となった場合の利用などである。

　第4に、実際の働きぶりをみてから社員を採用したい場合、紹介予定派遣をその方法として活用することができる。

4. 職場内請負社員の活用

　職場内の請負社員の活用が、製造業の生産現場や設計開発の職場などで行われている。業務請負契約に基づく請負社員の活用は、雇用関係がないため、採用や社会労働保険の手続きなど様々な雇用管理業務を必要としない。この点は、派遣社員の活用と同様である。しかし請負社員の活用では、請負会社に業務を請け負わせるため、当然の結果として、派遣社員と異なり業務管理は不要となる。請負会社が業務の遂行に責任をもつためである。この点は、業務の外注と同様である。

　他方で、派遣社員とは異なり、請負社員に対して受け入れ先の管理職などが指揮・命令することは法律違反となり、禁止されている。請負社員への情報などの伝達は、請負会社の責任者を通じて行うことが求められる。

　自社の社員が担当している業務から分離可能な業務であるが、企業外へ外注するよりも職場内で処理するほうが効率的な場合に、外注ではなく、職

場内の請負社員の活用が選択されることになる。

　このほか、景気などによる需要変動や季節的な業務の繁閑に対応するため、請負社員が活用されている場合も多い。前者には半導体工場が、後者には食品工場などが当てはまる。

　請負会社の選定に際しては、品質など業務遂行に責任をもてるだけの管理能力があるかどうか、請負社員に関する人事管理を適切に行っているかどうかなどを重視する必要がある。人事管理が適切に行われていない場合には、請負社員の職業能力が低かったり、請負社員の定着が悪くなり、結果として請負に出した業務の遂行に支障が生じることになるからである。

5 パート社員など非正社員や
外部人材の活用にともなう影響

　パート社員など非正社員や外部人材の活用にともなう影響はどのようなものなのか。表14-5にあるように、プラス面とマイナス面の影響が混在している。

　プラスの影響では、「正社員が高度な仕事に専念できる」（46.6%）、「正社員の労働時間が短くなる」（31.4%）、「製品・サービスの質が向上する」（26.3%）、「外部から新たなノウハウを導入することができる」（19.6%）、「自社でできない業務ができるようになる」（13.9%）が指摘され、マイナス面の影響では、「ノウハウの蓄積・伝承が難しい」（50.6%）、「機密事項が漏洩する危険がある」（26.9%）、「非正社員の教育訓練にさく時間が増え、正社員が、本来の仕事に専念できない」（23.4%）、「正社員の新人を初めから高度な業務につけることになるため、新人の育成が難しい」（22.7%）、「仕事上の連携が円滑に進まない」（22.5%）などがある。

　さらに、表14-5の結果から、パート社員など非正社員や外部人材の活用にともなうプラス面とマイナス面の影響の関係をみたものが表14-6である。これによれば、非正社員や外部人材の活用にプラス面の影響のみがあるとした職場は、全体の18.1%にすぎない。最も比率が高いのは、プラス面の影響とマイナス面の影響の両方があるとした職場で、全体の47.8%と半数

表14-5 >> パート社員など非正社員や外部人材の活用にともなう職場における影響

（単位：%）

	現在みられる状況			正社員以外を現状より2割増やした場合に生じると考えられる状況		
	はい	いいえ	無回答	はい	いいえ	無回答
正社員が高度な仕事に専念できる	46.6	49.3	4.1	56.5	37.4	6.1
正社員の労働時間が短くなる	31.4	64.0	4.6	49.9	44.0	6.1
外部から新たなノウハウを導入することができる	19.6	75.2	5.2	27.5	65.7	6.8
自社でできない業務ができるようになる	13.9	80.9	5.2	21.9	71.0	7.1
製品・サービスの質が向上する	26.3	68.9	4.8	37.2	56.1	6.7
機密事項が漏洩する危険がある	26.9	68.1	5.0	45.1	48.0	6.8
ノウハウの蓄積・伝承が難しい	50.6	44.7	4.7	56.1	37.1	6.8
仕事上の連携が円滑に進まない	22.5	72.8	4.7	34.5	58.9	6.6
チームワークに悪影響が出る	16.4	78.9	4.7	29.2	64.3	6.5
社員の帰属意識が弱まる	18.0	77.2	4.8	25.9	67.3	6.7
正社員の離職率が上昇する	9.8	85.4	4.8	16.9	76.5	6.6
正社員の労働時間が長くなる	15.9	79.3	4.8	15.7	77.5	6.8
正社員の経験・技能の幅が狭まる	18.5	76.8	4.7	28.0	64.9	7.1
非正社員や請負社員の管理や調整のための仕事が増え、正社員が、本来行うべき業務に専念できない	19.7	75.3	5.0	34.0	59.2	6.8
非正社員の教育訓練にさく時間が増え、正社員が、本来の仕事に専念できない	23.4	71.3	5.3	40.4	52.8	6.7
正社員の新人を初めから高度な業務につけることになるため、新人の育成が難しい	22.7	72.1	5.2	29.3	63.5	7.2
製品・サービスの質が低下する	16.9	77.7	5.4	22.6	70.0	7.4
その他の影響	1.3	20.7	77.9	1.9	19.8	78.3

注： 1041職場の職場委員の回答。
出所： 日本労働研究機構・連合総合生活開発研究所『多様な就業形態の組合せと労使関係に関する調査研究報告書』（2000年3月）

表14-6 >> パート社員など非正社員や外部人材を活用することで生じるマイナスとプラスの影響の関係

（単位：%）

		マイナス評価の有無	
		ある	ない
プラス評価の有無	ある	47.8	18.1
	ない	24.5	9.7

注： 984職場、全体＝100%。
出所： 表14-5と同じ

程度を占める。また、マイナス面の評価のみがあるとした職場も24.5％で4分の1となる。パート社員など非正社員や外部人材の活用に際しては、様々な影響を考慮し、マイナス面の影響を可能な限り取り除くことが求められる。

6 労働契約法の改正とパート社員など有期契約社員の活用

　改正労働契約法（2013年4月1日施行）は、労働契約の期間に定めのある有期労働契約に関して新しいルールを導入するものである。契約更新型の有期契約社員に関して無期労働契約（労働契約の期間に定めのない契約）への転換を促進することが、労働契約法改正の目的のひとつである。有期契約社員の労働契約が繰り返し更新されて雇用期間の通算が5年を超え、かつ当該社員が無期労働契約への転換を希望する場合に、有期契約社員の労働契約が無期労働契約に転換される。労働契約期間の通算は、2013年4月1日以降に開始される労働契約に適用される。また、別段の定めがない限り、当該社員の有期労働契約が無期労働契約に変更されるだけで、他の労働条件には変更がないとされている。

　たとえば、特定の事業所の特定の職場で、販売担当の業務に短時間勤務でかつ時間給で有期の労働契約で雇用されていたパート社員が、無期労働契約に転換した場合には、労働契約が有期から無期に変更されること以外、労働時間や担当業務、さらに賃金形態など他の労働条件には変更はない。つまり、短時間勤務で特定業務のみに従事しかつ時間給である無期労働契約の正社員が新たに誕生することになる（正社員の社員区分の多元化、限定型の正社員）。

　こうした限定型の正社員の増加は、従来の無期労働契約の正社員の雇用処遇システムにも変化をもたらし、正社員の社員区分の多元化を促進しよう。改正労働契約法は派遣社員に関しても適用されるため、派遣元と派遣社員の雇用関係にも変更が生じよう。

ジョブ型雇用（限定雇用）とメンバーシップ型雇用（無限定雇用）

●違いはどこにあるか

　従来、日本の雇用システムの特徴として終身雇用（定年までの長期継続雇用）や年功賃金（年齢・勤続にリンクする給与部分が大きい）が指摘されてきた。しかし最近では、欧米の雇用システムの特徴を「ジョブ型雇用」、日本の雇用システムの特徴を「メンバーシップ型雇用」として、それぞれを類型化する議論がある（たとえば濱口桂一郎（2009）『新しい労働社会—雇用システムの再構築へ』岩波新書など）。

　ジョブ型雇用とメンバーシップ型雇用の違いは、採用時点に採用後に担当する業務が限定されているのか、限定されていないのかにある。ジョブ型は、担当業務を限定した雇用で、他方、メンバーシップ型は担当業務を限定しない雇用となる。担当する業務を採用時点に限定するかどうかに対応する形で、それぞれの雇用類型に対応した雇用システムが構築されることになる。

　以下では、ジョブ型雇用を限定雇用、メンバーシップ型雇用を無限定雇用と呼称する。それは次のような理由による。

　ジョブ型雇用は、担当業務が限定されているだけでなく、事業所限定（職場限定、勤務地限定）や労働時間限定などが含まれることから、限定雇用の用語を利用する。なお、事業所限定や労働時間限定では、業務が限定されてない場合もあるが、ここではそれらも限定雇用に含める。つまり、限定雇用は、業務、事業所（職場、勤務地）、労働時間のいずれかが限定されたものとなる。

　他方、メンバーシップ型雇用は、担当業務だけでなく、勤務する事業所や職場が限定されておらず、労働時間も残業前提のフルタイム勤務であることから、その特徴に適合的な用語として、無限定雇用を利用する。

●無限定雇用と限定雇用に基づいた雇用システムの理念型

「無限定雇用」と「限定雇用」に基づいた雇用システムの特徴を理念型として整理すると以下のようになろう。それぞれは、システムとして完結しているため、無限定雇用の一部、たとえば、賃金制度を限定

雇用のそれに変更する議論があるが、難しいことになる。

　限定雇用は、採用時点から従業員が担当する職務が職務記述書など
で具体的に限定・特定されており、また会社や職場の上司は人事権に
基づいて従業員が担当する職務を変更することができず、職務の変更
は、社内公募など本人の希望による。勤務地は、当該職務がある事業
所に限定されており、勤務地変更は、本人が希望する職務への異動が、
勤務地変更をともなう場合に限定される。職務を限定・特定して雇用
することから当該職務の経験者の中途採用が主となる。

　賃金制度は従事している職務に規定される職務給や仕事給で、同じ
職務を担当する限り賃率に変更はない。事業再編などで担当職務がな
くなった場合には、雇用関係が終了つまり解雇となる。担当する職務
が限定されているため、従業員が担当職務に必要な職務遂行能力を欠
いている場合には、企業は従業員の解雇が可能となる。

　無限定雇用は、採用に際して担当職務や勤務場所を限定・特定せず
に従業員を雇用し、会社が人事権に基づいて担当職務や勤務場所を必
要に応じて決定する。配属された職場において担当する職務は、職務
記述書などによって限定・特定されておらず、会社の人事権を背景と
して、職場の上司が必要に応じて柔軟に変更できる。担当職務を限定・
特定して従業員を採用しないため、様々な職務を担当できるように訓
練可能性が高い新卒採用が主となる。

　担当する職務が限定・特定されていないため、賃金制度は、担当す
る職務ではなく、従業員が保有する職務遂行能力に基づいた職能給と
なり、担当する職務の変更がなくとも職務遂行能力が向上すれば賃率
が高くなる。事業再編などで配属先の事業所や担当している職務が消
滅しても、企業として直ちに解雇することはできず、他の事業所や他
の職務への配置転換の努力が求められる（整理解雇の4要素（要件）のうち
の解雇回避努力義務の履行）。担当する職務が限定されていないため、職務
遂行能力を欠いた従業員を、企業はそのことのみを理由として解雇す
ることができない。

●日本の雇用システムの実態

　限定雇用が欧米企業の雇用システムに該当し、無限定雇用は日本企
業の雇用システムに該当すると主張するなど、理念型を現実の雇用シ

ステムと同視する議論もある。しかし、2つの類型は、雇用システムの理念型であり、現実の雇用システムの特徴を理念型との異同によって把握するための分析概念である。

　そこで理念型に照らして、日本の雇用システムの実態を分析すると、無限定雇用としての特徴は、大企業の無期労働契約の大卒以上のホワイトカラー層に典型的にみられることが分かる。他方、中小企業には、限定雇用に近い雇用システムが存在し、大企業でも有期労働契約の社員は、限定雇用の性格が強い。小売業の店舗に雇用される有期労働契約の短時間勤務の社員は、勤務場所と担当職務が限定され、処遇も職務給に近い。他方で、大企業の大卒以上のホワイトカラー層でも、限定雇用を採用している企業がある。勤務地限定制度や業務限定雇用などである。つまり、無限定雇用と限定雇用の理念型と、日本の企業の雇用システムの現実を比較すると、日本の雇用システムも多様であることが分かる。

第 15 章

労働組合と労使関係

1 組織率の低下と個別的労使関係

　組織率が低下し、労働組合の社会的な存在感が薄くなりつつある。2019年時点の推定組織率は16.7％と2割を下回る。しかし、多くの大企業には労働組合が組織されている。大企業では、経営側と労働組合との間に集団的な労使関係が形成され、それが労働条件や人事管理システムのあり方に大きな影響を及ぼしている。

　組織率が低下するなかでも、大企業で労働組合の組織が維持されているのは、個人単位の組織率と企業や事業所など組織単位の組織率の間に乖離があるためである。労働組合が組織されている大企業においても社員に占める組合員の割合は低下している。これは、パート社員など非正社員や管理職の増加などによる個人単位の組織率の低下によるものである。

　労働組合の存在感が薄くなっていると述べたが、他方で、労働組合の機能を再評価する議論も有力である。労働組合の機能として労働条件の向上機能などが想定されるが、それだけでなく経営に対する発言を通じて生産性の向上に貢献するなど、企業経営にとってもプラスとなる存在であることが指摘されている。また、労働組合の経営に対する発言機能の評価や労働組合組織率の低下を背景に、労働組合が組織されていない企業における集団的な労使関係として、従業員代表制や労使協議制など労働組合以外の集団的な発言機構の組織や機能についても関心が集まっている。集団的労使関係は、単に経営側と労働組合の間だけでなく、経営側と労働者の代表組織との間の関係でもあることによる。

　さらに、雇用処遇制度の個別化の進展を背景に、労働者個々人と経営側

との個別的な労使関係が注目され、苦情処理など個別紛争処理のシステム整備が人事管理上の課題となってきている。

2 労働組合の組織と機能

1. 労働組合とは何か

労働組合とは、賃金労働者が自らの意思に基づいて組織した民主的な団体であり、その活動の目的は、労働や生活の諸条件の維持や改善にある。維持や改善の対象となる労働や生活の内容は、労働組合を構成する組合員の要求に基づいて決まるため、労働条件向上として賃金の引き上げや労働時間の短縮が重視されたり、あるいは仕事の質の向上が重視されたりするなど、時代や社会、さらには労働組合によっても異なる。

労働組合の組織形態は、組織している労働者の種類と範囲によって分類される（表15-1を参照）。同一職種に従事する労働者を企業横断的に組織する職業（職能）別組合、職種を問わず同一産業に従事する労働者を企業横断的に組織する産業別組合、同一の企業や事業所に雇用される労働者を職種を超えて組織する企業別組合などに分けることができる。

労働組合が、組織する労働者の労働や生活の諸条件を維持・改善するために活用する施策には、労働力の供給独占（クローズド・ショップ制など）、団体交渉、労使協議制などがあり、労働組合の組織形態によって主に活用される施策が異なる。

表15-1 » **労働組合の諸類型**

	組織範囲	労働条件向上手段
職業別組合	同一職種	クローズド・ショップ制、徒弟制度、職業紹介、共済制度
産業別組合	同一産業	団体交渉
企業別組合	同一企業	団体交渉＋労使協議（経営参加）

2. 労働組合の「2つの顔」

　労働経済学者のフリーマンとメドフは、労働組合には2つの顔があり、それぞれが異なった労働組合観に結び付くとする（表15-2を参照）。2つの顔とは、労働条件を引き上げる独占力の面と、企業内の組織された労働者を代表する集団的発言の面である。独占面を強調する見方によれば、組合が労働供給の独占力を背景として賃金の引き上げを行うため、それによって企業は雇用と生産を減らし、経済的効率は低下し、所得配分が変化することになる。

　集団的発言の面を強調する見方によれば、労働組合は、労働者に経営者と意思の疎通をはかるための手段を与えるので、職場での発言によって不

表15-2 >> **労働組合の2つの顔**

	経済的効率性に対する組合の効果	所得分配に対する組合の効果	労働組合の社会的性格
独　占　面	● 組合は賃金を競争水準以上に上昇させ、その結果、組合が組織された企業では資本に対して労働が過小となる。 ● 組合が定めた労働ルールは、生産性を低下させる。	● 組合は熟練度の高い労働者の賃金を上昇させ、それによって、不平等を増大させる。 ● 組合は同じような労働者間の格差を形成することによって、水平的な不公正を生み出す。	● 組合は地位の割り当てに関し差別を行う。 ● 組合は（個人的または集団的に）政治の分野で自らの利益のために闘う。 ● 組合の独占力は、腐敗した非民主的要因を生む。
集団的発言・制度的対応面	● 組合は離職率を低下させ、経営者に生産の方法を変えてより効率的な政策を採用させ、労働者の士気と協調を高めて、生産性にプラスの影響を及ぼす。 ● 組合は全労働者の選好に関する情報を収集し、企業がよりよい給与構成と、よりよい人事政策を選択する方向に導く。	● 組合の標準賃金率政策は、会社内または産業内の組織労働者の不平等を縮小させる。 ● 組合の規則は、個々人の昇進・レイオフ、再雇用に関する経営の自由裁量の範囲を制限する。 ● 組合は下層（一般的に若年）労働者とより雇用が保障された（一般的に年輩）労働者のパワーバランスを根本的に変え、組合が組織された企業が非組合企業と違った給与・人事政策を選ぶようにする。	● 組合は組合員の意思を代表する政治組織である。 ● 組合は低所得者や弱者の政治的利益を代表する。

注：訳文は筆者が一部変更した。
出所：R.B.フリーマン&J.L.メドフ著、島田晴雄・岸智子訳『労働組合の活路』（日本生産性本部、1987年）

満が解決し、労働者の離職率が低下し、さらに雇用・訓練費用が低下し、その結果、企業の企業特殊的訓練を行う動機付けが高まり、生産性が上昇する。

　労働組合の2つの顔のいずれに焦点を当てるかによって、異なる労働組合観が生まれることになる。実証的な研究によれば、労働組合の機能として、アメリカでも独占の側面よりも発言の側面のほうが大きいことが確認されている。日本における研究では、労働組合が組織された企業では長期勤続者に有利な賃金構造が形成され、生産性に対する年齢や勤続年数の効果を引き上げ、雇用調整のスピードを遅らせることなどが知られている。つまり、日本の労働組合は、組合員の企業特殊的熟練の形成を支える機能を果たしており、その面で生産性の向上に貢献していると考えられる。

3. 企業別組合の組織

　日本の労働組合の組織形態は、企業別組合が組合数の95％程度と大多数を占める。時系列的にみても、企業別組合が戦後一貫して日本の労働組合の支配的な組織形態となっている。

　企業別組合は、特定の企業あるいは事業所を組織単位とし、原則として当該企業の社員資格をもつ者（主としていわゆる正社員）を組合員とする。このことは、産業別組合や職業別組合が、特定の企業の社員であることを組合員資格の条件としていないことと異なる。

　産業別組合や職業別組合では、組合員が失業しても企業を変わっても組合員資格を保持できるが、企業別組合では組合員が当該企業の社員でなくなると同時に、組合員資格を失うことが一般的である。企業別労働組合のなかにも退職者を組合員としているところもあるが、こうした組合はまだ少数である。

　企業別組合という名称から、企業を組織単位とした組合をイメージしやすいが、企業のなかのひとつの事業所を組織単位とした事業所組合も含まれる。戦後における労働組合結成の歴史をみると、まず事業所別組合が組織され、それらが企業単位にまとまって連合体である企業連などを結成し、さらにそれが統合され単一化されるようになったことが分かる。

　企業別組合は、企業に雇用された社員を組織範囲にするとはいえ、労働

組合法第2条但し書き1号の規定に該当する労働者は通常、組織範囲から除かれる。労働組合法第2条但し書き1号の規定にある、管理・監督的地位にある者や機密事項に関係する者など使用者の利益を代表する者が加入している労働組合は、労働組合法上の法的保護（不当労働行為の救済、労働協約の規範的効力など）を受けることができないためである（「自主性不備組合」）。

本来、組合員の範囲は、労働組合が自主的に決めるべき性格のものであるが、労働組合法の規定により、労使間の労働協約によって組合員の範囲を定めているのが一般的である。しかし「管理・監督的地位にある労働者」の範囲は明確でなく、労働組合が組織可能な範囲がどこまでであるかが問題となる。

日本では、一般職の社員から「管理・監督的地位にある労働者」に内部昇進していく人材育成方式が一般的である。そのため、「管理・監督的地位にある労働者」もかつては組合員であるなど、組織上も意識上も非組合員と組合員との間を明確に区分することが難しい。また使用者が、「管理・監督的地位にある労働者」の範囲を変更することによって、労働組合の組織範囲に大きな影響を与える事態が生じることにもなる。

4. 企業別組合の特徴

企業別組合は、第1に、社員である限り職種に関係なく、ホワイトカラーであれ、ブルーカラーであれ、ひとつの組織に加入させる組織形態である（工職混合組織）。工職混合組織であることは、労働組合によるホワイトカラーの組織率を高めることに貢献している。他方、欧米では、ブルーカラーに比べてホワイトカラーの労働組合組織率が低く、ホワイトカラーの労働組合が組織されている場合も、ブルーカラーとは別に組合を結成していることが一般的である。

第2に、社員のなかでも一般職の正社員に組織範囲を限定している組合が多いため、企業が雇用する雇用者のなかで非正社員や管理職の比重が高まると、企業が雇用する雇用者に占める組合員の比率が低下することになる。なお、後述するように、最近では非正社員の組織化に取り組んでいる企業別組合が増加しつつある（360ページ表15-3を参照）。

第3に、組合員資格を当該組合が組織された企業の社員に限定する企業別

組合では、役員が当該企業の社員である組合員のなかから選ばれ、企業籍を保持したまま組合役員につく企業在籍役員が主となる。このことは、企業別組合の上部団体である産業別連合体（産別）の役員の多くにも当てはまる。こうしたことから、職業的な労働組合リーダーが育成されにくいことになる。

第4に、企業別組合は、労働組合組織としての自立度が高い。企業別組合の自立度が高い理由は、産別に加盟している場合でも、組合規約の規定、労働協約の締結、争議行為の開始・終結、組合役員人事、予算の決定と執行などにおいて、産別などの上部団体から独立しているためである。他方、企業別組合が加盟している産別などの上部団体の側からみれば、加盟組合の自立度が高く、産別の統制や影響が相対的に弱いことになる。

第5に、企業が激しい市場競争にさらされ、かつ社員の企業への長期雇用慣行が存在する場合、組合員の中・長期的にみた雇用機会の確保と労働条件の維持・改善は、組合が組織された企業の存続・発展に大きく影響を受けることになる。そのため企業別組合の役員や組合員は、当該企業の存続・発展に強い関心をもつことになる。言い換えれば、労働組合も、当該企業の存続・発展に関しては経営側と利害が一致しやすいのである。また、組合役員が企業在籍役員であることは、労使間のコミュニケーションや労使の情報共有の円滑化がはかりやすいことにもなる。

他方、企業利益の枠内での労働組合運動に陥りやすいといった危険も大きい。こうした結果、「企業エゴイズム」をチェックする労働組合の機能が、産別やその全国レベルの労働組合組織（ナショナルセンター）である連合などに期待されることになる。

第6に、事業所を単位として組織された労働組合や企業を単位として組織された労働組合は、それぞれ独立した組合であるが、それらが孤立して存在するのではなく、相互に結び付き、連合組織や協議体などを結成している場合が少なくない。連合組織や協議体には、企業連や企業グループ労連・労協などがある。

企業連は、同一企業の複数の事業所に結成された単位労働組合（規約上、当該組織の構成員が労働者の個人加入の形式をとり、独自の活動を行いうる下部組織をもたない組合）が連合組織や協議体を形成したものである。

企業連と単位労働組合との権限の分担関係によって企業連の性格が異な

り、企業連への権限の集中の度合いにより、企業連が単一組織組合（規約上、当該組織の構成員が労働者の個人加入の形式をとり、かつその内部に単位組織組合に準じた機能をもつ支部などの組織を有する組合）であるものから、緩やかな情報交換のための協議体まで多様である。

企業グループ労連・労協は、主として同一の資本系列関係にある企業を組織する労働組合が結成したもので、その性格は構成する企業別組合との権限関係によって多様となる。

5. 企業別組合と内部労働市場

日本の労働組合の組織形態として、企業別組合が支配的である理由について、いくつかの説明が行われている。有力な仮説のひとつは、労働組合の組織化が本格的に始まる以前に、大企業を中心として内部労働市場が高度に発達したため、内部労働市場に適合的な労働組合の組織形態として企業別組合が選択され、定着化したとするものである。

労働者にとって重要な昇進や配置や賃金が、個々の企業あるいは事業所ごとに決まる内部労働市場が発達・定着したことで、労働組合の組織範囲、すなわち労働条件を交渉するのに最も適した組織が、企業単位あるいは事業所単位になったとするものである。

もしこの仮説が正しいとすれば、内部労働市場が発達している国では、企業や事業所を組織範囲とする労働組合が組織化されることになる。アメリカやドイツ、さらにイギリスの状況をみると、労働組合の組織形態は日本の企業別組合と異なるが、労使交渉が行われる単位を調べると、企業ないし事業所ごとに労使交渉を行う傾向が強まっている。これは労使関係の分権化あるいは労使関係の企業内化と呼ばれている。つまり労働組合の機能を比較すると、企業別組合との類似性が存在する。

たとえばアメリカでは、組合員の職業生活に大きな影響を及ぼす解雇、昇進、配転、賃金などが、工場ごとや事業所ごとに組織されたローカル・ユニオン（local union）によって交渉されている。ドイツでは、経営組織法に規定された事業所従業員組織（Betriebsrat）が日本の企業別組合と類似の機能（解雇、配転、上積み部分の賃金などについての協議）を果たし、またイギリスにおいても団体交渉の企業内への分権化の傾向がみられる。

3 労働組合の組織率の低下と 組合員の組合離れ

1. 労働組合組織率の低下

　労働組合の組織率は、企業規模や産業によって異なる。企業規模との関係でみると、組織率は大企業で高く、中小企業で低い。このことは日本だけの特徴ではなく、他の国でも認められる。産業別の組織率もバラツキが大きい。産業別の組織率の高低には、各産業における企業規模の構成やパート社員など非正社員の比率の違いなどが影響している。つまり大企業や正社員が多い産業では相対的に組織率が高くなり、サービス業など小規模企業が多くパート社員など非正社員が多数雇用されている産業では組織率が低くなる。

　日本の組合組織率の推移をみると、戦後急速に組織化が進み、1949年には55.8%になりピークをむかえる。その後、組織率は低下し、35%前後の水準をしばらくは維持していたが、1970年代半ば以降に再び低下傾向になる。1983年に30%の水準を割り込み、2003年には20%を下回り、2019年は16.7%となっている。組織率の低下傾向は、日本のみならずアメリカ、ドイツ、イギリスなど多くの先進国に共通して認められる（図15-1を参照）。

　日本における労働組合の組織率低下の構造的な要因としては、①産業構造の変化により、小売業や飲食店やサービス業など組織率の低い産業で働く労働者が増加したこと、②①とも重なるが、サービス経済化の影響で組織率が相対的に高かった製造業や大企業の比重が低下したこと、③パート社員や派遣社員など企業別組合が組織範囲としてこなかった就業形態で働く労働者が多くなったこ

図15-1 ≫ **労働組合組織率の推移**

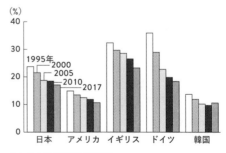

注：ドイツの最新は2016年。
出所：労働政策研究・研修機構編集・発行
　　　『データブック国際労働比較2019』

と、④社員の高齢化や高学歴化、さらには企業の分社化などによって、非組合員である管理職や管理職相当職（専門職、管理職待遇職等）が増加したことなどが挙げられる。

　組織率の低下要因に関する計量分析によると、労働組合組織率の低下は、産業構造や雇用形態の変化などの構造要因だけでなく、それ以外の要因、とりわけ労働組合が新しい職場の組織化に失敗したことに原因があることが指摘されている。つまり、労働組合による組織化への取り組みの弱さが、上述した構造的要因に加えて、1970年代半ば以降の組織率低下を引き起こしたと考えられる。労働組合による組織化への取り組みが問われている。

2. 労働組合の組織率低下への対応

　長期的な組織率の低下を背景に、組織化の取り組みが労働組合の課題となっている。労働組合の組織化の取り組みとしては、①すでに労働組合が組織されている企業内における組織率を高めることと、②労働組合が組織されていない企業など未組織分野の組織化を進めることが必要になる。

　前者の企業内組織率を高めることは、労働組合の組織範囲に関わる問題である（表15-3を参照）。企業別組合は、これまでいわゆる正社員を主たる組織対象としてきたが、企業がパート社員や外部人材などの活用を拡大させてきたため、現在の組織範囲を変更しない限り、企業内組織率の低下は避けられない。また、管理職や管理職相当職（専門職、管理職待遇職など）が増

表15-3 >> **正社員以外の労働者の組合加入資格の有無**
及び組合員の有無別割合（本部組合及び単位労働組合）

(単位：%)

区　分	事業所に該当労働者がいる計[1]	組合加入資格の有無			
		組合加入資格がある[2]	組合員の有無		組合加入資格がない
			組合員がいる	組合員はいない	
パートタイム労働者	100.0	35.6	28.6	6.8	64.2
有期契約労働者	100.0	39.9	31.1	8.2	59.7
派遣労働者	100.0	5.2	1.3	3.8	94.6
嘱託労働者	100.0	35.6	29.2	5.9	63.9

注：1. 組合加入資格の有無「不明」を含む。
　　2. 組合員の有無「不明」を含む。
出所：厚生労働省『平成30年労働組合活動等に関する実態調査』（2019年）

加するという現状を踏まえると、職能資格制度上の資格等級を非組合員と組合員の区分に利用している場合などは、管理職や管理職相当職が「使用者の利益代表者に該当しない者」であっても非組合員化することになりかねない。管理職や管理職相当職を組織化するためには、それぞれが「使用者の利益を代表する管理者」であるかどうかを個別に検討することが必要となる。つまり企業内組織率を高めるためには、「組合員の範囲の見直し」が不可欠となる。

　後者の未組織企業の組織化では、2つの取り組みが行われつつある。ひとつは、企業別組合が、自組合が組織している企業の関連企業（資本系列、取引先など）のなかの未組織企業における労働組合結成を支援することであり、もうひとつは、産別やその地域組織などが、未組織企業の組織化を進めることである。

3. 組合員の労働組合離れ

　組織率の低下だけでなく、組合員の組合離れへの対応が労働組合の課題となっている。労働組合に関するいくつかの調査によると、職場委員のなり手が少なかったり、組合主催の会合や行事に参加する組合員が減ったり、組合活動に無関心な組合員が増加するなど、組合員の組合離れの状況が指摘されている。こうした組合離れの背景として、いくつかの原因が考えられる。

　第1に、組合員の価値観やニーズが多様化し、それに労働組合の組織や活動が対応できていないことがある。たとえば、画一主義や統制主義を嫌う若い組合員の価値観に、組合運営のあり方が合わなくなってきている。組合員の価値観やニーズが多様化してきた背景には、①生活水準や労働条件の向上によって、生活を守ることではなく、ゆとりある生活を求めるようになってきたこと、②組合員の高学歴化と職種構成のホワイトカラー化が進んできたこと、③価値観やニーズの世代間ギャップが拡大してきたことなどがある。こうした組合員の価値観やニーズの多様化は、労働組合の意思統一を難しくし、組合の求心力を低下させている。

　第2に、組合員の多くがひとつにまとまったり、組合活動に参加したりすることを阻害するような、組合をめぐる環境変化がある。①企業の分社化

や出向などによって組合員が働いている職場が分散化したこと、②合理化などにより職場の人員規模が縮小したこと、③シフト勤務、時差出勤、フレックスタイム制などの導入により勤務体制や勤務時間帯が多様化したこと、④遠距離通勤が増加したこと、⑤自分の生活を重視することから勤務時間外の組合活動への参加を避ける傾向が強まってきたことなどである。こうした変化は、組合員間のコミュニケーションを少なくし、また組合員の組合活動への参加を難しくし、組合員の間に組合活動への無関心や役員任せの雰囲気をもたらすことになりやすい。

第3に、労働組合の存在感を感じることができないと考える組合員が増加していることがある。組合の存在感が薄れている背景には、①賃金など基本的な労働条件が、企業内の労使交渉よりも社会・経済的な枠組みで決定される程度や、個人の働きぶり（たとえば昇進・昇格など）で決まる部分が相対的に大きくなったこと（あるいはそのように組合員が意識すること）、②企業内の労使関係が制度化され、労使協議機関や専門委員会で取り扱われる事項が増加したため、労使間の議論の経過が組合員からみえにくくなったこと（組合役員中心の交渉・協議、交渉過程のブラックボックス化）、③組合の活動内容が高度化・多様化したため、一般の組合員がその内容を理解しにくくなったこと、④基本的な労働条件が改善され、組合員の間に大きな不満が少なくなり、労働組合の必要性が感じられなくなってきたことなどがある。こうしたことを背景として、「組合無用論」や「組合費を支払っただけのメリットがあるのか」といった声が組合員の間から聞かれるようになっている。

4 労使関係：団体交渉と労使協議

1. 労使関係

労使関係とは、一般的に、使用者と労働者の間に存在する利害対立を調整したり解消したりする過程のことであり、個別的労使関係と集団的労使関係から構成される。このうち後者は、労働者の集団的な発言機構（多くは労働組合である）と経営側との関係で、労使関係として通常、取り上げられ

る領域である。具体的には、団体交渉（collective bargaining）や労使協議制など、労使間の情報交換や交渉および決定の過程を指す。この集団的労使関係と、使用者と個々の労働者の関係である個別的労使関係は、相互に関係するとともに独立したものでもある。集団的労使関係によって形成されたルールは、個別的労使関係を律するが、そのすべての領域を包括することはできないためである。

　各国の労使関係の実態は、それぞれの国の企業や組合の性格（イデオロギー、政策など）によって多様な形態をとる。戦後の日本の労使関係を理解するためには、①資本の性格（株式の相互持ち合いなど）と経営者の性格（キャリア形成のあり方）、②社員・組合員と経営者・管理者との社会的・経済的距離のあり方、③労働組合の組織類型など、労使関係の環境要因を検討することが不可欠である。労使関係が形成されるレベルとしては、国、地域、産業、企業、事業所、職場などがあるが、日本では企業内労使関係が中心であり、それに対する産業別・地域別など外部組織の直接的な統制や介入は相対的に弱い。

2. 団体交渉とその特質

　ウエッブ夫妻の『産業民主制』（1897年）によれば、団体交渉は「雇用主が離れ離れの状態の個々人と別々の契約をするのではなく、集合的な意思を相手として、単一の協約を結び、これによって、ある期間、ある集団、階級、等級、等級に属するすべての労働者が労働に従事する諸規則を設定する」ものと定義されている。

　つまり団体交渉は、労働者が団結し自ら選んだ代表者を通じて、使用者あるいは使用者の団体と雇用・労働条件について集団的に取引を行うことであり、個人的な交渉や個人的な取引に対比される概念である。個人的な交渉では、労働者が使用者に対して取引上、不利な立場に置かれるため、労働者は団結することで労働者相互の競争を制限し、労働力の集団的な売り止め（＝ストライキ）の行使力を背景に交渉を行うことによって、使用者と取引上、対等の地位を獲得しようとするものである。

　団体交渉は、雇用・労働条件に関する労働者の交渉力を強化するための手段であったが、同時に、雇用・労働条件の統一化や労使関係上のルール

に関する労使合意をもたらし、産業平和に貢献するものでもある。

　日本における団体交渉の特質として第1に指摘できることは、法律面の性格である。現行の日本国憲法は、第28条で労働者の団結権、団体行動権（争議権や組合活動権）、団体交渉権のいわゆる労働三権を保障している。また労働組合法第7条2項は、「使用者が雇用する労働者の代表者と団体交渉をすることを正当な理由がなくて拒むこと」を不当労働行為として禁止している。憲法や労働組合法によって、労働組合には団体交渉権が保障されており、使用者には団体交渉応諾義務がある。だからといって、使用者側に労働組合の要求をそのまま受け入れる義務はなく、団体交渉の決裂は団体交渉の拒否ではない。ただし、経営側には誠実交渉義務がある（対案の提示、資料の提供、主張の根拠の提示、交渉権限のある者の出席など）。日本では、団体交渉権が法的に保障されているが、他の多くの先進国では、団結権と団体行動権は法的に保護・保障しているものの、団体交渉権は憲法上の権利としては保障されていない。団体交渉権は、労働組合自らが団結権と団体行動権に基づいて獲得するものと位置付けられているのである。

　第2の特徴は、戦後の経済発展を経て日本の労使関係は成熟してきたが、団体交渉が純粋な実務的取引として処理されず、労使対立の雰囲気のなかで行われることがいまだ少なくないことである。専門家や実務家による交渉としてではなく、大衆団交方式が採用されたりもする（鉢巻、ゼッケン、腕章、デモなど）。団体交渉と労働争議が区別されておらず、団体交渉が実務的な取引としてではなく労使対決の一形式となっている。労使が対等の立場で「労働力の取引条件についてお互いに実務的に交渉する」ことが団体交渉であるという考え方が、いまだ弱いためである。

　第3の特徴として、産業別統一闘争など雇用・労働条件の社会的な標準化機能が強化されてきているが、団体交渉としては企業内交渉が優位であることが挙げられる。企業内の労使がほとんど完全な自治権をもち、企業外部からの参加者がなく排他的に労使交渉が行われる。労働組合法第6条は、「労働組合の代表者又は労働組合の委任を受けた者は、労働組合又は組合員のために使用者又はその団体と労働協約の締結その他の事項に関して交渉をする権限を有する」と規定し、外部の代表が交渉に当たることができるとしている。しかし、外部の人間が企業内の団体交渉の場に参加するケースは少ない。

　また歴史的にみると、労働運動の発展や団体交渉制度の普及とともに団体交渉事項の種類と範囲が拡大され、経営専決事項の範囲が次第に縮小してきている。労働組合法には、団体交渉の対象事項を明確に決めた規定はなく、具体的な交渉事項の範囲は労使関係によって決まり、経営専決事項と団体交渉事項の対象範囲は流動的である。同時に、何が交渉事項であるかをめぐり、労使間で紛争が生じることもある。

　団体交渉の対象事項は、一般的には、労働者の雇用・労働条件や労使関係の運営に関わる事項であり、使用者が対処することが可能なものである。したがって、政治問題や社会問題など使用者が対処できない事項は団体交渉事項に含まれない。

3. 労使協議制

　労使協議制とは、使用者と労働者の代表が企業経営上の問題、とくに労働者の雇用や労働条件に関わる問題について情報や意見を交換するための常設的な機関である。企業レベルだけでなく、事業所レベルに設けられていることもある。また、かなりの産業では産業レベルの労使協議制も組織されている（産業別の労使会議や労使懇談会など）。

　日本生産性本部が労使協議制の普及に努めたことなどを背景として、1950年代半ば以降に普及し、現在では労働組合の結成されていない企業を含め、大企業を中心として設置率が高くなっている。

　労使協議制の付議事項は、経営に関する事項から労働条件に関する事項まで広範囲にわたる。労働条件に関する事項では、賃金・一時金や労働時間などの基本的な労働条件まで労使協議制の付議事項とされている。付議の程度でも、説明事項だけでなく同意事項であるものも少なくない（図15-2を参照）。団体交渉と労使協議制は、機能面でみると区別が難しい。そこで両者の違いをやや形式的に区別すればつぎのようになろう。

　団体交渉は、労使が必要とするときに必要とするテーマについて交渉を行う臨時的な労使間のコミュニケーション機関であり、両者の意見が合意にいたらないときに争議行為に入る可能性があり、争議行為を背景とした交渉機関である。

　他方、労使協議制は、開催の時期や付議事項などについて労働協約や労

使協定などによって事前に定められている常設的な労使間コミュニケーションの仕組みであり、意見が一致をみない場合も、団体交渉を経なければ争議行為に訴えないとの了解が背景にある。

　また労使協議制の機能には、団体交渉になじまないが労働者の雇用・労

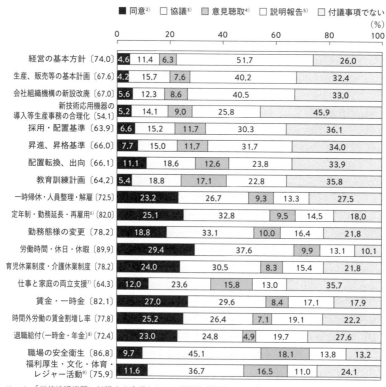

図15-2 >> **労使協議機関に付議する事項[1] とその取扱い別事業所割合**
　　　　　（労使協議機関「あり」＝100）

■ 同意[2]　□ 協議[3]　■ 意見聴取[4]　□ 説明報告[5]　□ 付議事項でない

事項	同意	協議	意見聴取	説明報告	付議事項でない
経営の基本方針〔74.0〕	4.6	11.4	6.3	51.7	26.0
生産、販売等の基本計画〔67.6〕	4.2	15.7	7.6	40.2	32.4
会社組織機構の新設改廃〔67.0〕	5.6	12.3	8.6	40.5	33.0
新技術応用機器の導入等生産事務の合理化〔54.1〕	5.2	14.1	9.0	25.8	45.9
採用・配置基準〔63.9〕	6.6	15.2	11.7	30.3	36.1
昇進、昇格基準〔66.0〕	7.7	15.0	11.7	31.7	34.0
配置転換、出向〔66.1〕	11.1	18.6	12.6	23.8	33.9
教育訓練計画〔64.2〕	5.4	18.8	17.1	22.8	35.8
一時帰休・人員整理・解雇〔72.5〕	23.2	26.7	9.3	13.3	27.5
定年制・勤務延長・再雇用[6]〔82.0〕	25.1	32.8	9.5	14.5	18.0
勤務態様の変更〔78.2〕	18.8	33.1	10.0	16.4	21.8
労働時間・休日・休暇〔89.9〕	29.4	37.6	9.9	13.1	10.1
育児休業制度・介護休業制度〔78.2〕	24.0	30.5	8.3	15.4	21.8
仕事と家庭の両立支援[7]〔64.3〕	12.0	23.6	15.8	13.0	35.7
賃金・一時金〔82.1〕	27.0	29.6	8.4	17.1	17.9
時間外労働の賃金割増し率〔77.8〕	25.2	26.4	7.1	19.1	22.2
退職給付（一時金・年金）[8]〔72.4〕	23.0	24.8	4.9	19.7	27.6
職場の安全衛生〔86.8〕	9.7	45.1	18.1	13.8	13.2
福利厚生・文化・体育・レジャー活動[9]〔75.9〕	11.6	36.7	16.5	11.0	24.1

注： 1.「労使協議機関に付議する事項」とは、労使協議機関で話し合う事項をいう。
　　 2.「同意」とは、労使双方が同意しなければ決定できない事項をいう。
　　 3.「協議」とは、労使の意見の一致をみるように意見交換を行うが、最終的決定は経営者が行う事項をいう。
　　 4.「意見聴取」とは、説明を行ったうえに意見聴取を行う事項をいう。
　　 5.「説明報告」とは、従業員側に説明報告するだけで意見聴取は行わない事項をいう。
　　 6.「定年制・勤務延長・再雇用」は、平成16年では「定年制」。
　　 7.「仕事と家庭の両立支援」は、平成16年は選択肢なし。
　　 8.「退職給付（一時金・年金）」は、平成16年では「退職手当・年金基準」。
　　 9.「福利厚生・文化・体育・レジャー活動」は、平成16年では「福利厚生」（上段）と「文化・体育・レジャー活動」（下段）の2つの選択肢に分かれている。
　　 10. 事項ごとに「不明」を除いた計を100とした事業所割合である。
　　 11.〔 〕内の数値は、当該事項を付議する事業所の割合である。
出所：厚生労働省『平成21年労使コミュニケーション調査』（2010年）

働条件に影響が大きく、労働者が関心をもたざるをえない事項に対する労働者の発言・監視の役割がある。経営方針や生産計画などの経営事項は使用者の裁量で決めるものであるが、雇用・労働条件事項に深く関わるものでもある。

　たとえば、新設備の導入の決定は経営事項であっても、新設備の導入にともなう要員や職務内容は労働条件事項といえる。後者について組合が十分発言するためには、前者についても情報を得て、早期に対策を講じることが求められている。他方、経営側としても新設備の導入などについて組合の了解を得ることで、労働条件事項面で対立し具体的な生産活動が阻害されることをできるだけ避けることが求められている。

　こうしたことから、団体交渉にはなじまないが、労使の利害に関わる経営・生産事項について常設的な労使協議機関を通じて定期的に話し合ったり、情報を交換したりする役割が重視されてきているのである。

5 未組織企業の労使関係

　労働組合の組織率が低下し、未組織分野が拡大していることを指摘した。未組織分野はとくに中小企業に多いが、そうした中小企業にも、労働組合以外の従業員の集団的な発言機構が存在する。それは、未組織企業における従業員組織が、労働者の集団的な発言機構として機能していることによる。ただし、そのすべてが経営のあり方や労働条件に関して発言しているわけではなく、「労働諸条件を会社と話し合っている」発言型従業員組織はその3分の1程度である（図15-3を参照）。

　その機能を労働組合と比較すると、労使間コミュニケーションにおいて「要望伝達機能」「意見集約機能」「情報伝達機能」などに関して労働組合に劣らない機能を果たしている。従業員組織のすべてではないが、そのなかの発言型従業員組織のかなりの部分は、未組織企業において労働者の集団的な発言機構として機能している。

　さらに、労働組合が組織されていない中小企業における労使協議制は、労働組合が組織された企業に比べ、付議事項の範囲がやや狭く、付議の程度

図15-3 >> **労使協議制、労働組合、従業員組織の組織状況**

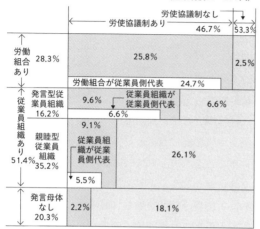

（企業規模50～299人）

注：1. 企業内コミュニケーション研究会『中小企業における企業内コミュニケーションの実態』（労働問題リサーチセンター、1991年）より作成。
2. 組織状況について無回答の企業を除き、364社に関するデータ。
3. 数字は、364社に対する比率。

出所：佐藤博樹「未組織企業における労使関係」『日本労働研究雑誌』（No.416、1994年10月号）

も弱いものの、未組織企業の労働者の集団的な発言機構としてかなりの機能を果たしていることが確認されている。

　未組織企業における発言型従業員組織の組織化（あるいは労使協議制の設置）は、労働組合の組織化を受け入れることによる労使間コミュニケーションの円滑化、あるいは産業民主主義の促進の必要性を企業に感じさせることを少なくさせよう。他方、同時に労働者からみても、労使協議制や発言型従業員組織が、労働者に集団的な発言機会を実質的に提供するものであるならば、その存在は労働者の間に組合結成の内在的ニーズを低減させることになろう。また従業員組織は、労働組合よりも成員のコスト負担が少ないことが知られており、そのことも発言型従業員組織を労働組合へと転換させるニーズを低めよう。

　つまり、労使双方からみて、未組織企業における発言型従業員組織の組織化（あるいは労使協議制の設置）は、労働組合の組織化の阻害要因として機能する可能性が高い。しかし、このことが中小企業における産業民主主義

の拡大にとってマイナスであるかどうかは別問題である。

6 企業内における個人的な 苦情などとその処理の現状

1. 個人的な不満や苦情、紛争

　社員が、仕事や処遇や人間関係、さらに仕事と生活の関係などに関して不満や苦情を抱き、それが解消されないことは、社員の離職率を高めたり、仕事への意欲および生産性や創造性の低下をもたらしたりすることになりかねない。社員が不満や苦情を抱かないようにし、不満や苦情がある場合はその解消をはかり、さらにそれらが紛争となった場合にはそれを解決をする仕組みを設けることが、社員の定着率を高め、仕事への意欲および生産性や創造性の向上に貢献するものとなる。

　不満や苦情は多種多様であるが、社員の権利に関するものと利害に関するものに二分できる。権利に関するものは、就業規則あるいは労働協約の適用や解釈に関するもので、利害に関するものは、ルールが存在しない場合の利害調整に関するものである。社員の不満や苦情の範囲では、社員個人に限定されるもの、特定の集団に共通するもの、さらに社員全員に共通するものに分けられる。

　不満や苦情を解消する仕組みは、企業内では、労働組合によるもの、苦情処理機関など労使によるもの、人事セクションによるもの、職場の上司によるものなどがあり、さらにそれらは公式のもの（苦情処理機関など）と非公式のもの（上司など）に分けることもできる。社員が抱く不満や苦情の種類や範囲によって、その解消のために利用される仕組みが異なり、社員に共通する不満や苦情であり、かつ労働組合が組織されている場合は、団体交渉や労使協議を通じた対応が行われることが一般的である。

2. 不満や苦情の表明ルート―上司中心の不満処理

　厚生労働省『労使コミュニケーション調査』（1994年、1999年、2004年、2009年、2014年調査）の個人調査は、個人的処遇に関する不平不満に限定し、調査時点から過去1年間における不平不満の表明の有無や表明ルートなどを調べている。調査年で設問が多少異なるが、それらによるとつぎの点が明らかになる。

　第1に、個人的処遇に関して不満をもつ社員が多いが、それを表明する者は半数弱である。不満を表明しない背景には、表明してもどうにもならないと初めからあきらめていることや、表明先がないことがある。不満を表明しやすくすることで、潜在化している不満を顕在化することができよう。

　第2に、労使で設けた苦情処理機関の設置率は比較的高いが、不満の解決機関としてはほとんど機能していない。

　第3に、不満の表明先は上司が多く、「上司中心の不満処理行動」が主となっている。これは労働組合が組織されている事業所にも当てはまる。そのため職場の管理職の不満の処理機能が低下すると、解消されない不満が増加する可能性が高くなると考えられる。

　第4に、不満を表明した者でも、その結果に納得している者は多くない。表明されていない不平不満が相当存在するだけでなく、表明しても不平不満が解消されない場合が多いのである。「上司中心の不満処理行動」には限界があることが示唆される。

　第5に、不満の内容は、日常の業務運営などに関すること、賃金など労働条件に関すること、人事に関すること、人間関係に関することなどである。上司と労働組合では表明される不満の内容に違いがあり、個人的処遇に関わる不満では、解消ルートとして労働組合はあまり活用されていない。

　このように社員の個別的な不満や苦情は、表明されずに潜在化している部分が大きい。また不満や苦情が表明される場合も、上司に依存した解決が主となっている。上司の苦情処理能力が低下すると、社員の不満や苦情の潜在化が加速する可能性が高くなる。労働組合にとっては、処遇などに関わるルール形成やルール適用のあり方に発言し、その結果をモニタリングして、それらをルールの形成や適用に反映させることは極めて重要な活動であるが、それらに加え、組合員の個別的な不満や苦情への積極的な対

応が求められているといえよう。

7 労働者の権利に関する認知状況

1. 労働に関わる権利認知の重要性

労働者自身が、働くことに関わる労働法制を正確に理解し、労働者としての権利を行使したり、勤務先に労働法制を遵守させたりすることの必要性が高まっている。こうした背景には、雇用形態の多様化、新しい労働法制の施行、労働契約の個別化、さらには労働組合の組織率の低下などがある。

育児・介護休業法は、育児休業の取得を親である労働者の権利として認めており、子育てに関わる労働者にとっては、この権利を理解しておくことの重要性が高い。たとえば、育児休業の取得は、就業規則における規定の有無に関係なく、法定の権利として原則1歳までの子供をもつ労働者に認められている。しかし、中小企業のなかには就業規則に育児休業に関する規程をもたないところも少なくない。

こうした企業に雇用されている労働者のなかには、就業規則に規定がないため育児休業を取得できないと誤解している者も多い。しかし、子供をもつ労働者が、育児休業取得の権利を理解していれば、就業規則に規定がなくとも育児休業の取得を求めることができる。他方、子供をもたない労働者にとっては、育児休業取得の必要性がないため、その権利を理解していなくても不利益となることはない。

また、雇用形態の多様化の進展に合わせて、個別の雇用形態に関わる労働法制が整備されてきている。労働者派遣法やパートタイム・有期雇用労働法がこれに当たる。つまり、就業している雇用形態に応じて、労働者として知っておくべき法知識が異なるものとなる。派遣法の知識は、派遣社員として雇用されている者にとっては不可欠なものであるが、それ以外の雇用形態で働く者には不要である。同じくパートタイム・有期雇用労働法も、パート社員や有期契約社員として働く者にとっては必要な法知識とな

る。

　さらに、労働組合の組織率の低下によって、組合加入者が減少しただけ
でなく、労働組合が組織されていない事業所で働く労働者も増えている。こ
うした結果、労働者は、勤務先で労働法制に則った労働条件や働き方が遵
守されているかを、労働組合を通じてチェックすることや、労働法制に関
する知識を労働組合から得ることが難しくなっている。

　こうした結果、労働者が労働に関わる権利を行使したり、勤務先に労働
法制を遵守させたりするためには、自己の雇用形態や生活に関わる法知識
を正しく理解し、それを活用することがますます重要となってきている。こ
うした法知識があれば、勤務先に労働組合が組織されていなくても、また
勤め先の人事労務管理が不適切なものであっても、自分の働き方に関わる
権利を守ることが可能となろう。もちろん、このことは労働組合に加入し
ている労働者にも当てはまるものである。なぜならば、労働法制に則った
労働条件や働き方が職場で遵守されているかを実際にチェックできるのは、
職場で働いている労働者自身であることによる。

2. 労働に関わる権利の認知度

　労働に関わる法知識を取り上げ、労働者がどの程度それらを知っている
かをみてみよう。連合総研の調査は、労働に関わる基本的な権利や制度を
取り上げて、それぞれの認知度を調べている。第38回調査の結果が、図15-4
である。

　同表の雇用者計で認知度をみると、8つの権利・制度のなかでは、雇用保
険（失業手当）の認知度が最も高く、他方、労働組合の結成に関する団結権
（2人以上で労働組合を作ることができる）の認知度は最も低い。残業手当（残業の
賃金の割増）や有給休暇に関しても認知度が高いわけではない。このように
基本的な権利であっても、認知度にバラツキが大きいことが明らかにされ
ている。

　雇用形態別にみると、いずれについても非正社員は、正社員に比べて認
知度が低くなる。たとえば、非正社員では、団結権の認知度は18.5%で、残
業手当についても57.4%の認知度でしかない。

図15-4 ▶▶ 正社員と非正社員別にみた制度や権利に関する認知度

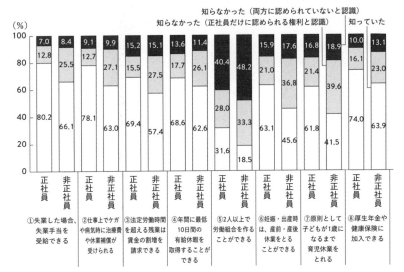

注：回答者数は、正社員1313、非正社員687。

出所：連合総研『第38回勤労者の仕事と暮らしについてのアンケート調査（勤労者短観）』2019年10月調査

文献リスト

　本書からもう一歩進んで、各分野の専門をさらに勉強したい読者のために、基礎的な文献や人事管理の関係分野の文献を挙げておく。カッコ内には、各分野の文献に対応する本書の章番号が示されている。

1. 戦略・組織・業績管理システムと人事管理の基本に関する分野（第1、2、3章）

S. M. ジャコビー著、鈴木良始・伊藤健市・堀　龍二訳『日本の人事部・アメリカの人事部』東洋経済新報社、2005年

須田敏子『HRMマスターコース—人事スペシャリスト養成講座』慶應義塾大学出版会、2005年

仁田道夫・久本憲夫編『日本型雇用システム』ナカニシヤ出版、2008年

濱口桂一郎『新しい労働社会：雇用システムの再構築へ』岩波新書、2009年

J. フェファー著、佐藤洋一訳『人材を活かす企業—「人材」と「利益」の方程式』翔泳社、2010年

D. マースデン著、宮本光晴・久保克行訳『雇用システムの理論—社会的多様性の比較制度分析』NTT出版、2007年

S. P. ロビンス著、高木晴夫監訳『新版・組織行動のマネジメント』ダイヤモンド社、2009年

2. 人事管理の個別分野

【雇用管理】（第4、5、6、11、13章）

今野浩一郎『正社員消滅時代の人事改革』日本経済新聞出版社、2012年

今野浩一郎『高齢社員の人事管理—戦力化のための仕事・評価・賃金』中央経済社、2014年

海老原嗣生・荻野進介『人事の成り立ち—「誰もが階段を上がれる社会」の希望と葛藤』白桃書房、2018年

大久保幸夫・石原直子『女性が活躍する会社』日経文庫、2014年

小倉一哉『過働社会ニッポン—長時間労働大国の実態に迫る』日経ビジネス人文庫、2011年

小池和男・猪木武徳編著『ホワイトカラーの人材形成』東洋経済新報社、2001年

清家篤編『高齢者の働き方』ミネルヴァ書房、2009年

武石恵美子編『女性の働き方』ミネルヴァ書房、2009年

武石恵美子『キャリア開発論』中央経済社、2016年

服部泰宏『採用学』新潮社、2016年

久本憲夫『新・正社員論』中央経済社、2018年

山口一男『働き方の男女不平等—理論と実証分析』日本経済新聞出版社、2017年

山本勲・黒田祥子『労働時間の経済分析—超高齢社会の働き方を展望する』日本経済新聞出版社、2014年

【評価と報酬の管理】（第7、8、9、10章）

今野浩一郎『勝ちぬく賃金改革』日本経済新聞社、1998年

小池和男『戦後労働史からみた賃金—海外日本企業が生き抜く賃金とは』東洋経済新報社、2015年

高橋伸夫『虚妄の成果主義—日本型年功制復活のススメ』ちくま文庫、2010年

西久保浩二『進化する福利厚生—新しい使命とは何か』労務行政研究所、2008年

【仕事と生活の調和】（第12章）

佐藤博樹・武石恵美子『男性の育児休業—社員のニーズ、会社のメリット』中公新書、2004年

佐藤博樹・武石恵美子編『人を活かす企業が伸びる—人事戦略としてのワーク・ライフ・バランス』勁草書房、2008年

佐藤博樹・武石恵美子編『ワーク・ライフ・バランス支援の課題』東京大学出版会、2014年

佐藤博樹・武石恵美子編『ダイバーシティ経営と人材活用』東京大学出版会、2017年

【非典型労働力と外部人材の活用】（第14章）

小池和男『非正規労働を考える』名古屋大学出版会、2016年

佐藤博樹・大木栄一編『人材サービス産業の新しい役割—就業機会とキャリアの質向上のために』有斐閣、2014年

佐藤博樹・佐野嘉秀・堀田聡子編『実証研究 日本の人材ビジネス—新しい人事マネジメントと働き方』日本経済新聞出版社、2010年

神林龍『正規の世界・非正規の世界』慶應義塾大学出版会、2017年

3. 人事管理の関連分野

【労働組合と労使関係の分野】（第15章）

中村圭介・連合総合生活開発研究所編『衰退か再生か—労働組合活性化への道』勁草書房、2005年

【労働経済の分野】

小池和男『仕事の経済学（第3版）』東洋経済新報社、2005年

鶴光太郎『人材覚醒経済』日本経済新聞出版社、2016年

E. P. ラジアー著、樋口美雄・清家篤訳『人事と組織の経済学』日本経済新聞社、
　　1998年

【労働法の分野】

荒木尚志『労働法（第3版）』有斐閣、2016年

大内伸哉『雇用社会の25の疑問　労働法再入門（第3版）』弘文堂、2017年

大内伸哉・川口大司『法と経済で読みとく雇用の世界（新版）』有斐閣、2014年

菅野和夫『労働法（第12版）』弘文堂、2019年

濱口桂一郎『日本の労働法政策』労働政策研究・研修機構、2018年

水町勇一郎『詳細・労働法』東京大学出版会、2019年

守島基博・大内伸哉『人事と法の対話』有斐閣、2013年

4. 統計・用語辞典

経営行動科学学会編『経営行動科学ハンドブック』中央経済社、2011年

産業・組織心理学会編『産業・組織心理学ハンドブック』丸善、2009年

日本キャリアデザイン学会監修『キャリアデザイン支援ハンドブック』ナカニ
　　シヤ出版、2014年

『データブック国際労働比較』独立行政法人労働政策研究・研修機構、毎年刊

『ユースフル労働統計―労働統計加工指標集』独立行政法人労働政策研究・研修
　　機構、毎年刊

索 引

378

〈著者略歴〉

今野浩一郎 (いまの・こういちろう)

1946年、東京に生まれる。

1973年、東京工業大学大学院理工学研究科（経営工学専攻）修士課程修了。
　　　　神奈川大学工学部助手、東京学芸大学教育学部助教授、学習院大学経済
　　　　学部教授を経て、2017年より学習院大学名誉教授。

主要著書　『研究開発マネジメント入門』（日経文庫）、『資格の経済学』（共著、中
　　　　公新書）、『人事管理入門（第2版）』（日経文庫）、『勝ちぬく賃金改革』
　　　　（日本経済新聞社）、『個と組織の成果主義』（編著、中央経済社）、『東
　　　　京に働く人々』（共著、法政大学出版局）、『正社員消滅時代の人事改
　　　　革』（日本経済新聞出版社）、『高齢社員の人事管理』（中央経済社）、
　　　　『同一労働同一賃金を活かす人事管理』（日本経済新聞出版）

佐藤博樹 (さとう・ひろき)

1953年、東京に生まれる。

1981年、一橋大学大学院社会学研究科博士課程単位取得退学。
　　　　法政大学大原社会問題研究所助教授、同大学経営学部教授、東京大学社
　　　　会科学研究所教授、中央大学大学院戦略経営研究科（ビジネススクー
　　　　ル）教授などを経て、東京大学名誉教授、中央大学ビジネススクール・
　　　　フェロー。

主要著書　『人材活用進化論』（日本経済新聞出版社）、『職場のワーク・ライフ・
　　　　バランス』（共著、日経文庫）、『パート・契約・派遣・請負の人材活
　　　　用（第2版）』（編著、日経文庫）、『新訂・介護離職から社員を守る』
　　　　（共著、労働調査会）、『働き方改革の基本』（共著、中央経済社）、『多
　　　　様な人材のマネジメント』（共著、中央経済社）

マネジメント・テキスト

人事管理入門（新装版）

2002年5月20日	1版1刷
2022年3月23日	4版1刷
2024年5月13日	2刷

著者	今野浩一郎
	佐藤博樹
	©Koichiro Imano, Hiroki Sato, 2002, 2009, 2020, 2022
発行者	中川ヒロミ
発行	株式会社日経BP
	日本経済新聞出版
発売	株式会社日経BPマーケティング
	〒105-8308 東京都港区虎ノ門4-3-12
装丁・本文設計	新井大輔
印刷・製本	シナノ印刷
DTP	マーリンクレイン

ISBN 978-4-532-13528-7　Printed in Japan